中国农垦农场志丛

北 京
双桥农场志

中国农垦农场志丛编纂委员会 组编
北京双桥农场志编纂委员会 主编

中国农业出版社
北 京

图书在版编目（CIP）数据

北京双桥农场志/中国农垦农场志丛编纂委员会组
编；北京双桥农场志编纂委员会主编.—北京：中国
农业出版社，2021.9
　　（中国农垦农场志丛）
　　ISBN 978-7-109-19874-6

Ⅰ.①北…　Ⅱ.①中…②北…　Ⅲ.①国营农场-概
况-北京　Ⅳ.①F324.1

中国版本图书馆CIP数据核字(2021)第139118号

出 版 人：陈邦勋
出版策划：刘爱芳
丛书统筹：王庆宁
审 稿 组：干锦春　薛　波
编 辑 组：闫保荣　王庆宁　黄　曦　李　梅　吕　睿　刘昊阳　赵世元
设 计 组：姜　欣　杜　然　关晓迪
工 艺 组：王　凯　王　宏　吴丽婷
发行宣传：毛志强　郑　静　曹建丽

北京双桥农场志

Beijing Shuangqiao Nongchangzhi

中国农业出版社出版
地址：北京市朝阳区麦子店街18号楼
邮编：100125
责任编辑：王庆宁　　文字编辑：赵世元
责任校对：吴丽婷　　责任印制：王　宏
印刷：北京通州皇家印刷厂
版次：2021年9月第1版
印次：2021年9月北京第1次印刷
发行：新华书店北京发行所
开本：889mm×1194mm　1/16
印张：29.5　插页：4
字数：790千字
定价：198.00元

EVERYTHING GROWING

ISBN 978-7-109-19874-6

9 787109 198746 >

20 世纪 50 年代初期全国第一所农机学院和双桥农场大门

双桥中古友好人民公社命名

20 世纪 70 年代飞机喷洒农药

1975 年，农场党委书记郭方（左二）带领农场职工修建小坝河河堤

双桥种猪场外景

北京黑猪（双桥系）猪舍

老畜牧师袁光斗同志及其培育的北京鸭双桥Ⅰ系Ⅱ系。

种猪场外景、黑猪宿舍，北京鸭专家袁光斗及其培育的北京鸭系列

2008 年，双桥农场、永乐店农场、三元绿化重组大会

企业重组后第一次党代会

双桥农场成立 60 周年庆典

2015年，京津沪穗渝五垦区领导参观塞隆文化产业园

2017年，北京市委书记蔡奇（前排左一）视察塞隆文化创意产业园

2018 年 2 月 3 日，蔡奇（前排左一）、陈吉宁（前排左二）等到塞隆调研

世界最大的水泥筒仓群
The World's Largest Cement Silo Group

国际设计大赛启动仪式
International Design Competition Starts

世界最大的水泥筒仓群

世界最大的水泥筒仓群塞隆国际设计大赛启动

2019 年 1 月，首农食品集团党委书记、董事长王国丰（左二）慰问公司职工

双桥北京塞隆夜景

E9 区创新工场

中国农垦农场志丛编纂委员会

主 任

张桃林

副主任

左常升　邓庆海　李尚兰　陈邦勋　彭剑良　程景民　王润雷

成 员（按垦区排序）

马　辉　张庆东　张保强　薛志省　赵永华　李德海　麦　朝

王守聪　许如庆　胡兆辉　孙飞翔　王良贵　李岱一　赖金生

于永德　陈金剑　李胜强　唐道明　支光南　张安明　张志坚

陈孟坤　田李文　步　涛　余　繁　林　木　王　韬　魏国斌

巩爱岐　段志强　聂　新　高　宁　周云江　朱云生　常　芳

中国农垦农场志丛编纂委员会办公室

主 任

王润雷

副主任

陈忠毅　刘爱芳　武新宇　明　星

成 员

胡从九　李红梅　刘琢琬　闫保荣　王庆宁

中国农垦农场志

北京双桥农场志编纂委员会

主　任

许树坡

副主任

黄智勇　郑　媛

执笔人

茅为立　李　楷　何燕斌

成　员

张建国　赵　航　陈长文　史舒楠　潘　琳

杨成明　张丽娜　汪宜华　薛忠义　李佳林

中国农垦农场志丛

总序

中国农垦农场志丛自 2017 年开始酝酿，历经几度春秋寒暑，终于在建党 100 周年之际，陆续面世。在此，谨向所有为修此志作出贡献、付出心血的同志表示诚挚的敬意和由衷的感谢！

中国共产党领导开创的农垦事业，为中华人民共和国的诞生和发展立下汗马功劳。八十余年来，农垦事业的发展与共和国的命运紧密相连，在使命履行中，农场成长为国有农业经济的骨干和代表，成为国家在关键时刻抓得住、用得上的重要力量。

如果将农垦比作大厦，那么农场就是砖瓦，是基本单位。在全国 31 个省（自治区、直辖市，港澳台除外），分布着 1800 多个农垦农场。这些星罗棋布的农场如一颗颗玉珠，明暗随农垦的历史进程而起伏；当其融汇在一起，则又映射出农垦事业波澜壮阔的历史画卷，绽放着"艰苦奋斗、勇于开拓"的精神光芒。

（一）

"农垦"概念源于历史悠久的"屯田"。早在秦汉时期就有了移民垦荒，至汉武帝时创立军屯，用于保障军粮供应。之后，历代沿袭屯田这一做法，充实国库，供养军队。

中国共产党借鉴历代屯田经验，发动群众垦荒造田。1933 年 2 月，中华苏维埃共和国临时中央政府颁布《开垦荒地荒田办法》，规定"县区土地部、乡政府要马上调查统计本地所有荒田荒地，切实计划、发动群众去开荒"。到抗日战争时期，中国共产党大规模地发动军人进行农垦实践，肩负起支援抗战的特殊使命，农垦事业正式登上了历史舞台。

20 世纪 30 年代末至 40 年代初，抗日战争进入相持阶段，在日军扫荡和国民党军事包围、经济封锁等多重压力下，陕甘宁边区生活日益困难。"我们曾经弄到几乎没有衣穿，没有油吃，没有纸、没有菜，战士没有鞋袜，工作人员在冬天没有被盖。"毛泽东同志曾这样讲道。

面对艰难处境，中共中央决定开展"自己动手，丰衣足食"的生产自救。1939 年 2 月 2 日，毛泽东同志在延安生产动员大会上发出"自己动手"的号召。1940 年 2 月 10 日，中共中央、中央军委发出《关于开展生产运动的指示》，要求各部队"一面战斗、一面生产、一面学习"。于是，陕甘宁边区掀起了一场轰轰烈烈的大生产运动。

这个时期，抗日根据地的第一个农场——光华农场诞生了。1939 年冬，根据中共中央的决定，光华农场在延安筹办，生产牛奶、蔬菜等食物。同时，进行农业科学实验、技术推广，示范带动周边群众。这不同于古代屯田，开创了农垦示范带动的历史先河。

在大生产运动中，还有一面"旗帜"高高飘扬，让人肃然起敬，它就是举世闻名的南泥湾大生产运动。

1940 年 6—7 月，为了解陕甘宁边区自然状况、促进边区建设事业发展，在中共中央财政经济部的支持下，边区政府建设厅的农林科学家乐天宇等一行 6 人，历时 47 天，全面考察了边区的森林自然状况，并完成了《陕甘宁边区森林考察团报告书》，报告建议垦殖南泥洼（即南泥湾）。之后，朱德总司令亲自前往南泥洼考察，谋划南泥洼的开发建设。

1941 年春天，受中共中央的委托，王震将军率领三五九旅进驻南泥湾。那时，南泥湾俗称"烂泥湾","方圆百里山连山",战士们"只见梢林不见天",身边做伴的是满山窜的狼豹黄羊。在这种艰苦处境中,战士们攻坚克难,一手拿枪,一手拿镐,练兵开荒两不误,把"烂泥湾"变成了陕北的"好江南"。从1941年到1944年,仅仅几年时间,三五九旅的粮食产量由0.12万石猛增到3.7万石,上缴公粮1万石,达到了耕一余一。与此同时,工业、商业、运输业、畜牧业和建筑业也得到了迅速发展。

南泥湾大生产运动,作为中国共产党第一次大规模的军垦,被视为农垦事业的开端,南泥湾也成为农垦事业和农垦精神的发祥地。

进入解放战争时期,建立巩固的东北根据地成为中共中央全方位战略的重要组成部分。毛泽东同志在1945年12月28日为中共中央起草的《建立巩固的东北根据地》中,明确指出"我党现时在东北的任务,是建立根据地,是在东满、北满、西满建立巩固的军事政治的根据地",要求"除集中行动负有重大作战任务的野战兵团外,一切部队和机关,必须在战斗和工作之暇从事生产"。

紧接着,1947年,公营农场兴起的大幕拉开了。

这一年春天,中共中央东北局财经委员会召开会议,主持财经工作的陈云、李富春同志在分析时势后指出:东北行政委员会和各省都要"试办公营农场,进行机械化农业实验,以迎接解放后的农村建设"。

这一年夏天,在松江省政府的指导下,松江省省营第一农场(今宁安农场)创建。省政府主任秘书李在人为场长,他带领着一支18人的队伍,在今尚志市一面坡太平沟开犁生产,一身泥、一身汗地拉开了"北大荒第一犁"。

这一年冬天,原辽北军区司令部作训科科长周亚光带领人马,冒着严寒风雪,到通北县赵光区实地踏查,以日伪开拓团训练学校旧址为基础,建成了我国第一个公营机械化农场——通北机械农场。

之后,花园、永安、平阳等一批公营农场纷纷在战火的硝烟中诞生。与此同时,一部分身残志坚的荣誉军人和被解放的国民党军人,向东北荒原宣战,艰苦拓荒、艰辛创业,创建了一批荣军农场和解放团农场。

再将视线转向华北。这一时期，在河北省衡水湖的前身"千顷洼"所在地，华北人民政府农业部利用一批来自联合国善后救济总署的农业机械，建成了华北解放区第一个机械化公营农场——冀衡农场。

除了机械化农场，在那个主要靠人力耕种的年代，一些拖拉机站和机务人员培训班诞生在东北、华北大地上，推广农业机械化技术，成为新中国农机事业人才培养的"摇篮"。新中国的第一位女拖拉机手梁军正是优秀代表之一。

（二）

中华人民共和国成立后农垦事业步入了发展的"快车道"。

1949 年 10 月 1 日，新中国成立了，百废待兴。新的历史阶段提出了新课题、新任务：恢复和发展生产，医治战争创伤，安置转业官兵，巩固国防，稳定新生的人民政权。

这没有硝烟的"新战场"，更需要垦荒生产的支持。

1949 年 12 月 5 日，中央人民政府人民革命军事委员会发布《关于 1950 年军队参加生产建设工作的指示》，号召全军"除继续作战和服勤务者而外，应当负担一部分生产任务，使我人民解放军不仅是一支国防军，而且是一支生产军"。

1952 年 2 月 1 日，毛泽东主席发布《人民革命军事委员会命令》："你们现在可以把战斗的武器保存起来，拿起生产建设的武器。"批准中国人民解放军 31 个师转为建设师，其中有 15 个师参加农业生产建设。

垦荒战鼓已擂响，刚跨进和平年代的解放军官兵们，又背起行囊，扑向荒原，将"作战地图变成生产地图"，把"炮兵的瞄准仪变成建设者的水平仪"，让"战马变成耕马"，在戈壁荒漠、三江平原、南国边疆安营扎寨，攻坚克难，辛苦耕耘，创造了农垦事业的一个又一个奇迹。

1. 将戈壁荒漠变成绿洲

1950 年 1 月，王震将军向驻疆部队发布开展大生产运动的命令，动员 11 万余名官兵就地屯垦，创建军垦农场。

垦荒之战有多难，这些有着南泥湾精神的农垦战士就有多拼。

没有房子住，就搭草棚子、住地窝子；粮食不够吃，就用盐水煮麦粒；没有拖拉机和畜力，就多人拉犁开荒种地……

然而，戈壁滩缺水，缺"农业的命根子"，这是痛中之痛！

没有水，战士们就自己修渠，自伐木料，自制筐担，自搓绳索，自开块石。修渠中涌现了很多动人故事，据原新疆兵团农二师师长王德昌回忆，1951年冬天，一名来自湖南的女战士，面对磨断的绳子，情急之下，割下心爱的辫子，接上绳子背起了石头。

在战士们全力以赴的努力下，十八团渠、红星渠、和平渠、八一胜利渠等一条条大地的"新动脉"，奔涌在戈壁滩上。

1954年10月，经中共中央批准，新疆生产建设兵团成立，陶峙岳被任命为司令员，新疆维吾尔自治区党委书记王恩茂兼任第一政委，张仲瀚任第二政委。努力开荒生产的驻疆屯垦官兵终于有了正式的新身份，工作中心由武装斗争转为经济建设，新疆地区的屯垦进入了新的阶段。

之后，新疆生产建设兵团重点开发了北疆的准噶尔盆地、南疆的塔里木河流域及伊犁、博乐、塔城等边远地区。战士们鼓足干劲，兴修水利、垦荒造田、种粮种棉、修路架桥，一座座城市拔地而起，荒漠变绿洲。

2. 将荒原沼泽变成粮仓

在新疆屯垦热火朝天之时，北大荒也进入了波澜壮阔的开发阶段，三江平原成为"主战场"。

1954年8月，中共中央农村工作部同意并批转了农业部党组《关于开发东北荒地的农建二师移垦东北问题的报告》，同时上报中央军委批准。9月，第一批集体转业的"移民大军"——农建二师由山东开赴北大荒。这支8000多人的齐鲁官兵队伍以荒原为家，创建了二九○、二九一和十一农场。

同年，王震将军视察黑龙江汤原后，萌发了开发北大荒的设想。领命的是第五师副师长余友清，他打头阵，率一支先遣队到密山、虎林一带踏查荒原，于 1955 年元旦，在虎林县（今虎林市）西岗创建了铁道兵第一个农场，以部队番号命名为"八五〇部农场"。

1955 年，经中共中央同意，铁道兵 9 个师近两万人挺进北大荒，在密山、虎林、饶河一带开荒建场，拉开了向三江平原发起总攻的序幕，在八五〇部农场周围建起了一批八字头的农场。

1958 年 1 月，中央军委发出《关于动员十万干部转业复员参加生产建设的指示》，要求全军复员转业官兵去开发北大荒。命令一下，十万转业官兵及家属，浩浩荡荡进军三江平原，支边青年、知识青年也前赴后继地进攻这片古老的荒原。

垦荒大军不惧苦、不畏难，鏖战多年，荒原变良田。1964 年盛夏，国家副主席董必武来到北大荒视察，面对麦香千里即兴赋诗："斩棘披荆忆老兵，大荒已变大粮屯。"

3. 将荒郊野岭变成胶园

如果说农垦大军在戈壁滩、北大荒打赢了漂亮的要粮要棉战役，那么，在南国边疆，则打赢了一场在世界看来不可能胜利的翻身仗。

1950 年，朝鲜战争爆发后，帝国主义对我国实行经济封锁，重要战略物资天然橡胶被禁运，我国国防和经济建设面临严重威胁。

当时世界公认天然橡胶的种植地域不能超过北纬 17°，我国被国际上许多专家划为"植胶禁区"。

但命运应该掌握在自己手中，中共中央作出"一定要建立自己的橡胶基地"的战略决策。1951 年 8 月，政务院通过《关于扩大培植橡胶树的决定》，由副总理兼财政经济委员会主任陈云亲自主持这项工作。同年 11 月，华南垦殖局成立，中共中央华南分局第一书记叶剑英兼任局长，开始探索橡胶种植。

1952 年 3 月，两万名中国人民解放军临危受命，组建成林业工程第一师、第二师和一个独立团，开赴海南、湛江、合浦等地，住茅棚、战台风、斗猛兽，白手起家垦殖橡胶。

大规模垦殖橡胶，急需胶籽。"一粒胶籽，一两黄金"成为战斗口号，战士们不惜一切代价收集胶籽。有一位叫陈金照的小战士，运送胶籽时遇到山洪，被战友们找到时已没有了呼吸，而背上箩筐里的胶籽却一粒没丢……

正是有了千千万万个把橡胶看得重于生命的陈金照们，1957年春天，华南垦殖局种植的第一批橡胶树，流出了第一滴胶乳。

1960年以后，大批转业官兵加入海南岛植胶队伍，建成第一个橡胶生产基地，还大面积种植了剑麻、香茅、咖啡等多种热带作物。同时，又有数万名转业官兵和湖南移民汇聚云南边疆，用血汗浇灌出了我国第二个橡胶生产基地。

在新疆、东北和华南三大军垦战役打响之时，其他省份也开始试办农场。1952年，在政务院关于"各县在可能范围内尽量地办起和办好一两个国营农场"的要求下，全国各地农场如雨后春笋般发展起来。1956年，农垦部成立，王震将军被任命为部长，统一管理全国的军垦农场和地方农场。

随着农垦管理走向规范化，农垦事业也蓬勃发展起来。江西建成多个综合垦殖场，发展茶、果、桑、林等多种生产；北京市郊、天津市郊、上海崇明岛等地建起了主要为城市提供副食品的国营农场；陕西、安徽、河南、西藏等省区建立发展了农牧场群……

到1966年，全国建成国营农场1958个，拥有职工292.77万人，拥有耕地面积345457公顷，农垦成为我国农业战线一支引人瞩目的生力军。

（三）

前进的道路并不总是平坦的。"文化大革命"持续十年，使党、国家和各族人民遭到新中国成立以来时间最长、范围最广、损失最大的挫折，农垦系统也不能幸免。农场平均主义盛行，从1967年至1978年，农垦系统连续亏损12年。

"没有一个冬天不可逾越，没有一个春天不会来临。"1978年，党的十一届三中全会召开，如同一声春雷，唤醒了沉睡的中华大地。手握改革开放这一法宝，全党全社会朝着社会主义现代化建设方向大步前进。

在这种大形势下，农垦人深知，国营农场作为社会主义全民所有制企业，应当而且有条件走在农业现代化的前列，继续发挥带头和示范作用。

于是，农垦人自觉承担起推进实现农业现代化的重大使命，乘着改革开放的春风，开始进行一系列的上下求索。

1978年9月，国务院召开了人民公社、国营农场试办农工商联合企业座谈会，决定在我国试办农工商联合企业，农垦系统积极响应。作为现代化大农业的尝试，机械化水平较高且具有一定工商业经验的农垦企业，在农工商综合经营改革中如鱼得水，打破了单一种粮的局面，开启了农垦一二三产业全面发展的大门。

农工商综合经营只是农垦改革的一部分，农垦改革的关键在于打破平均主义，调动生产积极性。

为调动企业积极性，1979年2月，国务院批转了财政部、国家农垦总局《关于农垦企业实行财务包干的暂行规定》。自此，农垦开始实行财务大包干，突破了"千家花钱，一家（中央）平衡"的统收统支方式，解决了农垦企业吃国家"大锅饭"的问题。

为调动企业职工的积极性，从1979年根据财务包干的要求恢复"包、定、奖"生产责任制，到1980年后一些农场实行以"大包干"到户为主要形式的家庭联产承包责任制，再到1983年借鉴农村改革经验，全面兴办家庭农场，逐渐建立大农场套小农场的双层经营体制，形成"家家有场长，户户搞核算"的蓬勃发展气象。

为调动企业经营者的积极性，1984年下半年，农垦系统在全国选择100多个企业试点推行场（厂）长、经理负责制，1988年全国农垦有60%以上的企业实行了这项改革，继而又借鉴城市国有企业改革经验，全面推行多种形式承包经营责任制，进一步明确主管部门与企业的权责利关系。

以上这些改革主要是在企业层面，以单项改革为主，虽然触及了国家、企业和职工的最直接、最根本的利益关系，但还没有完全解决传统体制下影响农垦经济发展的深层次矛盾和困难。

"历史总是在不断解决问题中前进的。"1992年，继邓小平南方谈话之后，党的十四大明确提出，要建立社会主义市场经济体制。市场经济为农垦改革进一步指明了方向，但农垦如何改革才能步入这个轨道，真正成为现代化农业的引领者？

关于国营大中型企业如何走向市场，早在1991年9月中共中央就召开工作会议，强调要转换企业经营机制。1992年7月，国务院发布《全民所有制工业企业转换经营机制条例》，明确提出企业转换经营机制的目标是："使企业适应市场的要求，成为依法自主经营、自负盈亏、自我发展、自我约束的商品生产和经营单位，成为独立享有民事权利和承担民事义务的企业法人。"

为转换农垦企业的经营机制，针对在干部制度上的"铁交椅"、用工制度上的"铁饭碗"和分配制度上的"大锅饭"问题，农垦实施了干部聘任制、全员劳动合同制以及劳动报酬与工效挂钩的三项制度改革，为农垦企业建立在用人、用工和收入分配上的竞争机制起到了重要促进作用。

1993年，十四届三中全会再次擂响战鼓，指出要进一步转换国有企业经营机制，建立适应市场经济要求，产权清晰、权责明确、政企分开、管理科学的现代企业制度。

农业部积极响应，1994年决定实施"三百工程"，即在全国农垦选择百家国有农场进行现代企业制度试点、组建发展百家企业集团、建设和做强百家良种企业，标志着农垦企业的改革开始深入到企业制度本身。

同年，针对有些农场仍为职工家庭农场，承包户垫付生产、生活费用这一问题，根据当年1月召开的全国农业工作会议要求，全国农垦系统开始实行"四到户"和"两自理"，即土地、核算、盈亏、风险到户，生产费、生活费由职工自理。这一举措彻底打破了"大锅饭"，开启了国有农场农业双层经营体制改革的新发展阶段。

然而，在推进市场经济进程中，以行政管理手段为主的垦区传统管理体制，逐渐成为束缚企业改革的桎梏。

垦区管理体制改革迫在眉睫。1995年，农业部在湖北省武汉市召开全国农垦经济体制改革工作会议，在总结各垦区实践的基础上，确立了农垦管理体制的改革思路：逐步弱化行政职能，加快实体化进程，积极向集团化、公司化过渡。以此会议为标志，垦区管理体制改革全面启动。北京、天津、黑龙江等17个垦区按照集团化方向推进。此时，出于实际需要，大部分垦区在推进集团化改革中仍保留了农垦管理部门牌子和部分行政管理职能。

"前途是光明的，道路是曲折的。"由于农垦自身存在的政企不分、产权不清、社会负担过重等深层次矛盾逐渐暴露，加之农产品价格低迷、激烈的市场竞争等外部因素叠加，从1997年开始，农垦企业开始步入长达5年的亏损徘徊期。

然而，农垦人不放弃、不妥协，终于在2002年"守得云开见月明"。这一年，中共十六大召开，农垦也在不断调整和改革中，告别"五连亏"，盈利13亿。

2002年后，集团化垦区按照"产业化、集团化、股份化"的要求，加快了对集团母公司、产业化专业公司的公司制改造和资源整合，逐步将国有优质资产集中到主导产业，进一步建立健全现代企业制度，形成了一批大公司、大集团，提升了农垦企业的核心竞争力。

与此同时，国有农场也在企业化、公司化改造方面进行了积极探索，综合考虑是否具备企业经营条件、能否剥离办社会职能等因素，因地制宜、分类指导。一是办社会职能可以移交的农场，按公司制等企业组织形式进行改革；办社会职能剥离需要过渡期的农场，逐步向公司制企业过渡。如广东、云南、上海、宁夏等集团化垦区，结合农场体制改革，打破传统农场界限，组建产业化专业公司，并以此为纽带，进一步将垦区内产业关联农场由子公司改为产业公司的生产基地（或基地分公司），建立了集团与加工企业、农场生产基地间新的运行体制。二是不具备企业经营条件的农场，改为乡、镇或行政区，向政权组织过渡。如2003年前后，一些垦区的部分农场连年严重亏损，有的甚至濒临破产。湖南、湖北、河北等垦区经省委、省政府批准，对农场管理体制进行革新，把农场管理权下放到市县，实行属地管理，一些农场建立农场管理区，赋予必要的政府职能，给予财税优惠政策。

这些改革离不开农垦职工的默默支持，农垦的改革也不会忽视职工的生活保障。1986年，根据《中共中央、国务院批转农牧渔业部〈关于农垦经济体制改革问题的报告〉的通知》要求，农垦系统突破职工住房由国家分配的制度，实行住房商品化，调动职工自己动手、改善住房的积极性。1992年，农垦系统根据国务院关于企业职工养老保险制度改革的精神，开始改变职工养老保险金由企业独自承担的局面，此后逐步建立并完善国家、企业、职工三方共同承担的社会保障制度，减轻农场养老负担的同时，也减少了农场职工的后顾之忧，保障了农场改革的顺利推进。

从1986年至十八大前夕，从努力打破传统高度集中封闭管理的计划经济体制，到坚定社会主义市场经济体制方向；从在企业层面改革，以单项改革和放权让利为主，到深入管理体制，以制度建设为核心、多项改革综合配套协调推进为主：农垦企业一步一个脚印，走上符合自身实际的改革道路，管理体制更加适应市场经济，企业经营机制更加灵活高效。

这一阶段，农垦系统一手抓改革，一手抓开放，积极跳出"封闭"死胡同，走向开放的康庄大道。从利用外资在经营等领域涉足并深入合作，大力发展"三资"企业和"三来一补"项目；到注重"引进来"，引进资金、技术设备和管理理念等；再到积极实施"走出去"战略，与中东、东盟、日本等地区和国家进行经贸合作出口商品，甚至扎根境外建基地、办企业、搞加工、拓市场：农垦改革开放风生水起逐浪高，逐步形成"两个市场、两种资源"的对外开放格局。

（四）

党的十八大以来，以习近平同志为核心的党中央迎难而上，作出全面深化改革的决定，农垦改革也进入全面深化和进一步完善阶段。

2015年11月，中共中央、国务院印发《关于进一步推进农垦改革发展的意见》（简称《意见》），吹响了新一轮农垦改革发展的号角。《意见》明确要求，新时期农垦改革发展要以推进垦区集团化、农场企业化改革为主线，努力把农垦建设成为保障国家粮食安全和重要农产品有效供给的国家队、中国特色新型农业现代化的示范区、农业对外合作的排头兵、安边固疆的稳定器。

2016年5月25日，习近平总书记在黑龙江省考察时指出，要深化国有农垦体制改革，以垦区集团化、农场企业化为主线，推动资源资产整合、产业优化升级，建设现代农业大基地、大企业、大产业，努力形成农业领域的航母。

2018年9月25日，习近平总书记再次来到黑龙江省进行考察，他强调，要深化农垦体制改革，全面增强农垦内生动力、发展活力、整体实力，更好发挥农垦在现代农业建设中的骨干作用。

农垦从来没有像今天这样更接近中华民族伟大复兴的梦想！农垦人更加振奋了，以壮士断腕的勇气、背水一战的决心继续农垦改革发展攻坚战。

1. 取得了累累硕果

——坚持集团化改革主导方向，形成和壮大了一批具有较强竞争力的现代农业企业集团。黑龙江北大荒去行政化改革、江苏农垦农业板块上市、北京首农食品资源整合……农垦深化体制机制改革多点开花、逐步深入。以资本为纽带的母子公司管理体制不断完善，现代公司治理体系进一步健全。市县管理农场的省份区域集团化改革稳步推进，已组建区域集团和产业公司超过300家，一大批农场注册成为公司制企业，成为真正的市场主体。

——创新和完善农垦农业双层经营体制，强化大农场的统一经营服务能力，提高适度规模经营水平。截至2020年，据不完全统计，全国农垦规模化经营土地面积5500多万亩，约占农垦耕地面积的70.5%，现代农业之路越走越宽。

——改革国有农场办社会职能，让农垦企业政企分开、社企分开，彻底甩掉历史包袱。截至2020年，全国农垦有改革任务的1500多个农场完成办社会职能改革，松绑后的步伐更加矫健有力。

——推动农垦国有土地使用权确权登记发证，唤醒沉睡已久的农垦土地资源。截至2020年，土地确权登记发证率达到96.3%，使土地也能变成金子注入农垦企业，为推进农垦土地资源资产化、资本化打下坚实基础。

——积极推进对外开放，农垦农业对外合作先行者和排头兵的地位更加突出。合作领域从粮食、天然橡胶行业扩展到油料、糖业、果菜等多种产业，从单个环节向全产业链延伸，对外合作范围不断拓展。截至 2020 年，全国共有 15 个垦区在 45 个国家和地区投资设立了 84 家农业企业，累计投资超过 370 亿元。

2. 在发展中改革，在改革中发展

农垦企业不仅有改革的硕果，更以改革创新为动力，在扶贫开发、产业发展、打造农业领域航母方面交出了漂亮的成绩单。

——聚力农垦扶贫开发，打赢农垦脱贫攻坚战。从 20 世纪 90 年代起，农垦系统开始扶贫开发。"十三五"时期，农垦系统针对 304 个重点贫困农场，绘制扶贫作战图，逐个建立扶贫档案，坚持"一场一卡一评价"。坚持产业扶贫，组织开展技术培训、现场观摩、产销对接，增强贫困农场自我"造血"能力。甘肃农垦永昌农场建成高原夏菜示范园区，江西宜丰黄冈山垦殖场大力发展旅游产业，广东农垦新华农场打造绿色生态茶园……贫困农场产业发展蒸蒸日上，全部如期脱贫摘帽，相对落后农场、边境农场和生态脆弱区农场等农垦"三场"踏上全面振兴之路。

——推动产业高质量发展，现代农业产业体系、生产体系、经营体系不断完善。初步建成一批稳定可靠的大型生产基地，保障粮食、天然橡胶、牛奶、肉类等重要农产品的供给；推广一批环境友好型种养新技术、种养循环新模式，提升产品质量的同时促进节本增效；制定发布一系列生鲜乳、稻米等农产品的团体标准，守护"舌尖上的安全"；相继成立种业、乳业、节水农业等产业技术联盟，形成共商共建共享的合力；逐渐形成"以中国农垦公共品牌为核心、农垦系统品牌联合舰队为依托"的品牌矩阵，品牌美誉度、影响力进一步扩大。

——打造形成农业领域航母，向培育具有国际竞争力的现代农业企业集团迈出坚实步伐。黑龙江北大荒、北京首农、上海光明三个集团资产和营收双超千亿元，在发展中乘风破浪：黑龙江北大荒农垦集团实现机械化全覆盖，连续多年粮食产量稳定在 400 亿斤以上，推动产业高端化、智能化、绿色化，全力打造"北大荒绿色智慧厨房"；北京首农集团坚持科技和品牌双轮驱动，不断提升完善"从田间到餐桌"的全产业链条；上海光明食品集团坚持品牌化经营、国际化发展道路，加快农业

"走出去"步伐，进行国际化供应链、产业链建设，海外营收占集团总营收 20％左右，极大地增强了对全世界优质资源的获取能力和配置能力。

千淘万漉虽辛苦，吹尽狂沙始到金。迈入"十四五"，农垦改革目标基本完成，正式开启了高质量发展的新篇章，正在加快建设现代农业的大基地、大企业、大产业，全力打造农业领域航母。

（五）

八十多年来，从人畜拉犁到无人机械作业，从一产独大到三产融合，从单项经营到全产业链，从垦区"小社会"到农业"集团军"，农垦发生了翻天覆地的变化。然而，无论农垦怎样变，变中都有不变。

——不变的是一路始终听党话、跟党走的绝对忠诚。从抗战和解放战争时期垦荒供应军粮，到新中国成立初期发展生产、巩固国防，再到改革开放后逐步成为现代农业建设的"排头兵"，农垦始终坚持全面贯彻党的领导。而农垦从孕育诞生到发展壮大，更离不开党的坚强领导。毫不动摇地坚持贯彻党对农垦的领导，是农垦人奋力前行的坚强保障。

——不变的是服务国家核心利益的初心和使命。肩负历史赋予的保障供给、屯垦戍边、示范引领的使命，农垦系统始终站在讲政治的高度，把完成国家战略任务放在首位。在三年困难时期、"非典"肆虐、汶川大地震、新冠肺炎疫情突发等关键时刻，农垦系统都能"调得动、顶得上、应得急"，为国家大局稳定作出突出贡献。

——不变的是"艰苦奋斗、勇于开拓"的农垦精神。从抗日战争时一手拿枪、一手拿镐的南泥湾大生产，到新中国成立后新疆、东北和华南的三大军垦战役，再到改革开放后艰难但从未退缩的改革创新、坚定且铿锵有力的发展步伐，"艰苦奋斗、勇于开拓"始终是农垦人不变的本色，始终是农垦人攻坚克难的"传家宝"。

农垦精神和文化生于农垦沃土，在红色文化、军旅文化、知青文化等文化中孕育，也在一代代人的传承下，不断被注入新的时代内涵，成为农垦事业发展的不竭动力。

"大力弘扬'艰苦奋斗、勇于开拓'的农垦精神，推进农垦文化建设，汇聚起推动农垦改革发展的强大精神力量。"中央农垦改革发展文件这样要求。在新时代、新征程中，记录、传承农垦精神，弘扬农垦文化是农垦人的职责所在。

（六）

随着垦区集团化、农场企业化改革的深入，农垦的企业属性越来越突出，加之有些农场的历史资料、文献文物不同程度遗失和损坏，不少老一辈农垦人也已年至期颐，农垦历史、人文、社会、文化等方面的保护传承需求也越来越迫切。

传承农垦历史文化，志书是十分重要的载体。然而，目前只有少数农场编写出版过农场史志类书籍。因此，为弘扬农垦精神和文化，完整记录展示农场发展改革历程，保存农垦系统重要历史资料，在农业农村部党组的坚强领导下，农垦局主动作为，牵头组织开展中国农垦农场志丛编纂工作。

工欲善其事，必先利其器。2019 年，借全国第二轮修志工作结束、第三轮修志工作启动的契机，农业农村部启动中国农垦农场志丛编纂工作，广泛收集地方志相关文献资料，实地走访调研、拜访专家、咨询座谈、征求意见等。在充足的前期准备工作基础上，制定了中国农垦农场志丛编纂工作方案，拟按照前期探索、总结经验、逐步推进的整体安排，统筹推进中国农垦农场志丛编纂工作，这一方案得到了农业农村部领导的高度认可和充分肯定。

编纂工作启动后，层层落实责任。农业农村部专门成立了中国农垦农场志丛编纂委员会，研究解决农场志编纂、出版工作中的重大事项；编纂委员会下设办公室，负责志书编纂的具体组织协调工作；各省级农垦管理部门成立农场志编纂工作机构，负责协调本区域农场志的组织编纂、质量审查等工作；参与编纂的农场成立了农场志编纂工作小组，明确专职人员，落实工作经费，建立配套机制，保证了编纂工作的顺利进行。

质量是志书的生命和价值所在。为保证志书质量，我们组织专家编写了《农场志编纂技术手册》，举办农场志编纂工作培训班，召开农场志编纂工作推进会和研讨会，到农场实地调研督导，尽全力把好志书编纂的史实关、政治关、体例关、文字关和出版关。我们本着"时间服从质量"的原则，将精品意识贯穿编纂工作始终。坚持分步实施、稳步推进，成熟一本出版一本，成熟一批出版一批。

中国农垦农场志丛是我国第一次较为系统地记录展示农场形成发展脉络、改革发展历程的志书。它是一扇窗口，让读者了解农场，理解农垦；它是一条纽带，让农垦人牢记历史，让农垦精神代代传承；它是一本教科书，为今后农垦继续深化改革开放、引领现代农业建设、服务乡村振兴战略指引道路。

修志为用。希望此志能够"尽其用"，对读者有所裨益。希望广大农垦人能够从此志汲取营养，不忘初心、牢记使命，一茬接着一茬干、一棒接着一棒跑，在新时代继续发挥农垦精神，续写农垦改革发展新辉煌，为实现中华民族伟大复兴的中国梦不懈努力！

中国农垦农场志丛编纂委员会

2021 年 7 月

双桥

北京双桥农场志

BEIJING SHUANGQIAO NONGCHANGZHI

桥

序言

北京双桥农场自1949年成立以来，已走过七十余载光阴，一代又一代农场人，把创业的热情、青春的激情、奉献的真情浇灌在双桥这片热土上。从中华人民共和国成立前夕的艰苦创业到场社合并的机构改革演变，从困难时期的保障生产到改革开放的与时俱进，从20世纪90年代的市场化探索到新时代的转型发展……我们看到了双桥农场翻天覆地的历史变化；建设者们在场社合并之中发奋图强推动发展；奋斗者们在激荡变幻的岁月里稳定局势、保障发展；继承者们在改革开放的时代中革旧图新；探索者们在深化改革的进程中摸索新时代农场的高质量发展之路。双桥农场的发展与变革，在北京市属国企、北京农垦发展史上留下了浓墨重彩的一笔。

悠悠七十载，双桥农场历尽艰难与挑战，在困境中创业，在逆境中前行，全场干部职工不忘初心、牢记使命，全心全意谋发展，同心协力促转型。步入新时代，双桥农场主动融入北京发展新战略，主动融入北京"四个中心"建设，推动农场供给侧结构性改革，积极推进深化改革与转型升级。当前，在北京首农食品集团有限公司党委的坚强领导下，双桥农场正顺应深化改革的发展要求，踔厉奋发、踵事增华，拓展新思维、抢抓新机遇、谋求新作为，调整和优化农场主业结构，确立关键转型时期的战略定位，努力打造现代都市农业、文化创意产业、都市服务业三大主业板块，充分利用现有的产业基础和资源禀赋，推动产业升级和新兴产业发展，在融入集团发展的产业链、价值链中做强、做优、做大。

七十年的上下求索，双桥农场为后人留下了丰富的经验和宝贵的精神财富。鉴古知今、继往开来。此次修志，本着忠于历史、尊重事实，按照集团史志办研究和确定的历史阶段划分、提纲编目，以《双桥农场史》《双桥农场大事记（1949—2018)》为基本，爬梳剔抉，尽叙历史沿革之要略，全面、客观、简明地记述了双桥农场自 1949 年成立以来的发展历程，反映了双桥农场艰苦创业、砥砺奋斗、改革求变、转型发展的历史脉络，展现了一代又一代双桥人求索、开拓、变革的历史进程。

过去的成就已是历史，未来的辉煌指引向前。《北京双桥农场志》（1949—2018）旨在还原历史记录，厘清历史趋势，抓住时代脉搏，帮助后人了解农垦历史及双桥农场发展的脉络，总结历史经验，研精覃思、借鉴得失、明辨形势，以便更加清晰地把握新时代，进一步凝聚双桥智慧、发展双桥经济、孕育双桥文化、壮大双桥实力，推动双桥农场在新时代高质量发展道路上阔步前进、行稳致远。

以此为序。

北京首农食品集团有限公司党委副书记、董事、总经理　王建超

2021 年 1 月

北京双桥农场志

BEIJING SHUANGQIAO NONGCHANGZHI

凡例

一、本志坚持以马克思主义为指导，遵循辩证唯物主义和历史唯物主义原理，实事求是记述双桥农场自然、政治、经济、文化和社会的历史与现状。

二、本志《双桥农场志》，上限起自 1949 年，下限止于 2018 年。为叙事完整起见，部分内容适当上溯到 1949 年以前。

三、本志采用篇、章、节体结构，志首置序言、凡例、概述；正文遵循"横排竖写"原则，采用"述、记、志、传、图、表、录"等体裁，按照农业、工业、第三产业、管理体制、党团建设等内容，共分设 7 编、30 章、71 节；而后有附录；志书中还附有表格和 1949 年以来农场的重大史实照片，以求图文并茂，增强志书的可读性。

四、本志以第三人称记述，力求严谨、朴实、简洁、流畅。

五、本志人员姓名、职务均沿用历史习惯称谓，人名首次出现时写明职务全称，后文再出现时，直接使用人名，不再加任何职务与尊称。

六、本志组织机构简称：中国共产党北京市委员会简称市委，以此类推分别简称区委、县委等；北京市人民政府简称市政府，以此类推分别简称区政府、县政府等。企业名称以使用简称为原则，根据需要适当使用全称。

七、本志资料、有关统计数据均来源于《双桥农场史（1949—1989）》《双桥农场史》和朝阳区档案馆以及历史文献、社会调查、公司所属企业及机关部室等提供的材料，一般不注明出处。

八、计量单位均使用汉字，长度、重量、体积单位一般用法定计量单位，个别重量单位从档案记录使用市制单位，面积单位除耕地用市制亩作单位以外均用法定计量单位，以人民币为货币计量单位，一般用万元、千元、元。

中国农垦农场志

目 录

第六编　科技教育卫生

第七编 党的组织及企业文化建设

概　述

北京双桥农场前身是北京市双桥农工商公司（国营北京市双桥农场）。1949 年，建立初期，农场属于行政建制单位，不是经济实体，不具备企业独立法人资格。1987 年，为了适应改革开放后市场经济发展的需要，农场在北京市工商部门注册了北京市双桥农工商公司。国营北京市双桥农场与北京市双桥农工商公司同属一个单位，挂两块牌子，这种经营管理模式持续到 2008 年 6 月止。

2008 年 6 月 13 日，集团公司继续深化改革，加快重组步伐。以国营北京市双桥农场为主体，吸收合并北京市三元绿化工程公司和国营北京市永乐店农场，成立名副其实、具有独立法人资格的经济实体——北京市双桥农工商公司。2017 年按照集团公司全面推进全民所有制企业公司制改革的部署，北京市双桥农工商公司正式更名为北京市双桥农场有限公司（以下简称农场）。

基本情况

一、地理位置

农场位于北京市东南郊朝阳区境内东南部的通惠河畔，东部、南部与通州区接壤，西部与王四营、十八里店、高碑店乡相连，北部与平房、金盏乡毗邻。京通快速路、广渠路快速路、京津高速路、京哈高速路，朝阳路、通马路、双桥路、双桥东路和京承、京山、大秦、京津城际高铁从农场中穿过。北京第二大货运编组站——双桥火车站坐落在农场内。农场内柏油路交错成网，348、690、532、364、397、312、000 专线车在农场区域内通过。公司区域东西宽 6 公里，西北长 12 公里，距天安门 20 公里。土地总面积 66.7 平方公里。

二、地貌水文气候

农场地处永定河、潮白河冲积平原下部，地势自西北向东南倾斜，坡降为 0.6‰，海拔从 31 米降到 24 米，平均海拔 27 米。

据通县（今通州区）县志记载，农场此地被称为"海子"，即低洼积水之处。地下水位较高，多为 1～1.5 米，而且随干湿季节而升降，水资源比较丰富。由于地下水开采量加大，超过了补给量，形成了降雨漏斗，但因地势低洼，雨涝威胁仍大于干旱。

农场土壤为中性土壤，主要为石灰性冲积土，一米下有僵石层，再下为黏土或沙板，渗透性差，理化性状不良低洼易涝。但肥水保持力较强。据 1980 年农业区划调查，土壤中有机质含量平均为 1.25%，大于 1.40% 的占 70%。氮、钾含量较高，磷肥偏低。

农场地域处于地球北半球中纬度地区，属温带大陆季风气候区，高空大气环流属盛行西风带。春季受大陆气团控制，光照充足，干燥多风；夏季受太平洋副热带高压和大陆低压影响，空气湿润，雨热同期；秋季北方冷高压南侵，秋高气爽，空气新鲜；冬季受西伯利亚冷空气和蒙古高压影响，寒冷干燥，降水量少。一年四季，冬春两季干燥多风，夏秋两季潮湿多雨，年降水量一般为 500～600 毫米，雨量集中在 6—8 月。冬季严寒少雪，夏季较热，风随季节明显变化，冬季多为西北风，夏季多为东南风。年平均温度 11～12℃，无霜期 185 天，光照条件比较充足，夏季雨量充沛，气候有利条件较多，适宜农作物生长。

三、河流

农场场内有 2 条河流，分别为萧太后河、通惠河，两河均为人工运河。

（一）萧太后河

萧太后河又作肖太后河，是北京最早的人工运河。明清笔记有记载，"河面船只穿行，河岸行人如织，如同江南水乡"。

萧太后河位于北京城的东南部，因辽萧太后主持开挖而得名，最初是为运送军粮所用，后成为皇家漕运的重要航道，它比元代漕运的坝河早 280 年，比元明清漕运的通惠河早 300 多年。

萧太后河的主流源于东南护城河，上游支流源于朝阳区老虎洞。此河自西北流向东南，最后注入通州区的凉水河。1958 年修建通州区通惠河引水干渠时，将该河拦腰截断。上段主河道长 11.85 公里，宽 8～13 米；流域面积 21.83 平方公里。在朝阳区黑庄户乡大鲁店的马家湾村南注入通惠排水干渠。萧太后河是北京南部城区及朝阳区南部的主要排水通道。上游河段排洪能力 33 立方米/秒，下游河段排洪能力 55 立方米/秒，河道上修蓄水闸 6 座，蓄水 20 余万立方米。萧太后河而今依然是北京东部的主要河流之一。

"治河先治污"，朝阳区联合排水集团，在萧太后河两岸铺设 14.5 公里污水管线引入定福庄水厂，正式截污纳管，日收纳污水 6 万吨，实现污水不再入河，同时，两岸铺设 16.3 公里中水管线，将定福庄水厂引入中水，向河道补水，日补水能力达到 10 万吨。在萧太后河综合整治过程中，在朝阳段两岸将新增公园 3 座，新建绿道 24 公里，打造一条平均宽度 280 米的，连通中心城与城市副中心的水系湿地生态廊道，恢复流域生态功能，项目年新增生态水源 200 万立方米，新增绿化面积 4000 亩*，湿地 1000 亩，实现河道水清岸绿。

（二）通惠河

通惠河位于京城的东部，是元代挖建的漕运河道，由元代著名的水利专家郭守敬主持修建。在今天朝阳区杨闸村向东南、至通州高丽庄（今张家湾村）入潞河（今北运河故道），全长 82 公里。其中从翁山泊至积水潭这一段河道在元代称为高粱河。

为了节制水流，以便行船，在通惠河的主要干线上修建了 24 座水闸。从西向东有 11 个闸名，依次称为广源闸、西城闸、朝宗闸、海子闸、文明闸、魏村闸、籍东闸、郊亭闸、杨尹闸、通州闸和河门闸。通惠河明代以后改称御河（玉河）。1956 年，城内的部分全部改为暗沟。水质明显变差，在 20 世纪后半叶，河水如墨汁，后来在御河下水道的南河沿大街南口建截流井，把污水及菖蒲河的水排放到高碑店污水处理厂，通惠河水质得以逐年改善。

四、历史文物

农场地域内通惠河上有座桥，因距通州西门八里，故俗称为八里桥。此桥始建于明代正统年间，当时称永通桥。明正统十一年（1446 年）8 月动工，12 月完工，正统皇帝亲自赐名"永通"。历经 667 年风风雨雨，至今风采依旧。永通桥是京津水路咽喉，与丰台卢沟桥、昌平朝宗桥共为拱卫京师之三大桥。此桥屡经重修，民国二十七年（1938 年）铺通柏油路，1984 年桥北坍塌，次年修复。六百年沧桑封存在桥上，追思怀古，令人感慨。如今，八里桥被定为北京市文物保护单位。

农场地域内豆各庄有张翼祠堂。张翼（1852—1915 年）在清光绪年间任醇王府总管，

---

* 亩为非法定计量单位，1 亩≈666.7 平方米。——编者注

后官拜工部侍郎，主管土木工程建造，在督办营造慈禧陵墓时，以剩余砖木修建了自家祠堂。祠堂为二进院落，建筑高大宏伟，工艺精美，是北京市同类古建筑中保存较完整的一座祠堂建筑。大门仿新华门建造，门前原有一影壁，上雕葡萄架，百子图等图案，后被毁，房屋与院墙保护尚好，已定为朝阳区文物保护单位。

位于农场区域内的管庄、杨闸、西会村各有建于清代的清真寺一座，均属区级文物保护单位；常营村西有明正德年间建造的清真寺，亦为区级文物保护单位。

在农场地域内双桥村北建有烈士陵园，园中安葬 29 位革命烈士。1949 年 1 月，人民解放军围困北京城时与地方反动武装展开战斗，牺牲了 29 位革命烈士，这些革命烈士就安葬在农场所属腾达饲料厂地域内，1954 年通县人民政府与双桥农场共同立碑为证。1998 年后一直由双桥农工商公司（北京双桥农场有限公司的前身）代管。根据国家民政部有关要求和市政府民生建设工程的需要，经朝阳区人民政府和市民政局批准，双桥革命烈士陵园移至北京市常青园骨灰林基地重新建设。2010 年 11 月 12 日，封园迁建仪式举行。

五、自然灾害

暴雨是北京地区夏季主要的灾害性天气，年降水主要集中在汛期，而汛期的降水又主要来源于大暴雨，极易形成洪涝灾害。

1949 年 6 月下旬至 9 月上旬，双桥农场共降水 664.4 毫米，7 月下旬第一次大雨后，农场 80 公顷农田一片沼泽。场内积水过膝，排水沟已不足以泄洪，直至收秋时地里仍一片泥泞，作物严重减产，当年小麦单产为 55 千克，只完成当年计划收成的 40%。

1950 年 4 月，北京郊区连续降雨 110 毫米，为常年同期 4 倍，造成麦田麦叶蜂虫害发生。双桥农场小麦亩产也受到影响，仅为 50.2 千克，比上年低。同年，由于饲养环境简陋，农场因焦虫病死亡高产牛 4 头。

1951 年 8 月下旬，农场棉田遭遇严重旱灾和虫灾，经苏联专家指导防治工作后，有效地遏制了蚜虫、红蜘蛛和叶斑病等病虫害。

1952 年，农场种植的棉花遇到棉铃虫，防治措施不到位，籽棉亩产 125 千克，比 1951 年减产 42%。

1954 年 2 月，由于调入的牛缺乏检疫措施，致使农场牛群感染上结核和流产。经检查，牛发病率高达 93%，严重地影响产奶。

1954 年，农场同期也遭遇水灾，损失粮食、饲草、饲料等几百吨。

1955年8月，农场降雨523.4毫米，比上年同期多104.6毫米；9月降雨139.8毫米，比上年多124.8毫米。水淹农田，部分牲畜棚圈倒塌，薯类损失34万千克，水灾导致直接经济损失9万元。

1959年7—8月，农场降水量达927.5毫米。农场229.3公顷大田、20.2公顷园田被淹，作物颗粒无收；场区、村庄漫水，坍塌房屋321间，154户人家痛失房舍；倒塌猪圈、畜棚136间，淹死猪29头、羊10只。

1963年8月8—9日，农场全域遭淹，朝阳区水利局干部张连璞赶到常营分场，与分场会计李春、五里桥支部书记倪瑞波察看灾情，三人不幸被卷入洪流中，只有倪瑞波一人挣扎脱险，张连璞、李春二人即刻不见踪影，下落不明。

1969年，农场全年降水量达866毫米，大多集中在夏秋两季，形成了沥涝灾害，影响产量，部分农田颗粒无收。

1982年7月15日，农场果园及136.27公顷蔬菜地遭冰雹袭击，直接经济损失30多万元。

1990年9月2日，农场地区受到强风暴雨和冰雹袭击。受灾农田5500多亩，严重被毁的水稻计3300亩，倒伏1520亩，损失稻谷150多万斤[*]。400多亩果园遭风雹袭击，砸烂果实30多万斤；280亩蔬菜地遭灾，损失85%以上；狂风吹倒大树150多棵；鱼塘成鱼因缺氧而大量死亡。因高压线折断，导致农场磁性材料厂高温炉内烧制中的电子元件全部报废。此次强风雹灾造成的直接经济损失超过200万元。

1991年7月11日，骤雨和冰雹肆虐，农场有500亩高粱被毁。

1992年6月29日晚，阵风达八级，狂风暴雨袭击了农场，倒折大树250棵，三处高压线被风刮断，造成四个分场停电、企业停水停产，经济损失685万元。

1994年7月12日，农场地区连续24小时降雨，降水量达200多毫米。双桥农场1000多公顷农田、多数果园被淹。鸭场部分生产设备，过水后毁坏严重，渔场四个金鱼池内所养名贵金鱼基本跑光，制药厂成品库房进水，180多户职工宿舍雨水漫进，常营分场部分民房墙倒屋漏。

1998年6月30日，农场短时间内降雨223毫米。黑庄户分场666.7公顷农田、常营分场266.7公顷稻田及菜地被淹；农场133.33公顷饲料地遭水淹，减产过半。

---

[*] 斤为非法定计量单位，1斤＝500克。——编者注

发展概况

1949年2月，北平军事管制委员会物资接管委员会财经部农业水利处派军事联络员王继尧接管了"国民党励志社双桥农场"。同年4月，定名为"农业部国营双桥农场"，成为全国农垦系统最早的国营农场之一。第一任场长苏伯朋、副场长王继尧。

1958年6月，农场由农垦部下放，移交给北京市通县管理。当时，农场拥有8027亩土地，222名职工，是全民所有制的国营企业。1961年4月，历时三年的撤区并乡、成立人民公社的运动暂时告一段落，双桥人民公社包括常营、咸宁侯、黑庄户、大鲁店、定辛庄五个大队和企业部分，即原农场的全民企业。拥有土地5.5万亩，农村人口约3万，1万余劳力和2545名企业职工，是政社合一的组织，即是全民所有制的人民公社，也是全民所有制的农场。

1961年，双桥公社分设5个大队，5个直属队，共有6287户，28341人，劳力10079人，耕地59271亩。拥有拖拉机26台，大车430辆，奶牛712头。

20世纪70年代末，利用国家对农场的优惠政策，双桥农场加快了向现代化、商品化、专业化、集团化进军的步伐，使农场成为首都稳固的规模化商品奶、蛋、肉、禽、鱼、菜、果和商品粮生产加工基地。在生产实践中，科技兴农战略得到有效贯彻，农场的科研工作硕果累累，北京鸭Ⅰ系、北京鸭Ⅱ系、北京黑猪、黑白花奶牛、观赏金鱼、京双号系列小麦等产品的养殖种植技术都处于国内先进水平。此外，农场的医药、兽药、化工、乳制品、粮食加工产品、机加工产品、建材、农用物资、家具、环保设备等在国内外市场上享有一定的声誉。农场制药等企业与国外大公司合作，设备和管理先进，科技含量高，投资具有一定规模，扩大了经济效益和社会效益。

1989年，农场东西宽6公里，西北长12公里，总面积为66.17平方公里。耕地面积为4.98万亩，有粮田3.03万亩，菜田4553亩，果树1518亩，鱼池1499亩。全场总人口5.5万人，其中农村人口3.48万人，劳动力1.64万人（男7261人，女9177人），国营企业职工5958人。农场成为种、养、加一条龙，农、工、商一体化的综合企业，形成了以农、牧业为基础，以工业为经济支柱，商品经济为主体，第三产业蓬勃发展的新格局。

1998年，农场拥有66.7平方公里辖区、5.5万人口、64个自然村、36个国营企业、200多个乡办企业（其中外企17个）、7426名国营和集体企业职工，并附有幼儿园、中、小学和医院，集社会、政府、企业三项职能为一体，成为具有庞大规模的社会经济综合体。农场农、林、牧、副、渔五业兴旺，鸡、鸭、鱼、肉、粮、菜、奶多种经营，养殖业、种植业、加工业、服务业并驾齐驱。农场共有国营、集体土地 8.23 万亩，总资产 18.93 亿元，所有者权益 8.52 亿元。

场乡体制改革后，五个乡、医院、学校等行政事业单位，统一归属地方管辖，农场只剩下 36 个国营企业，2962 名职工，土地减少到 8882 亩，国有总资产 2 亿元，所有者权益 3584.6 万元。

1998 年 8 月，按照上级指示，双桥农场进行了场乡体制改革，实行政企分开，农村集体经济与农场分离，终结了延续四十年的"国营带集体""全民、集体两种所有制并存"的经营体制，党、政、企三位一体的社会综合体变成一个面向市场、自主经营、自负盈亏的国有企业，即独立的法人经济实体。

2008 年 6 月 13 日，以北京市双桥农场为主体，吸收合并北京市三元绿化工程公司和北京市永乐店农场，成立新的具有独立法人资格的经济实体——北京市双桥农工商公司。

2017 年，按照集团公司全面推进全民所有制企业公司制改革的部署，更名为北京市双桥农场有限公司。

截至 2018 年底，农场注册资本 9108.6 万元，总资产 543647.20 万元，净资产 119562.71 万元。在职员工 988 人。共有土地面积 8245.62 亩，其中双桥地区土地面积 5724.74 亩，永乐店地区 1804.85 亩，东郊农场地区 716.03 亩。

大 事 记

● **1949 年**　2 月 11 日，中国人民解放军北平市军事管制委员会物资接管委员会财经部农业水利处委派军事联络员王继尧等人，接管了励志社双桥农场。

4 月，正式建场，为"华北人民政府农业部国营双桥农场"。第一任场长苏伯朋，副场长王继尧，事务员王保斌（留场人员）。全部干部 5 人、工人 41 人，开始春耕播种。接收时总土地面积 2700 亩。

4 月，收回部分土地。春播土地计 1200 亩，其余未收回土地拟大秋后陆续收回。在回收中，将原租给四村地富（地主富农）的土地转租给了贫苦农民，扶助他们生产。

6 月 11 日，农场首次用割麦机割麦。由于麦穗长短不齐，只割了半天，便告失败，仍改用手工操作。

6 月，工人开始当家作主：①由工人按标准用民主方式评议工资等级；②从工人中选举产生伙管会，管理工人伙食；③工人代表定期参加场务会议，议决农场大事，参加农场的管理。

6 月下旬至 9 月上旬，共降水 664.4 毫米，仅 7 月末第一次大雨后，农场 80 公顷农田一片沼泽。场内积水过膝，原开挖的排水沟已不足泄洪用，直至秋收，地里仍一片泥泞，作物严重减产，只完成当年计划收成的 40%。

10 月 8 日，京郊农垦管理局调来 3 部拖拉机帮助农场耕地，农场的土地上第一次响起拖拉机的轰鸣声。

10 月 12 日，机耕后的土地，农场第一次用马拉十行播种机播种小麦 630 亩，播种效率大大提高。

10 月 18 日，农场按照京郊农垦管理局局长戎占峡指令将全部物资设备分类登记造册报局。

11 月 1 日，京郊农垦管理局改名为京郊农场管理局。由华北人民政府正式移交中央农业部领导，农场正式定名为中央人民政府农业部京郊农场管理局国营双桥农场。

12月，中央人民政府农业部在农场成立拖拉机手训练班和机耕学校。三期共培养2000多人，开始为新中国的社会主义和农业机械化培养力量。从此，双桥农场被誉为"全国农机事业的摇篮"。

12月，由于农场在收回土地问题上得到群众拥护和农场对当地群众的帮助，农场在区农民代表会上被推选进入主席团，并被选为常务理事。

年底，农场为解决土地肥料极为缺乏问题，购入当地猪353头，充分利用本场粉渣。修建猪舍52间，发展起了农场最早的畜牧业。

● **1950年**　2月28日，双桥农场由京郊农场管理局正式移交给中央农业部拖拉机手训练班，接收人为从冀衡农场来的李直。

3月1日，中央人民政府农业部机耕学校在双桥成立，双桥农场为机耕学校的实习农场。机耕学校校长李直，副校长陈国英，美国友人韩丁等人都在这里授课。实习农场场长刘子荣，副场长范希忠、狄越（兼）。学员大部分从各部队抽调。

3月，购入来亨鸡苗210只；农场又用平式孵化器孵化出185只。

3月，下旬开始接受京郊农场管理局调来的第一批14头乳牛。

3—4月，机耕学校学员开学后在双桥车站卸农机时，正值朱德来场，看到许多学员搬抬笨重的农业机械，指示从车站往实习工厂修一条铁路复线。机校老同志均参加了铁路支线的施工（当时供应站处为全国农机集散地）。

4月，上旬接受天津渤海区调来的乳牛29头，共计43头并建起简易畜禽舍879平方米。

4月，在韩丁指导下试制青贮饲料。

春季，学习苏联经验，棉花第一次密植，即取得每亩产籽棉163.1斤的好收成，相当于农场1949年亩产（34斤）的5倍，高于当地农民亩产量（85斤）92%。

6月，农场第一次用收割机收获小麦（一部自动、一部马拉牵引）。朱德参观机收小麦。

6月，淘汰了旧式农具，实现了机械耕作。仅实习农场已拥有4.3标准台共69千瓦苏联援助的拖拉机和各种与之配套的农机具27部。

农场在农田水利局测量队的指导下，测出土地水平，进行新的区划，使

2400 亩耕地成方成块，并在每区边界用开沟机开挖宽 1 米、深 1.7 米的排水沟 2850 米。

● **1951 年**　上级明确农场身兼生产和示范教育的双重任务，实现经营企业化、管理民主化。在生产技术、生产成绩上对各农场、农民起示范教育作用；配合政府在家禽饲养、作物栽培上普及、推广优良品种。逐步建立、健全了各项工作的检查、汇报及会议制度。

农场建设了永久性、近代化乳牛舍 892.53 平方米、种猪舍 334.31 平方米、鸡舍 235.44 平方米。

农场从东北又购入乳牛 18 头；约克夏等种猪 15 头，为农场畜牧业的发展奠定了初步基础。

6 月，农场首次用苏制 C-4 联合收割机收获小麦。密植后的小麦产量达到亩产 260.6 斤，打破京郊小麦亩产百斤上下的局面。

6 月，刘少奇、彭真、徐特立等中央领导在农场机关楼西边麦地参观机收小麦。

夏季，朱德来农场视察，并于夏末秋初指示新疆派来 400 人到农场学习驾驶拖拉机。

秋季，棉花继续高产，平均亩产 296 斤，高于当地农民 150%，丰产区每亩达到北京历史最好水平亩产籽棉 537 斤。

● **1952 年**　春季，毛主席将罗马尼亚人民共和国政府赠送的一台拖拉机转送农场。农场举行了隆重的接收仪式，罗马尼亚大使和我国外交部礼宾司负责人出席大会。

6 月底，朱德、邓小平、聂荣臻等中央领导视察农场。

8 月 10 日，接京郊农场管理局批示，同意机耕学校建临时训练班教室、宿舍等建筑 1367.2 平方米。

9 月 12 日，农业部国营农场总局召开直属农场会议，规定了双桥农场的发展方针：以畜牧业为主，农牧结合，适当发展果树园艺，为城市服务。畜牧以发展乳牛为主，配合发展猪、鸡。农业以推广优良品种为主要任务。

10 月，高教部、农业部决定在原双桥机耕学校基础上成立我国第一所农业机械化学院——北京农业机械学院。校长李直，副校长狄越（女）。同时，农业部定名农场为"国营双桥机械化农场"，仍为实习农场，受京郊国营农场管理局领导。从此农场成为一个独立的经济核算单位，场长贾梦月，副场长狄越（女）、冀丰盈（女）、李众仆、刘肃彦（女）。

秋季，为四合庄等地代耕，使农民第一次体会到拖拉机和机耕的高效和机械化的好处（用伏特拖拉机耕地后用马拉播种机播种小麦 27 亩）。

10 月，接受农业科学研究所拨来约克夏种猪 9 头，先后向五里店、芦台、石家庄、保定等地国营农场推广种猪 32 头。

农场向三河县推广来亨鸡幼雏 18000 只。

10 月，受农业部委托，农场抽调人员开办培训拖拉机手训练班一期，共培训一百多名。

10 月，农场牛群 90％ 开始使用苏联援助的第一台电气挤奶器挤奶。

接受农业科学研究所拨农场部分乳牛、购入苏联科斯托罗姆乳牛 10 头，种公牛 2 头。经鉴定，农场已有高产牛 5 头、特等牛 27 头、一等牛 25 头。全部乳牛搬入宽敞、舒适、通风良好、有自动饮水设备的新式牛舍。牛群采用苏联先进经验，开始人工授精。

12 月底，农场首次扩大土地面积。经农业部批准，在农场附近向东、西、南扩充土地。由通县县政府、区政府及农场三方组成收购土地委员会，占地 3369.82 亩，其中耕地为 2515.28 亩。扩大后农场共有耕地 4887 亩。

农场在原有鸡舍外，新增添了孵化室、育雏室五间。农业科学研究所拨来大型立体孵化器一台（容 6000 枚）。添购了芦花鸡、油鸡、澳洲黑、新汗县、红岛等种鸡。年饲养来亨鸡 467 只。

1953 年 农场学习苏联经验，在农作物种植上向以畜牧饲料生产为主发展，逐渐试行以牧草为主的草田轮作制。

2 月，组织互助组。

春季，开展"三反"运动。运动后农场发展了第一批党员，成立了党支部，贾梦月任党支部书记。

3 月，农场场部办起职工业余学校，分 6 个班上课，有 146 人参加，至年底，工人中基本上扫除了文盲。

6 月，捷克斯洛伐克共和国赠送农场拖拉机、拖车、培土机各一辆及各种配件 195 件。至年底农场农业上的耕、耙、播 90％ 实现机械化；畜牧业也大部实现机械化。

7月，双桥农场园艺队王德厚代表河北省青年参加了在罗马尼亚布加勒斯特举行的第4届世界青年联欢节。

农场职工生活开始有所改善，50多户工人搬进宿舍。场部内建起理发室、浴室。由干部工人集资合股建起了农场合作社。

秋季，农场用苏制-48行播种机播种小麦，正值中华全国民主妇女联合会副主席李德全（女）、首任国家司法部部长史良（女）来场视察，称赞农场的三位副场长（刘淑晏、狄越、冀丰盈，其中冀丰盈曾是第一批女拖拉机手）。

农场接农业部指示，农场派人参加冀县青甸洼开荒。共调去20～30部机子，开荒14000余亩。

10月13日，农场向京郊农场管理局呈报了《场机构编制调整准备情况及存在问题的请示》，提出将三级改为二级制，即各队、组由场长、副场长分工负责直接领导；在场部设总技师二人分管农业、畜牧技术工作。

年底，任园艺队副队长的王德厚和任饲料队副队长的李文华因工作成绩突出被推举为一级劳动模范。

12月，由于北京市的统一规划，北京农业机械学院迁至西郊，农场从此成为独立的国营机械化农场。场长李直，副场长李众仆，党支部书记姜华亭。

几年来农场配合拖拉机手训练班、机校、机械化学院培训驾驶员、机务及农业干部2000多人，为农业部代培机手百余人，在机收季节接待参观、学习达20万人次以上。为周围农业社、互助组、农民代耕土地2500亩。

1954年 3月，结合宣传贯彻过渡时期总路线，农场组织了宣传队并出版了《前进报》，配合各阶段中心工作宣传报道，历经八个月出版33期。同时为了广泛宣传还成立了家属委员会，设读报组学习时事。

春季，开始用进口猪（自苏联、英国进口）与当地猪杂交，选育良种猪。

3月22日，王德厚、李文华被推举为一级劳动模范出席中央农业部国营农场管理总局直属单位第一届劳模代表大会。

3月22日，王德厚当选为第一届全国人民代表大会代表。

4月，农场与华北农业科学研究所订立农牧方面技术研究合作计划，调查研究在生产过程中必须记录的记载方法。

农场第一次安装使用人工降雨器，先在六号井浇地，后移在 3 号井浇小麦。

6 月 25 日—7 月 10 日，农业部国营农场管理总局与水、土利用局及华北农业科学研究所共同派员组成联合调查组，对农场土壤进行全面调查，首次写出土壤普查报告。为农场土地的区划、合理利用提供了科学依据。

9 月 23 日，农业部国营农场管理总局召开会议，决定将农场作为防治乳牛结核病、流产病试点场之一。

9 月，朝鲜国家主席金日成来农场参观畜牧业。

9 月，蒙古大使参观双桥农场。

9 月，朝鲜访华代表团参观双桥农场。

为配合通县在农场附近农村的互助合作运动的开展，有计划地为群众代耕。在农业部和农垦局的指示和帮助下，农场专门配备了机具组成代耕队，全年共给组织起来的农民开荒 2180.5 亩，播种 736.2 亩，镇压 415.1 亩。

10 月，根据苏联专家建议，全场讨论制定了乳牛结核、流产病防治措施，开始实行分四区严密隔离法，着手培养农场第一代健康牛群。

10 月 10 日，河北省决定在通县铺头乡筹建拖拉机站。农场接农业部指示，以农场代耕队为基础，除将原代耕队全部机具移交该站外，并支援该站机务队长 1 名、农业技术员 1 名、会计、总务人员 3 名，拖拉机手、实习驾驶员 4 名。至此，拖拉机站正式成立，农场代耕任务移交该站。

本年开始试行以牧草为主的九年九区草田轮作制。为适应畜牧业的发展，农场停止种棉，改种饲草、饲料为主。

12 月 4 日，为了纪念 1948 年冬解放战争中在京郊大山子战斗中牺牲的 29 名烈士（其中 1 名女指导员），通县人民政府、双桥农场在烈士安葬处（今西猪队南边义地小树林中）树碑载文，以教育后代。从此，每年清明节，附近学校的中、小学生就络绎不绝地到此凭吊、扫墓，举行缅怀先烈的纪念活动。

工会代表农场工人与农场行政领导签订了劳动保险合同，使广大工人在生产与生活上有了最初的保障（此时尚未执行劳保条例）。

场内建起医务所和子弟小学。

1955 年 3 月，场长李直因工作需要调回农业部，苏冰任场长，于彦任党支部书记兼副场长。

春季，几年实践证明苏联的"九年九区草田轮作制"在农场条件下不成功，改为水、旱分别轮作。

将一直闲置未用的一台化学肥料施肥机（TP－1型）改装试验成功，可与耙青连续作业。

农场试制成功平型镇压器，以解决秋季和早春顶凌播种的镇压问题。后又赶制出五台（一组）空心式平型镇压器。

为解决块根白薯栽种时需大垄培埂问题，农场试制出培埂准向犁。可用克德-35托带一次培埂八行，比伏特机提高效率3.5倍，只一个夏季就节省油料116公斤。

8—9月，天气闷热多雨。8月降水523.4毫米，比去年同期多104.6毫米；9月降水139.8毫米，比去年多124.8毫米。致使水淹田野、场区、村庄，民房屋漏进水，部分牲畜棚圈倒塌。造成薯类损失共计68万斤；水灾和病害造成直接经济损失达8万元。

年底，农场双桥牛队工人孙庆年被选为全国先进生产者代表出席大会。

● **1956 年** 4月，增补景良为农场副场长。

5月，农业部国营农场管理总局扩编为中央农垦部，农场由中央农业部移交农垦部管理。

7月，在农垦部指导下，由王光希具体帮助设计施工，北京市委及农林局、东郊区积极支持寻找水源，通县副县长帮助解决水渠占地问题并派民工400人，帮助农场修建了自高碑店至农场15公里长的灌渠一条（一支渠），使本场3500亩耕地旱田变水田。

7月，河北省交通厅为农场修建三间房至农场场部柏油马路一条，解决了雨季交通不便问题。

10月，为彻底解决和防止疫病的发生，场内牛场开始腾空，进行彻底消毒。培养的156头健康，已有21头顺利产犊。

张士达赴丹麦参观学习畜牧生产。

农场又建成家属宿舍990平方米。

农场全年向外推广优良种猪500头、种公牛25头、各种饲草、饲料种子32820公斤，苗木75000株。为附近合作社秋耕690.6亩地，密植小麦230亩。

自建场起，农场先后向友谊农场、合肥乳牛场、柏各庄农场、山丹牧场及京郊的东郊、西郊、北郊农场支援干部、技术力量若干人。

12月，农垦部投资25万元，购地3412.7亩（即今双桥牛场至定辛庄村西），扩大了饲料的种植，至此，双桥农场总土地面积已达8907亩，耕地8027亩。

● **1957年** 春季，农垦部副部长张林池亲临农场指导。在农业上，实行定额管理、联产计酬、超额奖励的制度。

8月17日，在中央农垦部全国农田水利工会指导下，农场召开第一届职工代表大会。

8月，农场成立党总支，崔文瑞任第一任党总支书记。苏冰任场长，景良、张士达任副场长。

8月，农垦部在农场东大院内设国营牧场管理局，直辖农场。从这一年起，农场开始引进山丹牧场的马。

8月，农场初步培育成功双桥黑白花猪，并向全国推广。

10月，农场出席北京市扫盲先进代表会议。

本年，场内牛场进行了九次彻底大消毒，将第一代健康牛群移至场内。健康牛群超额完成全年产奶计划。

● **1958年** 6月，农场由中央农垦部移交北京市通县管理。当时，农场拥有8027亩土地，222名职工，是全民所有制的国营企业。

6—9月，下放通县管理的三个月中，通县县委贯彻上级决定，进行撤区并乡工作：将八区豆各庄乡全部村庄及台湖乡的四合庄、土桥、苏坟、么铺、定辛庄并入农场，组成豆各庄乡。党委书记李会民，第二书记赵兴国，乡长胡文顺。并场后全部土地54000亩；咸宁侯乡和常营乡合并成立常营乡并入农场，党委书记马德州，副书记周作民，乡长白崇福。全场土地面积达到71878.5亩，耕地为70880.5亩。

8月，农场在新生窑厂、解放军总参下放干部支援下，开始建加工厂厂房。同期建制药车间。

9月，农场加工厂制糖车间建成。开始用两口大锅生产饴糖——农场最早的工副业。

9月底，朝阳区将双桥农场与豆各庄乡、常营乡合并，成立双桥人民公社，农场业务归市农林水利局管理。

秋季，为兴建人民大会堂、历史博物馆，农场担任了内蒙古至北京建筑材料的运输任务。

大力兴修农田水利建设，逐步使农场灌溉渠系配套成龙，土地成方成块（长400～600米，宽100米），至1962年基本成形。

农场成立托儿所。

农场购入一辆苏制"嘎斯"汽车。

原机耕队机耕组扩大成国营机务队，机务人员增加到70多人，拥有21台拖拉机，8台联合收割机，为各公社深翻土地16000亩。并到西集支援深翻土地，冬耕地创最高班记录。

农场当年被评为北京市先进单位。

10月25日，朝阳区将全区高级社合并，划分成朝阳、和平、幸福、红光四大人民公社。其中由孙河、酒仙桥、平房、东坝、长营、楼梓庄、金盏、豆各庄8个乡和东郊、展览馆、朝阳、双桥4个农场联合成立朝阳人民公社（俗称"大朝阳"），下设四站：东郊站、双桥站、农展馆站、东坝站。朝阳公社党委书记马海水、副书记梁建华、田子济、苏冰、赵景岑，朝阳公社主任苏冰，副主任李众仆。当时双桥农场本身仍存在党委，党委书记苏冰，副书记张宝文，场长张士达，副场长景良。

12月，为了农场生产的扩大和发展，由农垦部调入157名四川人；在部支持下，将原在农场劳动的一批月工转为正式工人。

● **1959 年** 年初，双桥修配厂、制药车间、加工厂淀粉车间陆续建成，并开始发挥效用。

年初，农场开始在萧太后河坡地等处种植了果树，充分利用了河坡地，建立了果园，发展果木生产。

年初，在原农场机务队修理组的基础上，农场建起双桥第一个农机修配厂。

3月，根据朝阳区委四干会上的决定，将定辛庄、黑庄户等五个自然村并入农场，转为全民所有制，但企业部分仍单独核算（先前并入的台湖、口子村此时又划回通县）。

3月，朝阳区将全区四大公社划分为七个人民公社，实行三级管理。双桥人民公社（包括农场及豆各庄、常营两个乡）为七个人民公社之一，党委书记苏冰兼公社主任，张宝文任党委副书记兼副主任，张士达、李会民为副主任。双桥农场党委书记崔文瑞，副书记张宝文，场长苏冰，副场长张士达。

7—8月，暴雨连降，达927.5毫米。农场3439亩大田、303亩园田被淹，作物颗粒无收。场区、村庄漫水，坍塌房屋321间，154户人家痛失房舍；倒塌猪圈、畜棚136间，淹死猪只29头、羊10只。根据市委"大种白菜，夺回水灾损失"的指示，全场职工与建工部二公司来支援的150名干部奋战一个月，抢种三次，夺得秋季白菜丰收。

7月，农场企业养鸡队派1人去蒙古援助孵化。

11月，根据市委决定，又将七个公社合并为朝阳、中德、和平三个人民公社。朝阳人民公社，俗称"小朝阳"，由双桥人民公社（包括常营、三间房、咸宁侯、豆各庄4个管理站和种畜场）与红光人民公社（老君堂、小红门、十八里店3个管理站）和幸福人民公社（南磨房、王四营、高碑店、八里庄4个管理站）联合组成，共含十一个站一个农场。

"小朝阳"公社党委书记苏冰，公社主任王占成，副书记熊克崑、张宝文，副主任李惠民、丁文卿、王凤仪、宁雪山，农场党委书记崔文瑞，副书记张宝文，农场场长苏冰，副场长张士达。从这时开始了由集体所有制向全民所有制过渡的试点工作。从此，农场既是政社合一的农场，也是全民所有制的人民公社。

农场被评为"北京市农村业余教育先进单位"。

11月，农场企业小麦专业队与鸡队养鸭组被评为"北京市先进单位"，出席北京市群英会。

12月，加工厂全年利润16万元；糖浆产量占全市25%～30%；淀粉产量居全市首位；制药车间土法上马，因陋就简，制出一万单位高效土霉素，经农业部鉴定向全国推广。

● **1960年** 1月，双树、郭家场划归农场领导。

2月27日，朝阳区委农村工作部明确公社实行"统一领导、分级管理，统一核算，企业经营，共负盈亏，承认差别，逐步做到缩小差别和消灭差别"。

2—3月，贯彻中央精神，开始整风整社；解决"共产风、浮夸风、命令风、瞎指挥风"和"干部特殊化"问题。

4月，北京市委检查团来农场检查工作，授予农场"西猪队第一季度红旗养猪队"。

农场养鸭队开始生产填鸭。

5月28日—7月10日，企业开展"新三反"，揭发贪污、挪用公款及瞒产私分等问题。

4月，全场参加水利建设工程大会战，修建小红门水库、黄厂水渠、沈家坟灌渠和羊坊水渠。

年底，农场企业有四个队、五名个人出席朝阳区农业社会主义建设先进单位和积极分子大会。

1961年 年初，修配厂迁至豆各庄，称道口修配厂。人员由7～8人发展到132人。

4月，朝阳区委派工作组来农场贯彻《农村人民公社工作条例（修正草案）》（简称《六十条》），将朝阳、中德、和平三个公社，又重新恢复成原来的七个公社。恢复双桥人民公社，包括五个集体大队（常营、咸宁侯、黑庄户、大鲁店、定辛庄）和企业部分（原全民企业分场）。企业由农场场部直属，仍为全民所有制人民公社、场社合一农场。拥有土地5.7万亩，农村人口3万，企业职工2545人。

7月1日，双桥人民公社第一届社员代表大会召开。

7月，农场开始筹建常营牛场。

张士达赴波兰参加畜牧会议。

园艺队派工人去蒙古支援种蔬菜。

贯彻中央有关人民公社的各项政策，落实了"三包一奖""定额管理""评工计分"等制度，改变了"三七开"伙食供应办法，调动了社员和职工的生产积极性。当年粮食总产达到978万斤，比1960年增产10万斤；社员人均分配达到66元，比1960年增长8.1%。

1962年 年初，农场开挖8条大型排水沟，形成了比较完整的排水系统，已有80%耕地可机耕，90%耕地可灌溉。普及了农村用电，结束了点油灯、人畜推碾子拉磨的历史。

划小了的双桥人民公社仍是全民所有制公社，经营方针是"以粮为纲，农、畜、菜并举，发展多种经营"。在管理体制上，实行统一领导，统一规划，统一资金管理，并作为一个整体对国家下达的生产财务任务实行总承包。公社、大队、生产队实行三级管理、三级核算、三级建账，任务层层包死，超产归己。当年，粮食亩产达到413斤，首次达到《全国农业发展纲要》（简称《纲要》）标准（亩产 400 斤）。

农场农林科组织有关人员进行了低洼盐碱土调查，并取得了重要数据；之后即成功地在黑庄户、大鲁店重盐渍化土壤地进行了种稻改土实验，为在双桥地区逐步扩大水稻种植面积，改革耕作制度，迅速提高粮食产量奠定有力基础。

8 月，农场接收分配大学生 10 名（包括农学、农经、果树、植保等专业）。

9 月 18 日，双桥大队（也称分场）党总支成立，王占成任党总支书记。

12 月 29 日，双桥人民公社被正式命名为"中古友好人民公社"。古巴驻华大使皮诺·桑托斯、楚图南、周而复、冯基平出席命名大会（大会在场部举行）。

农场被北京市确定为小麦良种培育基地之一。北京市普及推广小麦专家蔡旭教授培育的"农大 183""农大 90"以及"华北 187"等小麦良种。这是北京市郊区小麦良种的第二次更新换代。

● **1963 年** 3 月，农场在石槽苗圃队建起了"良种繁育试验站"。该站除继续发展果树外，还增加了良种繁育及进行一些科学试验等工作。比较成功的试验有小麦施磷肥、春玉米灌水并向全国推广。本年，因苹果早期结果及草莓高产，该站果树队被评为"北京市农业生产先进单位"。

5 月，定辛庄大队并入双桥大队，双桥大队既有企业也有农村生产队，除双桥大队外，农场还包括常营、管庄、豆各庄和黑庄户（由黑庄户和大鲁店合并组成）四个分场（也称大队）。

5 月，农场投资 5 万元建污水工程建筑物 139 座，解决利用污水灌溉问题。

5 月，农场成立渠道队，加强渠道和灌溉用水的管理。

5 月，农场的第三个大型乳牛场——常营乳牛场开始投产；秋，开始筹建豆各庄牛场。

7 月底至 8 月上旬，北京市连日大雨，仅十余日，降水量就达 800 多毫米。农场全境遭淹，各单位频频告急。朝阳区水利局干部张连璞赶到常营，与分场会计李春、五里桥支部书记倪瑞波察看灾情，三人不幸被一旋涡卷入洪流中，未及反应即不见踪影，只倪瑞波一人挣扎脱险。

农场东大院内家属宿舍迁出，建成一横儿二竖三排平房，成为农场机关办公室及部分宿舍，大院开始成方格局。

全场粮食生产有较大提高，亩产平均 423 斤，连续两年达到《纲要》标准，并已有一个队达到亩产 800 斤，两个队达到亩产 700 斤以上，有四个队达到亩产 600 斤以上。

农场繁育的双杂交玉米在农垦部所属国营农场的种子会议上被评为一等奖；良种站被评为区"农业生产先进单位"。

● **1964 年** 年初，农场调整了主要领导。党委书记李郡南，副书记王占成、马振华、张宝文，公社主任王占成，双桥农场场长王占成，副场长宁雪山。

春季，古巴女青年代表团来农场参观。

5 月 5 日，农场成立基建队，直属于公社基建办公室。基建队不负责核算。

5—12 月，农场养鸡队抽调 3 人援助蒙古养鸡。

8 月，农场建立双桥机务管理站。下辖双桥、于家围、黑庄户、常营 4 个机务队和原修配厂。

11—12 月，坝河工程上马。全场组织人力参加了突击。并投入运河、潮河、减河排干的清淤工程。

● **1965 年** 1 月 28—31 日，市委召开了四级干部会议，农场全体干部集中在北京农业机械化学院由工作队宣讲政策，教育干部"洗手、洗澡、轻装下楼"。

4 月，调整各级领导班子，改选共青团、妇联、贫协工会等组织。

5 月 11 日，农场新党委成立。郭方到场任党委书记，副书记高凤崎，场长王宗续，副场长郑慰祖，人民公社主任王占成。

适应农场土壤盐碱易涝情况，农场党委决定开始逐年扩大水稻种植面积。

5 月，农场在市有关化工部门协助下，自筹资金 10 余万元，办起大型工副业——北京市双桥农药厂。

撤销黑庄户牛场，将牛只与人员分别并入双桥、豆各庄两牛场。

农场与双桥中学合办半耕半读中技班。学制一年半，学员 100 余人，由双桥中学教师教授文化课，由农场技术人员上专业课。中技班的学员，以后多数成为基层单位的技术骨干力量。

当年粮食平均亩产上升到 747 斤，第一次跨过"黄河"（即黄河以北地区粮食亩产指标，粮食亩产 600 斤）。

农场当年结束了粮食不能自给的局面，做到了不仅自给，而且有余。

本年开始从农村生产队（包括企业单位）抽调知识青年开办半农半医训练班，为在农村开展防病治病培养力量。

本年开始将地处西北部的常营大队、咸宁侯大队、调整划分为管庄、豆各庄和常营三个大队（分场）；加上南边的（黑庄户与大鲁店）已先期合并的黑庄户大队（分场），以及原双桥大队（仍然包括企业和农村两块），农场仍为五个大队（分场）。

1966 年　春季，企业农业队派人参加海南岛良种繁育工作（南繁）。

春季，农药厂建成投产，共有职工 67 人。生产农药"敌稗"，当年即盈利 11.2 万元。同年农场又自筹资金建起面粉厂厂房、五金加工厂。

春季，从农场北门至普济闸桥，新辟一条路，由农场出工垫土方，市里铺柏油。

10 月，在原黑庄户牛场建起黑庄户鸡场。

全场已有耕地 53954 亩，农村劳力 10178 个、职工（含正式和社调工）2460 人。全场下设五个分场（大队）、一个良种站、一个农业机械管理站（直辖各分场机务队）、一个水电机械管理站。共有 86 个基层生产单位。全场共拥有拖拉机 23 个混合台（合 45 个标准台）、联合收割机 8 台、动力机械 259 台、共 2140 千瓦、载重汽车 10 辆。农业生产的耕、耙、播基本实现机械化。已实现村村有广播、有电话。全场实行三级管理（生产和财务上）、三级核算。

农场全民企业有 4 个厂家，即农药厂、淀粉厂、特艺厂、五金厂，共有职工 345 人，工业收入 140 万元，利润 23.1 万元。

1967 年　5 月，在支农解放军军代表董志坚的领导和支持下，成立"抓革命、促生产"第一线指挥部。成员有：王占成、王德厚、刘章林等。

1968 年　2 月，在全场开展"清理阶级队伍工作"。党内开始整风，按"建党方针"进行吐故纳新。

2 月 12 日，双桥农场革命委员会成立。革委会主任王占成，副主任路华方、武成，同年十二月又增补尹秀英、思途为副主任。

8 月，农场企业开始精兵简政（简称精简）。总场、分场和各基层单位把干部和工人（主要是农民户口社调工）精简下放到基层或下放回村劳动。三级干部从 242 名减至 92 名。

8月,农场撤销"良种繁育试验站"。

秋季,农场开始在黑庄户分场万子营西队试办合作医疗。

解放军代表组织全场开展学先进活动,请来战斗英雄致顺义等人来场作报告,在全场进一步掀起学习毛主席著作新高潮。

在上年基础上,为争取粮食产量"跨长江"(指粮食亩产达到800斤),全场水稻种植面积进一步扩大。水稻和小麦种植面积已占粮食耕地面积的66%。玉米种植面积从1965年占44%降到24%。

农村从本年开始有了积累(54.6万元),也有了储备粮。

冬季,全场会战大稿沟,进行清淤和加宽,扩大泄水量。

● **1969年**　8月,增补董志坚为革委会第一副主任。

9月25日,农场第一届党员代表大会召开。经区委批准董志坚为党委书记,王占成为副书记。

9月,农场组织5万人次,动土20万方,把全场大部分坑塘改造成养鱼池,在335亩水面上试养淡水鱼,总产4万多斤。

农副产品加工工业开始在农场兴起,农村生产队开始利用稻草打草绳,打床垫,有的组织编筐等。

本年全场已拥有大、中型拖拉机22台,手扶拖拉机3台。

本年起企业摘掉赔钱帽子,当年为国家积累资金约100万元,盈利79.8万元。

在农田基本建设中全场共动土方60万方,沟通了整个排水系统,建立了两排两灌的耕作区。复平土地12000亩,仅冬春两季就完成土方40多万方;修建、扩建小型水库2处,扬水站一处。加深和新挖排水沟十多条,大平土地千余亩。

朝阳区财政金融局革委会将信用社下放农场管理。信用社党政人员安排由农场决定,其福利待遇可参照同级党政干部决定。信用社由贫下中农管理后,负责办理集体和个人生产费用和设备性贷款。

● **1970年**　农村全面推广大寨式评工计分。

2月10日,重修普闸桥,奋战三个月于5月10日用水、通车。

3月,增补王德厚为革委会副主任。

撤销黑庄户鸡场,在原址建起马场。

分场办企业五金厂为区制作机动水稻插秧机17台,每台造价3385.94元。

7月，农场第二届党代表大会召开，解放军代表郭景祥任党委书记，戴绍华、韩建初任党委副书记。

为了提高农田的抗灾能力，利用两个冬春发动群众，以"抗旱为中心"开展农田基本建设。全场粮食平均亩产达到908斤，第一次"跨过长江"。

淡水养鱼获亩水面500斤成绩，为本市第一个突破500斤的单位。

全国开展"反对贪污盗窃、反对投机倒把、反对铺张浪费，打击反革命破坏活动"的"一打三反"运动。农场以"双反"为主，企业的干部、职工"批流毒、破私立公"，开展"公物还家"活动。

● **1971年** 年初，农场党委、革委决定把全民企业收归农场直接领导。同时，调整农村分场，将管庄分场以三间房桥为界，东为管庄分场，西为三间房分场。

3月11日，农场革委会批复三个农村分场修建三合土、石屑面公路，共投资6万元。大咸路就是这年修成的。

春季，农场开始在小麦、水稻种植管理中逐步建立起专业化生产组织。在其他各业也开始推行岗位责任制。大鲁店三队成立小麦专业队伍生产效果显著。

管庄分场八里桥生产队创养鱼亩产千斤记录，为此农场参加了全国水产会议。

3月，共动土石方40万立方米，解决了通惠河截留引水，完成"北水南调、南水北调"工程。建成一座横跨通惠河的大型闸桥，开挖了一条6米深的引水渠，沿渠修建20座建筑物和1座扬水站。完工后可解决2200亩农田的灌、排水问题。

在耕作制度上，针对南部产粮区黑庄户分场地势低、涝碱严重，因地制宜改旱田为水田。由过去小麦—晚玉米一年两熟改为稻、麦一年两熟或两年三熟，使全场粮食产量迅速增加。

● **1972年** 2月1日，农场财务组接管企业财务开始试行"收入上缴，开支下拨"收支两条线的财务管理办法。

春季，全场组织人力，开挖萧太后河，建起养鱼场一个。

5月，根据国务院28号文件精神，农场进行了清产核资工作及改章建制工作。

7月1日，市农业局革命领导小组第二十五次会议决定：按市革委会要求，原合并于大农业局的各局分成农林、水利、农机三局，农场工作归属农林局主管。

9月，农场撤销企业组，成立企业分场，即双桥分场并建立了党委，加强了对企业的领导。重点试行班组核算、岗位责任制、建立健全必要的规章制度。

10月5日，将原农场种子站改名为农业技术试验站，气象站划归试验站管理。

10月，农场水电站、物资站合并成立"水电管理物资供应站"。负责全场水电规划、主要渠道的维护管理、基本建设计划的审查以及物资的采购、分配和调拨等事宜。

10月24日，在农场党委、革委会决定给郭方落实政策、恢复原党委书记职务的基础上正式任命郭方为双桥农场党委书记。

11月，经区革委会批准，调整了农场革委会班子。主任王占成，副主任庄和善、薛宝仓、郑慰祖、杨春测。

全场初步建立起三级医疗网，农场有卫生院、分场有卫生所、村（队）有合作医疗（红医工）。全场59个生产队建起土药房21个，土药厂5个。全场赤脚医生和社员利用空闲地、填坑开荒38亩。种草药50多种，收药3000多斤；采集本地草药马齿苋2000多斤；自制药丸20多种，7万多丸。培养了一批赤脚医生，初步改变了农场缺医少药的状况。

当年农场土地面积50473亩，粮食耕地面积38000亩，粮食亩产846斤。

1973年

1月，为妥善安排农村剩余劳力，农场决定成立修建队，直属农场领导，为集体所有制性质。凡农村生产队外援劳力一律通过修建队安排、归口管理。并建立了一个常年固定在200人左右的工程修建队伍，负责承担农场外的基建、修缮工程。

9月，市、局拨款17万元，作为农场扩建300亩鱼池的基建投资，开挖萧太后河修建成2个养鱼场。

企业分场的双桥牛队建立起行之有效的养牛成本核算办法，设专职成本核算员，组织牛群的成本核算，改变了牛场高产亏损局面。

8—9月，按照上级工会部署，农场工会召开第五次代表大会，并着手进行各级工会组织的整顿、健全工作。

10月，农场组织三级干部赴山西大寨参观学习。

全场农村部分开展搬土丘、填废沟，让土地连片成方的"平地仗"。2600多亩的丘陵地变成了成方连片的丰产田。

在日坛肿瘤医院的协助下，农场卫生院在全场范围开展妇女病普查、治疗工作。

北京市决定在农场建设永久式大型玻璃温室一个，以满足市民吃菜、外宾参观的需要。

企业西猪队实行"定人、定猪、定圈、定饲料、定任务"的五定责任制。基本母猪组获好成绩，达到和超过全年断奶仔猪总体重13000斤的指标。

双桥鸭场作为全市六个北京鸭选育点之一。从此农场的养鸭场在科研部门的指导下开始了选育的艰苦工作。

农村和企业分别核算后，农村分场没有工副业、没有积累，在农场帮助下办起了一批工副业、猪场、渔场、机务队、科技站，使分场一级的企业产值一年就达到了160万元。社员收入也有了显著提高。归还了40万元的欠款，五年共积累资金330万元。新盖了生产用房两万平方米、增盖猪圈1800多间、添置电动机400多台、脱谷机120台、扬场机40台、铡草机91台、碾米机40台、手扶拖拉机80台、胶轮大车80辆，打机井32眼。有了这样雄厚的物质基础，当年粮食亩产914斤。

1974年　2月15日，农场科学技术试验站开设农业技术学习班。从职工、社员中有计划地培训具有一定觉悟、有中等专业技术水平的农、牧业技术人员。学习班分设农学、畜牧兽医两个专业，学制1年。

4月25日，农场农机修配厂试制成功"红旗700"脱谷机11台。

4月，农场成立水产站，加强对全场30多个养鱼单位的管理。

4—5月，全场小麦播种面积占粮食耕地的33.8%（18894.6亩），水稻种植面积占52.8%（29524亩），已占全部耕地面积的86.6%，产量占92.1%。当年粮食亩产在4年"跨江"的基础上，闯过千斤大关，达到亩产1006斤。

全场62个生产队已有53个生产队有了储备粮。全场农村人口30288人，累计储备粮631万斤，可供农场农村人口吃半年。

农场科技站开始使用喷灌技术。

农场成立副业办公室，加强对农村副业的领导。

学习推广"红星"经验，在全场开展建"五七"农民政治学校活动，向农民传授文化知识、科学种田知识、普及卫生常识，开展各种文化娱乐活动。如：赛诗、文艺汇演等，活跃农民业余生活。

进一步开门办医，双桥卫生院组织巡回医疗小分队，下基层、下农村送医送药。

双桥农药厂在"工业学大庆"活动中，加强库房管理，贯彻执行"五·五"定位法，库房管理员人人争当"活账本"，库房管理从杂乱无章到井然有序、货场整洁、提货位置准确，受到上级表扬。区工会在农药厂组织了现场会进行介绍推广。

● **1975 年**　1 月，农场党委决定在场革委领导下设立三个办公室：农业机械化和科学种田办公室、地下管道办公室、猪场建设办公室。

去冬今春，全场完成安装菜田喷灌管道 500 亩，铺设地下管道 5000 米。

农场开始学大港，搞机械化养猪，由双桥分场牵头在东马号南筹建机械化养猪场。

3 月 25 日，在原农业技术学校（学习班）和科技站基础上，"双桥农学院"诞生，共有 90 名学员。朝阳区委副书记尤文俊、区教卫组副组长刘省江出席开学典礼。学院暂开设大田、蔬菜、养猪三个专业，另附设一个大田队的业余班。

春季，全场水稻种植面积逐年扩大后，为实现水稻耕作的机械化，农场从湖北引进水稻插秧机。

豆各庄分场办起磷肥厂一座。

农场居民区建起幼儿园约 790 平方米。

新建卫生院在农场北门外建成，农场卫生院喜迁新址。

农场场部在东大院建成第一、第二会议室和场部食堂。

6 月，农场在五号井居委会成立了双桥校外活动辅导站。每逢假期有计划地组织学生开展各种活动，被评为"朝阳区校外辅导先进单位"。

8 月 15 日，农场召开第三届党代表大会。经区委批准：郭方任党委书记，副书记由杨春测、王宗续、王德厚、陈德茂、庄和善、胡文顺、李桂兰担任。

革委会主任（场长）王宗续，副主任（副场长）杨春测、王德厚、庄和善。

1976 年 春季，经朝阳区政府批准，农场卫生院升为区级医院，改称"双桥医院"，各分场卫生所升为卫生院。

1977 年 农场管理局开始对农场实行"利润盈亏包干、结余留用、三年不变"的办法，每年农场的包干利润为 50 万元（不含农村部分）。

农场成立科技委员会。进行杂交水稻试繁和制种；进行蔬菜良种化试验。

在耕作制度上推广万子营东队"麦、稻—油、稻"一年两熟的耕作经验。

进行了"液氨施肥机"的试制并取得成功。

企业各单位开始实行"四定一奖"制度。

何家坟生产队并入农场。

10 月，农场自己施工的三层简易家属楼竣工。部分干部、职工（共 36 户）迁入新居。

10 月，全场农村结束了农民吃土井水的历史，自来水全部入户。

1977 年，农场出资 10 余万元，盖起了双桥地区第一栋楼房，将双桥职工医院从小平房乔迁至新楼。楼房共三层，占地面积 11825 平方米，建筑面积 3877 平方米。

1978 年 年初，农场成立科学技术领导小组和科技办公室，农场党委书记郭方任领导小组组长。

3 月 13 日，国家铁路局扩建双桥编组站，占去管庄分场耕地 600 亩。

农场党委狠抓各级领导班子的整顿，建立健全以岗位责任制为中心的各项规章制度。在职工中开展各种教育活动并组织了社会主义劳动竞赛。

农场的双牛、常牛牛场因生产成绩显著，以超本场历史水平、超本市同行业历史最高水平，在北京市名列第一、第二，双双光荣出席北京市牛奶工作会议，受到上级党委的表扬，并给他们颁发了奖金。

8 月，农场荣获国家农垦总局授予的"全国农垦系统红旗农场"的奖状、奖旗。国家农垦总局奖给农场黑白电视机一台。

农场荣获"市、区双学运动先进集体"。

管庄分场通过分场办工业的积累投资 70 万元新建了一座可养殖 3000 头肥猪养猪场；建成一个有滴灌设备的十亩钢架大棚及长达 6 公里的地下灌水管道。

当年全场已有 130 多台水稻插秧机，机械插秧面积已占种植水稻面积的 60%。

为增加淡季蔬菜供应，农场建造了 260 亩塑料大棚、3000 间温室和 150 多间永久性菜窖。

● **1979 年** 农场对分场、基层单位实行"利润包干"办法。

双桥牛场制定出"乳牛饲养管理操作规程"，使养牛进一步科学化。成乳牛头日平均产奶达到 38.45 斤，成为全市养牛高产单位之一。

农场革委会开始对小麦专业队（或组）试行"定人员、定地块、定产量、定开支、超产有奖"的"四定一奖"管理办法。

5 月，双桥农场荣获"全国农垦系统先进单位"。

8 月，原科技站制药车间迁至葡萄园西，扩建厂房后正式定名"双桥制药厂"，投产"苯海拉明"。

11 月，农场与北京针织工业公司联营成立"双桥针织服装厂"。于本月开始在全场范围内招工，规模在 300 人左右，投产后，将生产出口针织服装。

冬季，农场投资 40 万元，修建 800 米长、直径 1.5 米的豆各庄一线地下管道及双桥中学扬水站的迁址工程。

在生产责任制的基础上，农场整理出水稻管理员、小麦专业队的田间管理守则。

为进一步贯彻落实"各尽所能、按劳分配"的原则，农场制定了《一九八〇年对农村生产队主要干部（党支部书记、队长）和小麦、水稻、蔬菜、养猪专业队以及农机田间作业（的机务人员）根据完成任务情况实行奖励的办法》。

农场对长期从事农业、畜牧、兽医、蔬菜水产生产的老工人共 51 人经过技术考核后确定了技术职称。

农场科技站已逐步建立起小麦、玉米、水稻育种、作物栽培、植物保护、农业气象、土壤、肥料的专业研究小组。农场每年拨出经费和 240 亩地作为试验基地。先后培育出小麦"京双 1、2、3、4、5 号"、双杂交玉米"朝阳 103、101、105""丰收 101、103、105"以及蔬菜的"管庄小白口"等十多个优良品种，并在全国各地推广使用。气象站在提供准确气象预报的基础上整理出了历年农业气候资料。

12月，农场党委决定将原企业分场（即双桥分场）分为工业、畜牧两个分场，并分别建立分场党委和行政班子。

12月，在市水产学会年会上，农场所做《成鱼高产试验报告》受到与会者好评。

12月，国务院颁发嘉奖令，授予双桥农场"全国农业先进单位"光荣称号和奖状。

● **1980年**　1月，国家建工总局一局五公司因建生产、生活基地经市革委会、市规划局批复，征用三间房分场耕地122.7亩，该公司拨付农场土地补偿费及占地后办厂生活补助等费用共计94.9988万元。

3月，中华人民共和国农垦部授予双桥农场1979年全国农垦系统"红旗单位"。

春节，畜牧分场第一座商业点——知青商亭开业。农场商业开始起步。

7月22日，全国人大常委会委员董其武、区棠亮、王淦昌、张加洛等四人来场视察。

10月5—12日，农场各牛场的高产奶牛经选拔后参加北京市的第一次赛牛会。

北方地区黑白花奶牛育种协作组系统记载良种奶牛谱系情况，农场自1974年、1977年、1979年三年有449头优秀母牛进入良种牛登记簿。

10月16—30日，北京市国营农场管理局工作会议在双桥农场召开。确定了农场的管理体制可按党委、政权、经济管理三条线进行工作，党委统一领导。基层企业实行厂长负责制；扩大企业自主权，原利润包干办法不变；大力推动联合，发展联合，产、供、销一条龙；会议还就农村的责任制、加强科技工作等问题做了决定。

1980年，在低温、干旱的情况下，全场粮食总产仍达到3678.1万斤，同比增产782.3万斤，增长了27%。粮食单产创历史最好水平，达到了1102斤，增长27.6%。

农村工副业也有了较大发展，全场已有81个厂（点），全年完成利润297万元。社员分配水平从1979年的154.22元，提高到221.84元，其中黑庄户生产队达到了351元，人均分配最高。

全场鱼塘面积432亩，捕捞30.5万斤，亩产达到705斤，居全市首位，是全国养鱼纲要的3.5倍。

农场幼儿园办起幼儿食堂，五名炊事员供230多名幼儿就餐。

农场五号井又有两栋及两个单元三层家属楼交付使用，还有两栋四层楼业已破土动工。

农场工会和畜牧分场、工业分场着手进行职工代表大会的试点工作。

12月，在农场局区划办的直接指挥下，由局从各农场抽调百名农业科技人员，对农场土壤、气候、水利、林业、农机等方面进行了综合性普查，并写出了专业性的普查报告，为农场进一步搞好各业提供了可靠的依据。此项工作于翌年二月结束。

年底，农场教育科与双桥中学合办畜牧职业高中班，共办3期培养百余人。

农场全年总产值达到了2532.18万元，工业总产值占总产值的68.3%。

● **1981年** 　4月14日，双桥农场召开第四届党代表大会，选举产生了第四届委员会。经区委批准任命：胡文顺任党委书记，王德厚、杨春测、陈德茂任副书记，黄槿、武成任常委，周诗平、韩玉清、张恩任委员。

4月22日，农场第七届人民代表大会在场部召开，选举产生了农场管理委员会。经区委批准，王德厚任管委会主任（场长），副主任（副场长）由周诗平、王金农、韩玉清、张恩、王敬田、武成担任。

农场三个生产蔬菜的分场，分别获得"保八、九"（蔬菜淡季）二等奖和均衡上市奖。

管庄分场五里桥生产队在蔬菜种植中实行"专业承包、联产计酬、积累包干"的责任制，将"责、权、利"挂钩创造了典型经验。

全农场已建立健全了总场、分场、生产队三级植保网掌握了农场麦、稻主要病虫害的发生规律，提出了防治措施，基本能控制住病虫害的发生。

农场的三级医疗网已显示出巨大作用，农村"缺医少药"的状况已根本改变。分场卫生院和农场医院先后增加病床110张。升级为区属医院的双桥医院，在内科方面对脑出血、脑血栓及肺心病能做到及时治疗；外科方面已能胜任一般的肠胃手术，还可在上级医院的指导和协助下完成剖宫产、白内障等眼外科手术。

10月9—10日，全国26个单位，50名专家、教授、科技人员参加的北京鸭鉴定会召开。农场养鸭场在科技部门指导下，经过八年，七个世代选育成的"北京鸭双桥Ⅰ系"通过鉴定并作为我国第一个北京鸭专门化品系。该系荣获农垦部科研成果二等奖。

11月，农场在局直接领导下，作为工资奖励制度改革的试点单位，开始进行自费工资改革。

本年雨量稀少，全年只有340毫米，是百年不遇的大旱年，七月份又持续12天高温天气，日平均气温高达28.7℃。但全场粮食生产仍取得总产3523万斤，亩产1067斤的成绩。五个农村分场粮食平均单产全部上千斤，千斤以上的生产队已占73%。

1982年　年初，农场建立第一个国营仓储业——化工部双桥代管库。

2月，根据市、局精神，农场对农民技术员进行考核定级工作。129人被评定为农业技术员，其中一级15人、二级71人、三级33人，见习生10人。

6月，农场建立职工学校，辛伟任党支部书记，邵保英任校长，开始分期分批对企业职工进行文化课补课。

7月6日，经北京市计委、经委、农林办批复，原农场农药厂全部设备、人员与北京市第一制药总厂合营建立北京市第五制药厂。双方就办厂的具体问题和事宜签订了《北京第一制药总厂与双桥农场关于合营建立北京第五制药厂》的协议书。占用双桥农场土地15万平方米和部分固定资产。

7月15日，突降风雨冰雹。果树遭袭，满园落果，受灾严重，2044亩蔬菜被毁，直接经济损失30多万元。

农场利用"利润包干"结余、折旧留成及设备性贷款完成了乳制品加工厂、葡萄糖酸钙车间、钢窗厂迁址后的土建工程，育成牛舍和成乳牛舍，当年形成的固定资产总值为163.1万元。

当年双桥农场已发展到有五个农村分场（其中三个以生产蔬菜为主，两个以产粮为主），两个企业分场。另有科技站、水电站、物资管理站、双桥医院为农场直属单位。企业分场下设牛场、猪场、鸭场、果树队、修配厂、淀粉厂、制药厂、钢窗厂、饲料加工队等28个基本核算单位。集体分场下设64个粮菜生产队和52个工业维修加工单位，共计144个基本核算单位。

在持续干旱和严重水源污染的情况下，农场的成鱼总产量达到35万斤，养鱼14年，产量翻三番，并继续8年居于全市第一位。

12月3日，经国家劳动人事部批准，农场自费工资改革方案正式试行。

● **1983 年** 1 月 19 日，农场成立劳动服务公司。

4 月，在农场局的关怀下，农场气象站编辑出版了《北京市国营农场农业气候资料手册》一书，为平原地区的农业生产提供了详细的气象资料。

下半年，全场 30 个重点企业进行全面整顿。并建立起以经济责任制为重点的规章制度。

北京鸭双桥Ⅰ系通过鉴定后，农场继续培育北京鸭双桥Ⅱ系，为驰名中外的北京烤鸭提供丰富的物质基础。

农场在居民家属区和幼儿园前建成花坛、花园数处。

8 月，农场在市、局支持下正式开始自费工资改革的试点工作，制定出了改革干部工资制度意见和工人浮动升级办法。农场第一次进行浮动升级——"小步快跑"。

为解决双桥居民区的排水管道问题，农场与友邻单位筹资修建地下排水道 2500 米，由本场地界排向通县灌渠。

10 月，中央审计署对农场 1982 年度财务情况进行审计试点工作。

职工学校开办果树、蔬菜、农业专业班，招收学员 101 人；输送大专、中专学习的 122 人。青工补课双科结业 86 人，单科结业 117 人。

在开展"五讲四美三热爱""军民共建"活动中，全场涌现五好家庭三千户；文明村 19 个。农场对全场的五保户实行了统一供给生活费制度。

本场机关干部职称考评工作完毕。授予"师"级称号 38 人，"助师"级 56 人，"员"级 69 人，共计 163 人。

农场粮食总产和单产创历史新高，总产突破四千万斤（4080 万斤）大关，达到平均亩产 1268 斤；年末乳牛总头数已达到 2176 头，成乳牛达到 1270 头。鲜奶总产量达到 1565 万斤，比上年增长了一倍。集体和户养牛已达到 101 头；工业经过整顿调整后产值比 1982 年增长了 37.2%。

12 月 1 日，经北京市农工商联合总公司党组批准：王金农任双桥农场场长；陈志业、张忠书任双桥农场副场长。胡文顺、王德厚、杨春测任双桥农场顾问。

12 月 29 日，经朝阳区委批准，撤销人民公社建制，成立双桥农村办事处，下辖常营回族乡、三间房乡、管庄乡、豆各庄乡、黑庄户乡等五个乡。陈德茂任双桥农村办事处主任，副主任为董金波、果秀玲。

● **1984 年** 1 月 5 日，经朝阳区委批准，农场党委改为中共朝阳区双桥农村工作委员会（简称双桥农工委）。任命周诗平为双桥农工委书记，副书记由王金农、陈德茂担任。

4月，经总公司批准，张恩、韩玉清任双桥农场督导员；韩凌云任双桥农场副场长。

4月，经区委农工部批准：彭少武任双桥农工委党委副书记兼纪委书记。

7月，双桥农工委决定，撤销工业、畜牧两个分场。由总场成立八大公司：水产、畜禽、蔬菜、供销、工业、储运、农业服务，总场有关科室负责技术指导。

7月，农场建起"京来顺饭馆"和"京来顺旅馆"，发展起旅游业和饮食服务业。

商业部投资在我场代管库的基础上建库房，占地200亩。农场仓储业开始发展。

双桥牛场自困难时期停止使用电气挤奶，时隔20余年又恢复使用机器挤奶。以后各牛场逐渐普及了机器挤奶、管道输送。

全场各业大发展，效益大提高，出现五个"第一"。第一次出现经济建设高速增长新局面，全场工农业总收入一亿三千九百万元，比上年增长37%，比1980年翻一番；人均创利润第一次超千元，达到1134元，比上年增长21%；牛奶创平均头年产7300公斤，第一次创过7000公斤大关；乡镇企业总收入达到5600万元，占农村总收入62%。全场外出自谋职业者达5千余人，第一次出现离土不离乡的农业劳力大转移；三间房分场人均分配达到1008元，全场第一次出现千元分场；由于各级大力支持，帮助专业户发展生产，全场出现了14个"万元户"。

农场聘请各业专家、顾问140多人来我场协助工作，其中仅助理工程师就有20多人正式转入我场。同时农场还选送130名优秀高中毕业生到大专院校学习；农场还引进新技术、新产品70多项。

农场的科技人员在科技方面也做出了贡献：京双号小麦良种、北京鸭双桥Ⅱ系、稻田养鱼、SC-1型碱式氯化铅洁净剂等等研制成功。

农场两个文明建设同步发展：豆各庄、黑庄户两个乡建成"文明乡"，35个大队建成"文明村"，18个全民企、事业单位建成"文明单位"。全场70%以上的农户成为农村的"卫生之家"，15%的农户是"五好家庭"。

农场在市、区领导的关怀下，开始了大柳树1500米明渠的治理工程。工程竣工后，基本解决了工业污水多年来给豆各庄地区环境、人畜、水源造成的污染危害。

加强警民联防工作，全双桥地区发案率比1983年下降41％，且无重大案件发生，社会秩序明显好转。

● **1985年** 2月，双桥农工委书记周诗平赴日本学习考察，决定引进日本快餐生产线。

春节，农场举办有史以来第一届春节花灯会，盛况空前。

5月，以农场工业科为主，抽调人员组成工业普查队伍。开始对全场的工业企业进行摸底调查登记工作。

6月，农场居委会校外辅导站成立。

6月，管庄乡燕京药店由集体所有制变更为全民所有制。

按照全市统一部署，农场粮田队实行"责任田"和"口粮田"的"双田制"。

为提高干部队伍素质，农场采取脱产送出上大学和不脱产培训"两条腿走路"的办法，有计划地对各级干部进行培训。职工学校负责不脱产干部的培训，并为农村企、事业培养管理人才单开办了一个农村干部班，学制两年。

9月，农场副场长陈志业率有关人员赴巴西，实地考察了咖啡生产，回场开始筹建双桥乳品厂。

10月6日，报载，管庄分场部分生产队为激励本村中、小学生努力学习设立了奖学金制度。明确规定：本村学生的主科学期考试成绩达到90分以上者，由队里每年奖励20元；凡考上大专院校以上的每人奖给一次性奖学金1000元。

10月14日，农场与管庄乡签订燕京药店移交协议。移交后，该药店成为独立的全民企业。

10月，农场第一批有供暖设备、带卫生间的四栋四层家属楼竣工，老干部、老工人迁入新居。

11月，曾在实习农场时做过第一期学员教室、充当合作社售货大厅20余年、20世纪80年代做过职工学校教室的大房被拆除，改建农场场部办公楼。

12月，农场与日本外商联营的三得利绿屋快餐食品有限公司试投产。

农场按照国家工资改革规定，拟定了农场工资改革方案，报上级批准后，农场在自费工资改革基础上对本场工资进行套改。套改后，职工平均工资从八四年的 54.20 元上升到 67.91 元。

● 1986 年 1 月，国家领导人陈云为双桥乳品厂题写厂名"北京市双桥乳品厂"。

3 月 5 日，农场召开农村工作会议，场长王金农宣布设立三级"农业发展基金"。

3 月 15 日，农场成立汽车队，将原管庄乡华生汽车配件厂划归双桥汽车队。配件厂所占土地转由汽车队承接占用。

3 月 21 日，常营分场与北京医疗设备二厂联合建立医用清洗设备厂。企业为集体所有制，医疗设备二厂负责生产经营，承担建厂资金和劳务费；常营分场提供场地 40000 平方米和房屋 2700 平方米，临时工 100 名，双方按利润分成，二厂得 80%，常营分场得 20%。

3 月 26 日，农场与北京内燃机总厂联合开发产品扩散项目，内燃机总厂将法兰、磷化扩散到双桥电镀厂进行开发生产，并提供技术软件、工装设备、原材料辅料；电镀厂提供厂房能源和设备安装等其他设施。

3 月 27 日，关于农场与北京制药厂合营建立北京市第五制药厂债款问题，市政府农林办市经委发出批复，要求市医药总公司按原协议，在 1986 年内一季度前分期付清农场债款，双方重新修改协议，继续合作。

5 月 5 日，农场成立农学会，建立了理事会并通过农学会章程。朝阳区科协主席林中民、市农场局科协主席刘国娟到会祝贺。

6 月 5 日，农场党委会做出决定：农场实行党委领导下的场长分工负责制，农场大事由党委会讨论决定；具体经济工作由场长办公会决定后，实行分口管理。

6 月 6 日，双桥残疾人协会成立，杨春测当选名誉会长，果秀玲任会长。

6 月初，农场正式建立"场长办公会议制度"，在场长领导下，实行各专业副场长分工负责制。

6 月 16 日，农场制定《双桥国营企业管理暂行条例》共 5 章 30 条，对农场及下属企业管理体制、管理办法、各层级的职责、任务和权限，都做出明确规定，成为农场企业在相当长一段时期内的纲领性文件。

6 月 20 日，基层工会职代会换届改选工作展开。

7 月 14 日，双桥农工委制定《中共双桥农村工作委员会工作暂行条例》。

条例共 4 章 23 条，对农工委的地位、领导体制、职责范围、工作方法、工作作风及对党员干部的教育管理等方面都做出明确规定。

7 月 17 日，农场撤销蔬菜服务公司，成立"双桥蔬菜管理站"，该站为独立核算经济实体，原蔬菜公司及其下属单位的债权债务统归蔬菜站负责处理。

7 月，双桥农村办事处制订《双桥农村办事处工作条例》条例明确双桥农村办事处是朝阳区政府的办事机构，代表政府对所辖乡政府的工作行使指导、检查、和监督的职权。

8 月 1 日，农场第三届职工代表大会第四次会议正式通过双桥农场场徽。

8 月 5 日，农场利用现有 460 平方米的空闲房屋建立起"北京市朝阳区新胜五金厂"。该厂主营蔬菜大棚架加工、电气焊、水暖件加工。企业性质为全民所有制。

8 月 18 日，中共北京市顾问委员会主任王宪、副市长黄超来农场视察农业生产。

8 月 21 日，农场成立教育委员会，制定并下发教育委员会暂行条例。

9 月 2 日，农场与北京第三制药厂投资建立紫竹大厦，农场出资 200 万元获得紫竹大厦二层楼共计 1500 平方米的所有权。

10 月，农场农村整党工作全面展开，全场 63 个农村党支部和 1 个党小组近 800 名党员参加整党。

10 月，农场被评为市级"先进单位"，受到北京市委、北京市人民政府嘉奖。

12 月 3 日，农场成立北京市长城应用科学技术研究所，该所为全民所有制性质，场长王金农兼任所长。

12 月 15 日，农场工业技术协会成立并制定协会章程和协会负责人名单。

● **1987 年** 1 月 6 日，农场常营牛场利用空闲房屋，建立常营清真冷饮厂，主要生产冰棍、雪糕。资金、原料自筹，产品自销。

2 月，农场在场部西侧新建一所幼儿园。占地约 11333 平方米，建筑面积 4000 平方米。总投资 170 万元，可容纳 500 名儿童。

2 月，双桥地区区乡人民代表大会换届选举工作全面展开。

3 月 13 日，农场与北京啤酒厂签订协议书，啤酒厂在农场场部西家属区建一栋四门宿舍楼。建筑面积 3350 平方米，总投资 200.4 万元，由啤酒厂分两次付给农场，宿舍楼产权归啤酒厂所有。土地属农场所有，年底交付使用。

3月20日，农场投资107.5万元，对20世纪70年代建成的五号井小区安装了暖气，并由农场在双桥乳品厂安装两台锅炉供暖，采暖面积18000平方米。

3月29日，农场与北京内燃机厂等单位在管庄乡征地4.9公顷建成管庄小区，小区总建筑面积40800平方米，共有13栋楼房，其中北内8栋、教育局2栋。此外，还有农业银行办公楼、蔬菜公司办公楼及其小区附属设施等。

4月4日，农场召开第四届职工代表大会及第十届工会会员代表大会。

4月20日，中共双桥农村工作委员会党校正式成立。

4月20日，北京市城区建设工程公司将该公司下属企业北京市东方艺术雕塑厂无偿划归双桥农场。企业性质由集体所有制变为全民所有制，并接受该厂一切业务、13名现有职工以及近3万元的固定资产。

4月29日，农场与辽宁省凌源县大王杖子乡联营建立北京市朝阳区双凌山枣饮料厂。该厂为全民所有制性质，农场以厂房、仓库、车棚共400平方米折合10万元作为投资，凌源工业公司投资50万元。利润农场30%，凌源工业公司70%。亏损按比例分摊。

6月12日，双桥农工委成立思想政治工作研究会，党委书记彭少武任会长，副书记李杰峰任副会长，并制订研究会章程。

8月5日，农场工会召开第四届职代会第二次会议。

8月1—14日，农场区属28个基层工会"职工之家"进行复验工作。

8月20日，农场在场部西北侧建成"双桥地区文化活动中心"。占地约0.7公顷，建筑面积6700平方米，总投资120万元。

8月25日，农场将1985年与中国农工商联合总公司合建的京惠饭店转项，建商住楼，首层为商业服务业约3000平方米；其他为住宅，13000平方米。

9月24日，农场与外交部基建处在定福庄联建宿舍楼，面积20000平方米，投资1000万元，全部投资及建筑指标均由外交部负责。

11月，农场投资470万元成立的北京市双桥建材储运库建成投产，并扩建储运库专用铁路线。占地面积22440平方米，是北京地区最大的水泥集散地，次吞吐量 2 万吨。

11 月，经北京市计划委员会批准，北京市兽药厂成立，注册资金 250 万元，固定资产 210 万元，流动资金 40 万元。职工人数 150 人。经营范围：生产销售兽药。

12 月 1 日，农场成立法律服务所。

● **1988 年**　1 月 22 日，农场撤销总场畜牧科、工业科、计审科、场长助理办公室，成立畜牧分场。畜牧分场对全民畜牧水产企业实行统一领导；对集体、个体畜牧水产业进行指导和服务。张志明任分场党委书记，韩文科任分场场长。

1 月 22 日，农场常营分场与北京第三制药厂签订场地转让协议，将常营分场场地 46600 平方米和清洗设备厂 33300 平方米及地上地下全部生活设施（三眼机井）的产权有偿转让给第三制药厂，转让费总计 542 万元。

1 月 29 日，双桥地区科学技术协会成立。

3 月 19 日，农场成立生活服务公司，刘振忠任党支部书记，吴敬臣任经理。

4 月 16 日，双桥农工委办事机构调整，组织科、宣传科、党委办公室合并成立党委工作部，人员减少到 7 人。

4 月 28 日，农场投资 38 万元建设的管庄小区农副产品交易市场正式开业，建筑面积 772 平方米。

4 月，农场加入《中国市场经济信息》刊物组织的全国经济信息网络。

5 月 16 日，农场在工商部门办理"北京市双桥农工商公司"法人营业执照。企业性质为全民所有制，注册资金 129 万元，从业人员 5557 人。同时兼有管理经营两种职能。农场和公司一个单位两个名称，对内对外各司其职、同等适用。

5 月 28 日，农场成立国营双桥农场管理委员会，管委会由 11 人组成，主任王金农，主要职能是负责农场经济工作和行政管理。

6 月，农场正式建立"场长办公会议制度"在场长领导下，实行各专业副场长分工负责制。

7 月 15 日，农场成立农村经济工作部，全面负责农村经济工作，所属单位有工业公司、农机公司、农业科、农经科及五个乡的农业机构。

8 月 27 日，农场成立工业分场。该分场下辖 10 个工业企业，分场设党委，李杰峰任书记，姚鹏斌任分场场长，地点设在总场物资站二楼。

8月，北京市奶牛协会双桥分会成立。

9月24日，农场下属商业公司与吉林省珲春市建委签订征购土地协议书。商业公司在珲春市征购土地10000平方米，地点在东大人沟河南侧，总地价款为20万元。

9月，农场实现全民集体两种所有制企业的融合，农村分场陆续兴办一些全民所有制企业。这些企业的生产经营权归分场，固定资产归分场所有，每年按规定缴纳农场管理费，所体现的税收差额，作为乡级行政费用支出补贴。

10月16日，农场下发《双桥农场住房制度改革方案》，住户按照住房面积缴纳抵押金，取得住房长期使用权并发放住房证。标准为平房每平方米20～30元；楼房每平方米40～80元。此后免交租金，以息抵租，持证人不得转租或转让。

11月1日，美国荷斯坦奶牛鉴定组织经中国奶协邀请，来农场会同北京市奶牛专家对奶牛线性鉴定进行学术交流。

11月7日，农场建立北京市新型建材厂，建筑面积400平方米，总投资95万元，企业性质为全民所有制。经营范围为生产销售轻型墙板等建筑材料，从业人员60人。

11月，双桥农机公司新建的储存量可达300吨的油库竣工并投入使用。

12月18日，农场成立服务分场。该分场负责管理农业服务公司、后勤部、生活服务公司、双桥医院、基建队五个单位，并建立党总支。

1988年，农场与北京内燃机厂共同建设的管庄小区交付使用。

● **1989年**　4月，农场民盟支部成立，市民盟领导到会祝贺。

5月4日，中共双桥农工委决定在农场内部实行干部聘任制，并制订了一系列的配套措施，包括实行结构工资制、全员合同制、场内专业技术职务聘用制、聘后定期考核制以及落聘人员的安置与待遇等。

5月30日，国务院副秘书长周颖、全国妇联书记处书记康玲及全国妇联儿童部、市妇联等领导到双桥幼儿园慰问。

6月1日，市总工会副主席韩汝代、农场局工会副主席张维孝来农场幼儿园祝贺节日。

6月6日，农场工会召开工会联合会成立大会。

7月25日，双桥幼儿园喜迁新址。

8月25日，双桥农村办事处成立市容监察队。

9月12日，农场与北京市宇航婴幼儿食品营养研究所联合开发的天泉矿泉系列饮料通过部级专家鉴定。

9月16日，北京市农办、市农业生产处组织全市9个郊区县主管农业的副县长、农办主任、农业局长以及市水稻顾问团专家、教授一行40人，来农场黑庄户乡视察参观"京花101"早稻和"京稻3号"晚稻管理和长势。各级领导、专家和教授对农场水稻管理和实现千亩良田无草化表示钦佩和赞扬。

12月1日，农场成立北京市双桥京华制鞋厂，建筑面积340平方米，为全民所有制性质，注册资金30万元，从业人员30人，主管单位为双桥商业公司。

12月16日，双桥农村办事处正式接管双桥中学、双桥第二小学。标志着双桥地区17所小学、4所中学全部交由地方政府机构管理。

12月22日，第一届双桥计划生育协会正式成立。

12月30日，双桥农场庆祝建场40周年大会在双桥文化宫礼堂召开。上级领导和农场历届老领导到会祝贺。大会总结了农场40年的创业和发展历程，表彰了在各行各业做出突出贡献的劳模、优秀领导干部、优秀党员和先进工作者。

● 1990 年

1月17日，古巴共和国驻华大使何塞·阿·格拉与经济参赞拉蒙·科尔塔达·哈科曼一行参观农场奶牛场、幼儿园、文化宫和农民家庭。

3月14日，农场电工协会正式成立。

4月，农场与香港华润纺织品有限公司、北京纺织品进出口公司、北京第二棉纺厂联合兴建的北京京华纺织品有限公司在农场原钢窗厂旧址建成投产。

5月23日，古巴哈瓦那市副市长到农场进行友好访问。

6月4日，古巴对外友好协会会长、参赞等人考察农场畜牧生产及发展情况。

9月2日，农场大片地区受到强风暴雨和冰雹袭击。严重被毁的水稻计220公顷，26.7公顷果园遭风雹袭击，18.7公顷蔬菜遭灾，因高压线折断，农场磁性材料厂高温炉内烧制中的电子元件全部报废。鱼塘成鱼因缺氧而大量死亡，此次风雹灾害造成直接经济损失 200 万元以上。

● **1991 年** 2 月，农场纪委被北京市纪委评为"北京市优秀纪检组织"。

2 月，农场团委被团市委评为"亚运会做文明观众，树赛场新风"组织奖。

2 月，农场与北京市公共汽车五场达成协议，农场划拨 6600 平方米场地供对方长期使用。对方将 382 路公共汽车始发站迁至双桥农场，农场提供 8000 平方米场地，对方投资 345 万作为联建宿舍的全部投资。

3 月 8 日，美国通用机械公司亚洲区总裁一行 3 人在航空航天部二院外经处领导的陪同下参观黑庄户农民家庭、双桥幼儿园等。

3 月 12 日，巴基斯坦伊斯兰共和国、孟加拉人民共和国的大使、公使、参赞、武官及随行人员 50 多人，在外交部副部长齐怀远和外交部礼宾司、市外办、朝阳区副区长李明及区外办领导的陪同下来农场参观访问。

3 月，农场团委被市高教局评为 1990 年度"七五"绿化杯竞赛先进单位。

3 月，农场获得"1990 年度全国绿化先进单位"奖牌和荣誉证书。

3 月，农场被市总工会评为"安全合格班组达标活动优秀组织单位"。

4 月 12 日，世界银行一行 4 人在中国饲料开发总公司领导陪同下来农场参观畜牧业。对农场畜牧养殖业所取得的成就表示高度赞赏。

4 月，农场党委书记彭少武调农场局任职，王金农任农场党委书记、张志明任场长。

5 月 1 日，农场乳品厂冰棍班荣获"五一劳动奖状"。

5 月 2 日，双桥农业服务公司化验室荣获"北京市农业区划先进单位"。

5 月，农业服务公司崔世博获得"首都五一劳动奖章"。

6 月 6 日，缅甸联邦共和国驻华大使一行在总公司副经理赵东生陪同下参观双桥兽药厂。

6 月 13 日，农场豆各庄乡乡办老年公寓投入使用。该公寓投资 80 余万元，建筑面积 1300 平方米。

7 月 2 日，农场奶牛配合饲料厂全面质量管理工作通过农业部鉴定并获得"部级质量管理奖"。

7 月 3 日，古巴国务委员、副主席罗德里格斯携夫人和大使、参赞等一行9人在农场场长张志明等领导陪同下，参观双桥奶牛场、双桥种猪场、双桥乳品厂以及双桥幼儿园。古巴客人对农场在改革开放后取得的成就表示赞赏。

7月7日，农场投资510万元建成华北地区最大的兽药厂——北京市兽药厂投产，建筑面积5500平方米，车间采用屏蔽式装置，并设有精密检测设备和真空包装设备。

7月，京郊最大的中国宫廷金鱼养殖场在双桥农场建成，场内金鱼养殖池3万平方米，喂养了150万尾名贵金鱼。

8月5日，由农场豆各庄乡在武汉投资二百万元兴建的"水上世界"大型游乐场正式营业。

9月27日，由朝外小庄开往双桥农场的382路公交汽车正式通车。这条线路是由双桥农场与公汽五场合作开通的，线路全长8公里。

10月10日，农场与韩国合资的长城瑞光给水设备有限公司开业。农场局副局长赵东生、农场党委书记王金农、场长张志明、外经办主任张子禄等参加开业典礼。

10月，由国家科委、国家专利局、北京市自然应用科学设计研究所等单位组成的专家、学者、教授视察团一行21人视察双桥农场。

10月，农场被评为"北京市保密工作先进单位"。

11月1日，农场集资兴建的大型液化气站落成，实行自买、自运、自灌，是首都东南部最大的液化气自管站。

11月8日，老挝人民共和国工会代表团一行5人到农场参观。

12月5日，常营乡民族小学新校舍奠基典礼隆重举行。

12月31日，农场机关档案管理工作达到北京市二级先进标准。

12月，我国第一条球威-25生产线在双桥兽药厂建成投产。生产的球威-25获得首届中国农业博览会铜质奖。

12月，由区、乡、村三级投资42万元的五里桥小学落成。

1991年，黑庄户中学新建教学楼建成投入使用。

1991年，双桥农村办事处曾被评为"北京市计划生育先进单位"；双桥红十字会被评为"市先进单位"；双桥综合治理委员会被评为"首都社会治安综合治理先进单位"；农场工会被评为"模范职工之家"；农场计生办获市计生委"北京市计划生育工作先进集体"；农场被市绿化委评为

"北京市绿化红旗单位"。

1991年，农场在全国农垦系统106个社会总产值超亿元的农场排序中社会总产值排第8位，农业总产值排第30位，利润总额排第4位，销售税金排第12位。

10月，农场被北京市郊区护林防火指挥部评为"1990年度先进集体"。

12月，农场农机公司荣获农业部颁发的全国农垦系统标准化管理优秀单位奖。

1990年，农场大力推广的农作物营养诊断平衡施肥技术荣获市农工商联合总公司科学技术推广一等奖。该技术在1988年通过有关专家鉴定，被收进《1989年中国技术大全》内，荣获市科研成果一等奖，1990年拍成《农作物诊断医生》科教片。

1990年，农场当年完成植树任务11.1万株，参加义务植树18000人次，被市园林部门评为市级先进林政建设单位。

1990年，双桥奶牛配合饲料场生产的"朝星牌"系列奶牛配合饲料获北京市优质产品奖。

● **1992年**　1月9日，北京市水泥公司在农场水泥库召开现场会，向全市同行推广该库露天存贮水泥新技术。

1月14日，农场成立双桥乡镇企业公司，谷家声为经理兼党支部书记。

1月，农场计生办被市计生委评为"1991年度计生工作先进单位"。

1月，为深化改革、发展农场经济，农场宣传部、工会、团委共同发起，"我与企业共命运"系列教育活动。

2月14日，北京市双桥纸袋厂被国家建材局定为定点企业并开发生产蛋托新品种。

2月，农场工会被市总工会授予"1991年度市先进女职工委员会"。

2月，北京市双桥制药厂生产的治疗寻常痤疮新药——酰舒通过鉴定，投入批量生产。

2月，由常营回族乡与德州扒鸡联合公司共同开办的常营清真德州扒鸡厂建成投资。

3月，北京市农工商联合总公司党委任命王俊厚为双桥农村办事处副主任。

4月，我国北方地区唯一生产彩印塑料杯的厂家——北京三汇食品包装有限公司成立，该公司由双桥农工商公司（双桥农场）与香港嘉汇企业有限公司共同投资兴建，引进国外生产线，年生产一次性彩色印刷塑料饮料杯、冰激凌杯、酸奶杯、快餐盒等3000～5000万只。

5月1日，双桥乳品厂冰棍班获全国总工会颁发的"五一劳动奖状"。班长张兴哲代表70名职工在人民大会堂参加首都"五一"劳动节庆祝大会，受到党和国家领导人接见。

5月6日，农场成立北京市中海实业开发服务公司。

5月，农场被农业部、国家体改委、社科院评为1991年全国2093个亿元乡第150名。

6月12日，农场场长张志明签发国营企业经济体制改革实施计划。

6月13日，双桥制药厂与西班牙齐氏环球贸易有限公司合资成立北京太洋医药化工有限公司，项目投资总额为100万美元，注册资本70万美元。双桥制药厂以厂房、设备、附属设施及现金作为出资28万美元，占注册资本的40％。西班牙齐氏环球贸易有限公司以技术、设备、现金作为出资42万美元，占注册资本的60％。合资企业生产BK蚊蝇器，合资年限为15年。

6月，农场投资400多万元兴建的双桥文化宫正式建成。建筑面积3000多平方米，所括1245个座位的多功能厅、台球厅、舞厅和游戏厅，还能举办画展，是北京市郊区规模最大的乡镇文化宫。

7月，北京市双桥学生奶制品供应公司成立，著名营养学家于若木担任名誉顾问。

7月，京郊最大的中国宫廷金鱼养殖场在双桥农场建场，鱼池面积3万平方米，有150万尾名贵金鱼。

8月1日，农场植物医院开业，营业项目有农药、种子、化肥、地膜及有关农业技术服务。

8月31日，由北京市劳动局批准，农场主办的北京市农场系统第一所技工学校在双桥农场开学。

9月4日，朝阳区卫生局同意农场五个乡级卫生院改为医院。

9月18日，农场党委书记王金农到总公司任职，吕和平任农场党委书记。

10月1日，农场新建液化气罐站隆重开业。

10 月 6 日，黑庄户中心小学新校址举行奠基仪式。

11 月 5 日，双桥制药公司下属单位双桥制药二厂顺利通过验收。

11 月，北京地区工业企业 500 家规模经营排序中，双桥农场三家企业榜上有名：北京市燕京制药厂、北京市京东造纸厂、北京市双桥制药厂。

12 月 10 日，常营中心沟治理工程举行开工典礼，总公司副经理葛祥书、区水利局局长李玉富、农场领导吕和平、陈德茂、李福荣出席了开工典礼。常营分场机关、村民及当地驻军 2000 多人参加劳动。

12 月 30 日，农场会计服务所成立。

12 月，农场工会被市总工会评为"北京市迎亚运，创一流，爱国立功奖"。

12 月，农场科技人员培育的京双 18 号冬小麦的选育和推广获得 1992 年局级科技进步二等奖。

1992 年，农场以"旧村改造，新村建设"为契机，东旭新村（原么铺村）建成花园式别墅，全村百余户村民陆续免费住上居住面积达 180 平方米的二层别墅式小楼。

1992 年，双桥奶牛配合饲料场获农业部质量管理奖。

● **1993 年**

1 月，农场妇联被市妇联评为"1992 年度市街、乡妇联先进集体"。

1 月 1 日，由三间房乡梆子井村创办的"北京市朝阳区比比爱广告公司"挂牌营业。

1 月 18 日，双桥地区第一家农民股份制企业——兰城出租汽车公司开始运营。

2 月 11 日，朝阳区委农工部免去徐锦昆、韩文科双桥农工委委员职务。

2 月 28 日，农场机关机构改革完成。机关原有科室 39 个，减到 26 个，撤销 13 个，合并 9 个。机关原有工作人员 185 名，精减为 124 人，其中干部 100 人，工人 24 人。分流 61 人，其中干部 51 人，工人 10 人。

3 月 7 日，管庄乡京来顺饭庄（涮羊肉）被评为"旅游企业最佳风味奖"。

3 月 10 日，农场召开第十三届职工代表大会，大会选举产生双桥农场第十三届工会委员会，选举李文才为工会主席，刘美荣为工会副主席。

3 月 11 日，总公司党委决定，徐锦昆为农场调研员。

3 月，豆各庄乡党委书记李清荣获全国绿化奖章。

3 月，农场有六项产品达到全市新技术及产品认定标准，分别是：微循环式太阳能热水器、酰舒、激光治疗机、激光美容治疗机、激光美容治疗仪电脑触摸式、触控光针仪。

4月14日，根据市外事办农村办通知，"双桥中古友好人民公社"变更为"双桥中古友好农场"。

4月28日，农场经济项目开发公司成立。

5月1日，双桥地区新婚学校成立。

5月18日，副市长段强、市绿化副主任单召祥等领导来农场检查绿化工作。

5月21日，双桥地区首家金鱼市场在黑庄户乡大鲁店村破土动工。

6月4日，农场直属机关党委成立，李福荣兼任书记，李文才任副书记。

7月6日，古巴大使馆二秘、三秘等来农场参观，场长张志明接待并介绍农场发展情况。

7月24日，为纪念古巴解放40周年，古巴大使馆全体人员在大使和夫人率领下到农场石槽果园参加义务劳动。农场党委书记吕和平代表农场全体干部、职工对古巴共和国国庆表示衷心祝贺，双桥幼儿园小朋友为客人表演了精彩的歌舞。

8月，北京市第一家联营性质的少数民族医院——北京伊斯兰医院成立，该医院地处朝阳区管庄回民聚集地。

9月10日，黑庄户宫廷金鱼交易市场正式开业。

9月10日，双桥首家由朝阳区实业公司和香港中物（集团）有限公司合资经营的京港汽车驾驶培训有限公司开业，该公司位于常营乡，占地2万平方米。

10月20日，朝阳区政府向燕京制药公司颁发"物价、计量信得过单位"牌匾。

10月，双桥地区乡人民代表大会换届选举工作展开。

10月，农场首家股份合作制试点企业"北京万海工贸公司"投入运营。

10月，农场工会被中华全国总工会评为"模范职工之家"。

11月，北京市育青驾驶员培训学校开业，该校由北京市关心青少年教育协会与双桥农场联合创办。

1993年，制药公司先后投入600万元，同有关部门合作，共同开发研制了具有强大抗菌作用的新药——泰力特。

1993年，农场荣获首都绿化红旗单位，并再次荣获"全国绿化造林300佳单位"。

1993年，农场张兴哲等12名同志被评为"北京市劳动竞赛标兵"。

1993年，双桥农业公司水稻叶龄模式栽培技术科研项目《水稻叶龄模式开发》获1993年部级二等奖。

● **1994 年**　1月7日，北京市首次利用外资进行大规模危旧房屋改造和"康居工程——常营住宅区"项目合同签字仪式在人民大会堂举行。香港长江实业有限公司董事局主席李嘉诚、市委书记陈希同、市长李其炎、北京市领导和国务院港澳办主任鲁平出席签字仪式，该工程占地52公顷，投资12亿元。

1月，农场妇联被市妇联评为"1993年度妇联先进单位"。

2月15日，总公司党委决定李福荣兼任双桥农场副场长。

4月1日，政协朝阳区第七届第十八次党务会议决定：高士芹、王云福、崔世博为政协朝阳区第八届委员会委员。

4月27日，双桥农工委选举产生吕和平等18名代表，出席朝阳区第七次党代会。

4月，农场建成水泥库，一次能贮存20万吨，输出量占北京市需求一半以上。

5月30日—6月1日，朝阳区爱卫会对双桥地区随机抽样的36个企业、村委会、中小学、幼儿园进行检查，农场总成绩名列全区农口第一。

6月，农场双泉牌矿泉水产品质量顺利通过市监督局、计量局、工商局等五部门联合验收，在1994年夏季国内贸易部有关部门组织的调查评比中，双泉牌矿泉水被评为"首都畅销名牌"产品。

7月6日，北京双桥制药厂发展成为双桥制药公司，注册资金2000万元。

7月12日，农场地区连续24小时降雨，降水量达200多毫米。农场1000多公顷农田、数百亩果园被淹。鸭场部分生产设备，过水后毁坏严重，渔场四个金鱼池内所养名贵金鱼基本跑光，制药厂成品库房进水，180多户职工宿舍雨水漫进，常营分场部分民房墙倒屋漏。

7月14日，双桥兽药厂赵振明获"北京市工业企业优秀科技领导干部"，曾清华获"北京市工业企业优秀科技人员"。

7月14日，农场与新华房地产开发公司关于利用三间房渔场9.1公顷土地联合建设茶家东里住宅小区签订联建协议。土地征用、搬迁及现有公共设施等综合补偿费折价3425万元。

9月4日，农场燕京医药公司被评为"1993年度百强企业"。

9月中旬，在农业部农垦司公布的1993年166个总产值超过亿元的农场，双桥农场排名在第10位。

9月22日，以开发种植、加工、销售为一体的专搞农业生产合资企业——北京龙水农业发展有限公司在咸宁侯正式运营。

9月25日，朝阳区双桥计量监督管理所成立，以加强对该地区计量器具的检查和执法。

10月10日，双桥农场黑庄户乡么铺公汽八场联合开通382支线，全长17公里，解决了么铺村民进城难的问题。

10月24日，农场首家国营企业北京市双果木器加工厂被总公司批准为股份合作制企业。

11月15日，常营康居住宅小区开工建设。市有关领导及部委办负责人和香港长江实业（集团）有限公司主要人士250余人出席开工典礼。

12月16日，北京市双桥律师事务所成立。

1994年，全场十几个全民企业实行"两权分离"经营承包制。

1994年，《稻麦两茬高产栽培技术体系研究》获北京市星火三等奖。

1994年，燕京医药公司被评为"北京市经济百强企业"。

● **1995年** 1月，北京优世营养保健品厂和国内著名专家共同研制的比福多双歧口嚼片通过轻工总会部级鉴定并投放市场。

1月，双桥农业服务公司云良翠、谢永岩等人承担的丰收计划课题"稻麦两茬高产高效配套技术体系研究与应用"获北京市星火科技三等奖。

1月，农场妇联被市妇联评为"1994年度妇女组织先进集体"。

1月，北京市朝阳区水处理剂厂郭文礼等人研制的环保新产品"阳离子聚丙烯酰胺"获星火三等奖。

3月8日，农场女工委员会荣获"全国工会女职工先进集体"。

4月5日，双桥兽药厂、褡裢坡村、燕京医药公司三个单位被评为1994年度市级"精神文明建设先进单位"。

5月15日，农场成立科学技术委员会，李杰锋任主任。

5月，农场制订五号井房改拆迁安置实施办法。

6月，孙雨山荣获1995年北京市农工委优秀宣传部部长。

7月10日，农场女工委员会被全国总工会评为"全国先进女职工委员会"。

8月4日，根据北京市农工商总公司党委〔1995〕京农场组字第44号文件通知，王平、薛刚任双桥农场副场长；免去李杰锋双桥农场党委副书记、副场长职务；免去韩凌云双桥农场副场长职务，任双桥农场总农艺师。

8月，农场物资供销公司筹集资金1496万元，建成容量为8000吨的散灰包和大型混凝土搅拌站，年产10万立方米混凝土。

8月，制药公司与北京市集才药物研究所共同研究开发的国家四类新药，最新型大环内脂类抗生素——泰力特（阿奇霉素）胶囊取得卫生部颁发的新药证书、批准号和生产许可证，正式投产。

11月20日，双桥医院正式领取《医疗机构执业许可证》。

11月，在常营乡建成三家大型清真食品企业，共投资950万元。这三家食品企业主要产品有乡佬葱烧牛肉面、小龙卷、肉卷果、脱骨扒鸡等，均属清真食品。

12月12日，北京双泰纸制品有限公司经北京市工商行政管理局批准成立，注册资本70万美元，中国国际商品贸易公司（荷兰）出资42万美元，占股60％，北京市双桥化工原料仓库出资28万美元，占股40％。

1995年，燕京医药公司在中国乡镇企业排序中分别荣获"中国商业行业最大规模乡镇企业"百家第19名、"中国最大经营规模乡镇企业"千家中第838名。

1995年，豆各庄牛场养牛三班被总公司工会授予"标兵班组""职工小家"。

1995年，白少芹等11名同志被评为"北京市劳动竞赛标兵"。

● **1996年**　1月，农场妇联被市妇联评为"1995年度妇女组织先进集体"。

1月，北京绿宇园林设计所成立，注册资金80万元。

3月22日，在中国首届农业科技年会上，双桥乳品公司生产的"绿鸟牌"活性乳获精品金奖。"绿鸟牌"100％纯牛奶和"绿鸟牌VD消毒奶"分获精品银奖、铜奖。

5月27日，朝阳区在双桥农场召开改造农场住宅小区供水系统现场办公会，李凤玲区长主持会议，会议决定该项工程预计总投资90万元，双桥农场自筹三分之一，区财政拨款三分之二，区水利局协助会同有关部门具体实施。

6月初，双桥渔场从上海引进罗氏沼虾虾苗试养获得成功，平均亩产267.5斤，大部分沼虾基本投放到饭店和菜市场，经济效益可观。

7月，三间房分场抓住拓宽京通路的有利时机，在通惠河南岸建成占地23300平方米、京东最大的石材市场，引来福建、山东、四川等地的客商40余家在此经营。

11月，双桥太平洋保险代办处成立。

12月13日，古巴共产党中央政治局委员、国务委员会副主席哈瓦那市委书记埃斯特·拉索一行及古巴使馆人员在副市长孟学农、朝阳区委副书记安训生、双桥工委书记吕和平等陪同下到农场走访东旭新村和农民家庭并参观常营"乡佬"方便面厂。

1996年，农场出资45万元对小区供水主干道进行改造，缓解用水高峰期水量严重不足的问题。

1996年，北京制药公司与北京太洋世纪商贸公司合资成立北京太洋环宇医药有限责任公司，注册资本50万元，制药公司出资24.5万元，占注册资本的49％；太洋世纪商贸公司出资25.5万元，占注册资本的51％。

● **1997年**　1月，农场妇联被市妇联评为"1996年度妇女组织先进集体"。

1月，双桥奶牛配合饲料场商标及产品被市饲料工业办公室向社会推荐为著名商标。

1月，北京电视台"畜牧之窗"播出双桥种鸭场的拳头产品——北京鸭双桥系列。

1月，双桥药业公司被授予"1996年度首都文明单位"。三间房乡北双桥村、褡裢坡村被授予"1996年度首都文明村"。北京市兽药厂、燕京医药公司、常营乡佬食品公司被授予"1996年度朝阳区文明单位"。

2月19日，农场召开第十三届职工（会员）代表大会。农场局工会主席湾颜绵，副主席张淑英出席大会。大会民主选举产生新一届工会委员会，李文才为工会主席。

3月，三间房医院被评为"一级甲等医院"。

6—8月，起重机厂分别通过市场机械局专家硬件封机封口装验收；国家检测中心专家开封技术检测验收；国家检测中心专家起重机运载试验现场验收及国家检测中心和市机械局专家对软件部分与贯彻执行国家94标准等全国验收。

8月，农场及所属五个乡共同筹资120万元建设的老干部活动中心投入使用。活动中心为二层楼房，占地6066.7平方米、建筑面积753平方米，配备了台球、乒乓球和棋盘等娱乐设施。

9月18日，北京市双桥养鸡场完成转产正式更名为北京市日盛仓储服务中心。

10月，双桥种子公司成功试种早春稻良种——中花15。

11月3日，常营回族乡批发零售市场正式投入使用，投资50万元，占地60余亩，摊位166个。

11月28日，燕京医药公司通过国家中医药管理局GSP达标验收。

1997年，东旭村与东北一家企业合作创办京亚木业有限公司，主要经营集成材、实木家具等，当年营业收入突破1000万元。

1997年，双桥乳品厂划归三元食品公司。

● **1998年**　1月12日，根据北京市农工商联合总公司京组通字〔1998〕第1号文件通知，李福荣办理退休手续，所担任的党委副书记职务自然免去。

2月，农场9个村在"京郊百富村"中榜上有名。黑庄户分场东旭新村排第1位；三间房分场定福西村排第2位、褡裢坡村排第34位、梆子井村排第92位、北双桥村排第93位；管庄分场重兴寺村排第7位、管庄村排第9位、杨闸村排第42位；豆各庄分场于北村排第79位。

2月，三间房医院被批准为大病统筹定点医院。

3月22日，黑庄户乡出资对通惠二支渠进行疏挖完工，全长2000余米，土方6000多立方米。

3月，管庄分场重兴寺集体企业——双桥汽车制动泵厂以100万的价格将产权转让给个人，成为双桥农村集体企业产权转让第一家。

4月23日，农场代管库和储运库合并，合并后总资产3400万元，员工140余人。

6月30日，农场短时间内降水223毫米。黑庄户分场666.7公顷农田，常营分场266.7公顷稻田及菜地被淹。农场两千多亩饲料地遭水，减产过半。五里桥东大洼南北大堤被水冲开三个豁口约10米宽，13.3公顷稻田遭灾。常营桥被冲垮，大水淹没20.7公顷田园，110户民房、2个库房、1个综合市场进水。八里桥立交桥下和双桥铁路桥洞积水深达1.5米。

7月7日，根据双组干字〔1998〕09号文件通知，经朝阳区农工委批准，增补薛刚为中共北京市朝阳区双桥农村工作委员会委员，免去韩凌云中共北京市朝阳区双桥农村工作委员会委员职务。

7月16日，褡裢坡村下属企业北京长城瑞光给水有限公司就新研制的高科技新产品在人民大会堂云南厅召开新闻发布会。

8月25日，全场6万人向长江全流域遭受洪水的灾区捐款捐物达287.41万元。制药公司捐赠120万元药品。燕京医药公司捐赠40万元药品。常营乡捐赠价值4.5万元的方便面300箱，三间房乡在中央台义演时捐款20万元。

9月1日，北京市朝阳区人民政府与北京市农工商联合总公司按照市委、市政府《场乡体制改革意见》签订双桥农场人事机构改革方案协议。双桥农村办事处及乡镇企业公司和两个居委会共59人划归朝阳区。农场经济、党委两部门共109人留总公司双桥农场。双桥医院、双桥中学、双桥第二小学划归朝阳区管理。农场所属北京双益达建安工程集团整建制归属总公司双桥农场，其中渠道及相关设施由朝阳区管理。

9月，由农业部统一调配，北京市兽药厂无偿捐献35000瓶消毒剂，紧急运往洪水灾区。

11月2日，北京市朝阳区人民政府和北京市农工商联合总公司签订按照市委、市政府《场乡体制改革意见》签订双桥农场土地、资产划分协议。划归朝阳区五个乡土地总面积73509.29亩；总资产132259.4万元、总负债67992.2万元、所有者权益64267.2万元。划归总公司双桥农场土地总面积8828亩；总资产57081万元、总负债36128万元、所有者权益20953万元。

11月，农场由原来的场乡合一、全民和集体两种所有制共存，党、政、企三位一体的综合体，变成一个面向市场，自主经营、自负盈亏的国有企业，即独立的法人经济实体。

12月7日，根据总公司党委京农场组字〔1998〕第68号文件通知，张志明任双桥农场党委委员、书记，免去其双桥农场场长职务；薛刚任双桥农场党委委员、副书记、场长，免去其双桥农场副场长职务；王立荣任双桥农场党委委员、纪委书记；王平任双桥农场党委委员、副场长；李文才任双桥农场党委委员、工会主席；朱文玲任双桥农场总会计师。

免去陈德茂双桥农场党委委员、副书记职务，改任正场级调研员；免去董金波双桥农场党委委员、副场长职务，保留原副场职工资待遇；免去韩凌云双桥农场总农艺师职务，保留原副场职工资待遇；王俊厚因场乡体制改革，其所担任的职务自然免去，保留原副场级工资待遇。

在场乡体制改革后，人事关系划归朝阳区的原双桥农场党委及行政班子成员，其所担任的职务自然免去。人事关系划归双桥农场的人员，其原在双桥办事处工委和办事处中所担任的职务自然免去。

● 1999 年　1月8日，根据京农场组字〔1999〕3号文件通知，何冰任双桥农场党委委员、副书记；高扬、魏建田任双桥农场副场长。

1月13日，农场撤销服务分场，组建以物业服务和管理为主要职能、实行独立核算的桥联物业公司。

1月，农场将基建科、建筑公司划归双桥建筑公司。

3月1日，农场机关机构改革结束，由原来24个科室减少到11个；干部由83人减少到53人。

3月15日，双桥农场4号区3栋住宅楼破土动工。

3月25日，根据京农场组字〔1999〕13号文件通知，王治平任双桥农场党委委员。

3月，制药公司成立药物研究所。

4月15日，农场组建北京双益达建安工程集团。该集团由水电站、科技站、农用物资站、农机站、蔬菜站、畜禽管理站、金鱼养殖场、农工部组成。

4月23日，农场在双桥文化宫召开庆祝建场五十周年大会，共800余人参加。大会由党委书记张志明主持，场长薛刚致辞。大会表彰8个双文明单位、10名优秀管理干部和10名优秀职工。中国煤矿文工团在会上进行文艺演出。

5月17日，根据京农场组字〔1999〕20号文件通知，李杰锋任双桥农场总经济师，享受正场级待遇。

5月26日，市委书记贾庆林、市长刘淇视察三元食品公司乳品一厂（原双桥乳品厂）。总公司总经理包宗业、副总经理周诗平陪同视察。

7月1日，双桥农业服务公司经三年努力培育出的9804、9805两个特早熟冬小麦新品系荣获北京市优良品种推广奖。

7月13日，新胜金属结构厂划归工业分场管理。

9月8日，农场物资供销公司投入60万元建立的砌块砖生产线批量生产并通过有关部门认证。

9月16日，制药公司女职工委员会，被全国总工会农林工会授予"全国农林系统先进女工组织"。

9月27日，制药公司无偿接收原军队企业中国天龙实业总公司。

10月14日，双桥商标印刷厂改制为北京市双桥商标印刷有限责任公司。

10月15日，农场34号、35号住宅楼破土动工。占地1531平方米、建筑面积7658平方米，共120户。

10月，通过国家科委审定的具有早熟、丰产、抗旱、抗寒、抗倒伏、高产优质麦类青饲料作物"NTH237"小黑麦在双桥饲料场建成生产基地。

12月13日，制药公司与永清县宏业化工厂合作建立廊坊太洋药业化工有限公司。双方均以实物作价出资，制药公司出资458.6万元，占股37.5%，永清县宏业化工厂出资763万元，占股62.5%。

12月18日，农场与北京中天正生房地产信息咨询有限公司合作兴建的中天综合交易市场开业。农场提供市场占地12137平方米，中天正生公司出资承建市场，建筑面积5060平方米，并每年向农场缴纳管理费10万元，合作期限20年。

12月24日，双桥铁塔金属结构制造厂划归工业分场管理。

12月29日，根据总公司京农管字〔1999〕第73号文件，北京市农工商联合总公司决定组建北京三元种业股份有限公司，农场所属的北京市兽药厂划归三元种业。

● 2000年 1月20日，农场筹资200多万元与北京焦化厂联建管道煤气工程，经过近半年紧张施工，一期工程安装完成747户，即日通气。

3月16日，经北京市工商行政管理局核准，北京市兽药厂名称变更为北京立时达药业有限公司。

3月21日，农场下属企业北京市双桥工业公司与北京市莆泰木业有限责任公司共同投资成立北京市嘉泰木业有限责任公司。莆泰木业公司以贴面机生产线入股，占股60%。工业公司以现金80万元入股，占股40%。

3月31日，农场常营牛场获1999年度"首都文明单位"。

4月17日，根据双组干字〔2000〕3号文件通知，经农场党委推荐，总公司党委同意并经农场工会第十三次委员会委员扩大会正式选举，何冰兼任农场工会主席。

4月17日，根据北京市农工商总公司党委京农场组字〔2000〕第7号文件通知，高扬任双桥农场党委委员。

4月，太洋药业刘玉真、立时达药业赵振明荣获"北京市劳动模范"。

5月12日，双益达用三个月建成的生猪屠宰厂获朝阳区政府颁发的北京市首批"生猪定点屠宰厂"铜牌。

5月24日，农场（北京市双桥农工商公司）与北京银信兴业房地产开发有限公司签订国有土地使用权转让协议。五号井南宗：108647.06平方米、六号井南宗：227735.94平方米，二宗土地转让价款总额为9755万元（含各种税费）。

5月31日，双桥农业服务公司草坪生产被钓鱼台国宾馆园林处定为"草坪生产定点供应基地"出售草坪12万平方米，创收120万元，获利50万元。

6月26日，根据京农管资发〔2000〕63号文件批复，同意制药公司注册资本金由2000万元增至4000万元。

8月1日，双桥物资供销公司32250吨散装水泥仓建成，投资1850万元，用时7个月，共建成28个立体钢结构散装水泥筒仓，直径8.5米，高度12.5米，容量1150吨，引进德国先进技术进行筒仓卷制，整体没有焊接点，并采用国内具有领先水平的激光物位测试系统，随时掌握仓内水泥高度、容量。

8月30日，工业分场、畜牧分场撤销，合并重组成立双桥农工贸公司。

8月，双桥建筑公司、远东方建筑公司、建鑫明模板租赁站和台湖建筑公司共同出资组建北京市亿本房地产开发有限公司（简称亿本公司），注册资本1000万元，各方分别占有股份依次为：35％、20％、25％、20％。

9月9日，新北京太洋药业有限公司成立，由中国国际金融有限公司向太洋药业投资1000万美元现金，持有太洋药业69.58％的股权；制药公司向太洋药业投入450万美元的资产，持有太洋药业30.42％的股权。

10月20日，农场（北京市双桥农工商公司）与银信兴业签订国有土地使用权转让协议。饲料厂、双牛和农用物资站地块合计352亩折合234678.4平方米，土地转让价款总额为7040万元。农场占有银信兴业

9%的股权收益，其受益范围仅限于本协议中的标的物。

11月2日，双桥汽车修理部改制为北京市双桥利通汽车修理有限责任公司。

11月17日，根据总公司党委京农场组字〔2000〕第52号文件通知，王昭亮任双桥农场副场长，免去其总公司资产部副部长职务。

11月24日，双桥电管站举行双桥供电所揭牌仪式，该所是朝阳区供电局首次批准的三家供电所之一。

12月22日，太洋药业药研所被北京市经委认定为"市级企业技术中心"。

2000年，农场被市总工会职工体协授予"全民健身大型团体操优秀组织奖"。

2000年，农场多次与朝阳区教委和黑庄户乡协商，将场乡分离时在建的7000多平方米双桥第二小学项目及其债权债务一并划给黑庄户乡，当年建成后，在新址正式开学使用。

2000年，亿本开发建设7号区一期45000平方米商品住宅工程，五栋（六层）共486套住宅。

● **2001年** 2月12日，农工贸下属的北京市双科创绿园林工程有限公司成立，注册资金500万元。

2月26日，农场与亿本公司签订国有土地使用权转让协议，将朝阳区双桥东路西侧4.1公顷土地转让给亿本进行总体开发，一次性转让土地使用权的转让价款总额为1550万元。

2月28日，农场机关进行调整，共设置10个科室，编制44人。

3月9日，根据总公司党委京农场组字〔2001〕第4号文件通知，何冰由双桥农场党委副书记改任为党委书记；免去张志明双桥农场党委委员、书记职务。双桥农场领导体制由党委集体领导下的分工负责制改为场长负责制。

3月，双益达被北京市总工会授予"经济技术创新工程先进集体"。

4月5日，双桥日盛仓储公司整体划归双益达。

6月10日，根据总公司党委京农场组字〔2002〕第24号批复，双桥农场新一届党委由7人组成，何冰为党委委员、书记；薛刚、王治平为党委委员、副书记；王平、王立荣、魏建田、王昭亮为党委委员。王治平为纪委委员、书记；李刚、谢俊玲为纪委委员。

6月25日，农场与北京市第一住宅建筑工程公司关于"科技综合楼"签订解除债权债务关系协议，农场支付住一公司工程款、停工损失费共计1150万余元。

6月29日，太洋药业研制的用于治疗II型糖尿病的国家一类新药盐酸吡格列酮取得新药证书及生产批件，商品名为"艾汀"，已投入批量生产。

7月2日，农场就开发利用黑庄户果树队土地事宜与北京鼎福恒房地产开发有限公司签订合作开发协议。涉及开发的土地位于北京市朝阳区黑庄户乡双桥农场使用的国有土地，面积约94.2公顷。

7月20日，农场与常营乡政府关于153.6亩场区地块签订拆迁补偿协议，拆迁补偿费每亩52.8万元。补偿费用共计8810.08万元。

7月24日，农场所属三个牛场共计2151头牛连同豆各庄牛场1182万元总资产、人员及债权债务和饲料地一并划归总公司三元绿荷养殖中心。双桥牛场和常营牛场生产资料（牛）划归三元绿荷养殖中心，人、财、物、债权债务、饲料地以及开发收益（常营牛场开发收益再议）不划归总公司，共涉及209名职工，分别由农场以内退、放假、留守的方式安置。

8月11日，太洋药业在人民大会堂召开新药上市新闻发布会。治疗II型糖尿病的国家一类新药——艾汀，在国内上市。

8月28日，双益达饮用水有限责任公司建成投产。

9月4日，农场召开第十四次会员（职工）代表大会，纪委书记王立荣当选工会主席，不再兼任办公室主任。

9月10日，廊坊太洋药业化工有限公司股东会决议确认，双方股权比例为双桥制药公司占51%，永清县宏业化工厂占49%。

9月，双桥渔场"中国宫廷金鱼"珍珠、水泡等十几个品种出口到荷兰。

11月8日，农场与区水利局关于萧太后河农场段签订划界确权协议，长度1.7公里、河宽41米，为水利工程用地，土地使用权归朝阳区水利局。

11月，农场党委书记何冰随中国对外友好协会出访古巴。

12月31日，农场机关进行调整，确定10个科室，编制47人。

12月，双桥幼儿园通过市教委二级二类幼儿园验收并取得北京市学前教育颁发的二级二类荣誉证书。

2001 年，亿本开发建设的 7 号区商品住宅售罄，售后净利润 1233.3 万元。

2001 年，双益达长城磁件厂经理赵宝泉被三元集团授予"先进科技工作者"。

2001 年，立时达药业被北京市科委授予"北京市星火科技先导型示范单位"。

2001 年，亿本开发的 7 号区二期工程完工，总面积 45000 平方米，含两栋小高层、一栋小七层住宅和一栋商业楼，七号区两期工程双双获得北京市"长城杯"和群体市优工程桂冠。

2001 年，双桥鸭场被划入金星鸭业。

2001 年，建筑公司出资净资产 307 万元，以股权形式进入三元建筑集团。

2001 年，农机公司划入三元石油集团。

● **2003 年**　2 月 25 日，桥联物业通过 ISO 9001：2000 国际质量管理体系认证。

3 月 5 日，农场与新华房地产开发有限公司关于双方于 1994 年 7 月 12 日签订的《茶家东里住宅区联建合同》签订补充协议，新华公司原协议尚欠 600 万元及新增土地补偿费 500 万元同时支付给农场。该地块土地确权问题由新华公司全权负责处理解决，农场不再参与。

3 月，农场获"北京市 2002 年度义务献血先进单位"。

3 月，双益达旺平水电工程公司被市总工会授予"经济技术创新先进班组"，其所研制的"机井钻杆测斜法"荣获三元集团科技成果三等奖。

3 月，农场被市计生委授予"北京市计划生育工作先进集体"。

4 月 14 日，立时达药业（原兽药厂）重新划归农场管理。

4 月 20 日，双桥幼儿园师生一行 11 人，参加古巴驻华使馆举办的古巴儿童节庆祝活动。

5 月 14 日，胜利建材增资 1000 万元，取得二级资质。

6 月 5 日，北京市副市长牛有成在三元集团董事长包宗业、总经理张福平陪同下，莅临农场及太洋药业、胜利建材等单位视察。

7 月 17 日，农场与北京市黑庄户农工商公司签订土地移交书。将东安储运库所占有的 41790.10 平方米国有土地使用权移交给北京市黑庄户农工商公司。

8 月 6 日，双卉新华园艺公司生产的华艺牌切菊花通过检疫，第一批 10000 枝菊花出口日本。

9 月 2 日，农场牵头的龙妈园项目规划设计方案评选大会在奶牛中心延庆基地举行，日本株式会社设计的方案为中标方案。

9月12日，农场与北京华恩房地产开发有限公司签订杨闸综合科技楼项目转让协议，北京华恩共支付农场土地补偿金2000万元。

10月30日，全国总工会一行18位部长级以上领导，在集团公司工会副主席张淑英陪同下，莅临农场视察、调研工会工作。

12月10日，农场场长何冰当选为朝阳区第十三届人大代表。

12月17日，立时达药业继上年粉针剂与水针剂车间通过验收后，余下的粉剂（预混剂、散剂）、混悬剂车间也通过农业部畜牧兽医局组织的验收，立时达成为GMP合格企业。

2003年，农场与新华房地产、京德顺房地产公司进行合作开发，农场先后获得收益3425万元。

2003年，集团公司将农场定为民主管理试点单位，农场工会在集团公司系统内，率先制定《双桥农场企业民主管理及职工代表大会实施细则》，经职代会审议通过下发到二级单位。

2003年，农业服务公司"草坪优良品种筛选及应用推广"课题获农业部科技成果奖，并评为北京市经济技术创新优秀成果奖及三元集团公司科技成果二等奖。

2003年，太洋药业工程师黄茂华带领研发的"别嘌醇生产工艺改进"项目，评为"北京市经济技术创新优秀成果奖"。

2003年，双桥建筑公司第一项目部经理刘辉被北京市科协授予"优秀青年工程师"。

● 2004年 2月16日，根据京三元集团组字〔2004〕4号文件通知，邵光海任双桥农场党委委员、书记；马辉不再兼任双桥农场党委委员、书记职务，调回集团公司总部工作。

2月17日，新华园艺有限公司与日本日商岩井畜产园艺公司，在光明饭店举行200万支切花菊出口合同签字仪式。

2月20日，太洋药业国家一类新药"艾汀"经国家食品药品监督管理总局批准，由原批准文号"试"字号转为"准"字号。

2月，对建筑公司实行主辅分离、辅业改制，回归农场，注册资本796.11万元。

3月10日，公司授权大秦物流对北京市海淀区红联南村44号北京市紫竹大厦的第八、九层进行经营，包括安排使用、经营管理及收取租金等相关事务。

4月1日，根据京三元集团组字〔2004〕19号文件，李文才不再担任双桥农场副场级调研员职务，保留原工资待遇。

4月29日，农场与朝阳区政府签订北京市基本农田保护责任状。

5月20日，古巴储备局局长（华裔）邵黄将军及其随行人员莅临农场参观访问，向农场赠送安东尼奥·马赛奥骑像（复制品）。

5月31日，北京市双桥化工原料仓储库改制为北京大秦物流有限公司，农场控股51%，经营者占股49%。

5月，太洋药业生产的新药"艾汀"被北京市科委评为科技进步奖，同时授予太洋药业"北京市高新技术企业"。

5月，亿本为双桥温泉花园二期工程第一批300户业主办理入住手续。

6月15日，根据京三元集团组字〔2004〕29号文件，高建华任双桥农场总会计师。

6月16日，农场与京华纺织厂合营期满。经全体股东大会协商决定，不再延长合同期。自期满之日起，终止合营、依法清算。

6月，太洋药业研发的"别嘌醇生产工艺改进"项目荣获市总工会经济技术创新优秀成果奖。

7月，农场被市国资委授予"先进基层党组织"牌匾。

7月，为开发常营牛场用地，常营牛场宿舍区拆迁结束。共33户得到拆迁补偿款700余万元。

9月，太洋药业生产的新药"泰力特"，被市质量技术监督局评为"名牌产品"。

10月，太洋药业通过欧洲COS认证（欧洲药典适用性认证）。

10月，胜利建材研制出一种新型材料欧仕特人造实体面材，该产品可与大理石相媲美，经国家建筑材料测试中心检测，不具放射性，国家鼓励生产。

10月，太洋药业国家一类新药"艾汀"进入医保目录。

11月3日，农业部一行80余位领导莅临农场、康城、乳品一厂和太洋药业视察。

11月19日，农场第十五次职工（会员）代表大会结束。大会选举产生第十五届工会委员会和经费审查委员会，王立荣当选工会主席。

12月10日，农场机关机构调整结束，由10个科室调整为7个，聘用干部34人。

12月13日，立时达药业完成股东变更工作，将原南郊牛奶公司10.1%的股份转为双桥农场持股。

● **2005年** 2月3日，农场收购呼伦贝尔海乳乳业有限责任公司持有的呼伦贝尔三元乳业有限责任公司24.66%的股权，收购价为2103.2万元。

2月4日，农场与北京市土地整理储备中心签订关于朝阳区双桥五号井小区二期住宅用地土地入市交易协议（京土整储市合字〔2005〕第005号）。

2月，桥联物业完成五号井一期工程上下水、中水、消防水及供暖管道施工工程。

3月13日，中央电视台农业频道《科技苑》栏目播出立时达药业积极参与"3·15"打假宣传片。

3月21日，全总农林水利工会主席王萍等一行到农场新华园艺大兴基地调研、考察，农场党委书记何冰、工会主席王立荣陪同考察。

4月10日，双桥幼儿园师生10余人前往古巴大使馆表演节目，共庆古巴解放日。

4月，农场被市总工会授予"北京市劳动模范集体"。

5月，立时达药业工程师刘云被北京市科协授予第十五届"北京优秀青年工程师"。

6月30日，农场与朝阳区供销合作社关于五号井商店、煤场拆迁签订补偿协议，商站、煤场共占地4558平方米，建筑面积2606.02平方米，农场支付供销社占地及拆迁补偿费停产停业损失费合计1050万元。

7月18日，双利工贸公司整建制划归双益达管理。同日，双益达董事会成立，王平任董事长，推荐聘用赵宝泉为总经理。

8月11日，农场召开保持共产党员先进性教育活动动员大会。农场党委书记邵光海在报告中提出"围绕七个方面，取得六个效果"，要求党员领导干部在先进性教育活动中做到"三个主动""四个带头"和"五个示范"。三元集团党委书记包宗业到会并讲话。

8月，胜利建材举行由市建委推广的"干拌砂浆"项目启动仪式。

8月底，立时达药业完成股份制改造，注册资金140万元，股权结构为：农场出资71.4万元，占股51％；五位自然人出资68.6万元，占股49％。

9月26日，农场召开保持共产党员先进性教育活动第一阶段总结暨转段（分析评议阶段）动员大会。

10月20日，农场与下属企业双桥制药公司签订股权转让协议，双桥制药公司将持有的太洋药业49％股权无偿划转给双桥农场。

10月，农场对新华园艺增资扩股，从原来的227万元增加到1035万元，持有股份56.5％。

11月2日，农场召开保持共产党员先进性教育活动第二阶段总结暨转段（整改提高阶段）动员大会。

11月14日，双桥农工贸公司对所属企业进行整合重组，公司设立三部一室，所有对外经营业务统一使用双桥工业公司执照。

11月18日，农场召开保持共产党员先进性教育活动总结大会。党委书记邵光海作题为《以先进性教育的实际成果积极稳妥推进农场各项工作的和谐发展》报告，三元集团督导组组长到会，并对农场先进性教育活动给予充分肯定。

11月，农场被市总工会授予"北京市经济技术创新先进单位"。

2005年，立时达药业开发小组被市总工会授予"北京市经济技术创新工程优秀班组"。

2005年，农场被北京市总工会授予"北京市劳动模范集体"。

2005年，太洋药业生产的国家一类新药"艾汀"位列《中国500最佳新产品》药品领域排行榜第一位。

● **2006年**　1月20日，桥联物业收购亿本康乐物业管理有限公司。

1月，桥联物业被北京市劳动和社会保障局、北京市总工会和北京市企业家协会联合授予"北京市和谐劳动关系单位"。

4月，立时达药业被北京市饲料工业协会授予"北京市饲料工业行业先进企业"。

6月，农场与延庆有机农产品发展中心共同投资成立北京三元中安有机农业有限责任公司，负责运作市发改委、延庆县发改委立项并投资的延庆县有机农产品生产示范基地项目，发改委投入基建基金，三元中安投入生产经营资金，日常的生产经营由双桥农场负责具体安排。

8月21日，根据京三元集团组字〔2004〕24号文件，免去高建华双桥农场总会计师职务。

9月5日，农场（北京市双桥农工商公司）与太阳药业控股有限公司签订合同，变更投资总额、注册资本及股东名称、股权比例。新公司投资总额增至2240万美元，注册资本增至960万美元。原股东制药公司变更为双桥农工商，投资470.657万美元，持股比例由69.58％降至49％；原股东中国国际金融有限公司变更为太阳药业控股有限公司，投资489.343万美元，持股比例由30.42％增至51％。

10月15日，立时达药业最终灭菌大容量静脉注射剂车间通过农业部GMP验收。

10月，立时达药业工程师刘云被北京市创争活动领导小组授予"北京市创争活动知识型职工"。

11月8日，农场场长何冰当选为朝阳区第十四届人大代表。

11月，农场五号井平房改造工程205户居民搬迁工作完成。注资3000余万元。

2006年，农场五号井原一、二区平房拆迁腾退地块共计4.6公顷国有土地，通过"招、拍、挂"的形式转让给雅居乐房地产开发公司。

2006年，长城磁件厂电子通风产品通过ISO 9000质量体系认证。

2006年，市总工会在三元集团试行工资协商机制，农场作为三元集团的试点，起草了农场工资协商专项合同文本，在桥联物业试行后在全场18个单位推广。

2006年，大秦仓储公司被北京市劳动和社会保障局、北京市总工会和北京市企业家协会联合授予"北京市和谐劳动关系单位"。

2006年，立时达药业被北京市劳动和社会保障局、北京市总工会和北京市企业家协会联合授予"北京市和谐劳动关系单位"。

● **2007年** 1月，农场将下属单位管庄猪场占地2.6公顷的两宗土地及地上物确权给管庄乡，管庄乡向农场支付人民币1000万元，用于经济补偿。之后，农场继续与管庄乡友好协商，给付农场42万元补偿款，解决了咸宁侯和郭家场土地遗留问题。

3月19日，农场召开第十五届八次（会员）代表大会，王立荣因退休不再担任工会主席职务，增补邵光海为双桥农场第十五届工会委员会委员，并经集团公司批准，民主选举邵光海为新一届工会主席。

3月，农场女职工委员会被市总工会授予"首都女职工创新集体"。

5月，双桥幼儿园晋升为国家一级二类幼儿园。

6月20日，腾达饲料提升为农场二级单位，将双桥工业公司、腾达饲料场、双桥印刷厂、常营牛场、双桥木材厂、双桥农业服务公司六家企业进行国有资产重组合并，整体并入腾达饲料。

8月24日，三元中安注销。

8月，双桥幼儿园被北京市总工会评为"北京市巾帼文明岗"。

9月，农场投资1005万元筹建完成双桥地区天然气供暖中心，供暖中心覆盖供暖面积40万平方米。

11月21日，三元集团成立新的北京匹比包装有限责任公司，农场出资1000万元作为借款给新匹比公司。

11月23日，农场召开第十六次职工（会员）代表大会，党委书记邵光海当选工会主席。

2007年，农场收回匹比公司占用的土地，交给双益达，双益达利用收回的土地，新建库房7000多平方米。

2007年，大秦物流、农工贸和胜利建材投资建设库房共计3000多平方米，全场共有对外出租库房面积约15万平方米。

2007年，立时达药业、大秦物流、桥联物业被评为"北京市和谐劳动关系单位"。

2007年，太洋药业徐世博在北京市职工技术比武活动中荣获第9名。

● **2008年** 1月9日，立时达药业全部剂型通过农业部GMP（药品生产质量管理规范）复验。

2月20日，根据京三元集团组字〔2008〕6号文件通知，农场总经济师李杰锋离岗休养，其所担任的双桥农场总经济师职务自然免去。

3月6日，农场举办庆"三八"巾帼文明岗颁发仪式，双桥幼儿园被评为"北京市巾帼文明岗和全国巾帼文明岗"，黄玉霞被评为"北京市巾帼文明标兵"。

3月7日，北京市国资委副主任强新莅临农场视察，三元集团党委书记、董事长张福平陪同视察。

3月13日，古巴对外友协副会长巴西利奥·古铁雷斯和亚太司司长阿莉西亚·克莱德拉一行7人，莅临农场参观幼儿园、乳品一厂和康城花园。并进行友好交流、互赠礼品。场长何冰、书记邵光海陪同参观。

4月9日，根据京三元集团组字〔2008〕13号文件通知，胡东生任双桥农场副场长，免去王昭亮双桥农场党委委员、副场长职务。

4月12日，双桥幼儿园师生应邀前往古巴大使馆参加古巴解放日庆祝活动。

4月21日，根据京三元集团组字〔2008〕15号文件通知，高建华任双桥农场副场长。

4月29日，北京市助农植保站、北京市朝双种子站、北京市双兴综合商场三家企业注销。

4月29日，桥联物业改制成为国有控股的北京双桥桥联物业服务有限公司，改制后企业注资100万元，双桥场出资51万元，占股51%，桥联6位自然人出资49万元，占股49%。

4月，太洋药业被全国农林水利工会授予"劳动奖状"。

4月，经朝阳区教委验收，批准双桥幼儿园为"早期教育示范园"。

5月7日，农场将管庄猪场的2.6公顷土地以及地上物全部移交给朝阳区管庄农工商联合公司。

5月14日，农场共1463人向汶川地震灾区捐款共计人民币125400元。太洋药业为灾区捐赠二批特效抗菌消炎药泰力特——阿奇霉素共215箱，总价值人民币415040元。

5月16日，北京双桥建筑工程有限公司将持有的亿本公司30%的股权转让给福建中庚实业集团有限公司，双桥农场持有亿本70%的股权。

5月，农场被北京市总工会授予"首都职工素质教育工程通用能力培训先进单位"。

6月2日，全场344名中共党员为汶川地震抗震救灾缴纳"特殊党费"共计111080元，其中个人缴纳千元以上的38人，由中组部出具特殊收据。

6月4日，朝阳区副区长李建海在三元集团总经理薛刚陪同下，莅临农场调研、指导工作。

6月13日，三家单位合并重组大会在农场机关五楼召开。三元集团总经理薛刚、组织部部长马辉出席大会，宣布以双桥农场为主体，吸收合并北京三元绿化工程公司和国营北京永乐店农场，组建新的北京市双桥农工商公司，原三单位领导班子成员党政职务自然免去。新的北京市双桥农工商公司实行公司制管理，成立董事会、党委会和经理层。何冰、张保华、邵光海、闫景海、王治平为董事，何冰任党委书记、董事长，张保华任党委副书记、总经理，王治平任党委副书记、纪委书记。闫景海、王平、丁守林、张瑞丰任党委委员。建议闫景海为工会主席人选。

6月20日，根据双董发〔2008〕1号文件通知，聘任王平、高建华、胡东生为双桥农工商公司副总经理，聘期自2008年6月20日至2011年6月19日，聘任赵宝泉为公司总经理助理。同日，公司召开领导班子联席会，对新组建的公司班子成员明确分工。

6月20日，经河北第一测绘院对照规划和施工图测定，常营乡政府实际多占用公司0.3公顷土地用于开发建设，常营乡政府给付公司补偿款共计421.33万元。

6月20日，三元绿化与双桥农工贸公司进行重组，组建新的北京三元绿化工程公司，实行经理负责制。

7月24日，波黑塞族共和国驻华、驻蒙古国大使佩罗·巴伦契奇一行到太洋药业参观并洽谈合作意向。

7月25日，双桥农用物资供应站100％股权无偿划转到双桥农工商公司并将双桥农用物资供应站提升为公司二级单位。

7月28日，永乐店磷肥厂、永乐店造纸厂进行资产清算并注销，产权变更到永乐店农场。

9月5日，公司召开第一次职工代表大会，总经理张保华向大会报告合并重组后基本情况和今后发展思路。党委书记、董事长何冰发表讲话。大会选举产生第一届工会委员会和经费审查委员会，闫景海当选为工会主席。

10月，公司获得"职工文明啦啦队先进组织单位"；王孝至获市国资委奥运会、残奥会先进个人称号；张建国获市总工会颁发的奥运会、残奥会先进个人称号；魏凤芝获市总工会颁发的立功标兵称号。

12月15日，公司机关机构调整结束，设置5部1室1会，在聘机关人员33人，共有10人办理内部退养手续，公司总经理张保华分别与各部室正职签订年度聘任协议。

12月31日，登记在永乐店农场下属11家企业名下的国有土地使用证全部上移，变更登记到国营北京市永乐店农场名下，原土地使用用途保持不变。

● 2009年 2月10—12日，太洋药业原料药生产场地通过美国FDA现场检查。

2月，公司被市总工会授予"北京市职工素质教育先进单位"。

3月20日，公司制定深入学习实践科学发展观活动的实施方案，并召开深入学习实践科学发展观活动动员大会，全面部署深入学习实践科学发展观活动。

4月16日，公司被评为"北京市厂务公开民主管理工作先进单位"。

4月17日，公司按照国家和北京市土地开发相关规定，办理申报一号区土地直接入市交易工作，该地块使用证号：京朝国用〔2004划〕字第0359号，土地面积：36654.13平方米。

6月4日，首农集团总经理薛刚、副总经理王力刚陪同朝阳区副区长李建海等到公司调研指导工作。

7月9日，根据双董发〔2009〕1号文件通知，聘任魏曙明为公司副总经理，聘期自2009年7月9日至2012年7月8日。

7月26日，朝阳区水务局支付给公司在定福庄—高碑店污水处理厂流域污水调水管线工程范围内所有地上物拆迁补偿、补助费为3320741元。

7月31日，朝阳区副区长闫军、朝阳区药监局局长闫学会到太洋药业调研。

8月14日，公司召开学习实践科学发展观活动总结大会。

8月26日，双桥农场成立60周年庆典在康城科技艺术会馆举行，首农集团党委书记、董事长张福平、总经理薛刚、朝阳区副区长李建海及场乡改革前各乡党政领导、集团各部室、首农兄弟单位和农场历任领导等共计200多人参加庆典。

9月8日，公司与北京市朝阳区建设委员会签订关于地铁6号线五里桥车辆段及代征市政设施用地拆迁委托协议，占用公司49180平方米土地，补偿金额为8823.64万元。

9月16日，经公司和福建中庚实业集团双方股东协商同意，亿本公司召开董事会决定，注册资金由2000万增加到5000万，增资后双方股权比例由双桥 70％和中庚 30％变更为各占 50％。双桥农工商公司增资 1100 万，福建中庚集团增资 1900 万。

12 月 4 日，亿本房地产开发有限公司分别收购北京中房佳和房地产开发有限公司股东北京万汇源房地产有限公司股权及债权清偿计 3000 万元、北京德润佳和投资有限公司股权及债权清偿 5100 万元。

12 月 7 日，公司与北京公共交通控股（集团）有限公司第五客运分公司签订关于调整公共汽车双桥农场停车场的协议，将现状停车场调整到公司所属西猪队饲料地西部位置，用地面积为 10000 平方米。

12 月 18 日，公司收购胜利建材全体自然人股东 49％全部股份，金额为 821 975 万元。

12 月 18 日，公司将北京双桥制药公司持有的太洋环宇医药有限责任公司 49％股权转让。

● **2010 年**　1 月，市政府研究决定，公司腾达饲料场 1～2 号地用于崇文区人口疏散定向安置房项目。

3 月 1 日，根据京首农集团组字〔2010〕12 号文件，双桥农工商公司不再实行董事会管理体制，原董事会成员职务自动解除。实行经理负责制。马遂志任双桥农工商公司党委委员、书记；免去何冰双桥农工商公司党委委员、书记职务；免去丁守林双桥农工商公司党委委员职务。

3 月 31 日，因定福庄—高碑店污水处理厂流域污水调水管线建设工程需要，公司同意放弃位于北京市朝阳区双桥东路（双桥农场机关东大院内）东一排和北一、北二、北三、北四排平房的房屋产权。

4 月 21 日，北京市政协常委、部分政协委员、北京市住建委等相关领导就《关于郊区农场系统危旧房改造问题》的提案到公司永乐店农场进行调研。首农集团总经理薛刚、副总经理王力刚、市政协委员、首农集团工会主席宋春来、公司总经理张保华、党委书记马遂志陪同调研。

4 月，三元绿化经理魏曙明荣获全国五一劳动奖章，双桥幼儿园园长黄玉霞荣获"北京市劳动模范"。

5 月 14 日，根据双组干字〔2010〕8 号文件通知，北京三元绿化工程公司拆分为北京三元绿化工程公司和北京市腾达饲料场。原北京三元绿化工程公司任职的干部其担任的职务自行免去。

5 月，北京市朝阳区垃圾无害化处理中心外电源工程占用公司土地面积约 1040 平方米，土地补偿总费用为 46800 元。

5 月，双桥幼儿园通过朝阳区教委一级一类园的验收。

7 月 9 日，长城磁件厂、双旺电力工程处提升为公司二级企业。

7 月 12 日，根据京首农发〔2010〕173 号文件，首农集团将北京三元绿化工程公司和国营北京市永乐店农场的整体产权无偿划转给北京市双桥农工商公司。

7 月 20 日，永乐店工业公司物资供应站变更为北京永乐物流中心，其股权无偿划转给双桥农工商公司并提升为公司二级单位。

7 月 28 日，北京市朝阳区双桥政策性住房项目奠基。市住建委、发改委、规划委、国土局等相关部门、朝阳区副区长李建海等领导出席。首农集团总经理薛刚代表项目投资方致辞，公司总经理张保华代表承建方介绍双桥经济适用房和公租房两个项目规划方案。

8 月 13 日，中共中央政治局常委、国务院副总理李克强，在北京市委书记刘淇和市长郭金龙陪同下来到公司，参加北京市定福庄保障性住房建设工程奠基仪式。首农集团总经理薛刚、公司总经理张保华、党委书记马遂志等相关领导一同参加仪式。

8 月 16 日，公司与北京市土地整理储备中心及中房佳和房地产开发有限公司签订国有土地使用权收购合同，北京市土地整理储备中心收购公司土地 289959 平方米，收购补偿总额 9.645 亿元，含土地综合补偿 7.5 亿元及中房佳和一级开发补偿 2.145 亿元。

8 月 17 日，旺平水电工程公司、双旺电力工程处出资主体变更为双桥农工商公司。

9 月 3 日，经首农集团与通州永乐经济开发区管委会协商，确定《永乐开发区土地收储协议书》条款，永乐经济开发区收储土地的《土地使用证》登记使用权人为国营北京市永乐店农场三堡牛场，永乐店农场配合办理有关协议的签字手续及有关补偿收入的账务处理。

9 月 17 日，由双桥化工原料仓库与外方合资的北京双泰纸制品有限公司注销。

11 月 10 日，公司与朝阳区水务局关于定福庄—高碑店污水处理厂流域污水调水管线工程分别签订伐移树木、拆迁和房屋补偿协议，公司共获得补偿 8294280 元。

11 月 12 日，市住房保障工作领导小组办公室联席会议决定同意公司在朝阳区双桥京桥一号地建设公共租赁住房。项目建设规模 9.71 万平方米，住宅及配套 6.7 万平方米，商业 3.01 万平方米。建设资金由公司自筹解决，项目建成后不分割办理产权，只租不售。

11 月 12 日，双桥革命烈士陵园举办封园仪式，烈士陵园移至市民政局所辖的常青园骨灰林基地重新建设。

11 月 26 日，永乐店农场下属的北京永乐御达物业管理有限公司成立，注册资本金 50 万元，起步资质三级。经营范围：物业管理、清洁绿化管理服务、机电设备维修维护服务。

● **2011 年**

1 月 25 日，经法院调解，公司解除与北京扬翔饲料有限责任公司的《租赁合同》，给付其补偿金 2180 万元。

2 月 14 日，按照京首农集团组字〔2011〕7 号任免通知，邵为卓任双桥农工商公司党委委员、副书记、纪委书记；王治平不再担任双桥农工商公司党委副书记、纪委书记、党委委员。

3 月 31 日，双桥无名烈士纪念碑迁建落成仪式在长青园骨灰林基地举行，公司党委书记马遂志、副书记邵为卓参加仪式。公司出资 180 万元作为碑体迁建费用。

5 月 19 日，双桥京桥 1 号地公租房项目取得北京市规划委员会建设项目规划条件，批准文号为〔2011〕规条授字 0004 号；取得市国土资源局朝阳分局建设项目用地预审意见，批准文号为京国土朝预〔2011〕50 号；取得市发改委项目核准的批复，批准文号为京发改〔2011〕644 号。

6 月 17 日，双桥京桥 1 号地公租房项目开工建设，项目占地面积 4.365 公顷，总建筑面积 147812.21 平方米，住宅面积 65295.06 平方米，总数 1296 套。

8 月 18 日，公司与朝阳区政府签订责任书，确保规划期末耕地保有量不少于 113 公顷。规划期末基本农田保护面积不少于 39 公顷。

9 月 28 日，公司党委书记马遂志、工会主席闫景海作为中古友好农场代表出席古巴驻华大使馆举行的中古建交 51 周年招待会。

9 月 29 日，古巴对外友协主席凯尼娅·塞拉诺及副主席艾丽西亚·科雷德拉和古巴驻华大使等人莅临农场参观访问，集团公司总经济师张同柱、公司党委书记马遂志、工会主席闫景海陪同参观。

11月8日，公司总经理张保华被选为朝阳区第十五届人大代表。

11月18日，因限价商品房项目开发，双桥建筑公司租赁使用的位于双桥牛场北侧土地腾退给公司，公司支付补偿费1280万元。

11月25日，双益达持有的北京新益永盛轴承工贸有限公司51％的国有股权无偿划转给北京市双桥农工商公司持有。自然人胥成持有的49％股权转让给北京北轴昆仑轴承有限公司。

12月8日，桥联物业持有的北京制胜共济液化气有限公司的国有股权全部挂牌转让。

12月9日，市政府秘书长周正宇率北京市、区规委、建委及园林局、交通委、市政市容委等各委办局及宝嘉恒、公联公司等负责人到公司就加快推进广渠路二期拆迁工作等有关问题召开协调会。首农集团副总经理王立刚及土地房屋管理部部长郑建、公司总经理张保华、副总经理胡东生参加会议。

12月21日，限价商品房项目取得市规委建设项目规划条件，批准文号为〔2011〕规条供字0125号。

● **2012年**　1月17日，公司与三元食品公司乳品一厂就人员安置补偿问题签订协议，补偿总额为17018208.50元，双方完成资产交接工作。

1月19日，限价商品房项目取得北京市国土资源局朝阳分局建设项目用地预审意见，批准文号为京国土朝预〔2012〕2号。

1月，三元绿化获"2011年度北京市交通安全先进单位"。

2月13日，北京市制胜共济液化气有限公司改制，国有股退出。

2月20日，古巴部长会议副主席马里诺·穆里略·豪尔赫在古巴驻华大使及外交部人员陪同下参观考察首农集团三元食品工业园，公司党委书记马遂志就中古友好农场来往情况做介绍。

2月，朝阳区发改委颁发给太洋药业"朝阳区2011年促进非公有制中小规模企业发展专项资金支持"40万元。

3月15日，首农集团、永乐店镇政府、永乐店农场、三元置业四方签订土地置换协议。由永乐店农场将机械总厂厂区现状土地2.3公顷交予通州区永乐店镇人民政府，由通州区永乐店镇人民政府负责提供给永乐店农场机械总厂以北2.3公顷国有土地，双方置换的土地使用权不做价格计算。

4月23日，亿本公司签约收购大连一方东港项目，总投资40亿余元。

5月3日，公司与市国土资源局签订关于双桥京桥1号区公租房（配套公建部分）国有建设用地使用权出让合同，出让宗地面积约1.47公顷，出让金额42501699元。同日，公司与市国土资源局签订关于双桥京桥1号区公租房（住宅部分）国有建设用地使用权租赁合同，宗地面积约1.76公顷，年租金总额2285328元，租金标准每5年增长10%。

5月29日，亿本与市国土资源局签订关于限价商品房地块国有建设用地使用权出让合同并向公司支付补偿金20316.20万元人民币。

6月4日，朝阳区水务局治理萧太后河工程占用公司土地3.9公顷，支付地上物及附属物拆迁补偿金额17247680元。置换土地2.7公顷，以原确权协议约定的河道41米范围内的三宗土地共2.6公顷和印刷厂占用的0.1公顷同等面积进行置换。

6月21日，公司收购扬州暖山房地产开发有限公司股东北京银信兴业房地产开发有限公司所持有的43.11%股份，收购价格为2155.5万元；收购西安福祥房地产开发有限公司所持有的6.89%股权，收购价格为344.5万元。双桥农工商公司持有扬州暖山50%股权，西安福祥持有扬州暖山50%股权。收购完成后扬州暖山公司组建新一届董事会，注册资本5000万元，公司拥有实际控制权，财务报表并入双桥农工商公司。

6月26日，限价商品房项目开工建设。项目占地面积3.077公顷，总建筑面积75037.4平方米，住宅面积57583.23平方米，总数759套。

7月11日，根据京首农集团组字〔2012〕21号文件，赵宝泉任双桥农工商公司副总经理。

8月28日，北京市双益达饮用水有限责任公司成立，注册资本金50万元。

11月25日，北京新益永盛轴承工贸有限公司51%的国有股权无偿划转给北京市双桥农工商公司。

11月30日，公司将所属三元绿化、永乐店、腾达饲料进行管理重组，腾达饲料的绿化业务划归三元绿化。永乐店与腾达饲料重组，组建新的永乐店农场。新组建的北京市永乐店农场实行场长负责制。

12月13日，市发改委投资立项的通州永德路工程占用永乐店农场所辖家乐化工厂国有土地1公顷，永乐店农场与永乐店镇政府签订土地补偿协议，土地补偿款总计345万元，并由通州区政府出具收回国有土地使用权的相关文件。

12月27日，双桥京桥1号地公租房项目所有楼栋全部结构封顶，由北京市保障性住房建设投资中心收购，收购价约10.8亿元人民币。

● **2013年** 1月1日，立时达药业进入国家奶牛"金钥匙"技术示范工程。

1月10日，马遂志当选公司工会主席。

1月14—16日，太洋药业原料药生产场地通过美国FDA（美国食品药品监督管理局）现场复查。

1月21日，限价商品房项目取得施工许可证〔2013〕施〔朝〕建字0009号。

1月23日，双益达饮用水公司100％的国有产权无偿划转到双桥农工商公司。

1月31日，公司与中电信泰置业（北京）有限公司共同出资合作打造水泥库国际艺术园区合作签约仪式在公司一楼会议室举行。首农集团副总经理郑立明、中国电力传媒集团副总经理韩健出席仪式并致辞。公司与中电信泰共同组建新公司，注册资本2000万元，公司占股51％；中电信泰占股49％。新公司以租赁胜利建材水泥罐库区形式经营，租期20年，年租金400万元，项目占地46915.9平方米，厂房13000平方米，水泥罐46座，铁路线2条。

1月，公司获北京市2012年度交通安全先进单位。

2月25日，大连一方东港置地有限公司增加注册资金到3亿元，由亿本单独以货币资金方式出资2.5亿元，出资额由4500万元变为2.95亿元，出资比例由90％变为98.33％；大连一方出资额保持不变，仍为500万元，出资比例由10％变为1.67％。

3月21日，双益达饮用水有限责任公司完成提升层级工作，由国有独资四级企业变更为国有独资三级企业。

4月14日，北京龙妫园农业生态技术研发中心成立，注册资本300万元。

4月21日，立时达药业全部剂型通过农业部兽药GMP复验。

4月25日，限价商品房项目取得预售许可证京房售证字〔2013〕限9号。

4月27日，北京双桥信泰文化发展有限公司正式在工商注册成立，双方股东为公司占股51％，中电信泰占股49％。注册资金人民币2000万元。

5月15日，双益达新建库房完成现场验收，新建库房1573平方米，新建办公用房 85 平方米，新修停车场及院内道路 1294 平方米，改造原有库房 513 平方米。

5 月 20 日，亿本董事会决议，大连一方以给付中庚置业有限公司代垫前期费用的形式受让位于大连甘井子区革镇堡项目的土地一级开发，总金额为 298209174 元。

5 月 24 日，三元绿化获得北京市园林绿化局和北京市园林绿化企业协会颁发的"北京市园林绿化行业 AAAA 诚信企业"。

7 月 8 日，北京市双科创绿园林工程有限公司进行审计和清算，总资产 850.3 万元，总负债 122 万元，所有者权益 728.3 万元，无偿划拨给北京永乐腾达物流服务中心。

8 月 8 日，根据京首农党发〔2013〕18 号文件，公司党委成立实践活动领导小组及办公室，制定深入开展党的群众路线教育实践活动工作方案。召开党的群众路线教育实践活动启动大会。

12 月 26 日，公司所属企业北京起重工程机械厂整体改制结束，资产评估值为 709.74 万元，在北京产权交易所 100％协议转让给个人。经市工商朝阳分局核准企业名称变更为北京环海起重工程机械有限公司，公司为其 25 名职工买断工龄、身份置换共支付补偿金 1515150 元。

● **2014 年**　1 月 8 日，亿本资本金从 5000 万元增加至 3 亿元，双方股东用现金同比例增资，公司追加出资 1.25 亿元，持股 50％；中庚追加出资 1.25 亿元，持股 50％。

1 月 15 日，太洋药业外方股东太阳药业控股有限公司增资，新增出资人民币 57659038.74 元，增资后进行工商变更。增资后双方股东股权比例为：公司由原来的 49％变为 33％，太阳由原来的 51％变为 67％。太洋药业国有身份离退休人员和国企在职员工退休后人员均由双桥制药公司接收。

2 月 19 日，首农集团承担双桥农场平原造林工程项目，并授权双桥农场为项目实施主体。施工单位为三元绿化工程公司。此项目占地面积 21.3 公顷，总投资 960 万元，为市级投资。

2 月 24 日，公司与三音石（北京）文化传媒有限公司（简称三音石）共同出资成立 99 工场（北京）文化传媒有限公司，注册资金 2000 万元，双桥农工商公司出资 1020 万元，占股 51％，三音石出资 980 万元，占股 49％。

3月25日，国资委副主任尹义省、企业改组处副处长余红、吕继斌、朱宇讯参加的调研小组就公司限价商品房项目进展情况到公司进行调研。

4月8日，公司收购立时达药业自然人股东所持的49%全部股份，收购总价为1878856元。

7月4日，公司对立时达药业进行货币增资1060万元，公司实缴注册资本金共1200万元。

8月6日，太洋药业外方股东太阳将持有的2%股权转让给北京汇洋投资企业，转让价款总计人民币246.17万元。转让后，太洋各股东持股比例为太阳药业控股有限公司64.9999%，公司33.0001%，北京汇洋投资企业2.0000%。

8月7日，限价商品房项目取得预售许可证：京房售证字〔2014〕167号。

9月2日，首农集团将原双桥乳品一厂的土地、资产无偿划转到双桥农工商公司名下，并办理相关手续。

9月17日，扬州暖山完成所有立项审批工作，现场"三通一平"工作全部完成并取得建设用地规划许可证。

11月3日，原腾达饲料下属的北京市双科创绿园林工程有限公司注销，经过审计和清算，总资产850.3万元，总负债122万元，所有者权益728.3万元，无偿划转给北京永乐腾达物流服务中心。

11月17日，根据京首农集团组字〔2014〕25号文件，鉴于马遂志达到法定退休年龄，由张保华主持双桥农工商公司全面工作。

12月15日，公司批准三元绿化在大连市设立分公司，开展绿化工程及相关业务，分公司名称暂定为"北京三元绿化工程公司大连分公司"。

12月22日，北京市朝阳区南水北调配套工程通州支线工程需砍伐公司权属乔灌木2547株，林木补偿费用为5622988元，临时占用公司权属土地13.3公顷，占用土地时间为18个月，占地补偿费用为14945250元。

2014年底，限价商品房项目累计签约705套，签约面积54030.02平方米，签约金额51382万元，累计回款50773万元。

2014年底，大连一方D17、H07两个地块主楼及公建已全部完成封顶，累计销售签约146套，签约面积28657.8平方米，签约金额40143万元，全年累计回款26450万元。

● **2015 年**　2 月 4 日，北京塞隆在中国房地产行业 2014 年度盛会中荣获 "最具发展潜力园区" 奖。

2 月 6 日，友谊花木产权出资人变更为北京三元绿化工程公司。

3 月 9 日，北京太洋药业有限公司更名为北京太洋药业股份有限公司。

5 月 8 日，扬州暖山国际城项目开工建设。

5 月 13 日，九九工场与北京市贝士凯资本管理顾问有限公司（简称贝士凯）及 3 个自然人合资成立第九区（北京）国际传媒有限公司。合资公司注册资本人民币 3000 万元。九九工场出资 1200 万元，占股 40％。贝士凯出资 750 万元，占股 25％。3 个自然人总计出资 1050 万元，占股 35％。

5 月 19 日，公司与中电信泰文创投资有限公司共同投资的北京塞隆国际文化创意园正式开园。

7 月 21 日，北京市国土资源局朝阳分局复函公司，对公司请求的 3 宗土地权属给予认定。即农场灌渠、胜利建材西墙沿线以东至双桥东路和电信仓库长期租用的场地约 4.7 公顷土地的使用权人为双桥农工商公司。

10 月 1 日，由公司投资、第九区传媒参加制作与发行的大型纪录片《中国仪仗兵》登录央视。

10 月 28 日，北京塞隆成为第十届北京文化创意博览会朝阳区分会场。

10 月，广渠路二期工程占用公司土地面积约 7.5 公顷，包括 2.9 公顷无证土地，拆迁房屋面积 34787.15 平方米，其中有证房产面积约 18278.69 平方米，涉及公司 9 家单位，国有企业 3 家、中外合资企业 1 家，股份制企业 3 家，租赁户 2 家。

12 月 17 日，亿本公司将原协议实际产生的土地综合补偿价差价 6468.93 万元转还给公司。

12 月 30 日，太洋药业获取新专利 1 项——尼莫地平自微乳化渗透泵控释胶囊制备方法，已在知识产权局备案。

2015 年，立时达取得 4 种产品的批准文号，投放新产品 7 种。

2015 年底，大连一方项目合计认购额 67066 万元，合计签约额 66049 万元，回款 66050 万元。

2015 年底，北京塞隆国际文化创意园签约企业达 53 家，签约面积达

17700 平方米，正式入驻办公企业 35 家。

2016 年　1 月 13 日，立时达药业通过北京兽药监察所动物疫病预防控制中心 GMP 验收。

3 月 25 日，北京市朝阳区南水北调工程建设委员会办公室及北京兴华恒达拆迁有限责任公司与公司关于南水北调配套工程占用公司部分土地签订拆迁补偿协议。

4 月，三元绿化通过北京园林学会的考察和审核，被正式批准为北京园林学会团体会员常务理事单位。

5 月 8 日，双桥幼儿园应邀参加纪念古巴共产主义青年联盟成立 54 周年暨何塞—马蒂少先队成立 55 周年纪念活动。

5 月 10 日，公司召开"学党章、学系列讲话，做合格党员"学习教育启动大会。会议传达首农集团党委书记、董事长张福平关于"两学一做"讲话精神，公司党委制定下发《关于在双桥农工商公司全体党员中开展"学党章党规、学系列讲话，做合格党员"学习教育的指导方案》。

6 月 6 日，首农集团党委常委会研究决定，许树坡任公司党委书记，建议为工会主席人选。

7 月 7 日，公司共青团召开第一次团员代表大会。公司党委副书记、团委书记邵为卓代表上一届团委作题为《凝聚青春力量　担负时代使命　团结带领广大团员青年为实现公司科学发展而努力奋斗》的工作报告。大会选举产生新一届团委委员为赵航、张钊、史舒楠、肖哲、沈祎，赵航被选举为团委书记。公司党委书记许树坡到会并讲话。

8 月 26 日，首农集团党委常委会研究决定，郑媛任公司副总经理；魏曙明任公司党委委员，不再担任副总经理职务。

8 月，立时达药业完成变更注册资本及修订公司章程等工商登记手续，注册资本由 1200 万元增至 3000 万元。

10 月 10 日，北京宝嘉恒基础设施投资有限公司与公司关于东高路道路工程签订协议。该工程占用公司所属常营牛场地块，占地面积 4088 平方米，征地补偿总价为 7390336 元。

10 月 25 日，塞隆国际文化创意园作为第十一届北京国际文化创意产业博览会朝阳分会场，成功举办第二届北京塞隆国际文化艺术节。首农集团、朝阳区委有关部门领导，公司党委书记许树坡等，新华社、中新社、人民网等 40 余家媒体、市民 200 余人参加开幕式。此次艺术节展示了冰屏、全息投影、动能球等国际领先新媒体视觉设备。

10 月，三元绿化承建的通州新城运河核心区路网绿化工程（一期）一标段被北京市园林绿化行业协会评为 2016 年度优质工程。

11 月 1 日，桥联物业顺利通过 ISO 9000 质量管理体系认证审核。

11 月 2 日，由首农集团、中央新闻纪录电影制片厂（集团）联合出品，由九九工场、中国人民解放军三军仪仗队联合摄制的电影纪录片《中国仪仗兵》在洛杉矶举办的第 12 届中美电影节开幕式暨"金天使奖"颁奖典礼上荣 获中美电影节 2016 年"金天使奖"年度最佳电影纪录片。

11 月 15 日，公司作为黑庄户地区分会第 218 选区投票选举第十六届人大代表工作结束。经朝阳区选举委员会审查，确认第 218 选区投票选举结果有效，公司总经理张保华当选为朝阳区第十六届人民代表大会代表。

11 月 21—22 日，中共双桥农工商公司第一次党员代表大会在香山商务会馆召开。首农集团党委常委、纪委书记张红，党委常委、组织部部长、人力资源部部长吴海云，组织部副部长高凤清出席大会，公司党委副书记、总经理张保华致开幕辞。公司党委书记许树坡作题为《发挥党组织的保障作用凝心 聚力解放思想合力推进双桥农工商公司事业的科学发展》的报告；公司纪委书记邵为卓作题为《坚持从严治党严明政治纪律全面推进党风廉政建设和反腐败工作》的报告。大会选举产生公司第一届党委委员 5 人：许树坡、张保华、邵为卓、高建华、魏曙明，第一届纪律检查委员会委员 5 人：邵为卓、郑媛、孙玉华、张建国、赵航。

11 月 26 日，中共中央政治局常委、北京市委书记郭金龙，市委副书记、代市长蔡奇，市人大常委会主任杜德印，市政协主席吉林等领导来到朝阳，集体参加萧太后河整治水利工程劳动，市各部委办局负责人及朝阳区领导班子成员一同参加此次活动。

本年，塞隆园区累计 66 家企业入驻，入驻率达 96% 以上，签约面积达20626 平方米。

本年，塞隆园区获得北京市文化创意产业专项资金奖励 320 万元，获得朝阳区文化创意产业发展引导资金奖励 20 万元。

本年，公司适应形势，加强环境整治力度，积极响应两级政府疏解腾退低端产业的政策，结合首农集团和属地政府要求，对所属区域特别是萧太后河沿岸、鱼坑废品收购站等场地进行了环境整治和综合治理，共计拆除房屋133450.25平方米，其中萧太后河沿岸整治拆除79296.23平方米，南水北调工程拆除32154.02平方米，广渠路二期工程拆除22000平方米。

本年，太洋药业获得北京市高新技术企业证书。

本年，太洋药业开展药品一致性评价工作，完成新建制剂车间的土地、环保、园林、建设工程规划许可等前期手续，并将原料药基地选定在河北省沧州渤海新区医药产业园。

本年，公司实现营业收入59898万元，全员平均工资83296元。

● **2017年** 2月9日，由E9区创新工场出品制作，由范伟主演的都市生活剧《星光灿烂》在天津卫视、黑龙江卫视同步播出，同时间段收视率达到全国第二。

2月13日，首农集团总经理薛刚与绥化市市长张子林一行座谈，公司总经理张保华参加座谈，就公司所属惠丰博华公司与绥化市庆安县合作的"农业部数字农业示范工程"项目进行重点研讨。

2月，全国高新技术企业认定管理工作领导小组办公室对外公示"2017年拟认定高新技术企业名单"，公司所属北京胜利混凝土建材有限公司荣登榜单。

5月9日，市国资委监事会第三办事处主席刘春芳、主任龚善、专职监事刘菲、郑利军到公司调研指导工作，首农集团副总经理赵国荣、总经理助理贾先保、董事会办公室主任刘荣陪同调研。

5月11日，内蒙古科左中旗旗委书记刘白田一行访问考察公司，洽谈合作事宜。

7月13日，朝阳区委常委、副区长孙其军一行到北京塞隆参观考察，朝阳区委宣传部副部长、国家文化产业创新实验区管委会主任丰春秋，国家文化产业创新实验区管委会副主任屈福来等陪同考察。

9月12日，北京塞隆第三届国际文化艺术节隆重开幕。

9月18日，贵州省委常委、宣传部部长慕德贵等一行参观塞隆。

11月11日，中共中央政治局委员、北京市委书记蔡奇到塞隆参观并做出指示：加强园区宣传，做好双桥地区文化创意产业发展，升级改造筒仓，加快传统产业转型升级。市委常委、市委秘书长崔述强，朝阳区委书记吴桂英等陪同。

11月18日，市委常委、宣传部部长杜飞进到塞隆调研。

11月30日，公司第二次职工会员代表大会隆重召开。许树坡被选举为新一届主席，张建国被选举为副主席，孙玉华为经费审查委员会主任。首农集团党委常委、董事、工会主席郑立明、工会副主席聂志芳到会讲话。

12月8日，中央政治局原常委、全国政协原主席贾庆林等一行莅临塞隆参观考察，朝阳区委书记吴桂英，首农集团党委副书记马辉，首农集团党委常委、董事、工会主席郑立明等陪同考察。贾庆林对园区工作及所取得的成就表示充分肯定，特别是在园区的功能定位及人文景观营造方面给予高度评价。

12月28日，公司营业执照名称正式变更为北京市双桥农场有限公司。

本年，北京塞隆于春节前用高科技LED灯点亮园区内的46座筒仓。

本年，公司完成常营牛场疏解工作，共拆除房屋140828.92平方米。

● **2018年** 1月3日，双益达完成原轴承厂搬迁腾退、改造和招租工作。

1月8日，立时达药业取得由北京市农业局发证的《兽药GMP证书》，证号〔2018〕兽药GPM证字01001号，同时取得由北京市农业局发证的《兽药生产许可证》，证号〔2018〕兽药生产证字01005号。

1月9日，立时达药业9件药品包装盒的外观设计专利获得国家知识产权局外的授权公告；6件实用新型专利（一种用于灭菌车的转运装置、一种粉针传送装置、一种灭菌车转运装置、一种输液瓶信息识别装置、一种安瓿瓶整理组件、一种安瓿瓶摆放组件）获得国家知识产权局外的授权公告。

1月24日，北京塞隆第一次在北京市政府工作报告上以视频的形式展现了筒仓的夜景灯光。

2月1日，北京塞隆荣获"2017年度最具创新文化产业园区"奖项。

2月2日，三元绿化中标东南郊湿地建设工程（二期）三标段项目，工程地址位于通州区于家务乡，建设面积836776平方米，中标价格1.86亿元。

2月3日，中央政治局委员、北京市委书记蔡奇，市委副书记、市长陈吉宁，市政协主席吉林等领导以及市各委办主任及16个区委书记一行到北京塞隆观摩调研。

3月9日，立时达药业3件实用新型专利（制药车间除粉尘装置及制药车间除尘系统、二维运动混合机用收料装置、多功能扳手）获得国家知识产权局外的授权公告。

3月14日，市委常委、组织部部长魏小东到塞隆实地考察，集团公司党委书记、董事长王国丰，党委副书记、副董事长、总经理薛刚，公司总经理张保华陪同考察。

4月28日，北京塞隆王静参加集团召开的庆"五一"劳模先进座谈会，集团公司党委书记、董事长王国丰为其颁发首都劳动奖章，王静代表奖章获得者在会上做交流发言。

4月30日，按照北京市政府疏解整治促提升以及亮马河环境改造工作的要求，三元绿化所属北京亮马花卉市场正式停止营业，并对市场商户进行了疏解。

4月，太洋药业沧州项目启动，进行开工建设。

5月10日，北京塞隆参加第十四届中国（深圳）国际文化产业博览交易会，公司党委书记许树坡等一行参加。北京市委常委、宣传部部长杜飞进等领导来到北京塞隆展台视察指导。

5月11日，朝阳区副区长李俊杰、区宣传部副部长丰春秋、区发改委副主任魏思源、区政府办副主任金虎、区组织部、区金融办、区地税局、黑庄户乡党委书记秦涛及定福庄国家创新实验区管委会等相关领导一行到E9区创新工场调研。

5月29日，第二届中乌经济论坛胜利召开。北京塞隆在中乌两国双方领导的共同见证下，签署了首个"一带一路"文化交流的国际合作协议。北京塞隆礼物也第一次走出国门，赠予乌克兰首任总统、乌克兰中国企业荣誉主席克拉夫丘克。

6月10日，由北京市委宣传部、首都文明办、北京市国资委、北京市教工委、北京市旅游委、国务院国资委新闻中心、北京市总工会、共青团北京市委和北京市妇联9家单位联合主办第三届2018年"首都国企开放日"活动。

6月19日，北京市委书记蔡奇到三元绿化承建的减河公园项目考察调研。

6月21日，立时达药业获得国家知识产权局授权的9件商标注册证。

6月27日，立时达药业车间生产用装置"出料斗"的外观设计专利，获得国家知识产权局的授权公告。

6月28日，立时达药业获得国家知识产权局授权的40件商标注册证。

7月4日，在集团公司党委书记、董事长王国丰，党委副书记、副董事长、总经理薛刚等领导的陪同下，农业农村部农垦局局长邓庆海一行莅临E9区创新工场参观考察，并举行专题座谈。

7月4日，为了不断提升"疏解整治促提升"专项行动，朝阳区人大常委会组织市人大朝阳团代表围绕全市中心工作，视察朝阳区疏解整治促提升工作落实情况，北京赛隆是其中一站。

7月上旬，亮马花卉市场商户疏解工作顺利完成。

7月31日，由集团公司、北京市文促中心、中国传媒大学联合主办，公司和中国传媒大学协同创新中心承办的首届"首农·文化双桥"暨工业遗存文创转型论坛在北京赛隆成功举办。

8月3日，市纪委常委、市监委委员韩索华，市纪委常委、市监委委员王向明，市纪委常委高云峰等一行分别到北京赛隆、E9区创新工场调研。集团公司党委书记、董事长王国丰，党委常委、纪委书记乔书征，总经理助理尹跃进，公司总经理张保华，党委书记许树坡，党委副书记、纪委书记邵为卓陪同调研。

8月8日，邵为卓被选举为公司工会主席，许树坡不再担任公司工会主席。

8月18日，E9区创新工场被认定为首批"全国老旧厂房保护利用与城市文化发展联盟"理事单位。

8月28日，"见证世界纪录点亮美好生活暨'世界最大的水泥筒仓群'世界纪录认证"活动在北京赛隆举行。园区46座水泥筒仓建筑被世界纪录认证机构认定为"世界最大的水泥筒仓群"，被载入世界纪录大全史册。

9月7日，立时达药业获得国家知识产权局授权的1件商标注册证。

9月10日，三元绿化中标留白增绿一树村绿地景观建设工程，工程地址位于海淀区，建设面积498000平方米，中标价格1.43亿元。

9月16日，由北京赛隆承办的第十届中国对外投资洽谈会"共创美好生活'一带一路'文化旅游产业发展论坛"，在北京国家会议中心举行。中国产业海外发展协会秘书长和振伟，市国资委副巡视员荀永利，朝阳区委常委、宣传部部长刘军胜，集团公司党委书记、董事长王国丰，公司总经理张保华共同点亮世界最大水泥筒仓群模型，正式启动46座筒仓国际设计大赛。

9月17日，按照党章及公司党委要求，"中国共产党北京永乐店农场有限公司委员会"变更为"中国共产党北京永乐店农场有限公司总支委员会"；"中国共产党北京太洋药业股份有限公司委员会"变更为"中国共产党北京太洋药业股份有限公司总支委员会"；"中国共产党北京双益达建安工程有限公司委员会"变更为"中国共产党北京双益达建安工程有限公司总支委员会"；"中国共产党北京三元绿化工程有限公司总支委员会"变更为"中国共产党北京三元绿化工程有限公司支部委员会"。

9月19日，以"奋进新时代创意赢未来"为主题的"华夏银行杯"2018北京文化创意大赛在北京塞隆完美收官。世界最大的水泥筒仓群以亮灯仪式迎接全国文创精英，北京市文化创意产业促进中心主任梅松带领北京赛区30强及多家媒体共同在水泥筒仓群前合影留念。

9月，三元绿化通过安全标准化二级达标认证，获得北京市园林局和市安监局颁发的安全标准化二级企业证书。

10月1日，北京11处地标性建筑先后亮起"我爱你中国"主题灯光秀。北京塞隆响应市委宣传部号召，作为唯一一处文化创意园区参加本次活动，在世界最大的水泥筒仓群上演了"我爱你，中国！"的灯光秀。

10月20日，公司所属的E9区创新工场荣获第三届"文化产业学院奖"最佳园区运营创新奖金奖。

10月21日，聚焦"一带一路"文化艺术，第四届北京塞隆国际文化艺术节正式开幕。乌克兰文化参赞阿列克谢、俄罗斯大使馆秘书官安德烈等各位领导及外国友人、各界艺术家、任弼时之女任远芳等留苏老前辈共同出席。

10月21日，立时达药业获得国家知识产权局授权的1件商标注册证。

10月27日，E9区创新工场参加第十三届中国北京国际文化创意产业博览会，在朝阳区会场召开新闻发布会，作为朝阳区2018重点园区项目正式亮相。

11月9日，由市委宣传部、市国资委组织的"纪念改革开放40周年——媒体走国企"活动来到北京塞隆，来自人民日报、新华社、经济日报、北京日报、北京电视台、中国食品安全报、中国农垦杂志等 26 家中央、市属、行业媒体的 29 名记者组成的采访团走进北京塞隆。

11 月 11 日，"塞隆礼物"线上营销平台正式上线。

11 月 13 日，北京市第二届首都环境保护奖表彰会在北京市人民政府召开，公司荣获"首都环境保护先进集体"。

11 月 26 日，《北京日报》头版刊登了《从首都粮仓到文创摇篮》的文章，介绍了公司如何从首都粮仓变为今天的文创摇篮。

11 月 30 日，立时达药业通过北京市认定机构办公室的高新技术企业审批，获得高新技术企业证书。

11 月，三元绿化成功中标过亿留白增绿项目—海淀树村绿地景观建设工程，中标合同价 14326 万元，合同工期为 90 日历天。

12 月 14 日，北京市文化创意产业促进中心公布了首批北京市文化创意产业园区名单，北京塞隆荣登上榜。

12 月 25 日，三元绿化中标北京城市副中心城市绿心园林绿化建设工程九标段工程，建设地址通州区宋梁路西侧，建设面积 434922 平方米，中标价格 8655 万元，工期 748 日历天。

本年，立时达药业首次取得农业部核发的兽药产品批准文号 2 个：稀葡萄糖酸氯己定溶液、10％聚维酮碘溶液。成功换发泌乳康、硼葡萄糖酸钙注射液（500 毫升：钙 11.4 克）、注射用氨节西林钠、注射用头弛噻味钠、银蕾散、酚磺乙胺注射液共 6 个产品的批准文号。

本年，立时达药业获得由国家奶牛产业技术体系与《奶牛》杂志联合主办评选的 2018 年度第三届中国奶业风云榜"优秀供应商"荣誉。

本年，立时达药业被辽宁省乳业协会评选为"2018 年度优秀供应商"。

国营北京市永乐店农场大事记（1962—2008 年）

● **1962 年** 12 月 25 日，根据市、县委关于扩建农场的指示，为改变永乐店地区低洼、盐碱和贫穷落后的面貌，在柴厂屯公社开始了永乐店农场的筹建工作。

● **1963 年** 1 月 11 日，根据市县委的指示，正式宣布"国营北京市永乐店农场"成立。

2 月 2 日，经四届四次乡人民代表大会通过正式成立了"国营北京市永乐店农场"。当时加入农场的共有九个生产大队，共划分为五个分场。

6月7日，农场将第一、二、三、四、五分场改为国营北京市永乐店农场三堡分场、半截河分场、柴厂屯分场、德仁务分场、应寺分场，同时成立国营北京市永乐店农场机务队；国营北京市永乐店农场德仁务果园队；国营北京市永乐店农场基建科；国营北京市永乐店农场应寺果园队；国营北京市永乐店农场德仁务渔藕队。

6月18日—8月9日，农场种马场建立，引进苏高血马32匹，蒙杂马30匹，主要为本市及外省市提供优良马种。

9月8日，农场发出"关于大力发展养猪的十项决定及六四年养猪生产任务"的通知。十项决定从猪圈的建立、饲料、猪只生产、繁殖等都做了规定。

10月25日，农场三堡直属队、半截河直属队、柴厂屯直属队、种马试验站等五个五个国营单位经过一段时间筹建正式成立。

11月，农场在兴隆庄、马坊修建两座大型排水站，排水能力为兴隆庄3.52立方米/秒、马坊3.24立方米/秒分别装有6台20英寸*轴流泵（电机55千瓦）。

1964年　1月，《永乐店农场经营管理办法（草案）》公布执行，分总则，十章共六十条。确定了农场"以粮为纲，农牧结合，逐步地建成为首都的副食品生产基地"的经营方针。

2月3—7日，市、县委决定将农场进一步扩大。在市、县委的直接领导下，以公社为单位召开了乡人民代表大会。小务、永乐店、渠头三个公社一致通过了41个生产大队全部转为国营农场的决议，并分别由公社主任、农场场长签订转场协议书。

3月下旬，农场搬迁永乐店办公。

4月，农场德仁务、应寺的果园，随着人员的增加，果园规模逐渐扩大，果树面积发展到1400亩，21350棵，在原有品种扩大面积的同时，增加了京白梨、秋白梨，二十世纪等品种。

5月21日，市委书记处书记赵凡来农场，对农场规划进行了具体指导和安排实施。

---

* 英寸为非法定计量单位，1英寸＝2.54厘米。——编者注

6月20日，市农场和管理局局长杨益民听取农场规划方案和建设工作汇报，提出具体修改意见。

6月25日，根据农场局指示，农场决定建立粮食科，同时在永乐店设粮食仓库，专门负责管理全场粮食和粮食加工业务。

8月26日，市农委王宪、农场管理局刘刚、规划局钟国生、水利局总工程师及通县副县长魏继庚等来农场听取了规划工作的汇报。农场党委书记王锡田及规划办公室共32人参加会议，会上就规划工作中的问题和下一步工作进行了讨论和安排。

9月，在市、县委及市农场管理局的直接领导下，在中央、北京市科研单位、高等院校及有关局等12个单位的帮助下，永乐店农场1965—1970年规划全部完成。

10月，市委赵凡指示农场"今年秋、冬要决心搞好'四清'，目前要抓紧种好小麦"。农场按规划将田间地面工程、灌溉渠系排水工程"搞得像个样子"，为翌年增产做好准备。

12月20日，国营北京市永乐店农场渠头直属队、小务直属队正式成立。

● **1965年**　1月，经北京市手工业社和通县人民委员会批准，原通县手工业联社永乐店铁业生产合作社、永乐店木器生产合作社、永乐店公社修配厂划归农场领导，改为国营北京市永乐店农场铁工厂。

2月10—28日，全农场以疏挖排水沟为中心的农田水利工程第一战役。经过19天紧张战斗共挖土43500万立方米。

2月15日，农场图书交换站在市县文化馆协助下正式建立，当时共有各类书刊8022册。

3月27日，经县委批准，农场建立德仁务、柴厂屯、应寺、渠头、西垡、北寺、永乐店、孔庄、小务、半截河10个总支大队，同时撤销永乐店、渠头、小务、柴厂屯四个公社。

5月15日，农场召开首届贫下中农协会代表大会。55个村贫下中农协会共选出出席农场贫下中农代表大会代表106人。

6月12日，经县委决定将牛堡屯公社所属的于家务、东马各庄、果村、西马坊、大耕垡、南仪阁、潞县公社的草厂、东鲁村、西鲁村、丁庄村等10个村划归农场领导，并由集体所有制转为全民所有制。

6月15日，农场召开首届一次工会会员代表大会。

6月26日，国营北京市永乐店农场水电管理站正式建立。

8月1日，经上级批准，农场成立水电管理站，同时建立于家务总支大队、草厂大队。

11月16日，市农场管理局赵化达来农场，王锡田陪同到半截河职工队视察。

11月20日，农场决定对原直属队、果园队、新建直属队一律定名为职工队。

12月5日，农场决定将柴厂屯等五个兽医站一律定名为畜牧兽医站。

● 1966年
1月31日，农场作出"迅速掀起春季农田水利施工高潮，夺取农场1966年大丰收"的安排意见。要求全场迅速掀起农田水利施工高潮，大干一春，保证渠通水、道通车、沟沟相连，建筑配套。力争平整土地十万亩，确保党委提出全场粮食亩产"保五争六"指标（保证亩产500斤，争取600斤）。

3月2日，农场召开千人大会。农场局局长赵化达做了动员报告，农场局肖英宣讲了"中央五条"批示和农垦部"十六条规定"，刘恒场长提出了要求。会后，农场开始了全面经营管理制度的改革。

6月初，农场场址迁至永乐店镇。国营北京市永乐店轧花制油厂正式成立，这是农场建场后建立的第一个工业企业。

10月28—30日，农场组成永乐店施工队，参加市组织疏挖潮白河工程。出民工1304人，全部工程计划10天，实际用2天多时间完成。

● 1967年
5月下旬，农场水电管理站和场属农业技术学校会同驻场的灌溉所，综合试验站等单位对全场的盐碱地进行了一次较细致的普查。查明全场盐碱地总面积有67240亩，占全场总耕地20万亩的34%。

12月13日，永乐店农场革命委员会筹备小组成立。

● 1968年
1月6—20日，经农场革命委员会领导小组批准，孔庄、半截河、小务、草厂、西垡、渠头、北寺、永乐店、于家务、应寺、柴厂屯、德仁务十二个总支大队革命委员会相继成立。

3月，农场机关精简机构，将原来的16个部、科、室全部撤销，设立三组一部（即政工组、生产财经组、勤务组和武装部）干部由91人暂减为30人。

5月，农场革命委员会决定将农场十二个总支大队体制改为小务、渠头、永乐店、柴厂屯四个分场，将原有 221 人脱产干部减为 69 人。

经市革命委员会计划组批准，成立无线电元件厂，主要产品电解电容器，业务归口市仪表局。

1969 年 6 月 11 日，经县革命委员会批准，利用全县回收的杂骨做原料，解决农场土地缺磷状况，自建小型磷肥厂（厂址：德仁务东南）。

10 月 15 日，农场"东风灌渠"开工。北起东鲁村，南至南堤村，全长 8000 多米，总计土方 20 万方。全场贫下中农、直属职工和中小学师生员工 8000 多人参加了施工，十天时间全部完成。

1970 年 4 月，农场在东马各庄建凤港河拦河闸，并修建了红旗干渠及配套工程。

5 月，永乐店农场革命委员会制定"灌溉排涝管理暂行办法"主要是贯彻农场"全面规划，以排为主，排灌结合的原则，以灌而不碱为前提，水、农、林、牧密切结合，旱涝、碱综合治理，实现旱涝保收，稳产、高产，使农田水利更好地为农业生产服务"。

8 月，阿尔巴尼亚农业考察团（共 5 人）到永乐店农场小海字大队考察盐碱地改良情况。

10 月 9 日，永乐店民工团指挥部在港沟河畔召开了誓师大会。全团 5000 多名指战员参加了大会，农场革命委员会主任杨文彬做了动员报告，利用近一个月时间，完成了港沟河疏挖工程。

11 月 4—7 日，中共通县永乐店农场第二届代表大会召开，杨文彬致开幕词，马玉林代表农场党委的领导小组作工作报告，会议选举杨文彬为农场党委书记。

1971 年 5 月 13 日，《北京日报》发表题为"纲举目张，互相促进"的调查报告，记述了农场小海字大队贯彻执行"以粮为纲，改土治涝"，把盐碱地改成旱能浇，涝能排的大面积高产稳产田，及发展工副业等事迹。

5 月 29 日，南仪阁扬水站胜利竣工，扬水站设置 7 台水泵供水量 2 立方米每秒，是永乐店农场最大的扬水工程。

10 月 16 日，农场党委决定撤销小务职工队，应寺职工队、试验站等 5 个队（站），改为发展"五个工业"。

1972 年 2 月 10 日，为改变农场土地缺磷状况，进一步发展农场工业，永乐店万吨磷肥厂开始建设（德仁务村北）。

7 月 3—10 日，永乐店革命委员会举办了全场养猪学习班。参加这次学习班的有分场、大队、生产队、主管畜牧及各有关方面人员共 350 多人。

1973 年　1 月 1 日，根据农场工业发展的需要，农场决定成立企业分场对全场全民所有制工业、农牧业实行统一领导；同时成立草厂分场，至此，农场下属共六个农村分厂、一个企业分场。

2 月 13 日，中共北京市通县委员会做出关于授予小海字大队"先进单位"的决定。

3 月 7 日，县革命委员会组织全县各级领导 13000 多人，在鲁城大队召开林业现场会，县革命委员会主任张慧和、副主任黄显明，市革命委员会刘绍文出席了会议。

5 月下旬，农场农业技术推广站会同市水科所对全场的盐碱进行重点调查，目的是查明 1967 年以后特别是 1969—1971 年稻田扩大以后盐碱地的变化情况，为今后进一步改良治理盐碱提供依据。

10 月 28 日，建立农田基本建设指挥部。指挥：党委书记张彦民、副指挥：曹正印、刘恒、成员：宁珍、曹绍俊等五名同志，下设办公室。

1974 年　3 月 11 日，农场最大的一条主干沟—柏凤沟治理开始动工，此项工程全长 17.9 公里，总土方量约计 60 万方，全场组织 6000 人。计划施工 40 天，实际 25 天就完成了。

11 月，农场开挖德前沟，此沟西起东风干渠、东至港沟河（前元化东南），上段。

1975 年　1 月 6 日，根据市水产会议精神，农场在三堡职工队、渠头村村东两处荒废土地建立渔场，发展渔业生产。

1 月，农场决定在德仁务轧花制油厂改建酿酒厂，总投资 55 万元，年生产能力为白酒 1000 吨。

5 月 20—21 日，中共通县永乐店农场第三次代表大会召开，卢松华致开幕词，张彦民代表农场党委做题为《团结起来，为巩固无产阶级专政而斗争》的工作报告，会议选举张彦民为党委书记。

1976 年　3 月 12—30 日，农场决定疏挖德凤沟、九台沟、十五支边沟水利工程。这几项工程共动土 32 万立方米、全长 20 公里，参加施工的有六个分场三千民工、历时 19 天。

7 月 28 日，唐山强烈地震波及农场。陈辛庄、老槐庄、孔庄、邓庄、马合店、西槐、后营、坚村八个大队受灾严重。据统计，全场共计死亡 20

多人，重伤 103 人，房屋倒塌 10767 间，房屋损坏、无处居住的有 2500 多户、9000 口人。

9 月 25 日，经中共通县委员会批准，企业分场撤销，农场建立工交组、畜牧水产组。

10 月 20 日，凤岗河二期清淤工程上马，全场出动 3000 人，动土 10 万立方米，10 月 28 日胜利结束。

12 月 4 日，农场原种马场改为畜牧场，农业技术推广站改名为"永乐店农业科学试验站"。经县委批准"中共永乐店农场委员会党校"正式成立。

● **1977 年** 3 月，农场开挖大港沟上段，此沟起于永乐店电台止于跃进沟，长度 4.85 公里，土方量 10 万立方米。

9 月，美国客人韩丁、阳早考察农场小海字大队农业生产情况。

10 月，农场开挖红旗沟，北起凤港河，南至通大沟，全长 8.58 公里，土方量 33 万立方米，流域面积 10.2 平方公里，解决了于家务、渠头两分场部分村庄的排灌问题。

12 月，在县委、农场党委的领导下，渠头分场吴寺、仇庄、枣林、刘庄、小海字五个村于 12 月底建立联村大队，并设立小海字总支部。

● **1978 年** 2 月 21—23 日，永乐店人民公社第七届人民代表大会召开。参加这次会议的共 355 人，王延春当选为公社革委会主任。

4 月，农场党委决定，重新组建企业分场，统一领导全民工业和农牧水产业。

6 月 20 日，北京市委书记吴德、王宪、县委书记赵峰等 25 人到农场小海字大队参加"三夏"劳动。

● **1979 年** 7 月，北京市委书记林乎加等一行 10 人到小海字大队视察工作。

7 月 18 日，经北京市经委、计委批准，将永乐店纤维板厂改建为封面纸板厂，年产封面纸板 2000 吨，根据有关各方协议，设备投资 100 万元，由国家出版局负责，业务归口北京市造纸总厂。

11 月 22 日，农场成立农机管理站。

● **1980 年** 1 月 30 日，经农场管理局批准，将企业分场改为工业分场将企业分场畜牧水产部分分出，成立畜牧水产管理站。

● **1981 年** 1 月 25 日，经市农场局批准，将工业分场与畜牧水产管理站合并为企业分场。

2月13日，为了加强对国营企业的领导，境农场党委常委研究建立企业领导小组，由马兆卿、刘载清、宁珍、杨文玉、郭英吉组成。

4月16—18日，永乐店人民公社第八届人民代表大会召开会议，出席代表159人，会议选举刘载清为公社管委会主任。

6月9日，经市农场管理局批准，第二砖厂转为全民所有制企业。

8月，由21个国家组成的农业考察团一行50人，来到永乐店农场小海字大队考察盐碱地改良情况及绿肥种植情况。

10月25日，农场德前沟、跃进沟同时开工，两沟全长11000米，土方量达34万余立方米。经过6000名民工的昼夜奋战。仅用了15天（计划20天）时间，胜利完成施工任务。

1982年 3月1日，市人民政府同意农场酿酒厂增设试验啤酒车间。

3月18—20日，中共通县永乐店农场第四届代表大会召开，卢松华代表农场党委做工作报告，王宏仁代表农场党委作纪律检查工作报告。会议选举卢松华为农场党委书记。

8月25日，农场将企业分场分为工业公司（管理站）和畜牧水产公司（管理站）。

9月，永乐店酿酒厂醇酿曲酒被评为"北京市优质产品"。

12月20日，经县委同意，北京市农场局批准，建立永乐店农场工业公司，同时行使工业管理站职权，建立永乐店农场畜牧水产公司，同时行使畜牧水产管理站职权。

1983年 3月，永乐店农场啤酒厂啤酒车间经过一年紧张施工落成投产。

11月15日，德前沟下段开工。沟长3139米，动土71600方。至此，纵横全场的主干排灌沟工程全部完成。

1984年 4月，永乐店农场酿酒厂醇酿曲酒被评为农牧渔业部优质产品。

4月30日，根据市政府〔1983〕96号文批复，农场建立永乐店、渠头、柴厂屯、草厂、小务五个乡和于家务回族乡永乐店地区设区公所，作为县政府的派出机构。

7月5日，农场党委发出"关于延长土地承包期的几点意见"，意见对前几年农场各种形式责任制进行了充分肯定，同时认为延长土地承包期已经成为进一步稳定和完善联产承包责任制，帮助广大承包者改善生产条件，扩大生产规模，进一步提高经济效益的一项重大政策措施，意见对延长土地承包期后可能出现的问题也做了规定。

8月18日,根据国务院〔1983〕65号文件精神,农场决定:从今年9月至11月对农场职工进行劳动态度、技术高低、贡献大小三项全面考核。

12月15日,根据县委安排,作为第二期整党单位农场机关自1984年12月15日开始整党,参加这一期整党的党员共计73名,其中正式党员71名,预备党员2名。

1985年 7月15日,全县第三期整党从7月15日正式开始,农场参加这期整党的是6个农村分场和国营工业、畜牧两个公司及中小学党支部共计8个党委、20个党支部、419名党员。

8月5日,农场乡镇企业公司成立。

11月22日,北京市人民政府农林办公室批复,同意建立北京市永乐店轧花榨油厂,企业性质为全民所有制。

1986年 3月17日,根据县委关于乡属企事业整党工作的安排部署,农场企事业的48个党支部(包括5个联合支部)从3月17日开始整党,参加这期整党的党员共693名,其中预备党员21名。

5月13日,农场党委研究决定,将原燕侨公司所属三个企业和乡镇企业所属电器设备厂,划归农场工业公司统一管理。

11月1日,农场村级整党全面展开,参加这期整党的共67个村级党支部1850多名党员。

12月20日,农场兽医站撤销。

1987年 10月26日,农场制定"关于对农村集体提留资金管理的规定",要求确实管好用好集体的积累资金,并对农村集体提留资金的管理使用作了具体规定。

12月24日,农场撤销畜禽公司,成立畜牧科;撤销农场工业办公室,成立农场乡镇企业公司;撤销农场农机管理站,成立农场农机科。

1988年 7月20—21日,农场召开第三届工会会员代表大会第一届职工代表大会。

11月10日,农场制定调整农业内部产业结构的意见,对农业内部产业结构的调整做了具体的阐述和规定。

1989年 5月31日,联合国粮食组织驻京办事处的三位畜牧专家来农场考察奶牛生产及发展情况。

6月17日，市科委主任李长宜、农场局副局长葛祥书等来农场考察了"星火计划"的实施情况。

7月29日，市顾委主任王宪，副市长黄超，市计委、农行财政局、粮食局、市奶类项目办等单位领导来农场现场办公、重点解决，草厂奶牛场建设的资金问题。

9月6日，市人大常委会主任赵鹏飞、副主任邢军等到农场视察工作。农场党委书记吴依孚汇报了农场工业、乡镇企业、农业、畜牧业等方面的工作。

10月20日，县委书记卢松华来农场察看收秋种麦情况，党委书记吴依孚就进度、投入、农机等方面情况做了汇报。

10月24日，农场400多名机关干部和万名群众一起参加了红旗沟和西六支边沟9625米长的主支沟清淤工程。

1990年 1月14日，市财政局农财分局局长樊保元来农场研究解决为发展农场工业提供贷款问题。

2月13日，市计委、县计委、局计划处等领导来农场审查化工农药立项问题，永乐店农场党委书记吴依孚、副场长肖春元等领导参加。

3月5日，通县副县长岳福洪、水利局局长卢国瑞到永乐店农场检查工作。

3月11日—15日，永乐店农场疏挖小中河水利工程开始，经过5天艰苦奋战以优质高速夺取工程全胜。进入全县先进行列，受到县委、县政府表扬。这项工程全长1075米，清淤土方28800立方米。高峰时，出动6000名民工，48台推土机，140辆运输车。党委书记吴依孚、副区长魏毅然等任指挥、副指挥。

3月19日，市外经处林源生、台商王文增、日商小笠原康博来农场参观京艺家具厂，并就合资经营问题进行了洽谈，场党委书记吴依孚及有关方面负责人参加。

3月29日，国家教委副主任王文达及市县有关领导来农场检查扫盲工作，对我场扫盲工作给予了充分肯定，场党委书记吴依孚、副区长魏毅然做了汇报。

5月22日，农业局副局长张艳丽、市农办生产处副处长何健、市蔬菜办主任陈兴业、市农业部蔬菜处长元术清来我场检查蔬菜基地情况，总公司副经理葛祥书和总公司蔬菜处唐主尧、杨明华参加，场长柳文斌和王兴华汇报。

6月2日，中国农业部畜牧兽医司陈辉春、邱振远、李东昌、家禽育种中心主任刘厚科、中国畜牧兽医站长慎伟杰、总公司总畜牧师张邦辉、畜牧处长刘子亮、副处长王景武等来我场洽谈建鸡场一事。

6月6—8日，永乐店农场农机科请罗马尼亚专家讲授进口收割机的操作技术学习班，各分场农机部门、机手等参加。

6月20日，市农机局副局长、总工程师、农场局总农艺师、农垦局总机械师和县农机局负责同志前来对我场研制倒草机进行实际操作考查。

6月23日，中国农业部、物资部、中国机械进出口公司和罗马尼亚大使、商务参赞及随行30余人来我场了解"罗马尼亚康迈音"联合收割机的作业情况。

7月5日，通县副县长岳福洪、畜牧局长、农业局长、农林局及县农办一行6人来农场检查生产情况，场长柳文斌和各分场主管农业场长参加了拉练检查。

10月21日，由河北省、天津市、北京市和国务院巡检组领导组成的联合检查组来农场的柴厂屯、渠头棉站检查工作。

● **1991年** 4月1日，经北京市国营农场管理局批准，小务乡建立北京市永乐店长城化工厂，经营性质为全民所有制，独立核算。

4月3日，县委书记卢松华、总公司副经理田彬、副经理王殿林来场，参加柴厂屯分场举办的经济开发区新闻发布会，农场党委书记吴依孚、场长柳文斌参加。

4月13日，市农业局副局长张艳利，农业局蔬菜处处长杨明华，市农办生产处处长何健，总公司副经理葛祥书，蔬菜处处长唐主尧来场验收蔬菜基地，农场场长柳文斌及农场蔬菜办负责人参加，市局领导对农场蔬菜基地建设表示满意。

5月15日，市农委主任白友光，副主任范扬、市农业局长王培源、总公司副经理葛祥书、县委书记卢松华、县长李瑞和、副县长聂玉藻，县农委主任任永庆来农场视察小麦。副场长王树森陪同。

5月16日，经农场局批准，我场建立第二工业公司。该公司为全民所有制，实行独立核算、自负盈亏。为农场非直属国营企业提供综合服务。

5月23日，国家农业部农垦司计划处处长、农机处董明亮、农场局农机处处长卢美琳，来场检查农机服务体系建设工作。农场党委书记吴依孚、副场长赵继云陪同。

5月27日，农业部高级畜牧师，教授陈书田、农业工程设计院徐杏红、田利亚，总公司畜牧处处长唐诗来场视察规模猪场，农场副场长孙凤森陪同。

5月28日，经县政府、县法制办批准，将多渠道筹集资金修建5条全长27公里的乡级柏油路，全区共集资54.7525万元。

6月6日，市一轻局长崔志安、县人大主任王万发、副主任王志宏来场视察永乐店啤酒厂，农场党委书记吴依孚参加。

8月6日，国家农业部农垦司农机处处长董明亮、新疆农垦建设兵团、农机处处长李瑞英等一行9人来农场考察农机工作。场长柳文斌和副场长赵继云接待并介绍了情况。

9月，永乐店农场工业公司所属磷肥厂与北京大学技术物理系共同研制的农友牌高效生物复合肥在第二届国际博览会上荣获金奖，被各国专家誉为"世界一宝"。

9月7日，市计委郊区处、市规划处、市农行、市土地局、农场局、县计委等18个单位的领导来农场对新建小务牛场进行论证。

10月22日，国务院巡视组在农场召开一省两市棉花协调会议。

10月30日，市联合检查组、国务院巡视组听取农场棉花收购工作情况汇报。

11月22日，永乐店农场磷肥厂举办高效生物复合肥新闻发布会，经济日报社、科技日报社、北京电视台、北京广播电台等十七家新闻单位应邀参加。

● **1992年** 2月3日，永乐店农场建立国营北京市永乐店畜牧水产总公司、国营北京市永乐店商贸公司和国营北京市永乐店农场公路管理站。

● **1993年** 1月25日，郊区版第二版刊登了在国家旅游局、轻工业部、纺织工业部等单位主办的1992年中国旅游购物民用旅游商品销售博览会上，北京通县丰华食品厂生产的京大瓜子同时获得"金杯奖""天马优秀奖""畅销奖"一事。

4月14日，北京日报刊登题为"京郊有个风筝村"的报道。

5月4日，根据首规办规字〔1993〕第74号同意市规划院编制的关于永乐工业经济区总体规划方案。原则同意工业区的规划布局及功能分区；原则同意工业区的道路布局及市政方案；在总体规划指导下抓紧进行一期用地的详细规划；要发展节水型、少污染的产业，创造良好的投资环境。

6月6日，永乐店农场在柴厂屯乡社会保证服务中心召开了永乐店农场三十周年场庆大会。县委书记卢松华、县长李瑞和、总公司党委书记秦瑞仁、经理邢春华等领导参加了会议。应邀出席大会的还有在农场连续工作25年和满30年的在职干部职工和离退休及异地任职的老一代创业者。

6月10日，人民日报刊登一篇题为《三十年艰苦创业 盐碱荒滩变良田 永乐店农场成为首都副食生产基地》的文章，永乐店农场建场三十周年来，永乐店人艰苦创业，在昔日白茫茫的盐碱滩上建立起了社会主义现代化大农场。如今，永乐店农场每年向首都的市场提供粮食6万吨、鲜奶2万吨，成为首都副食品生产基地。

1994年 5月25日，经由农场党委日常委会研究决定：撤销北京市永乐店工业公司和北京市永乐店畜牧水产总公司，撤销农场第二工业公司，将其现有经济实体组建为企业集团，农场增设工业科、奶牛科、审计科、法制科、乡镇企业科等新科室。

7月11—12日，永乐店农场地区出现较大降雨过程，两日平均降水量达308.4毫米，历史罕见。由于港沟河、凤岗河、百硝沟等主河道下游难以承受过大排洪量，水位升高，排水沟出现倒溢、托顶、溢水现象，使永乐店农场农田大面积受淹，出现较为严重的洪涝灾害。据统计，全场受灾面积达4333公顷。其中1667公顷左右绝收，棉花、豆类严重受灾面积近667公顷，果树受灾面积667公顷，1333公顷菜田严重积水。另外工业企业、奶牛厂及学校等也都不同程度的造成经济损失。据不完全统计，这次降雨给永乐店农场造成直接经经济损失1000万元以上。

11月25日，国家教委为表彰永乐店农场"尊重人才、尊重知识"所做出的突出贡献，颁发了"珍惜人才奖"永乐店农场场长柳文斌参加了会议。

1995年 2月14日，以色列代表团到永乐店农场参观考察。以色列驻华大使、农业科技参赞、太亚司副司长等人在中国农业部国际合作司副司长甘做富、国际合作司亚飞处副处长王国磊、外交部有关部门领导、总公司副经理葛祥书和永乐店农场场长柳文斌的陪同下，参观了中以示范农场并听取了建设中的情况。

5月9日，农业部长刘江、北京市副市长段强、县委主要领导和以色列国大使等近300人到中以农场参加了剪彩仪式。

6月9日，宋春来调任总公司蔬菜处处长，不再担任永乐店农场副场长职务。

9月14日，国家副主席荣毅仁、北京市市长李其炎、以色列大使参赞、通县县委书记李瑞和、总公司书记秦瑞仁、副经理包宗业等领导到永乐店农场中以示范农场参观考察工作。

10月27日，朱洪峰任永乐店农场副场长；张兴全任永乐店农场总畜牧师。

11月4日，农业部常务副部长吴亦侠率领各省市主管农业的副省长一行60人，在副市长段强、总公司副经理包宗业的陪同下到永乐店农场参观考察中以示范农场，并听取了农场有关领导的汇报。

11月20日，中共中央政治局常委宋平、中央政研室郑科扬、卫建林、北京市市长李其炎、总公司经理邢春华、通县县委书记李瑞和等一行18人到永乐店农场中以示范农场参观考察工作。永乐店农场党委书记柳文斌向领导们汇报了中以示范农场的建设和生产情况后，中央和市领导做了重要指示。

11月24日，北京市委副书记李志坚、通县县委书记李瑞和、农场局副书记张福平及驻京14家新闻单位50余人参观中以示范农场。

11月25日上午，中央政研室农村组组长张从明、农业部农垦局副局长魏克佳率中央党校地厅级农业工作研讨班40余人，在农场局副局长葛祥书陪同下参观中以示范农场。

12月8日，全国政协常务副主席叶选平、北京市人大常委会主任张建民等中央及北京市领导一行10人，在通县县委书记李瑞和、县人大常委主任曹文广、县政协主席朱学民、通县常务副县长王乃华、农场局局长助理曲中甲的陪同下参观了中以示范农场。

12月15日，全国人大常委会副委员长陈慕华，农业部部长刘江、农业司司长崔世安、农垦局局长曾毓庄、国际合作司司长刘从梦一行 14 人到中以示范农场考察。陈慕华要求把花卉经营搞成会员制，固定生产和销售搞专业化生产和规模化生产。

12 月 22 日，闫景海任永乐店农场副场长。

12 月 29 日，全国人大常委会副委员长布赫、北京市人大常委会副主任孟志元，在总公司书记秦瑞仁、经理邢春华、通县县委副书记鲁宗福、县农办主任张少田、县人大副主任王志红、永乐店农场场长张玉刚、副场长朱洪峰的陪同下参观了中以示范农场。

● **1996 年** 1 月 10 日，市人大、县人大一行 50 人在柳文斌书记陪同下参观中以示范农场。

2 月 2 日，国务院副总理李岚清、农业部部长刘江、北京市副市长段强、以色列大使、参赞、总公司经理邢春华等一行 30 人，到中以示范农场参观。下午，农业部、农垦司 60 人到中以示范农场参观。

4 月 10 日，国务院副总理姜春云、农业部部长刘江、国家计委副主任王春正、财政部副部长李延领、林业部副部长王志宝、水利部副部长严克强、中央政研副主任肖万钧、姜春云的秘书孙清云、国办秘书三局副局长雷武科、北京市副市长孟学农、市农工委书记杜德印、市农办主任刘福海、市农办副主任聂玉藻、通县县委书记李瑞和、县长张士光、副县长刘辉、总公司经理邢春华参观视察了中以示范农场。

8 月 6 日，国营北京市永乐店农场在北京市通州区永乐店经济开发区举行了北京原昌皮革股份有限公司厂房奠基仪式。北京市常务副市长张百发，对外经贸部、核工业部、北京市农工商联合总公司、中国银行总行北京市分行及市、县的有关领导出席了仪式。

● **1997 年** 2 月 24 日，以色列副总理兼外长在县委书记李瑞和和农场党委书记柳文斌陪同下参观中以农场。

3 月 27 日，市长贾庆林、副市长张百发陪同天津市代表团来中以农场参观考察。

5 月 9 日，以色列副总理、大使一行 20 余人在农业部长刘江、总公司经理邢春华陪同下来中以示范农场庆祝中以农场剪彩两周年。

10 月 7 日，经农场常委会研究决定将全场 6 个国营牛场及奶牛服务站、饲料厂组建成北京市永乐店奶牛集团总公司并建立总公司党委，农场乡镇企业科与工业科合并，原工业科保留。

10 月 8 日，永乐店农场卫生院新院正式落成开诊，北京市副市长林文漪、通州区、永乐店农场领导参加了落成开诊仪式。

1998 年　1 月 4 日，在农场蔬菜公司举行中以示范农场优质蔬菜产销合同签字仪式，通过合同契约的形式，中以农场将向六个乡 100 家农户 100 亩保护地提供 18 万株种苗，并向农户提供技术服务、回收其产品。通州区副区长张少田、总公司副经理葛祥书及永乐店农场党委书记柳文斌、场长张玉刚、区长魏毅然也参加了签字仪式。

3 月 18 日，北京站至永乐店农场柴厂屯乡 938 长途专线开通，彻底解决了当地百姓的出行难问题。

3 月 19 日，永乐经济开发区由隶属北京市农工商联合总公司变更为隶属永乐店农场。

5 月 28 日，永乐店农场党委书记柳文斌调往北京市农工商联合总公司工作，张玉刚主持全面工作。

7 月 18 日，农场在永乐宫召开招商会暨签字仪式，市政协副主席卢松华、通州区委书记赵佳琪、区长焦志忠、区委副书记卢晓明、副区长崔祥与总公司党委书记李瑞和及新闻单位记者出席了大会。

8 月 12 日，农场召开关于场乡体制改革会议，国营单位属北京市农工商联合总公司，集体企业属区（县）管理，六个农村分场属区（县）管理，国企以外的由北京市农工商联合总公司与区（县）协商解决。

8 月 20 日，根据市委、市政府关于场乡体制改革的基本精神，本着有利于通州区委、区政府对农村工作的整体领导，有利于农场和市农工商总公司的经济发展，从实际出发，积极稳妥地组织改革实施工作，制定永乐店农场体制改革方案。经市农工商联合总公司和通州区共同协商，并报北京市场乡体制改革领导小组批准，以党政工作为主的场级领导和机关人员共 80 人划归通州区，以经济工作为主的场级领导和机关人员共 98 人留永乐店农场，农场机关离退休人员中的 20 人划归通州区，农场机关离退休人员中 71 人留永乐店农场，遗属 9 人划归通州区负责，另有遗属 12 人由永乐店农场负责。

9 月 2 日，举行永乐店地区 6 个乡交接大会，蔬菜办、永乐店、草厂、于家务、渠头、柴厂屯、小务乡划归通州区。

9月3日，举行涉农服务机构和开发区交接大会，水电站、公路站、林业站、农机中心、水产公司、农业技术推广站、蔬菜公司划归通州区。

9月28日，永乐店农场场乡体制改革方案通过市场乡体制改革领导小组验收，永乐店农场场乡体制改革工作宣告结束。至此，场乡体制改革后的永乐店农场资产总额为3.8亿元，净资产6900万元，职工3000人。

10月23日，北京市农工商总公司组织部来农场宣布场乡体制改革后，调整农场领导班子的决定，经北京市农工商总公司10月19日常委会研究决定，柳全祥任农场党委书记、场长；李永清任农场党委副书记、纪委书记；闫景海任农场党委委员、副场长；蔺宝才任农场党委委员、工会主席；周卫东、高宝库、朱洪峰任农场副场长；免去柳文斌农场党委书记；免去赵术义农场副场长职务；免去张兴全农场畜牧总师职务。

10月30日，永乐店农场召开机构改革大会，农场机关人员由场乡改革后的95人减少到55人，科室由14个，减少为"四部一室一会"，6个职能部门。

● **1999年** 8月26日，北京市农工商联合总公司关于北京市永乐安建筑工程处改制的批复：同意北京市永乐安建筑工程处改制为有限责任公司。同意按永乐店农场和自然人王志安协商结果，将京潞审〔1998〕191号文评估的结果，把净资产67.19万元中农场所占40%的股份，以22万元出售给王志安个人，出售股权收回的资金转增农场法人资本金。

● **2000年** 3月8日，永乐店农场机关圆满结束第二轮改革。机关由原来的"四部一室一会"变为"五部一室一会"即增设了资产监察部，机关总人数由原来的55人减少到47人。部室在编人数减少到34人，后勤人数减少到13人。部室正副职干部由19人减少到14人，改革后机关部室行政干部全部实行了聘任制。

3月23日，永乐店农场所属企业永乐店养猪有限责任公司小务养殖场地上物转让给北京市通州区良种繁殖场，双方达成协议。

10月9日，永乐店农场机关进行了场乡分离后第三次改革，对机关部室人员重新定编，机关人员由改革前的47人减少到30人。

11月4日，永乐店农场机关西迁至原工业公司大楼内，东院则用于招商。

● **2001 年**

3 月 6 日，永乐店农场轧花榨油厂由于企业加工规模缩小，效益下降亏损，于 1999 年被迫停产。为此，永乐店农场特向北京三元集团有限责任公司提出关闭请示。

3 月 7 日，永乐店农场所属企业北京市龙山啤酒饮料公司因啤酒市场竞争原因，管理粗放等诸多原因，致使企业于 1997 年 3 月被迫停产。特此向北京三元集团有限责任公司提请关闭。

3 月 14 日，经过北京市农场局办公室研究同意关闭北京市永乐店永武化工厂。

3 月 16 日，为解决国内高品质的玫瑰鲜切花生产规模受到价格昂贵的玫瑰种苗的严重制约而难以发展的局面，中以示范农场决定建设优质玫瑰品种嫁接苗苗圃及玫瑰生产技术推广项目，彻底解决优质玫瑰发展的瓶颈问题，该项目投资 1200 万元，从 2001 年到 2003 年分两年建成。建设资金主要由中以农场自筹、农业部补助及市财政拨款和计委支持。

4 月 28 日，永乐店农场为了适应机关改革后横向领导和基层单位实际工作需要，经农场研究决定，对场级领导班子成员工作重新分工。

5 月 27 日，永乐店有机化工厂（南化）、永乐店化工厂（北化）经北京三元集团有限责任公司批准，经农场 2001 年 5 月 22 日场长办公会研究，决定将南化、北化两家企业债务归属永乐店家乐化工厂。同日，永乐店农场农药厂经北京三元集团有限责任公司批准，经农场 5 月 22 日场长办公会研究，决定农药厂全部归属永乐店家乐化工厂，归属后劳动合同、内部租赁合同继续执行并由家乐化工厂负责管理。

5 月 28 日，根据永农发〔2001〕7 号文件，永乐店农场决定，同意北京燕化永乐农药有限公司参与北京市永乐农药厂的改制工作。

6 月 15 日，根据北京市交管局交车字〔2001〕108 号和 321 号的文件精神，原永乐店驾校将与京东驾校等几家企业共同组建成股份公司，经永乐店农场党委研究决定，对该企业进行触及产权的改制，签订改制合同。

7 月 16 日，永乐店农场召开党委会，传达了总公司企业结构调整会议精神，永乐店农场下属奶牛公司、三宝公司、中以示范农场整建制划拨到三元集团公司。

7 月 31 日，根据总公司《关于深化国有小企业改革的指导意见》精神，永乐店农场对中联塑料厂实行改制。采取地上物转让、土地租赁的形式，将国有企业性质转制为有限责任公司。原企业除土地以外的全部资产和所有债务经中介机构评估确认后，转让给承包人张贵所有；原企业的土地所有权仍属国有，采取租赁的形式，归改制后企业使用；原企业负债大于资产的差额，用土地租金抵补，直至抵清为止。

● **2002 年**　1 月 1 日，根据北京三元集团有限责任公司《关于深化国有小企业改革的指导意见》，永乐店农场对原中联塑料厂进行了转制。新企业重新领取营业执照，是独立的法人，原企业的营业执照继续保留，由农场重新任命法定代表人，负责善后工作和原有资产、债务的管理与协调。

1 月 9 日，为促进奶牛事业发展，经国营北京市永乐店农场与北京三元绿荷奶牛养殖中心协商同意，永乐店农场同意将所辖的坐落在于家务乡付各庄村南 340 亩土地，按本系统内部有偿转给绿荷建立牛场。

6 月 21 日，根据《中华人民共和国合同法》及有关规定，为盘活企业资产，在平等互利的原则下，永乐店农场和北京市京洲企业集团公司就永乐店镇德仁务后街村东路南属国营北京市永乐店农场的土地权达成转让协议。

8 月 2 日，北京三元集团有限责任公司经过研究决定，同意北京市长建永乐建筑工程公司施行企业破产，农场参与破产的全过程，做好企业职工的分散安置工作。同日，永乐店农场党委通过了三宝公司所属的长建破产问题。

9 月 25 日，经上级主管国营北京市农场管理局认可，国营北京市永乐店农场与中国农业银行北京市通州区支行达成以资抵债协议，永乐店农场将永科种猪场国拨可变性土地 178 亩以及永科种猪场国拨可变性土地 269 亩，附带地上物作为抵债资产，双方约定永乐店农场无偿协助通州区支行办理土地变更手续，农场不承担土地出让金。本土地使用权转让期限为 50 年。

● **2003 年**　6 月 10 日，经永乐店农场党委会议研究决定，对农场基层党支部（党总支）进行如下调整：撤销机械总厂党支部、轧花榨油厂党支部、展示中心党支部，建立第一联合党支部；撤销三宝公司党总支、华艺综合厂党支部、长城化工厂党支部、长城建筑公司永乐店分公司党支部，建立第二联合党支部；撤销种猪厂党支部、家乐化工厂党支部，建立第三联合党支部；撤销粉末厂党支部、肉鸡公司党支部，建立第四联合党支部；

建立离休、退休、内退人员党支部；保留农场机关党支部；撤销中联塑料厂党支部，将原支部党员划归农场机关党支部管理；保留永乐店酿酒厂、永乐店磷肥厂、二砖厂、永乐店造纸厂、永乐店商贸公司党支部。

● **2004 年** 4 月 1 日，经北京市三元集团有限责任公司党委常委会研究决定：闫景海由永乐店农场党委委员、副场长改任书记、场长；张瑞丰任永乐店农场党委副书记、纪委书记；免去柳全祥永乐店农场党委委员、书记、场长职务；免去李永清永乐店农场党委副书记、纪委书记职务；免去高宝库永乐店农场副场长职务。

5 月 26 日，经京三元集团工组字〔2004〕2 号研究同意李永清为永乐店农场工会主席、赵万兰为工会经费审查委员会主任。

● **2005 年** 3 月 22 日，国营北京市永乐店酿酒厂召开职工代表大会，本次会议决议如下：全体职工代表一致同意企业改制为有限责任公司；一致同意经北京同创鼎业资产评估事务所有限责任公司对企业的资产评估结果；一致同意将净资产 51.4 万元分别转让给原主办单位国营北京市永乐店农场和蔺桂福等 8 人；企业在经营过程中所发生的一切债权债务由以上股东共同承担；同意本企业修改章程。

8 月 24 日，经三元集团公司研究决定，将永乐店农场所属永乐店化工厂的土地及地上建筑物资产划转给北京金星鸭业中心。

● **2006 年** 5 月 17 日，根据北京市人民政府国有资产监督管理委员会文件和三元集团相关文件精神，永乐店农场下属单位截至 2003 年 12 月底，共有七家单位。这七家企业 2000 年度以前资产损失较为严重，其中较小资产损失416 笔、较大资产损失 61 笔、重大资产损失 9 笔、特别重大资产损失 10笔。上述经济损失属于决策因素中市场发生变化所致。

● **2007 年** 9 月 14 日，永乐店农场上报三元集团公司同意将农场所属位于通州区永乐店镇三垡村南的肉鸡公司，占地 31 亩的国有划拨土地转让给国家中医药管理局作为突发公共卫生事件中医医疗应急救治中心，该场地经通州区人民政府通政文〔2007〕12 号批复同意在此建设，报请市政府同意国家中医药管理局的选址，特请区国土局给以办理过户手续。

12 月 19 日，经过国营北京市永乐店农场与北京农业集团有限公司认真磋商，就永乐店农场所属北京通州区于家务乡渠头畜牧场东西场区两宗土地进行合作开发事项达成一致。永乐店农场曾将其拥有使用权的渠头畜牧场东西场区两宗土地以抵押贷款的方式质押给北京农业银行通州支行（50 年使用权）；北京农业集团有限公司通过竞买方式取得了该地的使用权，并与拍卖公司签署了相关协议；国营北京市永乐店农场与北京农业集团有限公司同属市国资委系统监管的全资国有企业，在办理上述土地使用权变更登记及其有关事项、扩展更广泛的合作中具备相互配合的条件。

本年度，农场总收入 2782292 元、利润 140491 元、总资产 23807775 元、所有者权益 3034818 元，职工总数 117 人、工资总额 2740000 元。

● **2008 年**　6 月 20 日，经双桥农工商公司党委研究决定：张瑞丰任永乐店农场党委委员、党委书记、纪委书记（兼）；刘万友任党委委员、党委副书记、场长；李永清任党委委员、继续担任工会主席职务；赵万兰任党委委员、总会计师。永乐店农场实行场长负责制。

9 月 26 日，根据北京市人民政府〔2004〕年第 49 号令文件精神及永同鑫公司营业执照已被吊销和连续几年亏损的实际情况，北郊农场与永乐店农场研究决定，解散该公司并进行清算，有关人员回原单位安排工作并办理相关手续。

北京三元绿化工程公司大事记（1992—2008）

● **1992 年**　1 月 31 日，北京市计划委员会批复同意北京市农工商联合总公司成立北京花卉服务公司，公司注册资金 50 万元。

3 月 2 日，北京市人民政府农林办公室批复同意北京市农工商联合总公司成立北京花卉服务公司。

3 月 30 日，原北京花卉集团服务公司改名为北京花卉服务公司，为总公司所属二级单位。

5 月 26 日，首都绿化委员会常务副主任单昭祥、市政府副秘书长陈书栋主持召开会议，对兴建亮马花卉交易市场进行协调并做出批示。

8 月 1 日，经北京市工商行政管理局朝阳分局核准，北京花卉服务公司正式成立。

10 月 29 日，北京市农工商总公司任命杨春起为北京花卉服务公司副经理，免去其总公司蔬菜处副处长职务。

● **1993 年** 1 月 29 日，北京市农工商总公司党委研究决定，杨春起任北京花卉服务公司总经理，吕知静任公司党支部书记兼副总经理，免去其总公司组织部副部长职务。

2 月 23 日，北京市农工商总公司党委批复北京花卉服务公司，同意公司成立党支部委员会。

5 月 22 日，北京市农工商联合总公司工会批复北京花卉服务公司，研究同意组建公司工会筹备组，秦静任组长。

5 月 27 日，经北京市农工商总公司党委研究决定，秦静任北京花卉服务公司副总经理。

6 月 1 日，北京花卉服务公司与延庆农场共同投资举办新华园艺场，经营范围以鲜切花生产为主。

9 月 15 日，北京市巨山农场和北京花卉服务公司达成合资经营北京巨山花木绿化公司协议，由北京花卉服务公司独立承包经营。

开始，北京花卉服务公司每年邀请日本花卉专家林直实到公司生产基地进行花卉栽培技术指导，对技术员进行培训。

● **1994 年** 2 月 1 日，全国人大常委会副委员长陈慕华在新落成的北京花卉交易市场为"1994 年北京中国传统名花精品迎春展"剪彩，参加仪式的还有，中国花卉协会会长何康、副会长李伯宁、农业部副部长吴亦侠、北京市副市长段强等。

2 月 25 日，经北京市农工商总公司党委研究决定，以北京花卉服务公司为基础，成立总公司花卉管理处。

● **1995 年** 10 月 20 日，公司制订《北京花卉服务公司实行劳动合同制度实施方案》，经职代会审议通过，在公司内贯彻执行。

● **1996 年** 1 月 29 日，经北京花卉服务公司与延庆农场双方协商，北京新华园艺场经营方式从双方合作经营改为由北京花卉服务公司租赁延庆农场土地独家经营。

11 月 25 日，经北京市农工商总公司党委研究，杨春起兼任北京花卉服务公司党总支书记，秦静任党总支副书记主抓党政工作。

● **1997 年** 1 月 24 日，总公司第二次扩大的经理办公会决定巨山园艺所和巨山花木绿化公司并入花卉公司。

6 月，巨山花木绿化公司并入北京花卉服务公司。

10 月 23 日，北京花卉服务公司与郑州菜篮子工程有限公司联合出资成立郑州京花园艺工程有限公司。

11 月 12 日，郑州市京花园艺工程有限公司创办郑州花卉交易市场。

1998 年 2 月 18 日，张沛和任北京花卉服务公司党总支委员、副书记。免去秦静北京花卉服务公司党总支副书记的职务。

4 月 30 日，北京市农工商联合总公司工会同意张沛和为北京花卉服务公司工会主席。

5 月 12 日，经北京农工商总公司党委常委会研究决定，王学军任北京花卉服务公司党总支书记、副经理。杨春起不再兼任党总支书记职务，任党总支副书记。

8 月 3 日，由公司参股成立北京卉隆干燥花有限责任公司。

1999 年 12 月 23 日，北京花卉服务公司新华园艺场被国家林业局、中国花卉协会评为全国花卉生产示范基地。

2000 年 3 月 15 日，经郑州京花园艺工程有限公司董事会决定，终止京花园艺工程有限公司的经营。

5 月 12 日，北京花卉服务公司所属的北京亮马花卉交易市场被国家林业局、中国花卉协会评为"全国重点花卉市场"。

2001 年 7 月 14 日，经北京市农工商总公司党委研究决定：张保华任北京花卉服务公司党总支委员、副书记、经理。魏曙明、曹世彪任党总支委员、副经理。

7 月，免去杨春起总经理职务，免去王学军党总支书记、副经理职务。

8 月 1 日，北京市友谊花木公司整建制划归北京花卉服务公司。

2002 年 7 月 18 日，北京三元集团总公司同意新华园艺场由全民所有制企业改制为有限责任公司。

8 月，北京花卉服务公司将所持有的新华园艺场的净资产转让给双桥农工商公司。

2003 年 1 月 31 日，由北京花卉服务公司组织开展的桃、油桃系列品种育种与推广项目获得国务院颁发的国家科学技术进步二等奖。

8 月 12 日，北京花卉服务公司正式更名为北京三元绿化工程公司。

10 月 13 日，北京三元绿化工程公司注册资金变更为 1300 万元。

2004 年 4 月 1 日，北京三元集团任丁守林为三元绿化工程公司党总支委员、副书记。免去曹世彪三元绿化工程公司党总支委员、副经理职务。

9月14日，经三元集团同意，三元绿化的巨山基地划拨给三元农业长期使用。

7月26—28日，北京三元绿化工程公司召开第一次职工会员代表大会，经代表选举并报集团公司工会同意，丁守林任工会主席。

11月29日，经北京市工商行政管理局朝阳分局核准，注销三元绿化公司所属友谊花木公司下属的植物医院。

2005年 6月，经北京市工商行政管理局朝阳分局核准，注销三元绿化公司所属友谊花木公司下属的朝阳绿丰园艺场。

6月2日，北京三元绿化工程公司将新华园艺有限公司30％股份无偿划拨给北京市双桥农工商公司。

7月26日，经北京市外国专家局研究的专家评审，北京三元绿化工程公司的引智成果示范推广项目《北京市鲜切花基地出口产品生产技术研究》获得批准。

2006年 10月8日，经集团公司党委常委会研究决定：任命张沛和为三元绿化公司党总支委员、书记。

2007年 2月1日，公司正式实施《员工工作岗位配置与收入分配管理办法》。

4月经各级工会组织推荐，中华全国总工会批准同意，授予魏曙明全国五一劳动奖章。

11月12日，北京三元绿化工程公司注册资金变更为2000万元。

2008年 2月20日，经集团公司党委常委会研究决定，经集团公司党委常委会研究决定，鉴于张沛和离岗休养，其所担任的三元绿化公司总支委员、书记职务自然免去，由张保华全面负责三元绿化公司的党总支工作。

6月11日，经三元集团党委常委会研究，以双桥农工商公司为主体对永乐店农场和三元绿化工程公司吸收合并。

9月5日，北京三元绿化工程公司经核准成为住建部城市园林绿化一级企业。

12月，北京三元绿化工程公司顺利通过职业健康安全、环境管理、质量管理的三体系的认证工作。

中国农垦农场志

第一编

历史沿革

中国农垦农场志

第一章　双桥农场历史沿革

第一节　农场的建立

一、农场的前身

双桥农场的历史，可以上溯到新中国成立前日本侵华战争的年代。

（一）日据时期的棉产促进会

1941 年初，日伪县政府"棉产促进会"在通县的双树、塔营、咸宁侯和郭家场地区试种棉花，遭到当地农民的抵抗和反对。

（二）"偕行社"军用农场的建立

1942 年 7 月，日军北平警备司令部派出一支骑兵队伍，在伪"棉产促进会"计划强占的 3600 亩土地上，布下警卫森严的岗哨，岗哨之间划起了一道道白线禁止农民出入。农场建立后，直接由日军北平后勤机关"偕行社"管理，由"1418"便衣部队监护。农场养猪六七百头，鸡千余只，主要作物是土豆、西红柿、洋白菜及玉米、高粱等。

（三）"励志社"

1945 年 11 月，国民党"励志社"北平（北京旧称）分社派该社总干事马合德等接收农场。农场生产逐年锐减，实际耕种面积只有 800 余亩，其余 2000 多亩任其荒芜，十一口机井全被废弃，房屋陆续被拆除。至 1947 年，农场只有百余亩蔬菜，四五百亩棉花，全部被一场大雨淹没，剩下的 200 余头母猪、仔猪也因饲养不良全部死去。

（四）农场解放

1948 年冬，国民党军队开始溃退，12 月 4 日夜，中国人民解放军解放了双桥农场。

二、农场建立

（一）国营双桥农场建立

1949 年 2 月，中国人民解放军北平军事管制委员会物资接管委员会财经部农业水利处派军事联络员王继尧接管"励志社"华北地区盟军用品供销处双桥农场。同年四月，农场被定名为"农业部国营双桥农场"，第一任场长苏伯朋、副场长王继尧。全场干部只有5人（正场长、副场长、生产主任、事务员、助理员各1），工人41人，合计46人。农场总土地面积为2700亩，其中耕地2400亩，自种地1800亩，暂租农民土地600亩，道路、沟渠、建筑等占地300亩。接收的财产只有破旧房屋200间，废机井11眼，少量农具和马、骡、驴等大牲畜10余头，猪18头，羊13只。

1949年9月6日，华北人民政府农业部指令，将双桥、丰台、黄村、南苑（即地处六合庄的新农场）4个国营农场划归华北农业部所属平郊农垦管理局领导；12月，中央人民政府在双桥农场成立了拖拉机手训练班。

1950年2月28日，双桥农场由京郊管理局移交给拖拉机手训练班。

1952年10月，中华人民共和国农业部定名农场为国营双桥机械化农场，受京郊国营农场管理局领导。从此农场成为一个独立的经济核算单位，场长贾梦月，副场长翼丰盈（女）、李众朴、刘肃彦（女）。

根据北京市统一规划，1953年12月北京农业机械化学院迁至西郊（八大学院处），至此，双桥农场成为完全独立的国营机械化农场。李直任场长，姜华亭任党支部书记。

（二）场社合并阶段

1958年6月，双桥农场由农垦部下放，移交给北京市通县管理。当时，农场拥有8027亩土地，222名职工，是全民所有制的国营企业。

6月5日，农垦部党组向中共中央提出《关于国营农场管理体制下放的报告》。农垦部根据中共中央提出管理权力下放的指示，决定将部属的双桥机械化农场、双桥种畜场（1957年7月由北京牛乳场更名为双桥种畜场）、全国农业展览馆农场（简称农展馆农场）、龙泉寺家禽场（后正式更名北京市家禽场）下放给北京市，业务由市农林水利局接管。

在下放通县管理（1958年6月至9月）的三个月中，通县县委进行撤区并乡工作。将地处通县八区，农场周围台湖乡的四合庄、苏坟、么铺，定辛庄和豆各庄乡附近的各村庄合并成为豆各庄乡，党委书记李惠民、乡长胡文顺；将咸宁侯乡和常营乡合并，成立常营乡，党委书记马德洲、乡长白崇福。至此，农场的正南、西南和西部为豆各庄乡，西北、北部和东北部为常营乡，与农场环绕成一个整体，形成南北长12公里、东西宽6公里，土地5万余亩的规模，为以后农场的发展创造了条件。

1958年9月，根据北京市统一规划，双桥农场和新合并的豆各庄乡和常营乡，又由通县划归北京市朝阳区管理，并于10月成立双桥人民公社；11月，经朝阳区人民委员会决定，撤销了各乡人民委员会及农业社的建制，将全区高级社合并，划分成朝阳、和平、幸福、红光四个人民公社。双桥农场被合并到朝阳人民公社范围，此时的朝阳人民公社俗称"大朝阳"。

1959年3月，朝阳区人委贯彻"郑州会议"精神，将全区四个大公社划分为七个人民公社，实行三级管理。双桥人民公社（包括农场及豆各庄、常营两个大乡，其中黑庄户，定辛庄两个大队、共十个自然村同期并入双桥农场，率先转为全民所有制。）为七个人民公社之一；11月，根据市委决定，又将七个公社合并为朝阳、中德、和平三个人民公社。此时的朝阳人民公社俗称"小朝阳"，由双桥人民公社（包括常营、咸宁侯2个管理站和种畜场）、红光人民公社（老君堂、小红门、十八里店3个管理站）和幸福人民公社（南磨房、王四营、高碑店、八里庄4个管理站）联合组成。从此，农场既是政社合一的农场，也是全民所有制的人民公社。

1961年4月，朝阳区委派工作组来农场贯彻《农村人民公社工作条例（草案）》，再度恢复了双桥人民公社的规模。恢复后的双桥人民公社包括常营、咸宁侯、黑庄户、大鲁店、定辛庄五个大队和一个企业部分，拥有土地5.5万亩，农村人口约3万，一万余劳力和2545名企业职工，仍为全民所有制的人民公社，是政社合一的组织，也是全民所有制的农场。

1962年12月29日，双桥人民公社被正式命名为"双桥中古友好人民公社"。古巴驻华大使皮诺·桑托斯和楚图南、周而复、冯基平等上级有关部门负责同志出席了命名大会。

1968年11月，市革命委员会（简称革委会）下发〔1968〕142号文《关于市属国营农场划归县（区）领导的通知》，提出：国营农场划归县（区）后，革命、生产及人事调动等，均由县（区）革委会统一领导；生产计划、基本建设投资、物资供应及财政预决算等由各场制定。

1971年，全民企业收归农场直接领导，设企业党委和领导小组，负责企业的管理工作，财务由农场财务组负责。下辖17个单位，即豆各庄化工厂、农药厂、淀粉厂、汽车队、双桥牛场、常营牛场、豆各庄牛场、西猪场、南猪场、双桥马场、黑庄户马场、鸭场、农一队、农二队、农四队、黑庄户果园、石槽果园，职工2368人。

1972年7月1日，市农业局革命领导小组第二十五次会议决定：按市革委会要求，市农业局撤销，原合并于大农业局的各局分成农林、水利、农机三局，农场工作归属市农林局农场组主管，结束了自1968年11月以来农场下放区县管理的历史。

（三）场乡合一时期

1984年初领导体制进一步改革，农场实行党、政、企分开。原农场党委改为中共朝阳区双桥农村工作委员会。

（四）场乡体制改革

1998年，市政府发布了《关于北京市农工商联合总公司场乡体制改革的意见》，对总公司所属的13个场乡合一的农场进行体制改革。同年8月，市政府派工作组进驻农场，三个月后，农场由原来的场乡合一、全民和集体两种所有制共存，党、政、企三位一体的综合体，变成一个面向市场，自主经营、自负盈亏的国有企业，即独立的法人经济实体。

场乡体制改革后，五个乡、医院、学校等行政事业单位，统一归属地方管辖，农场只剩下36个国营企业，2962名职工，土地减少到8882亩，国有总资产约2亿元，所有者权益3584.6万元。

2008年6月，根据国资委的精神，按照集团公司的部署，以双桥农场为主体，吸收、合并三元绿化工程公司和永乐店农场，组建成新的北京市双桥农工商公司，并对新公司进行体制改革，推行法人治理结构，从原来的农场管理体制和经营机制，转换为公司制管理。

2017年，按照集团公司全面推进全民所有制企业公司制改革的部署，更名为北京市双桥农场有限公司。

第二节　农场的组织机构

一、所属单位调整

1949年2月，北平军事管制委员会物资接管委员会财经部农业水利处派军事联络员王继尧接管了"国民党励志社双桥农场"。同年四月，农场被定名为"农业部国营双桥农场"，第一任场长苏伯朋、副场长王继尧。当时全场干部只有5人，工人41人，合计46人。

1950年2月28日，农场由京郊管理局移交给拖拉机手训练班。农场作为机耕学校的实习农场，场长刘子荣，副场长李直、狄越（兼），当时共有干部17人，工人49名，共计66人。

1958年9月，根据北京市统一规划，双桥农场和新合并的豆各庄乡和常营乡由通县划归北京市朝阳区管理，合并成立双桥人民公社。

1959年3月，黑庄户，定辛庄两个大队、共十个自然村并入双桥农场。

1961年4月，双桥人民公社恢复后，包括常营，咸宁侯，黑庄户，大鲁店，定辛庄五个大队和一个企业部分。

1966年10月，全场已有耕地53954亩，农村劳力10178个、职工（含正式和社调工）2460人。全场下设五个分场（大队）、一个良种站、一个农业机械管理站（直辖各分场机务队）、一个水电机械管理站，共有86个基层生产单位。农场全民企业有4个厂家，即农药厂、淀粉厂、特艺厂、五金厂，共有职工345人。

1971年，农场下辖17个单位，即豆各庄化工厂、农药厂、淀粉厂、汽车队、双桥牛场、常营牛场、豆各庄牛场、西猪场、南猪场、双桥马场、黑庄户马场、鸭场、农一队、农二队、农四队、黑庄户果园、石槽果园，职工2368人。

1973年，农场将原管庄分场，以三间房桥为界划为管庄、三间房两个分场。农场下属五个农村分场，一个企业分场。机务队下放到各分场管理（双桥分场所属农村生产队并入黑庄户分场）。

从1979年6月开始，企业分场（即双桥分场）分为工业、畜牧两个分场。工业分场下属7个单位：即农药厂、制药厂、淀粉厂、修配厂、木材厂、物资站、基建队，职工1740人。畜牧分场下属13个单位：即双桥牛场、豆各庄牛场、常营牛场、双桥马场、西猪场、大鲁店猪场、管庄猪场、鸭场、黑庄户果园、石槽果园、双桥机务队、汽车队、葡萄园，职工2113人。

1982年，双桥农场已发展到有五个农村分场（其中三个以生产蔬菜为主，两个以产粮为主），两个企业分场。另有科技站、水电站、物资管理站、双桥医院为农场直属单位。企业分场下设牛场、猪场、鸭场、果树队、修配厂、淀粉厂、制药厂、钢窗厂、饲料加工队等28个基本核算单位。集体（农村）分场下设64个粮菜生产队和52个工业维修加工单位，共计144个基本核算单位。

1983年12月29日，经朝阳区委批准：撤销人民公社建制，成立双桥农村办事处，下辖常营回族乡、三间房乡、管庄乡、豆各庄乡、黑庄户乡等五个乡。

1984年6月，经双桥工作委员会决定，撤销工业、畜牧分场，组建八大公司，即乡镇企业公司、供销公司、建筑公司、畜禽公司、水产公司、农业技术服务公司、蔬菜技术服务公司、储运公司。

1987年9月，农场重新建立畜牧分场，党委书记张志明，场长韩文科，副场长王纯一。畜牧分场下属12个单位：即双牛、长牛、豆牛、管猪、种猪、鸭场、鸡场、饲料场、饲料加工厂、南渔、北渔、乳品厂，职工1601人。

1988 年春，重新组建工业分场，党委书记李杰峰，副书记朱亚芹，场长姚鹏斌，副场长王勇夫。工业分场下属 9 个单位：即制药厂、葡萄糖厂、兽药厂、木材厂、修配厂、黑庄户果园、纸袋厂、物资站、汽车队，职工 2506 人。

1989 年组建生活服务分场，党委书记王敬田，副书记张爽，场长刘文杰。总场又建立党委工作部和农村工作部。生活服务分场下属 4 个单位：即医院、基建队、农业服务公司、生活服务公司，职工 423 人。

1989 年底，国营部分有 3 个分场，45 个基层单位，职工 5958 人；农村集体部分，有 5 个分场（乡），64 个生产大队，238 个乡和村办企、事业单位。农场直属共 12 个单位：即代管库、储运库、建材库、蔬菜管理站、商业公司、建筑公司、水电站、研究所、五金厂、磁件厂、职工学校、农机公司。

1997 年，双桥乳品厂划归三元食品股份有限公司。

1998 年，双桥农场共管辖常营、管庄、三间房、黑庄户、豆各庄 5 个农村分场（乡），3 个国营分场（畜牧分场、工业分场、服务分场），2 个国营公司（双桥乳品公司、双桥制药公司），20 多个直属企事业单位和 62 个行政村及 200 多家乡队办企业。场乡体制改革后，五个乡、医院、学校等行政事业单位，统一归属地方管辖，双桥农场只剩下 36 个国营企业，2962 名职工，土地减少到 8882 亩，国有总资产 2 亿元，所有者权益 3584.6 万元。

1999 年 1 月，农场撤销服务分场，组建以物业服务和管理为主要职能、实行独立核算的桥联物业公司；4 月 15 日，撤销原来管理农业、服务农村的水电站、科技站、农机站、蔬菜站、物资站、畜禽管理站和农村工作部（简称"六站一部"）等管理机构及其管理职能，而将它们的职能优势和人员优势吸收到与其具有相近性和相融性的双旺电力公司和旺平水管站，划归后正式组建了双益达建安集团；同年，又将农场基建科、建筑公司一处划归双桥建筑公司。

2000 年 8 月，农场将行使二级管理职能的工业分场和畜牧分场撤销，将原来的机构和人员合并，重组为农工贸公司，成为独立的经济实体。

2000 年 8 月，为了推进农场的房地产开发，由双桥建筑公司、远东方建筑公司、建鑫明模板租赁站和台湖建筑公司，共同出资组建北京市亿本房地产开发有限公司（简称亿本公司）。注册资本 1000 万元。各方分别占有股份为：35%、20%、25%、20%。

2001 年，三个牛场共计 2151 头牛，连同豆各庄牛场 1182 万总资产，一并划归三元绿荷养殖中心；随后，鸭场被划入金星鸭业；建筑公司出资净资产 307 万元，以股权形式进入三元建筑集团；立时达药业划入三元种业公司；农机公司划入三元石油集团。

2001 年 12 月—2002 年 7 月，双桥物资供销公司、胜利混凝土搅拌站、双桥建材库和建材供应站合并重组后，根据有关政策，在经营者直接入资的基础上，完成了量化配股式的改制。其中，领导和经理层以1：1配股；中层管理人员以1：0.5配股。改制后为"北京胜利混凝土建材有限公司"。注册资本1000万元，农场占有股份51%；中层以上干部占49%，其中，经营者占17.15%。

2002年2月，双桥建筑公司以207.18万元净资产进入三元建筑集团，占有其2.83%的股份。同年，改制为北京长建双桥建筑工程公司。2004年2月回归农场，注册资本796.11万元。

2004年，市国资委提出，国有企业实行"减、压、控"，即减少企业个数，压缩企业层级，控制企业成本。在国资委减压控之前，农场还有二、三、四级企业共58家（有营业执照）。其中，二级公司9家，三级公司40家，四级公司9家。之后，八大公司（双益达集团、太洋药业、立时达药业、农工贸公司、胜利建材、建筑公司、桥联物业公司和大秦仓储公司）成为农场经济的主体和支柱。

2005年，机关后勤实行物业化管理，由桥联物业公司接管。

2005年底，农场对建筑公司实行了"主辅分离、辅业改制"改革，国有股权全部退出。

2008年6月，以双桥农场为主体，吸收、合并三元绿化公司和永乐店农场，组建成新的北京市双桥农工商公司，并对新公司进行体制改革，推行法人治理结构，从原来的农场管理体制和经营机制，转换为公司制管理。合并后的双桥农场共有9家企业，分别是：永乐店农场、双益达集团、太洋药业、三元绿化、立时达药业、胜利建材、桥联物业、大秦物流、亿本公司。

2008年，双桥农场所属的北京市双桥工业公司、北京市双桥印刷厂完成工商注销登记。

2010年3月，公司调整后共有10家企业，分别是永乐店农场、双益达集团、太洋药业、三元绿化、腾达饲料场、立时达药业、胜利建材、桥联物业、大秦物流、亿本公司。

2011年4月，北京双桥友谊仓储有限责任公司完成工商注销登记。

2013年，北京双桥大秦仓储有限公司完成注销。

2014年，北京双桥制药公司完成注销。同年11月双桥农场12家所属企业分别是：永乐店农场、双益达集团、太洋药业、三元绿化、立时达药业、胜利建材、桥联物业、大秦物流、亿本公司、双桥幼儿园、扬州暖山房地产公司、塞隆文化创意产业园。

2015年，北京市双桥农用物资供应站完成注销。

2016年6月，双桥农场共有13家基层企业，分别是永乐店农场、双益达集团、太洋药业、三元绿化、立时达药业、胜利建材、桥联物业、大秦物流、亿本公司、双桥幼儿园、扬州暖山房地产开发公司、塞隆文化创意园、E9区创新工场。

2017年，北京市长城磁件厂完成注销退出。

2017年按照集团公司全面推进全民所有制企业公司制改革的部署，更名为北京市双桥农场有限公司。到2018年12月末，农场有限公司已有全资企业16家，国有控股企业5家，参股企业3家，具体分布如下（图1-1）：

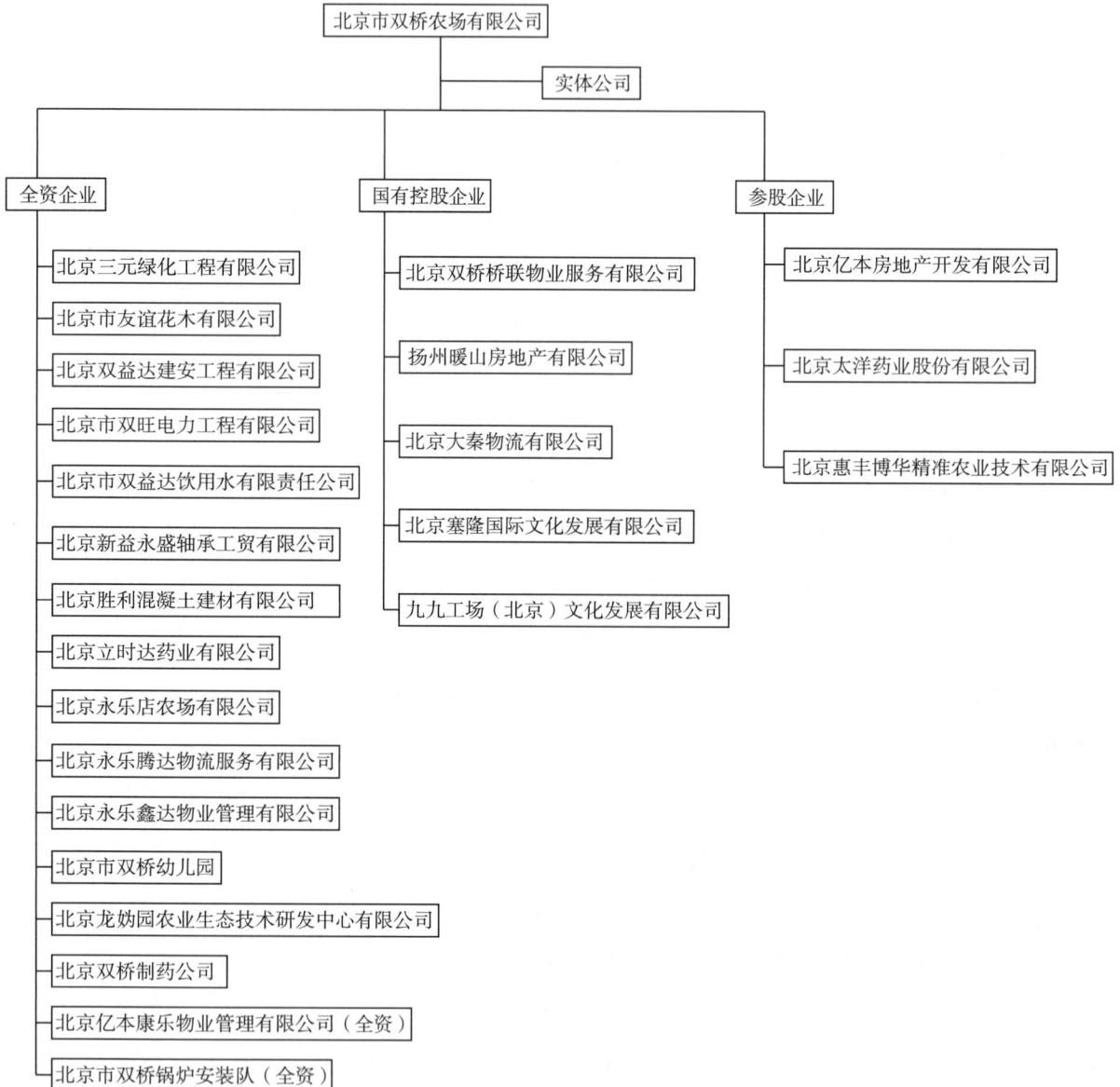

图1-1　北京市双桥农场有限公司基层企业示意图

二、内设机构调整

农场机关机构改革于1993年1月开始，2月底结束。

改革的指导思想是：为适应社会主义市场经济发展的需要，必须把机关建成"精干、高效、小机构、大服务"的行政服务机构。从行政管理型转到服务型，通过各部门、科室的服务来发挥党、政、企三个系统各自的职能，把各项职能直接引入到农场经济发展的运行轨道。

改革的方针是：统一、精减、效能。

改革的方法是：本着实事求是的原则，针对机关科室的不同情况采取不同的方法。有的减员，有的增员，职能交叉的科室采取合并，职能上下重叠的科室采取撤销上边，加强下边的方法。同时把部分机构转变为经济实体，其工作人员变为员工，不吃"皇粮"，自己养活自己。

对机关工作人员采用聘任制，一级聘一级。党委聘任科长（主任），科长（主任）聘任副科长（副主任）和科员。经过整改，机关原有科室39个，削减到26个，撤销13个，其中合并9个。

机关原有工作人员工185名，其中干部151人，工人34人。精减为124人，其中干部100人，工人24人。分流出来人员共61人，其中干部51人，工人10人。分流渠道是：调出农场4人，分配到基层单位19人，开办经济实体11人，停薪留职1人，内部退休14人，病退3人，解聘1人，待分配8人。

1999年3月，农场对机关本部进行了又一次改革，科室由原来的24个减为11个，其中7个为经济科室。

2001年初，农场机关再次改革，设立10个科室。

2008年12月，合并后的双桥农场机关调整为7个部室，分别是：办公室、政工部、工会、人力资源部、财务审计部、企业管理部、土地房屋管理部。

2010年3月，实行总经理负责制后，双桥农场保留原有7个部室不变。

2014年11月，双桥农场机关共设9个部室，分别是办公室、法务部、政工部、监察审计部、工会、人力资源部、企业管理部、土地房屋管理部、财务审计部。

2016年6月，双桥农场共设9个部室，分别是：办公室、法务部、政工部、监察审计部、工会、人力资源部、企业管理部、资产管理与资本运营部、财务审计部。详见场乡体制改革前双桥农场机构编制图（1998年）（图1-2）、重组和减压控前的企业图（2000年底）（图1-3）、集团化重组和减压控之后企业图（2004年）（图1-4）、"三方合并"后的企业图（2008年）（图1-5）、北京市双桥农场有限公司机构设置图（2017年）（图1-6）。

2017年底，根据北京市国资委和首农集团的统一部署和要求，公司由北京市双桥农工商公司变更为北京市双桥农场有限公司。变更后的双桥农场有限公司设职能部室11个（见机构设置图）。

双桥农场（双桥农工商公司）

党群部门　企业部门　农村办事处

分场
- 畜牧分场 — 下辖11个单位
- 工业分场 — 下辖9个单位
- 服务分场 — 下辖7个单位
- 三间房分场（乡）— 下辖12个村
- 管庄分场（乡）— 下辖12个村
- 常营分场（乡）— 下辖10个村
- 豆各庄分场 — 下辖12个村
- 黑庄户分场（乡）— 下辖16个村

公司
- 双桥制药公司
- 双桥乳品公司

学校
- 职工学校

直属企业
- 水电站
- 化工代管库
- 建材库
- 储运库
- 京轮电器
- 建筑公司
- 农业服务公司
- 农机公司
- 畜禽公司
- 蔬菜公司
- 乡镇企业公司
- 农用物资站
- 特种图料厂
- 电话站
- 永磁厂
- 新型建材厂
- 凯佰厂
- 天泉饮料厂
- 新胜五金厂

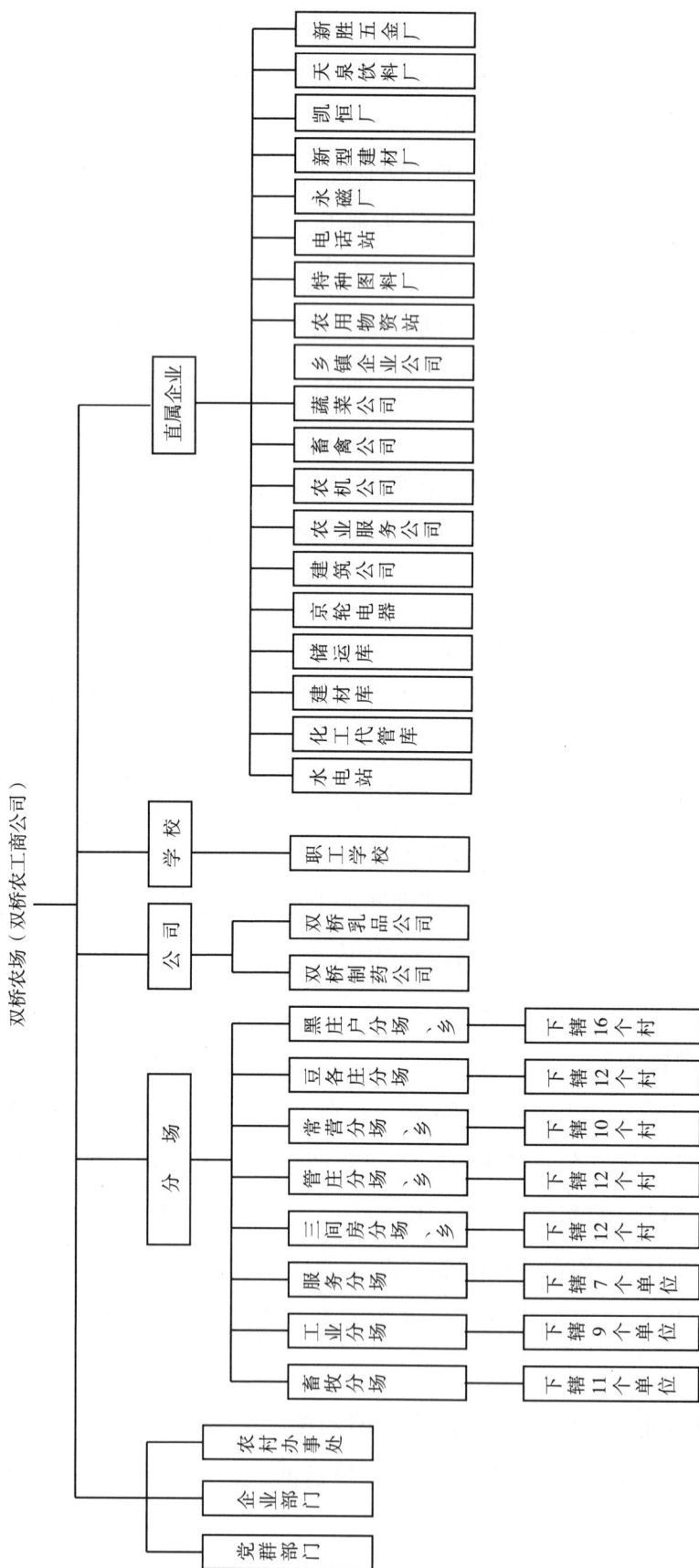

图1-2　场乡体制改革前双桥农场机构编制图（1998年）

双桥农场

亿本房地产开发有限公司 ── 亿本康乐物业管理有限公司
凯恒电子动感游乐设备厂
长建双桥建筑工程有限公司
大秦物流有限公司
双桥制药公司
立时达药业有限公司
胜利混凝土建材有限公司
双桥联桥物业管理中心

双桥群益综合商店
双桥制药公司天图研究所
起重工程机械分厂
大洋净化工程装备中心
大洋环宇医药股份有限公司
制胜共济液化气有限公司
双桥幼儿园
双桥锅炉安装队
双桥农场饭馆
双兴综合商场
双桥农场电器修理部

双益达建安工程集团
朝阳区祥利居饭庄
畜禽公司
旺平水电工程公司
双益达饮用水有限责任公司
双桥蔬菜管理站
朝阳区双华五金建材综合商店
双桥农场矿水电话服务站　宏讯电器厂
双桥农机公司
双桥农用物资供应站
双桥种子经销门市部
双桥友谊肉类食品有限公司
农业服务公司
朝阳华杰建筑工程队
长城磁件厂
农业实业公司
朝阳双桥机床修理厂
双旺电力工程处
华北滚动轴承厂

朝双种子站
双科创绿工程公司
双桥营灯厂
京桥饭庄
双桥储运服务站
助农植保站

双桥工业公司（双桥农工贸公司）
双桥铁塔厂
新胜金属结构厂
管庄猪场
双桥养鸭场
双桥印刷厂
常营牛场
朝阳双桥牛场
豆各庄牛场
双源畜牧发展中心
双桥木材厂
日盛仓储服务中心
双利工贸公司
东方观赏鱼养殖中心
双桥种猪厂
腾达饲料场
双桥渔场
奶牛配合饲料厂

双果木器加工厂
双桥纸袋厂

腾达储存库

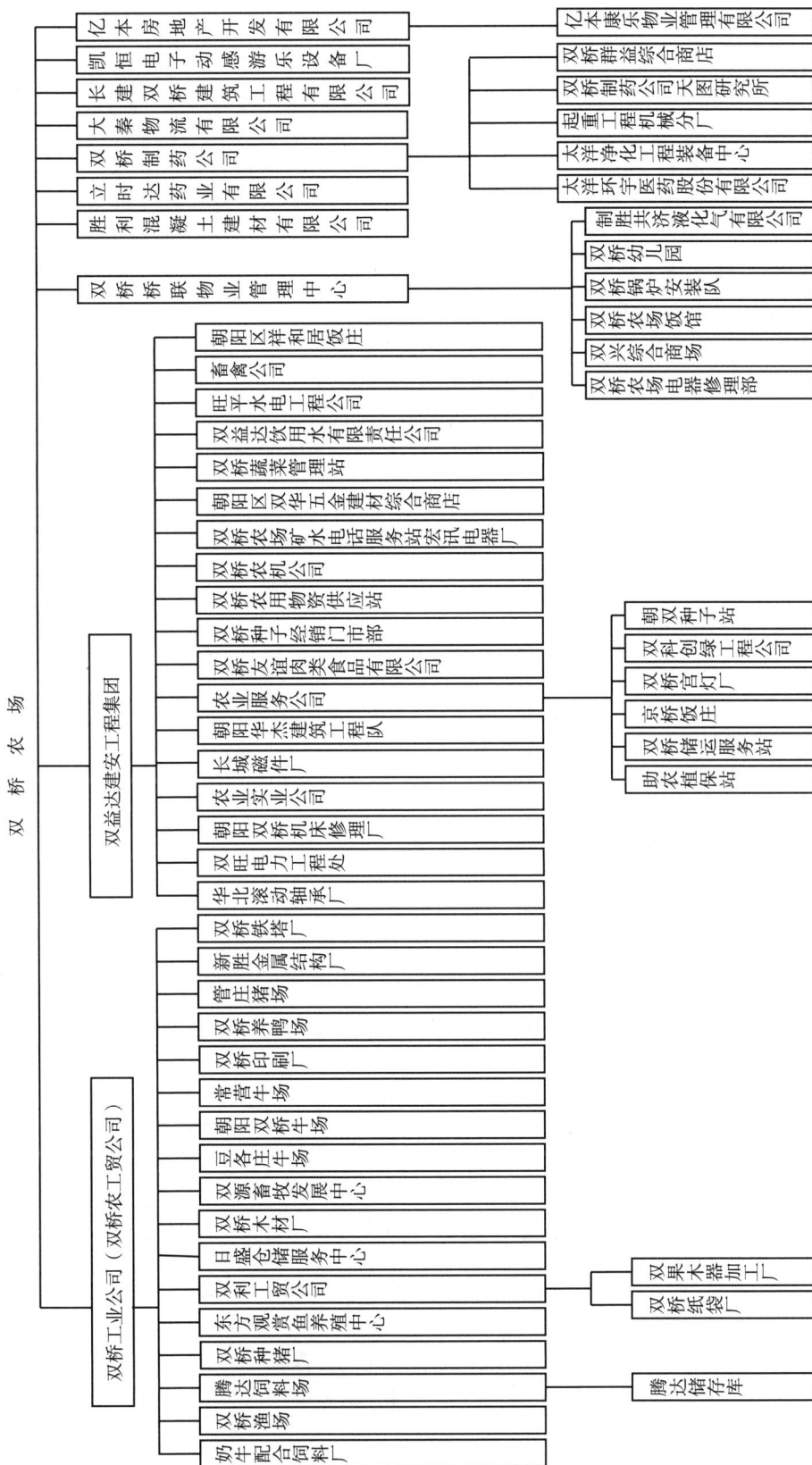

图1-3　重组和减压控前的企业图（2000年底）

双桥农场

├─ 双桥联桥物业管理中心
├─ 立时达药业有限公司
├─ 胜利混凝土建材有限公司
├─ 大秦物流有限公司
├─ 双桥制药公司
│   └─ 大洋药业有限责任公司
├─ 长建双桥建筑工程有限公司
├─ 亿本房地产开发有限公司
│   └─ 亿本康乐物业管理有限公司
├─ 双益达建安工程集团
│   ├─ 双旺电力工程处
│   ├─ 长城磁件厂
│   ├─ 双桥农用物资供应站
│   └─ 双桥渔场
└─ 双桥工业公司（双桥农工贸公司）
    ├─ 奶牛配合饲料厂
    ├─ 双利工贸公司
    ├─ 腾达饲料场
    ├─ 双桥木材厂
    ├─ 双桥农业服务公司
    ├─ 常营苗木种植厂
    ├─ 双桥印刷厂
    ├─ 双桥种子站（朝双种子站）
    ├─ 双科创绿园林工程有限公司
    ├─ 双桥宫灯厂
    ├─ 双桥农业服务公司京桥饭庄
    ├─ 双桥储运服务站
    ├─ 助农植保站
    ├─ 双果木器加工厂
    └─ 双桥纸袋厂

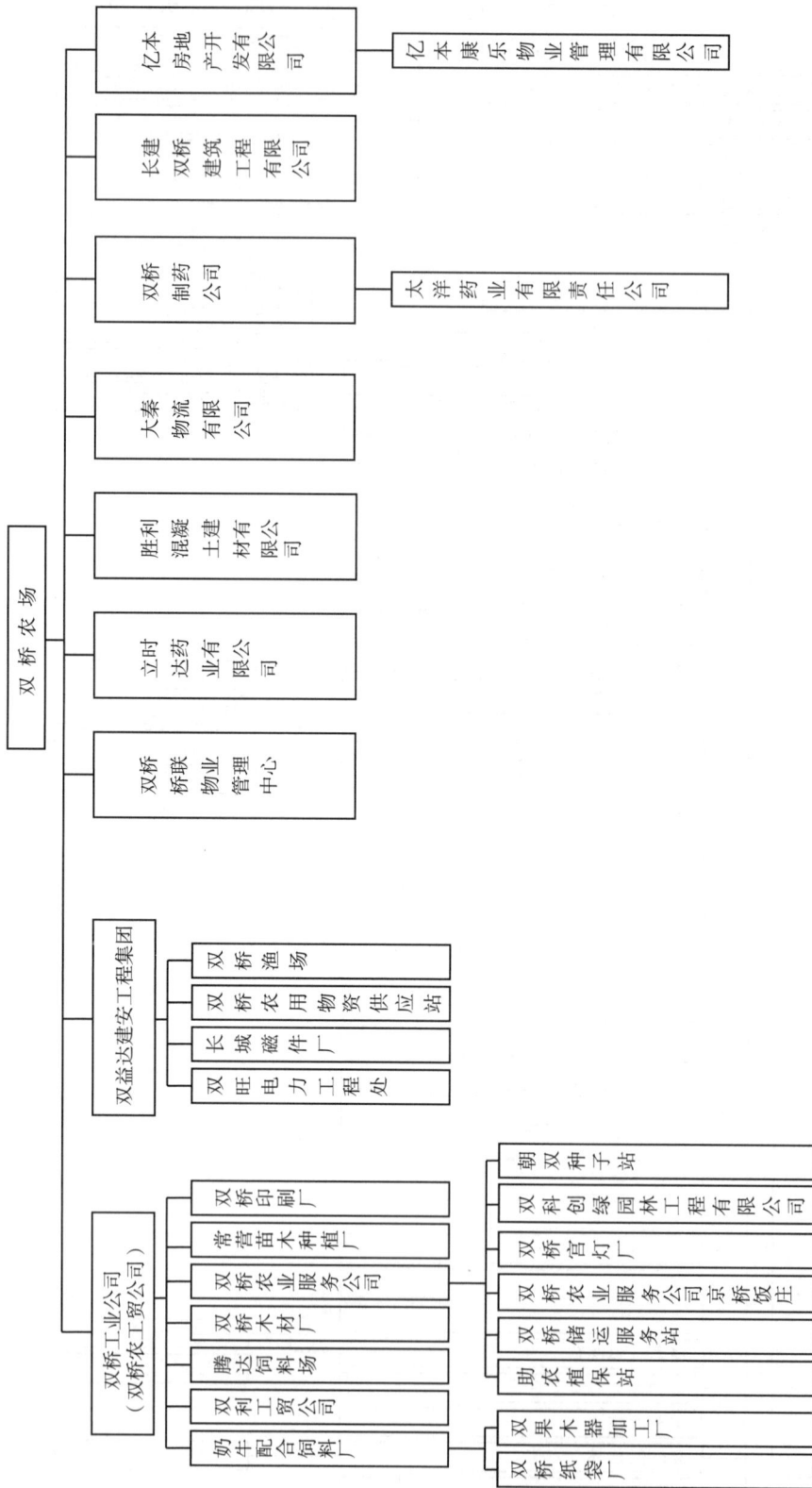

图1-4 集团化重组和减压控之后企业图（2004年）

双桥农工商公司

- 龙驰园农业生态技术研发中心
- 亿本房地产开发有限公司
- 大洋药业有限公司
  - 起重机工程机械厂
  - 大洋环宇医药有限责任公司
  - 双桥制药厂
- 大秦物流有限公司
  - 双桥大秦仓储有限公司
- 胜利混凝土建材有限公司
- 立时达药业有限公司
- 双桥桥联物业服务有限公司
  - 双桥幼儿园
  - 双桥锅炉安装队
  - 亿本康乐物业管理有限公司
  - 制胜供济液化气有限公司
- 双益达建安工程集团
  - 双桥友谊仓储有限公司
  - 双益达饮用水有限责任公司
  - 农用物资供应站
  - 长城磁件厂
  - 双旺电力工程处
  - 旺平水电工程公司
- 永乐店农场
  - 永乐店粉末冶金厂
- 三元绿化工程公司
  - 友谊花木公司
  - 腾达饲料场
  - 绿宇园林设计所
  - 双科创绿园林工程有限公司

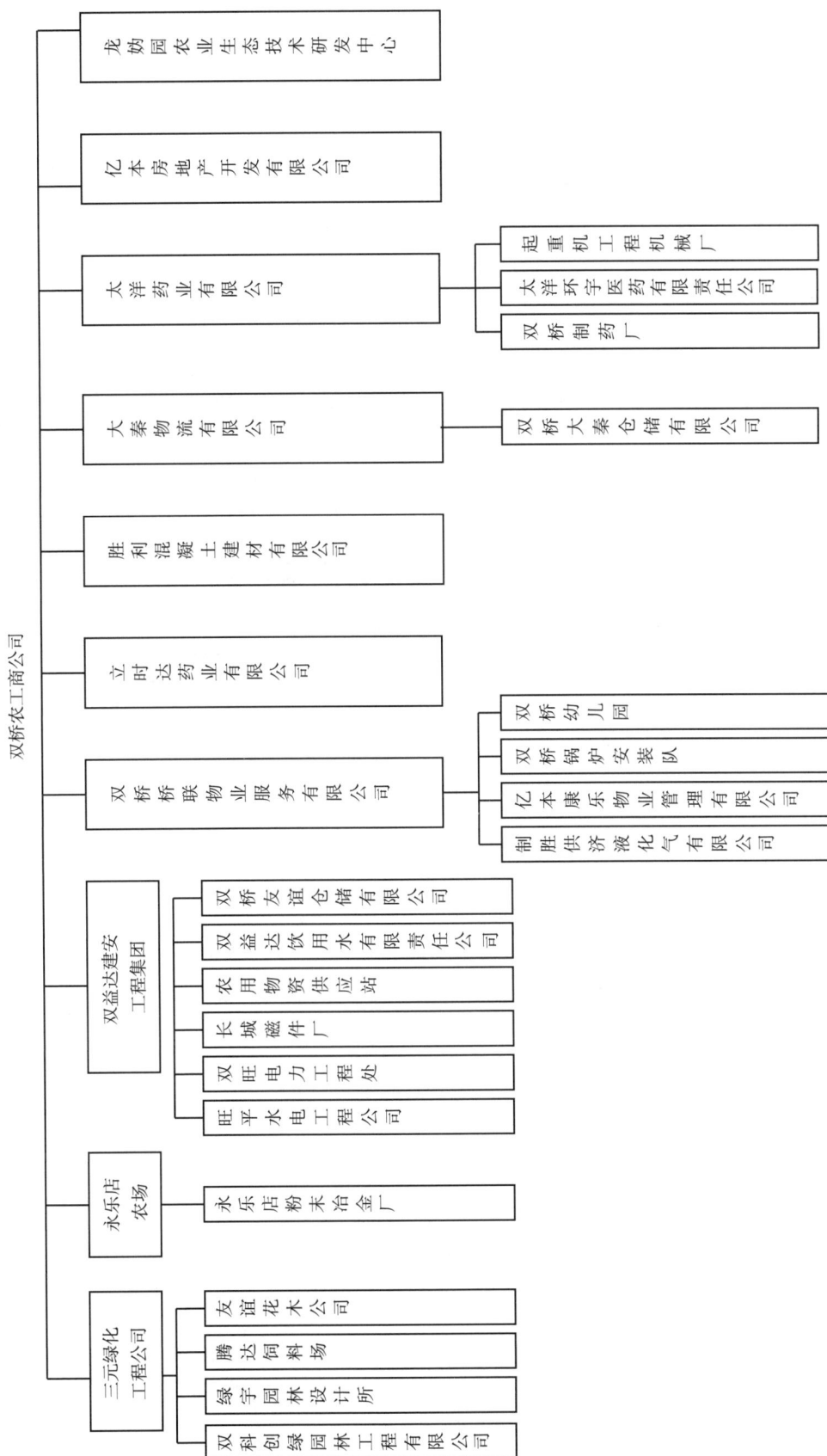

图1-5 "三方合并"后的企业图（2008年）

```
                    ┌─────────────────┐
                    │     双桥农场      │
                    └─────────────────┘
           ┌───────────┴────────────┐
    ┌──────────────┐          ┌──────────────┐
    │    党委部门    │          │    行政部门    │
    └──────────────┘          └──────────────┘
           │                         │
    ┌──────────────┐          ┌──────────────┐
    │    政工部      │          │    办公室      │
    └──────────────┘          └──────────────┘
           │                         │
    ┌──────────────┐          ┌──────────────┐
    │   纪检监察部    │          │   人力资源部    │
    └──────────────┘          └──────────────┘
           │                         │
    ┌──────────────┐          ┌──────────────┐
    │    工  会      │          │   财务管理部    │
    └──────────────┘          └──────────────┘
                                     │
                              ┌──────────────┐
                              │   企业管理部    │
                              └──────────────┘
                                     │
                              ┌──────────────┐
                              │   资产管理部    │
                              └──────────────┘
                                     │
                              ┌──────────────┐
                              │   资本运营部    │
                              └──────────────┘
                                     │
                              ┌──────────────┐
                              │    法务部      │
                              └──────────────┘
                                     │
                              ┌──────────────┐
                              │    审计部      │
                              └──────────────┘
```

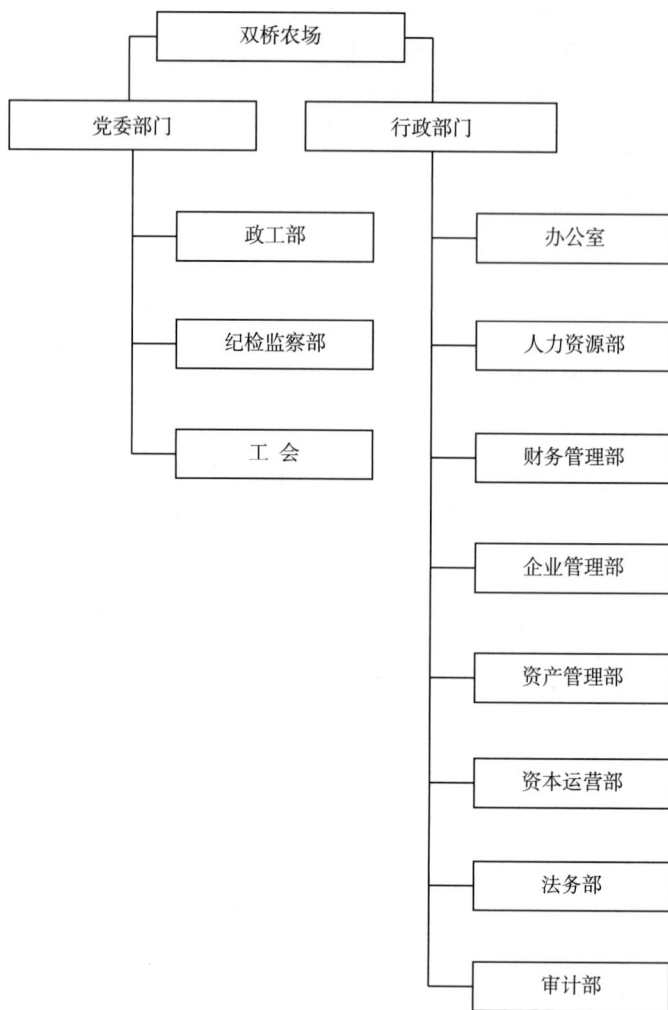

图 1-6　北京市双桥农场有限公司机构设置图

第二章 所属企业历史沿革及简介

第一节 国有独资企业

一、北京三元绿化工程公司

（一）企业概况

北京三元绿化工程有限公司前身为北京花卉服务公司，于 1992 年 8 月 1 日经北京市工商行政管理局朝阳分局核准正式成立。花卉服务公司建成之初以花卉生产和销售为主，并于 1994 年建成国内首家室内花卉市场——亮马花卉市场。在开业典礼上，时任全国人大常委会副委员长陈慕华为新落成的北京花卉交易市场剪彩，参加仪式的还有中国花卉协会会长何康、农业部副部长吴亦侠、北京市副市长段强等。北京亮马花卉市场逐渐成为北京鲜切花的销售集散中心、全国重要的花卉信息中心。2000 年 5 月 12 日，北京亮马花卉交易市场被国家林业局、中国花卉协会评为"全国重点花卉市场"。

2001 年 7 月，集团公司为实施"集团化发展，专业化经营"的总体发展战略，在系统内进行了大规模资源整合，北京花卉服务公司同东郊友谊花木公司合并，与双桥农业服务公司联合，成立一家以园林绿化工程为主营业务的专业化公司。

新公司成立之初，处于严重的亏损状态，亮马花卉市场经营困难、人气不旺，延庆和巨山两个基地未能正常生产，对外投资大多损失。随后公司解决大量遗留问题，明确发展思路，理顺内部关系，各方面工作逐渐步入正轨，经营收入由 2001 年的 1221 万元增长到 2008 年的 4922 万元，于 2003 年实现扭亏为盈，2008 年实现利润 107 万元，经济持续稳定发展。

2008 年 6 月 11 日，经集团公司党委常委会研究，提交董事会审议通过，决定以双桥农场为主体对永乐店农场和三元绿化吸收合并，三元绿化成为双桥农场的下属二级公司。2008 年 6 月 14 日，经双桥农场党委、董事会研究决定，北京三元绿化工程公司和北京市腾达饲料场及北京市双科创绿园林工程有限公司合并，三个单位合并后，在日常工作中使用北京三元绿化工程公司的名称开展工作，实行经理负责制。

2010 年 5 月 14 日，经双桥农场党委会研究决定，北京三元绿化工程公司拆分为北京三元绿化工程公司和北京市腾达饲料场。

2012 年 11 月 30 日，经双桥农场经理办公会研究决定，对北京三元绿化工程公司、永乐店农场有限公司、腾达饲料场进行管理体制的改革，腾达饲料场划归永乐店农场有限公司管理，腾达饲料场的绿化业务（包括草坪基地及相关人员、萧太后河南岸农业用地）划归三元绿化。

（二）经济建设与发展成就

1. **经济发展** 2008 年，三元绿化公司确立以绿化工程为主业的经营思路，顺利取得园林绿化企业一级资质，具备了投标大型工程项目的能力。2008 年，三元绿化公司总资产达到 2962 万元，主营业务收入达到 4922 万元，利润达到 107 万元。

2010 年 10 月 27 日，经双桥农场、集团公司批复同意，三元绿化转让所持北京卉隆干燥花有限责任公司股权 40％股权，转让成交价格 91 万元。通过股权转让，使国有资产得到保值增值，提高了企业管理效能，降低了经营风险。经过多年发展，三元绿化已基本形成了以绿化工程业务为主，园林绿化苗木生产销售和亮马花卉市场营销分辅的产业格局。

三元绿化积极进行市场调研，跟踪项目动态，加大投标力度，在稳固北京市场的同时，还积极开拓外省市市场、绿化养护市场、小庭院绿化市场等，实现了三元绿化的营业收入和利润的大幅增长，2016 年，实现营业收入 2.32 亿元，利润 2218 万元，成为双桥农场中产值超亿元，利润上千万的领军企业。

2017 年实现主营业务收入 2.85 亿，比 2016 年增长 22.93％，其中：绿化工程收入 2.48 亿元，苗木销售收入 3110.86 万元，亮马花卉市场及其他租金收入 588.27 万元。全年实现利润 2213.83 万元，同比增长 18.22％。2017 年发放工资总额 887 万元，较 2016 年的 762 万元增长 16.4％。

2. **主要成绩** 三元绿化高度重视工程质量和企业信誉，坚持以"一流的服务、一流的工程质量、一流的管理水平"塑造企业形象。由三元绿化负责实施的多项绿化工程被评为"北京市优质园林工程"，三元绿化也多次被评为"首都绿化美化先进单位""AAAA级诚信企业""优秀园林企业"等。

三元绿化承揽的多个工程项目如康城别墅绿化工程、三海子郊野公园（一期）农耕体验区工程（六标段）、中关村软件园二期（西扩）项目景观绿化工程 A 标段、软件园西南林带工程等多个项目被北京市园林局评为北京市优质工程，获得业主、监理等的一致好评，在业界和社会上进一步打响了"三元绿化"的优质品牌。

此外，亮马花卉市场为国内首家室内花卉市场，长期作为北京重要的花卉集散中心，并成为众多花卉市场效仿的"燕莎经营模式"。

（三）企业管理和品牌建设

1. **企业管理** 2011年三元绿化依据《劳动法》《劳动合同法》的相关规定，结合企业实际，出台《员工培训管理规定》，鼓励员工参加各类专业培训和职称考试。2013年7月，三元绿化实施内部竞聘上岗，制定《技术职称补贴实施办法》，将工资和职称资格证挂钩。技术人员开展技术创新活动，结合生产实际，总结出"非季节绿化施工技术""大树移栽技术"等多项实用生产规程，大幅降低工程施工成本，打破常规种植季节限制。截至2018年底，三元绿化各类管理及专业技术人员占到职工总数的70%，企业的专业化人才基础得到了进一步夯实巩固。

三元绿化强化工程项目核算管理，施工过程中进行事前、事中、事后三大核算。同时，在业务核算和财务核算各个管理环节中严格成本管理，精打细算，控制消耗。

三元绿化加强信息化建设、及时更新各种财务软件、优化流程、严格执行印鉴分管制度，加强风险管控能力，保证资金流动环节的安全。

三元绿化严格执行"三控制、二管理、一协调"的管理方法。加强对工期、质量、成本三个重要因素的控制，强化合同管理和信息管理，协调好现场各方关系。并在苗圃中采取养护承包制度、苗木出入圃制度，确切掌握苗木的品种、规格、数量等。

2. **品牌管理** 三元绿化精心打造优质品牌。2008年12月，三元绿化顺利通过职业健康安全管理体系GB/T 28001—2001、环境管理体系GB/T 24001—2004 idt ISO 14001：2004、质量管理体系GB/T 19001—2000 idt ISO 9001：2000三体系的认证工作，提升了企业经营管理水平。

三元绿化坚持创建精品工程，每年都有1～2个工程项目被北京市园林局评为北京市优质工程。2012年，在连续三年被评为"诚信企业"之后，三元绿化获得北京市园林绿化局和北京市园林绿化企业协会颁发的"北京市园林绿化行业AAAA诚信企业"证书，并连续多年获得此项荣誉。2014年7月，三元绿化被评为"北京市园林绿化优秀企业"。

二、北京市永乐店农场

（一）历史沿革

永乐店农场位于北京市通县境内，地理位置为东经116°，北纬40°，北依通县，南临天津市武清县（今武清区）、河北省安次县，东衔河北省香河县，西接北京大兴县（今大兴区）。永乐店农场地界原属于通县第四区，1956年于界内设永乐店、小务、柴厂屯、渠头等乡。1958年，撤乡改设永乐店人民公社。1961年，公社规模化小，分别设永乐店、小务、柴厂屯、渠头四个人民公社。同年，通县在柴厂屯公社三堡村开荒建立一规模较小的农场，称国营永乐店农场，由市农林局领导。后农场扩大，于1963年正式成立国营北京市永乐店农场。1965年，又将于家务、大耕堡、南仪阁、南丁庄、草厂、东鲁、西鲁、果村、东骆庄、西马坊等10个自然村并入。1983年6月22日，经北京市人民政府批准，在农场设永乐店区，作为县政府的派出机构。其下设永乐店、草厂、渠头、柴厂屯、水务5个乡和于家务回族乡，由市农工商联合总公司和通县双重领导。

1964年3月，永乐店农场确定了"以粮为纲，农牧结合，多种经营，逐步建成首都的副食品基地"的经营方针。到1978年农永乐店农场共进行了4次"改土治水"农田基本建设，摸索出了"深挖沟，细平地，多打井，广积肥，造好林"的15字方针，根治"旱、涝、碱、薄"。全场20多万土地按"二十年一遇"标准搞好排涝工程，按400亩以上的地块进行了规划平整，按150亩地一眼机井搞灌溉配套，全部建成了地平、埂直、沟路林渠、井、电配套，旱涝保收的高产稳产田。共挖主干沟、渠470余公里，修桥涵闸470多座，动土4000多万立方米。1978年粮食亩产达到317.2公斤，比1966年增长了3倍。向国家提供商品粮1128.1万公斤，商品猪3.35万头。国营工业发展到19家，从业人数1391人，工业总产值达到3376万元。中共十一届三中全会以后，永乐店农场采取"国营、集体、个体一起上"的方针，大力发展乡镇企业、第二产业和外向型经济，积极引进人才、技术和项目，使农场经济和各项事业得到全面发展。

"八五"期间，全场总收入8.65亿元，比"七五"期间增长了1.07倍，实现利润2063.9万元。1994年全场推行了"家庭为基础，专业承包，规模经营，区域种植"的生产经营责任制。相继建立的"农业、农机、蔬菜、水利、果林、畜禽、内鸡、水产、奶牛服务站"等专业服务公司（站），充分发挥了内联农户，外接市场的桥梁和纽带作用。同时，以"两高一优"农业为目标，积极进行农业种植结构的调整。1995年粮食亩产达到882.9公斤（一年双季），总产实现1.18亿公斤，全场社会菜田面积达到1.81万亩，总产量1.21亿公斤。1995年5月，由中国和以色列两国农业部建立的"中以示范农场"，引进以色列的滴灌技术与水、肥、温湿度的电脑控制系统，以及樱桃、西红柿、大椒、黄瓜、西葫芦等一批品质好、质量高的以色列水果和蔬菜品种，加快蔬菜生产的工业化、现代化进程。接待包括国家领导人及全国各地的干部群众4万余人参观，成为展示和推广农业高科技的一个重要窗口。1995年底，全场农机总功率达到7824.2万瓦特，有大型拖拉机324台，小型手扶拖拉机711台，联合收割机143台，大型拖拉机配套农具663部。各分场都配备了电子计算机辅助农业管理系统，使全场社会化服务体系更加完善。机耕、机播率100%，机收率71.6%。场内有主干渠道20余条，大型拦河闸3座，配电扬水站162

处，机井 2140 眼，喷灌设备 130 套，暗管 672 公里，1000 亩地实现滴灌。渠、井、暗管、喷灌、滴灌配套使用，使全场达到旱能浇，涝能排，大大提高了抗御自然灾害的能力；全场有林木育苗 1700 亩，农田与道路造林 180 万株，林木覆盖率 18.7%；果园 7923 亩，以桃、苹果、葡萄为主，年产量 284.3 万公斤；奶牛养殖已被北京市确定为 3 个万头奶牛基地之一，国有规模牛场 6 个，集体牛场 9 个，奶牛存栏 6540 头，年产鲜奶 2044.6 万公斤，商品奶 1990.9 万公斤；国营、集体规模猪场达到 13 个，年出售商品猪 4.66 万头；蛋鸡存栏 11.83 万只，产商品蛋 168 万公斤；有养鱼水面 2794 亩，年销售成鱼 130.2 万公斤。永乐店农场成为北京市重要商品粮和副食品生产供应基地。

永乐店农场有国营、集体工业企业 174 家，其中国有企业 14 家，集体工业 160 家，转移农村劳动力 7781 人，初步形成了机械、铸造、酿酒、化工、造纸、建筑材料、印刷、地毯、木器、兽药、汽车配件、注塑、服装等 10 多个行业，200 多种产品的企业群体。产品中仿古家具，地毯一直是出口创汇产品。永乐店酿酒厂生产的北京特产"二锅头"，在 1981 年北京"二锅头"酒评比中获得第一名，"醇酿由酒"在 1982 年和 1984 年被北京市和农牧渔业部评为优质产品。磷肥厂生产的高效生物微肥于 1991 年获北京市第二次国标博览会金奖，复混肥于 1897 年和 1990 年获化工部"化肥行业先进单位"，并于 1995 年获北京市政府推广试验科技项目二等奖。柴厂屯分场丰华食品厂生产的"京大瓜子"在 1987 年北京农垦展销会上被评为"市民最喜爱的小食品"，于 1992 年获"全国医疗食品博览会金奖"。1995 年全场工业实现产值 47704 万元，占全场总产值的 44.2%。

1992 年兴办的永乐经济开发区基本实现"三通一平"。永乐店和柴厂屯两万门程控电话局投入使用，进一步改善了农场人民的生产、生活和投资环境。境内东有淳水路，西有张凤路、南有觅凤路、中有于觅路、京津唐高速路通过场内。22 条市、县级主干公路相连，已实现分场（乡）通公共汽车，村村通柏油路。1995 年全场有商业网点 1252 个，从业人员 4200 人，提供增加值 5537 万元，全场"三资"企业 30 家，创汇总额 1800 万元人民币。永乐镇一期改造工程完成后，东南人民商场，永乐宫等一批较高水准的商业楼建成开业，5 标农场宿舍楼交付使用，农贸市场发展到 5 个。1995 年全场职工平均工资达到 3380 元，农民人均纯收入 2632 元，全场有小学 26 所，中学 5 所，成人学校 1 所，在校学生 1.44 万人，其中小学 9603 人，中学 4845 人，有教职工 1118 人。永乐店中学被列为区重点学校。永乐店农场有卫生院 1 所，乡级门诊部 5 处，设有内、外、儿、妇、中医和防保组，每村均建有卫生室，常见病、多发病可就地诊治。

1998 年场乡改革后的 1999 年至 2008 年是永乐店农场最为艰难的时期，再加上 2001 年奶牛公司以及所属 6 个奶牛场整建制划归三元集团后，永乐店农场唯一的经济来源也随之而去。永乐店农场仅靠 190 万元年租金和三元集团资金补贴维持生计。

为求生存，永乐店农场加大了招商引资力度，先后出台招商引资奖励办法，但是由于永乐店受地区区域因素的限制，虽然有宽松的招商引资环境和极具诱惑力的奖励办法，也不能弥补区域上造成的不利影响。故永乐店农场进而制订三步走战略：一是减员增效；二是讨债增效；三是招商引资。永乐店农场专门成立领导小组，在半年时间内，下岗、分流职工达到近 2900 人（其中包括固定工、合同制工人和集团所属社员工制工人）。缓解了农场资金不足压力，保住了农场。

（二）企业概况

2008 年 6 月 13 日，集团公司经理薛刚、组织部长马辉在双桥农场召开双桥农场、三元绿化与永乐店农场合并重组大会，至此国营北京市永乐店农场由原来集团公司下属二级企业变更为双桥农场下属二级企业，截至 2008 年底，国营北京市永乐店农场占地面积 1889 亩，拥有在职职工 117 人，离退休职工 461 人，下属企业 1 个，永乐店农场全年总收入 260 万元。

经双桥农场党委同意，重组后的国营北京市永乐店农场组建新的领导班子，刘万友任永乐店农场党委委员、副书记、场长；张瑞丰任永乐店农场党委委员、书记、纪委书记；李永清任农场工会主席、赵万兰任永乐店农场总会计师，永乐店农场实行场长负责制。

2012 年 11 月 30 日，双桥农场决定将三元绿化、永乐店农场、腾达饲料场进行整合重组，原腾达饲料场绿化业务划归三元绿化，永乐店农场与腾达饲料场整合重组并组建新的永乐店农场，占地面积 5735 亩，拥有在职职工 156 人，离退休职工 1173 人，年租金收入 900 万元。永乐店农场在原腾达饲料场组建永乐店农场双桥分部以解决跨区管理难题，并将腾达饲料场变更为北京永乐腾达物流服务中心。

2016 年 9 月，依据京首农发〔2016〕244 号《关于北京三元种业科技股份公司、北京首农畜牧发展有限公司、北京南牧兴资产管理中心将渠头牛场等养殖区地上物及关联资产转让给各属地农场的批复》精神，永乐店农场斥资 1.57 亿元人民币成功回购原永乐店农场 7 个奶牛场、饲料场及奶牛公司的地上建筑物、饲料用地和相关资产，永乐店农场新增国有土地 3325 亩。2016 年底农场实现租金收入 1338 万元，下属企业 3 个，即北京永乐物流中心、北京永乐鑫达物业管理有限公司和北京永乐腾达物流服务中心。

（三）经济建设与发展成就

"守土有责"是双桥农场自 2008 年 6 月重组至今给永乐店农场下达的硬性工作指标，永乐店农场逐步完善企业管控机制，坚持"守土与招商并举"的原则，租金收入逐年提高。十年来，永乐店农场对所辖国有工矿土地进行详细的调查摸底、查清了四至边界，解决了与当地集体土地边界不清的历史遗留问题，并将国有企业的土地证全部变更为永乐店农场名下，办理了房屋产权证，为经济发展奠定基础。

对出租企业（户）管控工作，永乐店农场始终坚持"租得出、管得了、收得回，不留隐患、不留遗憾"管理方针。2014 年 7 月，为适应大环境的需要，结合永乐店农场实际情况，成立基建项目专项领导小组、租赁审查专项领导小组、资金审核领导小组和薪酬考核领导小组，使永乐店农场的各项工作更加公开透明、工作更加严谨。

截至 2018 年底，永乐店农场掌握着 9060 亩国有土地资源，永乐店农场是"城市副中心"乃至北京市地区，国有土地最大持有者，这些国有土地资源为永乐店农场今后的经济发展提供了宽松的经济发展空间和足额的土地支持。

（四）企业管理和品牌建设

自 2008 年 6 月永乐店农场与双桥农场合并重组至今，永乐店农场实行全方位改革。一是转变"永乐店农场机关"这一传统观念，利用三年时间，完成岗位工资制，实现"同工同酬""同福利、同待遇"的良好企业内部工作环境；二是对原永乐店农场各职能科室的内部改革，将十多个职能科室调整为"四部一室"，即财务、劳资、行政、企管和综合办公室，大大提升了永乐店农场综合办公能力和管理效率；三是企业管理规划重组改革，2013 年永乐店农场将永乐店酿酒厂、永乐店磷肥厂、永乐店第二制砖厂、永乐店商贸公司、永乐店家乐化工厂等十余家停产注销企业的看护权并入鑫达物业公司管理。2017 年永乐店农场下属企业发展为 3 个，即北京永乐鑫达物业管理有限公司、北京市永乐物流中心和北京腾达物流服务中心，使企业内部管理工作更加合理。

永乐店农场加强对闲置土地、闲置场区的管理措施。一是强化看守职工的责任心，明确职责范围，制定奖惩标准。二是加大对闲置厂区内的危房、围墙修缮工作力度，加大厂区内化学除草工作力度，提高了闲置厂区厂容厂貌的透明度，为闲置厂区整体出租和高科技项目的入驻打下良好基础。三是加大对闲置土地的监管力度，在化学除草、平整土地的同时，严禁倾倒垃圾、渣土，确保闲置土地完整可用。

同时，规范已出租厂区的管理措施。一是建立出租企业（户）台账，严格履行合同。二是加大对出租企业（户）的管理力度和巡查监管力度，杜绝违章建筑，2013 年双桥分部拆除兆龙国际公司违章建筑 400 平方米。三是加大对出租户安全管理工作力度，借政府之力，提高安全管理工作的威慑度，杜绝安全隐患，保障稳步发展。

截至 2018 年底，永乐店农场在坚守"守土有责"重任之下，仍然取得总收入 1398 万元，利润 23 万元的成绩，企业全员人均工资达到 6.86 万元，比 2008 年的 2.34 万元增长了 1.92 倍。

三、北京立时达药业有限公司

（一）企业概况

北京立时达药业有限公司（简称立时达药业）前身为北京市兽药厂，成立于1987年11月。当年销售收入72万，盈利5.1万元。在这之后的十余年里，北京市兽药厂一直是北京地区唯一一家兽药生产企业，也是整个华北地区规模最大、剂型最丰富的兽药企业，为北京地区养殖业的快速发展提供了重要的保障，为首都地区的"菜篮子、米袋子、奶瓶子"工程的顺利发展提供了有利的支撑，得到上级公司及农业部的认可。

1999年底，北京农工商联合总公司集合旗下鸭中心、猪中心和奶牛中心等优良资产，组建北京三元种业股份有限公司，并将隶属于双桥农场的北京市兽药厂划归三元种业。考虑到兽药行业经营的特殊性，集团决定兽药厂以三元种业子公司的形式存在，性质为有限责任公司。按照《公司法》要求，有限责任公司股东不得少于2家，经评估，兽药厂净资产为748.75万元，作为集团投资，占股权比例为89.99%；北京市南郊牛奶公司以现金注册83.25万元，占股权比例10.01%。2000年3月经北京市改制中心批准，兽药厂正式更名为北京立时达药业有限公司，注册资金832万元。由于市场环境发生较大变化，以及政策的制约，成立后的三元种业股份有限公司上市计划受阻，2003年3月，三元集团决定将立时达药业整建制划归双桥农场。2005年8月，按照市国资委关于国企改制工作的部署，立时达药业管理层5人以自然人身份入股，共持股49%。公司性质变更为国有控股有限责任公司。

2013年2月，立时达药业开始启动国有法人股东对自然人股东的股权收购事宜。在转让、受让双方协商一致的基础上进行，自然人股东自愿转让，收购过程平稳，在资产评估，税务申报，法律程序和组织安排上做到严密，公开透明。立时达药业于2014年4月8日领取了新的营业执照，变更为北京市双桥农工商公司投资、全额持股的国有独资有限责任公司。双桥农工商公司对立时达药业增加1060万元的注册资金，由原来的140万元增加到1200万元，立时达药业实力大大提升。2016年7月，双桥农工商公司再次向立时达药业增资1800万元，增资后的立时达药业注册资本金达到3000万元，加快了立时达品牌拓展和产业升级的步伐，凝聚和提升了企业的整体核心竞争力。

（二）企业管理和品牌建设

1. 制度改革 立时达药业持续推动出差管理制度改革，于2008年将外埠业务人员出差补贴提高了60%，并缩小京、津、冀等地区的提成差距；2009年开始，立时达药业针对研发和销售人员出台相应的奖励政策，拿出新产品利润的 20％ 奖励给主要研发人员及销售人员，调动了新产品研发人员及销售推广工作人员的积极性。同时，抓好销售人员的提案管理，对研发工作提出积极良好的意见建议；让研发人员深入市场，更精准地了解和掌握市场对兽药产品的需求，使研发工作的方向更充分地立足于市场需求；2014 年，立时达药业健全销售人员出差管理制度，启用一套"图搜天下"GPS 定位系统，用于所有销售及技术服务人员出差管理，同时完善相关奖惩制度；2015 年投入资金 15 万元，更新财务销售管理办公软件系统，涵盖销售管理、存货管理、业务转财务管理、财务管理四大模块，完善立时达药业销售业务、仓储业务及财务等相关部门对流转数据进行实时追踪和数据共享；2016 年 5 月，立时达药业开始启用更加方便快捷的"钉钉"软件，综合掌控及考核销售人员的出差任务。

2. **社会职责**　立时达药业于 2009 年出台了针对研发和销售人员的奖励政策，并按照劳动合同法的要求，逐步缩小内部员工间因身份的不同而导致的收入待遇的差距，已实现本市城镇职工、本市农业户口职工、外地城镇职工、外地农业户口职工之间同岗同酬，所有人员平等享有五项社会保险和住房公积金，在岗职工年均工资总额由 2007 年的 1.67 万元增加到 2016 年的 5.81 万元，增加 4.14 万元，增长了 247％。

立时达药业积极承担社会责任，于 2007 年 9 月展开锅炉煤改气工程，将两台燃煤锅炉报废，更换为两台燃气锅炉；2016 年 12 月投资 40 万元，分批对两台燃气锅炉的燃烧机进行改造，更新为低氮燃烧机。2017 年 9 月与市排水集团接洽排污管线改造事宜，工程投资 100 万元，由立时达药业与嘉林药业共同承担，动工修建新的排污管道。

3. **主要荣誉**　2016 年 4 月 8 日，立时达药业作为唯——家兽药生产企业应邀参加了首届 D20 企业奶源转型升级高峰论坛；同年 5 月，首届"北京立时达药业有限公司与蒙牛集团服务中心学习交流会"在京召开，进一步提升了品牌影响力。

多年来，立时达药业致力于和谐企业的建设，与员工共赢共享，共同成长，未出现劳动纠纷事件，立时达药业自 2006 年起连续 4 年被北京市劳动局、市总工会及朝阳区劳动局授予"和谐劳动关系单位"。

四、北京双益达建安工程集团公司

（一）企业概况

北京双益达建安工程集团前身为原双桥农场水电管理站。1997 年 3 月，水电站下属 9 家企业联合组建成立北京双益达建安工程集团，隶属双桥农场。

1999年4月，双桥农场又将农场机关农村经济工作部及科技站、农机站、农用物资供应站、蔬菜站、畜禽服务站所有资产和人员全部规划双益达，由时任双桥农场副场长、双益达总经理的王平全权负责。

2000年，双益达建成生猪屠宰场项目，成立了友谊肉类食品有限公司；同年，投资开发兴建5194.7平方米的管庄商业楼工程。

2001年，集团公司提出"条块结合，以条为主"的方针，将双益达所属的农机站划入三元石油集团。是年8月双益达建立了双益达饮用水有限责任公司。

2004年，集团公司提出"四大板块"发展战略，双桥农场被划定在第四板块即"物产物流板块"。双桥农场将双益达作为发展"重点"，双桥农场将农工贸下属企业双利公司划归双益达，充分利用双利公司土地资源和区位优势，利用双益达的资金和人才优势，逐步发展农场现代化物产物流产业。

2007年，双桥农场又将匹比公司占用的土地交给双益达，并投资新建库房7000多平方米，年收益增加180余万元，又将老旧库房充分地进行了改造升级，年收益又增加了60余万元，为双益达从传统意义上的仓储业向现代物流业转变奠定了基础。

20年的发展历程，双益达始终坚持"一切为了企业的发展，一切为了职工生活质量的提高"的经营发展理念，形成了相互依托、相互促进的多元化发展格局。

（二）经济建设与发展成就

双益达2008年所属企业有营业执照8家，分别是双益达建安工程集团、双旺电力工程处、双桥农用物资供应站、友谊仓储有限责任公司、双益达饮用水有限责任公司、长城磁件厂、旺平水电工程公司和双华五金建材商店。

几年来通过资源整合，使企业进一步优化，作为多元化经营企业，双益达集团共有下属企业4家，分别为北京双旺电力工程处、北京双益达饮用水有限责任公司、北京长城磁件厂、北京新益永盛轴承工贸有限公司。涉及仓储租赁、电力工程、饮用水生产、工业加工等多个行业。双益达电力工程业和仓储租赁业稳健发展，加工制造业稳中有升，形成了协调发展、齐头并进的良好局面，雄厚的资金链为跨越式发展打下了坚实的基础。

双益达集团始终坚持"诚信为本、人和为魂、艰苦奋斗、勇于创新"的企业经营理念。一是做强工程项目，双旺电力成立两个项目经理部，项目一部主要负责朝阳供电公司内部的分包工程和双桥地区电力报装和施工，项目二部重点开发朝阳供电公司和双桥地区以外的电力工程；二是做大物产物流业，新建库房3万平方米出租，充分利用土地资源开发高档次仓储物流产业；三是做实工业生产，建立占地20亩的双益达工业园区，把所属的轴承厂、磁件厂、双旺电力工程处材料库房等全部搬迁进工业园内。

双益达集团始终坚持推动传统产业创新升级。2015 年以来，双桥农场推动"文化双桥""智慧双桥""创富双桥"的战略定位落地落实。2016 年，双益达把原轴承厂、磁件厂的老厂房进行升级改造，与山西电视台合作筹建信尔泰来演播厅项目。该项目总占地 7.8 亩，共建成两个演播大厅并配套办公、休息等设施场所，总建筑面积 5500 余平方米，年租金收入 350 余万元，是双益达向文化创意产业的转行升级迈出的极为重要的一步。双益达所属仓储一部占地 29 亩，与北京金迈泰达投资有限公司合作，通过原址改造升级，打造现代化文化园区 2049 项目。

（三）企业管理和品牌建设

2008 年，双益达根据《劳动法》《劳动合同法》和北京市人民政府有关劳动管理的规定和相关法规，制定了《双益达集团劳动管理制度》，该管理制度共分为十一章九十一条，同时制定了《双益达集团解除违纪员工劳动合同暂行办法》，该办法共分九条。

同年，双益达提出在完善经营者管理中要做好三方面工作：一是要建立先进的选人用人制度，开发和提升中层管理者的执行力；二是要建立经营者任期目标责任制度，建立以任期目标为主要内容的经营者任用管理办法；三是严格经营者的责任考核，继续完善考核制度，2009 年，双益达建立统计报表制度。2014 年，双益达提出"三大一加强"的管理理念，"三大"是指大中心、大后勤、大市场，"一加强"是指加强企业内部管理，成立了合同审批领导小组、业绩考核评审小组、基建投资领导小组、三重一大领导小组。同年，双益达与北京市同创律师事务所签订《法律顾问聘任合同》，为建章立制工作提供法律咨询和法律保障。

2008 年始，双旺电力工程处进行物资采购支出制度改革，第一是必须为供电局入围产品；第二要货比三家，价同选优；第三是采购中价格内部公开，大宗物资采购要公开招标。双益达成立了工程建设领导小组，凡是双益达内部的基建项目，先经工程建设领导小组协商一致后报职代会进行讨论通过。

2010 年 3 月，双益达提出优化管理流程，调整健全非绩效考核人员的分配体制，完善干部绩效考核体制，经历 5 年圆满完成职工工资翻番目标。双旺电力工程处调整工资结构，一线施工人员工资改为月基本工资＋绩效考核＋安全奖励的分配方式，充分调动了积极性，使劳动生产率大幅度提高。2011 年，提出"把培养复合型人才"作为重要工作，一是打破正式工和临时工的界限，全员实行劳班作业；二是打破了下属各单位各经营实体人事关系的界限，将合适的人才，应用到合适的岗位，为各类人才搭建施展才华的平台。2014 年，为适应双益达快速发展的需要，充分发挥关键岗位的退休老同志丰富的专业技术和经营管理经验优势，起到"传、帮、带"作用，依据国家有关劳动用工方面的政策规定，结合实际情况，制定"退休人员返聘管理办法"。

五、北京胜利混凝土建材有限公司

（一）公司概况

北京胜利混凝土建材有限公司前身是成立于 1985 年的北京市双桥物资供销公司。1985 年初，胜利建材名称为北京市双桥建材库，以仓储水泥为主。1995 年成立混凝土搅拌站。2002 年，双桥建材库被列为双桥农场企业改制试点，同时将北京市胜利混凝土搅拌站、北京市双桥物资供销公司、北京市双桥建材库、北京市农工商物资供应公司建材供应站四家有照实体全部净资产重组合并，由法人和自然人组成，由全民企业改制为有限公司，更名为北京胜利混凝土建材有限公司。2009 年自然人股东退出股份，由双桥农场将自然人股份全部收购，企业性质成为法人独资，员工人数为 61 人，注册资金为 2000 万元，以加工混凝土、水泥制品和销售钢材、木材、粉煤灰、建筑材料以及出租散装水泥筒仓、库房和房屋为主。厂区分为三个部分，分别是东部厂区（双桥东路）、物资站厂区（咸宁侯村西）、搅拌站（双桥中路路南）。东部厂区、物资站厂区以租赁为主要业务。

2013 年 6 月胜利建材以资产出租的形式将东部厂区整体出租，以文创为主，是北京塞隆国际文创园的前身；双桥中路厂区是混凝土搅拌站，以加工混凝土为主，物资站厂区以房屋出租为主。

经营收入从 2010 年的 700 万元增加到 2016 年的 7000 万元。利润从 2010 年 25 万元增加到 2016 年的 370 万元。随着效益的增长职工的工资连续 7 年递增。

（二）企业管理和品牌建设

胜利建材严格按照法律规定修改并完善各项规章制度，制作员工手册，制定岗位责任制，做到知人善任、人尽其才；制定《工资管理制度》，明确工资机构和增长机制；胜利建材进行费用支出改革，清晰界定各部门的职能，严格费用划分；加强预算管理，增强预算约束力。

六、北京市朝阳区双桥幼儿园

北京市朝阳区双桥幼儿园位于北京市朝阳区双桥东路六号井小区南门，隶属双桥农场，是国企办园、政府资助的幼儿园。双桥幼儿园成立于 1958 年，最初幼儿园设立在五号井，只有几间平房。幼儿园成立的最初目的是解决农场职工子女的托护及照顾问题。

1988年，双桥农场兴资250万元（附近的职工、居民也参与出资）另选新址，建造了两栋三层主楼并添置配套设施，占地4860平方米，作为双桥幼儿园的经营场所。这块土地和当时建造的主要建筑沿用至今。园内有500平方米的活动场地，15个教室及配套淋浴间，还有食堂、风雨操场、保健室等丰富的配套设施。国家副主席王震和全国妇联名誉主席康克清都为这座幼儿园题写了园名。双桥幼儿园在当时成为京郊最大的幼儿园，能容纳500余名幼儿入托，从根本上解决了当时附近双职工的后顾之忧。2000年9月和2007年3月，双桥农场又投资180余万元给幼儿园装修和改扩建，进一步改善了幼儿园的经营环境。迁址进一步扩大了双桥幼儿园的规模和对周边地区的影响力。

进入21世纪后，双桥农场进入了一个大规模的建设时期。双桥幼儿园在其中扮演着重要的角色：作为附近农场开发的地产项目的配套设施而存在。双桥幼儿园的招生范围有附近16个村落和6个社区，2016年又加入新建成的"双桥嘉园"，面积广、人口多。此时，双桥幼儿园已经不再承担一个"子弟幼儿园"的角色，而转换成了面向附近居民的社会园所。人们会倾向于选择附近有好幼儿园和学校的地方购置房产，新建的企业和居民区也不必再修建相关的配套设施从而能节约很大的成本；因而双桥幼儿园经研究决定，被保留了下来。

2016年之前，双桥幼儿园一直由桥联物业管理，是双桥农场的三级单位；2016年10月，双桥幼儿园提升为双桥农场的二级单位。这样的改变加强了双桥农场和双桥幼儿园的联系，双桥农场能更为直接和方便地对双桥幼儿园工作进行安排部署。

第二节　国有控股企业

一、北京大秦物流有限公司

（一）公司概况

北京大秦物流有限公司的前身是北京市双桥化工原料仓储库和北京市双桥储运库。北京市双桥化工原料仓储库成立于1991年8月6日，主营化工原料、钢材等货物的储存和运输业务。北京市双桥储运库成立于1991年8月，主要开展烟草等货物的储存和运输业务。1998年6月26日，北京市双桥化工原料仓储库吸收合并北京市双桥储运库。2004年5月31日，按照集团公司的要求，以北京市双桥化工原料仓储库为母体改制为国有控股有限责任公司。同年5月领取法人营业执照，企业名称变更为北京大秦物流有限公司。

大秦物流业绩良好、管理规范，2012年被商务部评为商贸流通企业中的典型企业。

多年来，大秦物流为了实现企业利益最大化及员工工资的增长，积极落实双桥农场的各项要求，努力完成了上级下达的各项工作任务。2008 年到 2018 年的 10 年间，大秦物流年收入从 900 多万元，上升到 1998 万元，平均每年增长 9.67%，利润从 200 万元上升到 1264 万元，平均每年增长 20.25%，总资产从 700 多万元上升到 3000 多万元，增加了 3 倍多，税金从 100 多万元上升到 370 多万元，增加了 2 倍多。

（二）企业管理和品牌建设

大秦物流以"安全就是生命，安全就是效益"为理念。每年把安全作为仓储业的重中之重来抓，大力对干部员工和仓储客户开展各种形式的安全活动，组织员工学习安全法律，法规，规范，加强宣传力度。

基于多年从业经验的积累，大秦物流提出向优质服务要效益的口号，严格规范作业流程，尝试标准化管理，通过对前期工作经验的挖掘提炼以及对未来工作的规划、展望，大秦物流总结出了一套行之有效的业务流程模式，使得大秦物流的竞争能力大为提升。随着市场的不断发展，竞争日趋激烈，大秦物流又创新提出了"服务促效益，安全保发展"的重要方针。强调不仅是物的安全，更是人的安全，是供需双方所有人财物的安全。这种新的方针在大秦物流上下得到认真贯彻，变成不折不扣的自觉行动。

大秦物流根据实际需求，实施办公自动化管理。通过将手机设置成终端，从系统可以实现发送信息至手机，实现信息及时互通。还设立监控室，安装车辆识别系统，实施库区全年 24 小时的监控。添置一对专用服务器对重要资料进行数据管理和备份，实现了对大秦物流对大数据的管理。

二、北京双桥桥联物业服务有限公司

（一）公司概况

北京双桥桥联物业服务有限公司，位于朝阳区双桥东路 318 号，前身为北京双桥桥联物业服务管理中心，成立于 1998 年 2 月 21 日，为全民所有制企业。2008 年 5 月 21 日企业改制，变更为国有控股公司，隶属双桥农场。同时名称变更为北京双桥桥联物业服务有限公司，法人张立田。2015 年 12 月底，张立田因到达法定退休年龄，桥联物业法人变更为郭凤昆，职工数 59 人。桥联物业主要为所管辖小区提供专业设备管理、维修、保养等相关服务，并负责小区水、电、暖等供应。桥联物业不断拓展新领域，在供暖服务、外包工程、房屋出租等方面有了新突破，带来了更大的经济利益。

桥联物业始终遵循"以人为本，诚信服务"的服务理念，塑造了独具特色的管理模式。2001年，桥联物业通过 ISO 9000 质量管理体系认证。自2014年起，桥联物业连续被朝阳区安全生产管理协会评为朝阳区安全生产管理先进单位。2015年6月，桥联物业荣获北京市二级安全生产标准化达标企业。在北京双桥地区供暖单位中，桥联物业是唯一一家达到该标准的单位。

2000年，桥联物业接管双桥幼儿园，桥联物业与双桥幼儿园一起度过了困难时期，在幼儿园早期，环境建设简陋，招生困难，桥联物业每年都要给予经济扶持，并为其做好环境建设，为其招生提供硬件条件。经过几年的发展，双桥幼儿园环境有了大力改善，招生问题也逐渐好转。双桥幼儿园于2007年升级为一级二类幼儿园。2009年桥联物业投入60万元资金，整治幼儿园硬件设施，新建幼儿大型橡胶操场1000平方米，楼房室内通道都按要求进行吊顶，食堂进行改造装饰，更换部分门窗，幼儿园楼顶园标牌进行更换，楼内、外设施装修改造。2009年10月份进行一级一类园初步验收，2010年5月21日正式验收成功，取得了幼儿园一级一类资质。2016年10月，双桥幼儿园从桥联物业分离出去，直接由双桥农场管理。

桥联物业经过多年的发展，2018年实现营业收入3165万元，利润633万元。

（二）企业管理和品牌建设

除供暖外，桥联物业在电力布线，供暖管道、上下水管道的保养及维修等方面也有着强有力的技术优势。2000年，桥联物业为中船重工、社会保障局进行室内电器改造，良好的服务得到充分的认可，合作关系持续健康发展。

桥联物业多年以来"以人为本，诚信服务"，在走出去发展经济的同时，树立了良好的品牌形象，取得了良好的市场口碑和合作机会。2014年1月20日，双桥医院与桥联物业合作，桥联物业为其提供维修后勤保障工作，桥联物业得到了双桥医院领导的大力肯定，双方良好的合作持续至今。

三、扬州暖山房地产开发有限公司

扬州暖山房地产开发有限公司成立于2010年4月16日，2012年6月18日由集团公司与北京暖山集团授权旗下企业共同出资收购，现由双桥农场和西安富祥房地产开发有限公司各持股50%，注册资本10000万元，实收资本10000万元，注册地位于仪征市新集镇人民南路村镇建设管理所一楼，业务涉及房地产开发经营、房屋租赁、物业服务、建筑工程、装饰装潢工程、园林绿化工程施工等。

2018年，实现营业收入36687万元，利润总额855万元。

四、北京塞隆国际文化发展有限公司

党的十九大以来，国家继续高度重视文化创意产业发展。在此背景下，北京隆国际文化创意园应运而生。园区目前定位打造北京市精品特色园区，正在进行新一轮的园区景观整体改造升级和业务提质增收工程。同时，借助优质的国企资源，园区正围绕"互联网＋"打造集文化、科技、旅游、新媒体、新能源等业态为一体的北京塞隆文化生态圈。

北京胜利建材水泥库保存有世界最大的罐体筒仓群，包括 46 个巨型筒仓和两条 400 多米长保存完整的铁路线。将这一片旧厂房改造成为新型的文化创意产业园区，是集团公司试水文化创意产业的先行先试，也是"文化双桥"建设发展的题中之意。

2013 年 4 月 27 日，北京双桥信泰文化发展有限公司注册成立，双桥农场占股 51％，中电信泰文化创意投资有限公司占股 49％，双桥地区第一个老旧工业厂房改造新型文化创意产业园区项目开始实施。

2013 年 9 月 23 日，园区市场调研及定位策划工作开始启动。11 月，确定将原北京胜利水泥库筒仓改造项目命名为"北京塞隆国际文化创意园"。"塞隆"取自英文"silon"谐音，是"silo"和"long"两个单词的缩写，意为"长长的筒仓"，同时"塞"意味着"重大、重要"，"隆"意味着"昌盛、繁荣"，"塞隆"是对筒仓园区未来产业发展的美好愿景。12 月 13 日，园区开始进入建设工程设计阶段，2014 年 1 月 1 日，园区进入招商中心设计阶段。

由设计定稿到工程施工，塞隆国际在改造过程中既保留 30 多年历史的老厂区建筑和工业遗迹，同时注入时尚元素，使传统的工业文明与现代艺术创意有机融合。2014 年 6 月 25 日，北京塞隆国际文化创意园改造工程开工，7 月 1 日，北京塞隆国际文化创意园招商中心投入使用，园区正式开始招商工作。

塞隆国际的建设得到了各级领导的关怀帮助和指导，园区也在建设过程中着力打造"塞隆"品牌，构建特色文创园区。此外，塞隆国际还在 2014 年 12 月加入定福庄 CBD 文化创意产业园促进会并成为其常务理事单位，获得 2014 年度写字楼行业推动力先锋奖"最具文化特色产业园区奖"、2015 年度搜狐焦点产业新区"年度最具发展潜力园区奖"、2015 年度搜狐焦点产业新区"年度最具创新产业园区奖"。在 2014 年第九届北京文博会上，塞隆国际作为朝阳区十大重点园区被重点推广。

2015 年 5 月 19 日，塞隆国际正式开园。园区交通位置优越，东临双桥东路，南抵广渠路延长线，地处国家文化产业创新实验区核心区东南部。园区项目所在地朝阳区是北京市文化创意产业园区最多的区域，具有较强的产业集聚优势，周边文化配套设施丰富，人文环境得天独厚。至此，塞隆国际完成了华丽亮相，并在进一步打造自身特色方面进行努力。

2015年11月5日，北京双桥信泰文化发展有限公司正式更名为北京塞隆国际文化发展有限公司，同年年底，园区入驻企业达到52家，企业入驻率达到80%，园区还获得朝阳区200万元文创专项扶持资金奖励。

园区从引进和培育优质入驻企业入手，提升自身行业影响力。2016年5月，北京华奥视美国际文化传媒股份有限公司、星座魔山影视传媒股份有限公司两家入驻企业成功挂牌新三板上市，加上廊坊德基机械科技有限公司，园区入驻上市企业达到3家；此外，园区还不断引进优质文创企业，截至2016年底，园区入驻企业达65家，企业入驻率96%，利润实现扭亏为盈；此外，园区还注重争取政府专项资金支持，进一步进行景观升级改造，提升"精品特色"园区的硬实力。2016年，北京塞隆国际文化创意园获得北京市文创专项奖励资金320万元，获得国家文化产业创新实验区奖励资金100万元；2017年1月，北京塞隆国际文化创意园46座筒仓全部实现夜间点亮，成为广渠路上地标性建筑景观；此外，园区目前正在进行整体外部景观和绿化升级工程，园区文化中心的建设工作也在有条不紊地进行当中。2018年实现营业收入2341万元，利润294万元。

五、九九工场（北京）文化发展有限公司

2014年4月，合资公司九九工场（北京）文化发展有限公司（简称九九工场）成立，注册资本2000万，其中双桥农场以51%绝对控股，三音石团队占股49%并全面负责公司运营工作。作为国有与民营共同投资、管理经营的混合制企业，既拥有国有企业的品牌价值和资源优势，又具有民营企业的市场活力。九九工场以"融合、创新、共享"为核心发展理念，业务涵盖存量空间改造与运营、创新产业孵化、传统产业转型升级三大板块。核心团队来自亚洲微软研究院、4A（The American Association of Advertising Agencies，美国广告代理协会）广告公司、中国传媒大学文化发展研究院，构建了物理空间运营、行业与政策研究、战略资源引入、企业服务、创新项目开发的人才队伍体系。

九九工场的产业园区品牌"E9区"是伴随北京市"四个中心"城市定位的提出和非首都核心功能加速对外疏解的时代背景而形成的，E9区积极响应北京文化中心、科技创新中心建设的要求，定位前沿科技、文化创意两大现代产业，通过实施文化、科技双轮驱动战略不断集聚优质产业资源，在北京率先探索以文化、科技企业物理空间融合推动文

化、科技产业生态化发展的发展模式。

"E"是英文字母 Explore、Electric 和 Entertainment 的首字母缩写，代表着不断探索文化科技融合发展的产业定位；"9"寄寓着园区与企业持久永续发展的愿景；"区"代表着未来 5 大园区分布式发展带动双桥区域升级式发展的战略方向，体现着九九工场担当带动区域发展、实现产城融合的国企责任。

E9 区定位为产业创新的服务平台。E9 区服务于面向未来的新经济、新业态，选择与前沿科技、文化创意领域的优质企业合作，以平台化战略，配置生产要素，助推传统产业转型升级，创新产业加速成长。线下实体园区方面，E9 区目前建设有 E9 区创新工场和 E9 区影视基地两个项目。截至 2018 年，E9 区综合改造工程已完成总投资 136161930 元，其中 E9 区创新工场已完成投资 104496376 元，改造总面积为 66536 平方米；E9 区影视基地已完成投资 31665553 元。

E9 区创新工场前身是筹建于 1980 年的北京市双桥乳品厂，作为改革开放以来保障首都人民奶制品供给的重点企业，这里曾迎来过多位党和国家领导人的视察，国务院原副总理陈云亲自为双桥乳品厂题写牌匾。2012 年，改制上市后的三元食品厂整体迁入大兴瀛海镇工业园，曾经的老旧厂房在北京城市更新的浪潮中迎来了新的使命和机遇。E9 区创新工场在充分保护和挖掘原乳品厂工业历史文化的同时，对原来的车间和生产设备进行保护性创意，既保留了老双桥人曾经引以为傲的三元牛奶记忆，又创意生成极具后现代工业文明艺术风格的园区新规划。在经过大规模改造与重构后再次以高精尖产业服务首都发展，成为集团公司迎接北京改革开放 40 周年的一份特殊的礼物。

E9 区创新工场占地面积 118 亩，建筑面积 65000 平方米，于 2017 年 10 月份开始运营。园区合理配置企业办公、商务配套和公共服务空间，主要分为五大功能板块：公共服务中心、企业总部基地、文化科技融合中心、综合休闲中心和展览展示中心。公共服务中心位于园区 1 号楼，九九工场亦在楼内办公。公共服务中心旨在成为产业要素集中配置的窗口，主要规划包括园区物业部、企业服务站、E-space 孵化器、公共会议室、创客公寓等功能，服务入园企业成长需要。企业总部基地主要为 2～6 号楼区域的阁楼独栋，为成长性好的行业领军企业提供独立生长的空间，主要满足企业税源注册和形象展示的功能。文化科技融合中心为园区 7 号楼，也是园区内面积最大的楼宇，主要服务文化科技领域企业办公需求，同时一楼设置 2800 平方米中庭并保留原车间生产线一条，作为路演和室内公共休憩空间。综合休闲中心基于原 U 型库改造，为入园企业员工提供体育健身场所。展览展示中心是基于原污水处理池改造而来，为上下两层 3000 平方米错层，作为未来展览展示、路演发布的空间。同时，园区提倡 7×24 小时大学式物业服务，配置有通勤巴士、主题餐饮、员工食堂、7-11便利店、休闲咖啡、银行网点等设施，为城市创意阶层提供全面周到的生活体验。

第三节 国有参股企业

一、北京太洋药业股份有限公司

（一）企业概况

北京太洋药业股份有限公司创建于1992年，注册资金1.3亿元，是一家现代化中外合资制药企业，中方股东为双桥农场，持股占比33%；北京汇洋投资企业（有限合伙），持股占比2%；外方股东为太阳药业控股有限公司，持股占比65%；拥有在职员工300余名，优良药品160多种，其中60多个品种规格进入《国家基本药物目录》得到广泛应用。

1992年，北京太洋医药化工有限公司成立，注册资本70万美元，中方股东为双桥制药厂，外方股东为西班牙齐氏环球贸易有限公司，主要经营范围是生产销售BK蚊蝇器及其他医药化工产品；1994年，北京太洋医药化工有限公司更名为北京太洋药业有限公司，为适应市场需求，经营范围变更为生产、销售原料药、各型制剂及医药化工产品；2000年，外方投资人西班牙齐氏环球贸易有限公司将其全部60%股份转让给倍耐通投资有限公司，新增甲方拥有双桥制药公司的厂房、设备、无形资产等作价450万美元，乙方倍耐通投资有限公司投资现金1000万美元。投资总额及注册资本分别由100万美元、70万美元增至2800万美元、1520万美元，太洋药业投资比例变更为中方29.51%，外方70.49%。

2001年，外方股东倍耐通投资有限公司变更为太阳药业控股有限公司。2002年，合资公司投资总额由2800万美元减至2240万美元，注册资本由原来1520万美元减至960万美元（甲方双桥制药公司原出资额不变为470.657万美元，乙方太阳药业控股有限公司的原出资1049.343万美元减至489.343万美元）。合资公司投资比例变更为：北京双桥制药公司49%，英属维尔京群岛太阳药业控股有限公司51%。

2005年，双桥制药公司将其（占注册资本49%）股权全部转让给双桥农场；2014年，太洋药业经股东会、董事会决议通过，开始启动上市程序，外方股东转股2%给北京汇洋投资企业（有限合伙）；2015年，北京太洋药业有限公司更名为北京太洋药业股份有限公司简称太洋药业。

（二）经济建设与发展成就

为利润最大化及保证市场稳定性，太洋药业一直采取直营及与代理商合作相结合的销售模式，在重点省市区域设有办事处。2010年，在巩固、扩大现有直营市场销售的基础上，加强了其他区域的直营力度。主要直营区域为北京、天津、山东、河南、山西，由太洋药业统一管理，基本做到了政策统一、资源共享。代理及部分区域根据地域和资源进行重新划分，设立华东、华南、西南、西北几个大区，根据实际情况将人员做了重新调配。销售渠道管理方面进一步整合，停止了与一大批小而散、以个人经销商为主的客户直接合作关系，将其逐渐合并到一些大的商业公司，规范主流渠道市场。

（三）企业管理和品牌建设

2008年到2017年，太洋药业以依法规范劳动关系为重点，以新颁布《劳动合同法》为指导，逐步完善以全员劳动合同制为核心的劳动用工管理制度，加强定员、定编、定责管理。其间，太洋药业全员签订劳动合同，缩减管理层级，裁撤合并五个职能部门，人员从730人减少为360余人，加强员工工作主动性、提高了太洋药业人员竞争力。2014年，将近1000名退休员工进行分离，实现了在职、退休分离管理。

太洋药业加强品牌建设，在保证产品质量口碑的基础上，借助学术活动及行业内大型会议，广泛推广企业品牌。除销售团队定期培训、在直营医院做产品推介等活动外，太洋药业多次参加全国药品交易会、CPHI世界制药原料药中国展、中国国际医药原料药/中间体/包装/设备春季交易会、全国内分泌学术会议等。另外，太洋药业与糖尿病专业期刊《中国糖尿病杂志》《糖尿病之友》有过长期合作，太洋药业还取得了一系列品牌荣誉，2002年，治疗糖尿病化学一类新药"艾汀"（盐酸吡格列酮）的研究开发获得北京市人民政府颁发的科学技术二等奖；同年，取得科技部颁发的国家星火计划项目证书；2002—2004年、2006—2009年，产品"泰力特"（阿奇霉素）均获北京名牌产品荣誉称号；2004年，太洋药业取得北京市科技委颁发的高新技术企业认证证书；2010年，获得中国医药行业社会责任论坛组委会颁发的"2009年中国医药企业社会责任"孺子牛奖；2010年，获得北京市高新技术企业证书；2012年，获得中关村高新技术企业证书；2013年，获得北京市高新技术企业证书；2015年，获得中关村高新技术企业证书；2015年，获得北京市诚信创建企业荣誉称号；2016年，获得北京市高新技术企业证书，为太洋药业及其产品扩展品牌知名度起到了很好的作用。

二、北京亿本房地开发有限公司

（一）公司概况

2000年8月，为推进农场房地产开发事业快速发展，由建筑公司，远东方建筑公司，建鑫明模板租赁站和台湖建筑公司共同出资组建北京亿本房地产开发有限公司，注册资本1000万元，各方分别占有股份比为35％、20％、25％、20％。2002年12月，双桥农场通过债转股方式，清理其他外部股东，将其债务全部偿还，收回股份，亿本公司变为双桥农场自己经营的房地产开发公司。同时，双桥农场又进行了注资。改制后，双桥农场占股70％，双桥建筑公司占股30％。

2002年亿本公司注册资本金增加到2000万元。2008年8月，双桥建筑公司将其持有的30％股权转让给福建中庚实业集团有限公司（简称中庚集团）。2009年9月，亿本公司注册资本金增加至5000万元，双桥农场和中庚集团各出资2500万元，双方持有股权各占50％。2013年11月增加注册资本金至3亿元。

中庚集团与双桥农场合作以来，双方股东各自发挥资源优势，开启了亿本公司发展的新篇章。亿本公司采取现代企业的运营管理模式，建立科学的内部管理机制，各项管理制度按照中庚集团房地产开发的管理制度与流程执行，同时做好与双桥农场有关制度的衔接，秉持"创建品质、用心筑家"的核心理念，实施稳健经营、积极拓展，在经营效益、工程建设、企业内部管理等方面取得了一定成绩。通过近十年的发展，股东双方关系融洽，亿本公司成长壮大。

（二）企业管理和品牌建设

亿本公司运营管理模式采取现代企业运营管理模式，实行总经理负责制，自2010年起亿本公司聘请黄振山为总经理；公司设六部一室：外联部、研发部、工程部、成控部、财务部、营销部、总经办；领导岗位设董事长、副董事长、总经理、副总经理。在总经理黄振山的带领下，亿本公司日常管理严格按照中庚集团、双桥农场的运营模式、管理标准和管理流程进行工程、研发、成本控制、行政等管理，按项目进行独立核算。亿本公司以工程安全、质量为基础，以成本管理升级提高公司利润，以企业文化建设提升员工价值感和使命感，亿本公司的管理水平和员工精神面貌有了很大提高。通过项目的实践锻炼，已初步打造出一支有专业力执行力稳健经营的开发团队。

按照中庚集团的计划管理体系，亿本公司以年度计划节点为目标，编制二级、三级节点完成目标；要求各部门针对二级、三级计划目标按季、月、周落实各个期间的具体工作安排。同时加强过程的跟踪和纠偏，完善预警机制。每月组织公司高管例会协调解决存在的问题，形成会议纪要，明确责任人及完成时间，并在会后及时进行跟踪、反馈，确保会议议定事项能够顺利落地。

亿本公司结合中庚集团、双桥农场的管理规定，建立了完善的质量安全管理保障体系。采取三方联检、甲方巡检、政府部门抽检相结合的方式加强质量安全检查力度，做到

"三查四有"（联合检查、专项检查、定期抽查，有检查、有记录、有整改、有反馈），对于隐患及隐蔽性问题做到了"及时发现、及时整改、及时复查"。亿本公司坚持每周召开工程相关例会，明确责任人及完成时间，并形成会议纪要跟踪检查，有效地保障了工程进度。

亿本公司严格执行中庚集团成本管理制度及流程。在招标和合同签订过程中，结合具体项目特点及各专业分包工程特点，多家比对竞价，确定合理招标控制价，制定行之有效的招标及合同条款，合理有效地把控了成本；材料认价过程中通过多方查询，准确把握市场价格动态，以经济适用为准则，合理确定各类材料和设备价格；在签证审核及工程核价过程中，注重施工过程中各项成本资料的收集，并进行现场踏勘、实测实量，以最大限度降低了因工程变更导致的成本支出。

亿本公司始终强化流程制度建设，工程、研发、成控全年至少两次系统学习中庚集团流程制度，重点落实签证变更制度、招标管理制度、动态成本控制等制度。为提高沟通及工作效率，落实了 OA 系统办公、OUTLOOK 邮箱使用。学习考察标杆企业的《绩效制度》后，结合自身特点增设德勤技能周边绩效和配合度的考评，绩效考核真正起到"奖勤罚懒、激励先进、鞭策后进"的作用。年底进行员工综合评优，积极开展评先进、树先进、学先进活动，以优秀员工为榜样，影响带动周边同事，充分提高员工的主动性、积极性、创造性，核心员工保持稳定。

亿本公司围绕"创建品质，用心筑家"的核心理念，打造学习型企业。自 2013 年 4 月起，亿本公司坚持"集团培训与企业内训"相结合的方式，每周四下午固定时间培训，各业务部门每周坚持开展专业学习、讨论。通过知识经验分享，提升员工职业素养；通过学习探讨企业核心价值，提高员工的价值感、使命感。在集团公司的领导下，广大员工多次参加了首农集团开展的员工素质教育的培训，包括人力资源管理、党政建设、财务知识及管理制度、税法、安全管理及安全法规等，使各职能部门在业务能力上得到了提高。

三、北京惠丰博华精准农业技术有限公司

北京惠丰博华精准农业技术有限公司（简称惠丰博华）成立于 2017 年 1 月 27 日，注册资本 1000 万元，由双桥农场（占股比例为 40%）与南通北斗农业技术有限公司（占股比例为 30%）、北京东慧智达经济信息咨询有限公司（占股比例为 30%）共同出资成立。惠丰博华是专业从事精准农业产业解决方案与服务的供应商，以高产高效为主导，以大豆精准农业种植及田园经济综合体为核心，专业从事大豆精准农业种植、精准农业全产业链

的一体化服务、农业智能信息化服务的新型农业公司。旨在整合内外部资源，与相关单位通过资本纽带或产业配套形式进行合作，构建产业链，打造生态圈，引领精准农业的发展。

惠丰博华秉持"着眼于可持续发展农业，为人类和社会进步与发展做出贡献"的经营理念，致力于成为精准农业领军企业，为国家农业振兴贡献力量。惠丰博华始终崇尚自然、脚踏实地、诚信立业，着力帮助农民、企业通过精准农业种植更多的粮食。

2019 年 3 月 26 日，北京市党政代表团赴内蒙古自治区对扶贫协作工作进行对接。北京市委书记蔡奇，市委副书记、市长陈吉宁与内蒙古自治区党委书记、人大常委会主任李纪恒、自治区党委副书记、政府主席布小林座谈，集团公司党委书记、董事长王国丰全程参与考察及相关活动。王国丰向领导汇报了项目的基本情况，主要领导对首农食品集团在精准扶贫方面的突出成绩和精准帮扶新模式表示充分肯定，并希望首农食品集团继续用心用力，全力支持内蒙古打赢打好脱贫攻坚战再添助力。

中国农垦农场志

第二编

农业产业

中国农垦农场志丛

中华人民共和国成立后，百业待兴，发展农业生产，生产更多的粮食、蔬菜、水果是国家赋予国营农场的主要任务之一。1952年9月12日，农业部召开会议，规定双桥农场的发展方针是"以畜牧为主，农牧结合，适当发展园艺，为城市服务"。农场确定畜牧以发展乳牛为主，配合发展猪、鸡，农业以推广优良品种为主要任务。

1961年4月，双桥人民公社恢复后，重新明确经营方针：以农业为基础，粮、菜、畜牧并举，发展多种经营，逐步建成首都的副食品基地。

1972年10月，农场坚持"一业为主、多种经营"的方针，继续抓好粮食生产，积极改革耕作制度，重视科技在生产上的应用；同时又进一步调整了粮食、饲料、蔬菜的布局和比例，确定了畜牧生产的规模，发展了适合本场特点的工副业。

20世纪70年代末，利用国家对农场的优惠政策，双桥农场加快了向现代化、商品化、专业化、集团化进军的步伐，使农场成为首都稳固的规模化商品奶、蛋、肉、禽、鱼、菜、果和商品粮生产加工基地（表2-1、表2-2）。北京鸭Ⅰ系、北京鸭Ⅱ系、北京黑猪、黑白花奶牛、观赏金鱼、京双号系列小麦等产品的养殖种植技术都领先于国内先进水平。

表2-1　1966—1976年生产发展情况

项目	粮食 （万公斤）	蔬菜 （万公斤）	牛奶 （万公斤）	肥猪 （存栏头）	填鸭 （存栏只）	水果 （万公斤）	鱼 （万公斤）
1966年	1065.75	1853.5	284.4	12652	7044	32.35	2.00（1969年）
1976年	1678.2	2463.0	422.9	19220	13069	171.85	5.85
增减	+57.5%	+32.9%	+48.7%	+51.9%	+85.5%	+4.3（倍）	+1.9（倍）
平均年增速	4.6%	2.9%	4.0%	4.3%	6.4%	18.2%	14.4%

表2-2　1966—1976年上市商品量

项目	粮食 （万公斤）	蔬菜 （万公斤）	牛奶 （万公斤）	肥猪 （头）	填鸭 （只）	水果 （万公斤）	鱼 （万公斤）
1966年		2000.0	250	3150	25057	25.0	2.00（1969年）
1976年	372.7	2252.5	392	18029	45100	159.3	3.50
增减		+12.6%	+56.8%	+472.3%	+80%	+537.2%	+75%

"八五"期间，双桥农场粮食以小麦、水稻为主。农场科技站培育的"京双9～18号"系列小麦良种曾推广至河北、山东等省份。生产的奶牛配合饲料，在首都市场占有一定席位；优质、高档蔬菜产品常年供应市场；畜牧水产主要饲养自行培育的优质猪种——北京黑猪（瘦肉型）、北京鸭Ⅰ系、北京鸭Ⅱ系，高产黑白花奶牛，蛋鸡、淡水养殖鲤、草、

鲢、鲫等鱼种，并繁育宫廷赏金鱼，其名贵品种畅销全国及海外。北京黑猪的培育，获得1982年全国农业科技成果一等奖；北京鸭双桥 I 系获 1981 年部级二等奖，北京鸭 II 系获1985年部级三等奖，鸭苗远销非洲。

1998年场乡体制改革以后，农场实行农、林、牧、副、渔，鸡、鸭、鱼、肉、粮、菜、奶，多种经营、各业兴旺，养殖业、种植业、加工业、服务业并驾齐驱。双桥农场成为北京市重要的副食品基地。农场种植业主要以种植饲料、草坪、果树和苗木为主。共有饲料地 3800 亩，草坪 260 亩，果树 720 亩；养殖业以饲养奶牛、鸡、鸭、鱼、种猪为主。奶牛存栏 1326 头，年产奶 6384 吨，还有部分种猪、蛋鸡和鱼塘。

2001年，集团公司陆续组建多个专业化公司，双桥农场的农业产业规模逐渐缩小。

2002年，按照集团公司"聚大放小""有所为、有所不为"的方针，农场重新确定了三个产业的发展思路。第一产业主要是加大花卉基地的建设，重点发展以出口日本鲜切菊花为代表的都市型精品种植业，增加出口创汇。

2008年，新组建后的北京市双桥农工商公司的农业从广义上讲只有北京三元绿化公司和永乐店农场，如果要从资产纽带的链条上分析，延庆农场的北京双卉新华园艺有限公司也应算公司农业体系中的企业。到 2017 年，由北京双桥农场有限公司、南通北斗农业技术有限公司、北京东慧智达经济信息咨询有限公司共同出资 1000 万元，注册了北京惠丰博华精准农业技术有限公司，标志着公司又有了真正的农业板块。

第一章 种 植 业

1949年，双桥农场建场初期，仅有耕地2700亩。主栽作物有棉花、小麦、春玉米等（表2-3）。

1950年，农场作为机耕学校的实习农场，当时共有土地2700亩，干部17人，工人49名，共计66人。经营范围除大田作物如棉花、小麦、高粱、谷子、大豆等外（表2-4，表2-5），还增加了园艺、畜牧、副业等项目。

表2-3 1949年生产情况

作物名称	面积（亩）	亩产（斤）	总产（斤）
棉花	596	34	20264
小麦	278	110	30580
春玉米	304	167	50768
大高粱	16	134	2144
谷子	90	48	4320
黄葵	10	75	750
春甘薯	25	1270	31750
夏甘薯	6	780	4680
小高粱	91	169	15379
大豆	68	166	11288
合计	1484	—	171923

表2-4 1949年全年收入情况

大田收入		
作物名称	总产量（斤）	折率	折米（斤）
春玉米	56386.0	0.700	39470.2
谷子	4366.0	0.500	2183.0
高粱	17524.0	0.500	8762.0
黑豆	7855.0	0.600	4713.0
棉花	20380.0	3.000	61140.0
小麦	30836.0	1.000	30836.0
黄豆	3532.0	0.700	2472.4
黄葵	750.0	2.000	1500.0
甘薯	29550.0	0.125	3693.8

（续）

租地收入			
作物名称	总产量（斤）	折率	折米（斤）
春玉米	1808.3	0.700	265.8
黄豆	486.0	0.700	340.2
小麦	654.5	1.000	654.5
三	畜牧收入		
春玉米	16913.0	0.700	11839.1
合计	191040.8	—	168870.0

农场经过一年的实践活动，各项工作走上了正轨，实现盈利 7000 元。

表 2-5 1950 年机耕学校学习农场主要作物产量

作物名称	面积（亩）	亩产（斤）	总产（斤）	折米（斤）
棉花	914	163.1	149073.4	372683
小麦	630	100.4	63252.0	63252
大麦	142	144.0	20448.0	15337
高粱	24	105.4	2529.6	1271
谷子	90	28.6	2574.0	1929
大豆	180	105.5	18990.0	14267

1965 年，农场党委做出决定：要因地制宜，适应农场土地盐碱易涝情况，开始逐年扩大水稻种植面积。在种麦前后，还要继续大搞平整土地、改变土地状况，实行科学种田，夺取粮食、蔬菜的高产（表 2-6）。

表 2-6 1964 年、1965 年粮、菜生产及水稻种植情况表

年度	粮食生产			蔬菜生产			水稻种植		
	播种面积（亩）	播种亩产（斤）	总产（万斤）	播种面积（亩）	播种亩产（斤）	总产（万斤）	播种面积（亩）	播种亩产（斤）	总产（万斤）
1964	49481	299	1477.4	9221	3846	3538.3	2722	533	145.0
1965	48344	508	2454.5	8400	5161	4335.4	4495	917	412.3
增减	−1137	+209	+977.1	−821	+1315	+797.1	+1773	+384	+267.3

1966 年以后，农场对粮、菜的生产，进一步规划和部署。根据土地、劳力、交通等方面的条件，规划常营、管庄、三间房三个分场以种菜为主；豆各庄分场、黑庄户分场以种粮为主。

自 1968 年革命委员会成立以后，农场形势逐步安定团结。广大干部发扬艰苦奋斗的革命精神，加强农田基本建设，实行科学种田。1972 年，农场坚持"一业为主、多种经营"的方针，继续抓好粮食生产，积极改革耕作制度，重视科技在生产上的应用，进一步

调整了粮食、饲料、蔬菜的布局和比例。十年期间，各方面都有了一定的发展（表 2-7）。

表 2-7　1966—1976 年生产发展情况

项目	粮食生产（万公斤）	蔬菜生产（万公斤）	水果生产（万公斤）
1966 年	1065.75	1853.5	32.35
1976 年	1678.2	2463.0	171.85
增减	+57.4%	+21.4%	+4.3（倍）
平均年增速	4.6%	2.8%	18.2%

1990 年，农场有耕地 4.82 万亩，其中果园 1374 亩，菜田 3813 亩，养殖水面 1353 亩。粮食以水稻、小麦为主，年总产 1890 万公斤，亩产 652.3 公斤。蔬菜年总产 2300 万公斤，亩产 4907 公斤。水果年总产 105 万公斤。

1998 年场乡体制改革后，种植业主要以种植饲料、草坪、果树和苗木为主。共有饲料地 3800 亩，草坪 260 亩，果树 720 亩。

2008 年以后，农场种植业仅剩绿化园艺。直至 2017 年，北京惠丰博华精准农业技术有限公司成立后再次开始种植青贮玉米和大豆。

第一节　粮食生产

一、生产规模

1. **总体生产情况**　粮食生产在双桥农场种植业中占据重要的位置，自建立之日起，双桥农场就开始了粮食种植。

由于当时的国际、国内因素造成的"三年困难时期"，双桥的农业生产也受到了严重影响。以粮食生产为例，农场粮食总产量：1958 年为 1805 万斤，1959、1960、1961 三年粮食总产分别为 995.9 万斤、988.8 万斤和 984.1 万斤，仅为 1958 年的百分之五十多。农场粮食平均亩产，1958 年为 253 斤，1959、1960、1961 三年平均亩产分别为 195 斤、224 斤和 190 斤，只相当于 1958 年平均亩产的 85%。

1962 年，农场粮食亩产达到 413 斤，首次达到《全国农业发展纲要》要求（亩产 400 斤）；1963 年，农场粮食亩产为 423 斤，连续两年达到《纲要》要求；1964 年，农场粮食亩产达 467.7 斤，创连续三年"上纲要"的记录，而且呈稳步上升的趋势；1965 年粮食播种面积比 1964 年减少了 1137 亩，但是粮食总产量却比 1964 年高出了 977.1 万斤。其中水稻种植面积由 1964 年的 2722 亩扩大到 1965 年的 4495 亩，增加了 1773 亩，总产比

1964 年的 145 万斤高出 267.3 万斤。1965 年双桥农场的粮食亩产达到 747 斤。在连续三年跨"纲要"的基础上，上了一个新台阶；1966 年至 1970 年五年粮食亩产从 306.5 公斤上升到 1970 年的 454 公斤，增长 48%。总产由 1966 年的 1065.7 万公斤上升到 1970 年的 1694 万公斤，增长 59%。

1971 年至 1974 年，粮食亩产由 390.05 公斤上升为 503.15 公斤，增长 29%。总产由 1465.45 万公斤，上升为 1823.35 万公斤，增长 24.4%；1975 年至 1976 年，粮食亩产持续 500 公斤以上（1975 年亩产 542.5 公斤，1976 年亩产 501.85 公斤），总产 1975 年为 1872 万公斤，1976 年为 1678.15 万公斤。由于粮食的增产，从 1970 年起全场粮食不仅自给有余，而且每年向国家交售征购粮、余粮约 600 万公斤。

在 1978 年至 1989 年的十二年中，1979 年因为低温多雨，粮食总产为 1446.4 万公斤，亩产为 435.9 公斤，比 1978 年有所下降。1983 年是农场粮食总产、亩产的最高的年份，总产达 2040.5 万公斤，亩产 631 公斤，创历史最好水平。

以 1978 年和 1989 年对比，耕地减少 3838 亩，减少 11.2%，总产比 1978 年增加 11.85 万公斤，增长 0.69，亩产比 1978 年增加 13.4%，总产、亩产接近 1983 年历史最好水平。十多年来每年上缴征购粮最低 365 万公斤，最高为 1989 年的 979.3 万公斤（表 2-8）。

表 2-8　1978—1989 年粮食产量统计表

年度	1978	1979	1983	1984	1985	1986	1987	1988	1989
粮食耕地（亩）	34088	33179	32338	32242	32904	32345	31887	31607	30250
总产（万公斤）	1859.5	1444.9	2040.5	1889.4	1729.1	1748.2	1659.9	1389.5	1872.8
亩产（公斤）	545.5	435.9	631.0	586.0	525.5	540.5	543.8	582.0	619.1

双桥农场从 1989 年开始至 1990 年推广小麦、水稻种植 2.7 万亩，占粮食耕地 90% 以上。三年的实践打破了近十年水稻亩产徘徊在 450 公斤至 500 公斤的水平，亩产提高到 532.7 公斤。

1990 年，粮食亩产创历史最好水平。粮食耕地 28976 亩，比 1989 年减少 1274 亩，粮食总产达 1890 万公斤，亩产 652.3 公斤，比 1989 年 619.1 公斤增长 5%。豆各庄分场稻麦两茬，连年大面积丰收，从 1987 年起连续获农场局米袋子工程丰收杯一等奖。全场出现了一批粮食亩产超过 750 公斤的生产大队，如么铺、苏坟、双北、孙家坡、豆各庄、何家坟、水牛房等。

1992 年全场粮食生产继续获得丰收，总产达 2029.1 万公斤，亩产达 550 公斤；1993 年粮食种植上，以高产、优质、高效为目标，实行了专业化的管理和规模经营。增加了科技投入，推广了实用技术，使粮食产量达到 1917.8 万公斤，平均亩产 668.9 公斤；1994

年完成粮食总产 1917 万公斤，上交国家商品粮 34 万公斤；1995 年亩产量已由 1990 年的 652 公斤增长到 809.2 公斤；

1998 年场乡体制改革以后，农场农村耕地划给所属区县管理，耕地逐渐减小，种植业渐渐退出了历史舞台。

2. **水稻**　1962 年，双桥农场组织人员进行低洼盐碱土调查，之后成功在黑庄户、大鲁店重盐渍化土壤地进行种稻改土试验，为在双桥地区逐步扩大水稻种植面积，改革耕作制度，迅速提高粮食产量奠定有利基础。

1966 年水稻面积只有 4677 亩，1968 年扩大到 1.43 万亩，1976 年扩大到 3.28 万亩。水稻总产由 1966 年的 175.25 万公斤上升为 1976 年的 955.95 万公斤。其中 1970 年、1975 年分别达到 1217 万公斤、1222.85 万公斤。亩产由 1966 年的 374.5 公斤，上升到 1970 年 445.5 公斤（最高），后又降到 1976 年的 291.5 公斤。

1986 年，水稻亩产突破历史最高水平，达到 453 公斤，比历史最高年份（1983 年）提升 1％。黑庄户分场粮食生产连年稳定发展，1990 年有万亩以上水稻亩产达到 536 公斤。

"八五"期间，农场打破近十年水稻亩产徘徊在 450 千克到 500 千克水平的瓶颈，亩产提高到 532.7 千克。双桥农业公司树立了大面积亩产超过 600 千克的典型。

3. **小麦**　1949 年 6 月，农场第一次试用割麦机割麦。因麦穗长短不齐，只试行了半天即宣告失败，还是用人工进行拔麦。10 月 8 日，京郊农场管理局派来三部拖拉机帮助农场耕地，并用马拉播种机播种小麦 630 亩。双桥农场这块土地，第一次响起了拖拉机的轰鸣。

1953 年，小麦亩产达 349.4 斤，最高丰产区达 414.4 斤，相当于当地农民亩产 90 斤的 4 倍以上，创建场以来的最好水平（表 2 - 9）。

表 2 - 9　1949—1957 年小麦生产情况表

年度	1949	1950	1951	1952	1953	1954	1955	1956	1957
种植面积（亩）	278	630	259	268	274	991	1011	477	935
亩产（斤）	110.0	100.4	182.3	180.5	345.7	281.7	252.7	149.9	199.0
总产（万斤）	3.05	6.30	4.71	4.84	9.47	27.90	26.60	7.20	18.60

1962 年，农场粮食亩产达到 413 斤，首次上了《纲要》，并被确定为推广小麦优良品种基地之一；1966 年至 1976 年小麦播种面积逐年扩大，亩产、总产增加。1966 年小麦播种面积 1.98 万亩，1976 年达到 2.1 万亩，增加 1200 亩。总产由 1966 年的 448.7 万公斤，上升为 1976 年的 623.25 万公斤，增加 174.55 万公斤，增长 38.9％；亩产由 1966 年的 226.6 公斤上升为 1976 年的 297 公斤，增加 70.4 公斤，增长 31％。

小麦品种如京双 8～10 号、京双 14～16 号，尤其是京双 16 号，既高产、稳产，又高抗锈病。

冬小麦在 1986 年气候条件不利的情况下，仍获得亩产 262 公斤，排市农场局第 2 位。

二、科学种田

（一）耕作制度

20 世纪 50 年代，农场粮食作物生产基本是一种一收，农田利用率低，单产低。为保证粮食增产，农场因地制宜改革了耕作制度。

第一步：变旱田为水田，低洼易涝地区种水稻。全场春稻面积由 1966 年的 2000 亩扩大到 1970 年的 2 万亩，增加十倍，粮食产量大幅度上升。但是要进一步实现高产，单靠春稻一茬"超千斤"把握不大。同时，还出现春稻和小麦争水的矛盾。

第二步：减少春稻面积，增加夏收作物和晚稻面积，实行稻麦两茬。

农场从 1969 年开始，经过两三年探索和实践，总结出一套种植稻茬麦的成功经验，使稻茬小麦亩产由一二百斤提高到 500 多斤。在此基础上进行推广，稻茬小麦由 1972 年的 2500 亩扩大到 1975 年的 1.5 万亩，占小麦面积的 75％，亩产达到 540 斤。而晚稻面积由 1972 年的 5000 亩，扩大到 1975 年的 2.1 万亩。到 1974 年粮食亩产第一次超千斤时，复种指数为 154.3％，比 1970 年提高 13.3％。

20 世纪 80 年代初，双桥农场率先完善两茬平播，上茬小麦，下茬夏玉米或麦茬水稻，平播，不套种，效果突出。一方面扩大了作物实播面积，土地利用率增加了 8％～10％，节省劳力，生产率提高，另一方面也有利于实行喷灌和大型农机进地。

1990 年，为实现全场粮食生产新的突破，达到吨粮目标，农场实施吨粮规划，重点突破小麦亩产，压缩早稻面积，增加晚稻亩产，全场复种指数提高。

（二）育种技术

1962 年，双桥农场被北京市确定为小麦良种培育基地之一。1963 年，双桥农场建立"良种繁育试验站"，承担着良种繁育等科学试验等工作，其培育的双杂交玉米"京双号"良种在 1963 年农垦部所属国营农场的种子会议上被评为一等奖；1963 年，北京市普及推广小麦专家蔡旭教授培育的"农大 183""农大 90"以及"华北 187"等小麦良种。这是北京市郊区小麦良种的第二次更新换代。

1971 年开始，农场、分场、生产队重新建立三级科技网。农场建立农业技术试验站，有职工 150 人，技术人员 11 名，试验地 270 亩，是全场农业技术活动中心和良种繁育基地。分场设立了科技站，生产队设三员（技术员、种子员、植保员），而且每队均有三田（丰产田、试验田、种子田）；1979年，双桥农场科技站先后培育出小麦京双1～5号、双杂交玉米朝阳103、101、105、丰收101、103、105等10多个优良品种，并在全国各地推广使用；20世纪70年代，农场在晚稻方面引进、选用了耐低温、早熟、高产的"早丰"品种；在小麦品种方面，大量推广"北京15号""北京10号"以及自己培育的"京双早"等早熟高产品种，为晚稻提早插秧创造条件。

1986年，双桥农场完成的"耐晚播早熟冬小麦新品种选育（京双早）"项目获北京市科技成果奖三等奖；20世纪80年代，水稻品种先后推广的有京稻1号、京稻2号、7851、6174、中作180、辽粳287、极优20及京稻4号等。这些品种抗稻瘟病、条叶枯病，而且高产稳产，使水稻产量大幅度提高。

为适合本地稻麦两熟制，农场科技人员培育了京双9～18号小麦优良品种，其中京双18号冬小麦的选育和推广获得1992年局级科技进步二等奖。

（三）种植技术

20世纪50年代初期，双桥农场开始学习苏联小麦密植技术，取得明显增产效果，1952年7月《机械化农业》杂志专门介绍了双桥农场的密植经验。

1963年双桥农场良种繁育试验站进行小麦施磷肥试验取得成功。

20世纪70年代，农场设植保站，分场设植保干部，生产队设植保员，在病虫害防治工作中发挥了重要作用。农场积极开展科学试验，重点抓稻麦病毒病发生规律和防治方法的研究，边试验、边大面积推广防治措施。率先在北京市和全国用飞机超低容量喷雾防治水稻灰飞虱、小麦蚜虫和病毒病等都取得了较好的效果并在全市推广，对水稻白叶枯病和二化螟采取了综合防治措施，使其得到控制，以上措施保证了粮食稳产、高产。随着复种面积的扩大，农场大力发展养猪积肥，各生产队都建立了专业积肥队，大搞秸秆还田和高温堆肥。农场自制磷肥做到了自给自足。在施肥方法上，麦田开沟追肥、机施氨水已普遍推开，这项工作一直走在全市最前列。

农作物营养诊断平衡施肥技术。这项新技术是由北京农科院主持，双桥农场科技人员参与共同研究成功的一项科研成果。它在1988年通过有关专家鉴定，被收进《1989年中国技术大全》内，荣获市科研成果一等奖，1990年拍成了《农作物诊断医生》科教片。这项科研新技术1990年荣获了市农工商联合总公司科学技术推广一等奖。

1990年，农场采用独杆栽培技术，制定出小麦亩产在425公斤以上的技术措施；麦茬稻生产采用作物养分平衡施肥技术，制定出单产600公斤以上的栽培技术措施。

双桥农业公司水稻叶龄模式栽培技术的开发与推广工作，为农场水稻栽培技术水平的提高发挥了很大作用,《水稻叶龄模式开发》获 1993 年部级二等奖,《稻麦两茬高产栽培技术体系研究》获 1994 年北京市星火三等奖。

第二节 蔬菜水果

一、生产规模

1. 蔬菜种植 农场建立初期,只有少量的蔬菜生产,并且以自食为主(表 2 - 10)。

表 2 - 10 1949—1957 年蔬菜生产情况

年度	1949	1950	1951	1952	1953	1954	1955	1956	1957
种植面积(亩)	127	40		30	104	277	300	358	405
亩产(斤)	1510.0	3750.0		10307.0	6270.4	4304.0	7063.7	5793.5	3969.4
总产(万斤)	19.20	15.00		30.92	65.20	119.20	211.90	207.40	160.80

注:1951 年数据缺失。

1965 年的蔬菜播种面积较 1964 年减少 821 亩,但总产量却比 1964 年高出 797.1 万斤。1966 年以后,农场对粮、菜的生产,进一步规划和部署。根据土地、劳力、交通等方面的条件,规划常营、管庄、三间房三个分场以种菜为主;豆各庄分场、黑庄户分场以种粮为主。蔬菜耕地面积从 1966 年的 4079 亩,下降到 1968 年的 3200 亩,1976 年又增加到 4705 亩。总产由 1966 年的 1853.85 万公斤增加到 1976 年的 2463 万公斤,增长 32.86%。亩产由 1966 年的 4436 公斤增加到 1976 年的 5234.85 公斤。亩产值由 1966 年的 250 元上升到 1976 年的 450 元,蔬菜品种增多约 30 种。

1978—1989 年,农场蔬菜生产的方针是:在稳定面积,增加品种,提高质量的前提下保证市场供应。十年来每年上市商品菜 2000 万~2500 万公斤,满足首都市民的需要。蔬菜品种大大增加,从 20 世纪 70 年代的 30 多个品种发展到 20 世纪 80 年代的 80 多个品种,各品种按不同季节早、中、晚配套。

农场菜田面积从 1978 年的 5766 亩,减少到 1989 年的 4553 亩,减少 1213 亩,平均每年减少约 100 亩(菜田主要分布在北边三个农村分场),蔬菜总产量呈下降趋势。1979 年是十二年来蔬菜总产量最高年份,为 2863 万公斤,亩产 4964.5 公斤,而 1988 年是蔬菜总产量最低年份,总产 2015 万公斤、亩产 4124 公斤。但是蔬菜亩产值随着价格的不断增长和细菜的增加有了较大的提高:1978 年为 443 元,1984 年为 567 元,1989 年为 1363 元,是 1978 年的 3.1 倍。

1990 年，农场种植蔬菜 4426 亩，总产 2320 万公斤，比 1989 年增长 2.5%；1994 年上交国家商品菜 1999.6 万公斤；1995 年蔬菜总产量 2038 万公斤。

2. 水果种植 建场后，水果种植面积和产量逐年递增（表 2 - 11）。

表 2 - 11 1951—1957 年水果生产表

年度	1951	1952	1953	1954	1955	1956	1957
种植面积（亩）	17	17	17	17	17	45	130
总产（万斤）		0.10	0.28	0.70	0.95	2.50	2.48

注：1951 年总产数据缺失。

1959 年，农场开始在萧太后河坡地等处种植了果树，充分利用了河坡地，建立了果园，发展了果木生产。果树队因苹果早期结果和草莓高产被评为"北京市农业生产先进单位"。

受社会环境影响，水果总产从 1966 年的 32.35 万公斤，下降为 1967 年的 11.25 万公斤。1966 年有三个果园（黑庄户、石槽、葡萄园），共有职工 415 人，果树面积 1441 亩，水果总产 32.35 万公斤。1968 年以后水果产量逐渐回升，1976 年达到 171.35 万公斤，为 1966 年的 5.3 倍。

20 世纪 70 年代，农场每年向首都提供水果 70 万～150 万公斤。

20 世纪 80 年代后，果树已有老化趋势，1980—1985 年果品总产保持在 180 万公斤左右。其中 1982 年因为黑庄户果园发生药害致使产量降低到 124.4 万公斤。1986 年后，水果产量下降幅度更大，当年只有 113.7 万公斤，以后四年产量基本上停留在 120 万公斤左右，1989 年最低只有 101.55 万公斤。到 1989 年止，400 亩果园全部更换成新品种。

1995 年向市场提供水果 61.1 万公斤。

二、科学种植

（一）栽培技术

1961 年，双桥农场园艺队派遣工人到蒙古国支援种植蔬菜。

20 世纪 70 年代，双桥农场菜田开始进行喷灌试验，完成面积 33.33 公顷。蔬菜保护地有所发展，农场曾派人到东北以及全国各地学习保护地生产经验。1973 年以后，全场发展蔬菜大棚、小拱棚 1000 亩、温室 4000 间、喷灌 500 亩，还投资 20 万元，在科技站建玻璃温室，总计 4000 平方米。1975 年至 1976 年，农场蔬菜大棚生产已达一流水平。1976 年东柳生产队大棚黄瓜 8.4 亩，亩产高达 1.22 万公斤，其中有 1.3 亩高产棚亩产高达 1.55 万公斤，最高亩产值达 7000 元。

蔬菜保护地生产，钢筋大棚在 20 世纪 70 年代末，曾辉煌一时，当时发展到 502 亩，但是自 1984 年以后，大棚面积锐减，到 20 世纪 80 年代末只有 90 亩。温室、小拱棚有所发展，温室从 50 亩发展到 350 亩，1985 年以后始建小拱棚，到 1989 年已发展到 250 亩。

20 世纪 90 年代初，日光温室是蔬菜生产的一项新技术。这种日光温室冬季不用生火采暖，棚内温度即可达 35～36℃，在阴天情况下，棚内温度仍可保持在 13～14℃，与生火取暖温度相同，从而保证了蔬菜作物在冬季正常生长。

（二）育种技术

1979 年，双桥农场科技站培育的蔬菜"管庄小白口"，开始在全国推广。

1984 年，蔬菜管理站成立后，对种子采取繁殖、销售一条龙的办法。双桥农场以自繁为主，极少数小品种由外埠引进。自繁的种子都是和外地预约繁殖，在全国有六个省市：内蒙古、山东、河北、辽宁、天津、黑龙江，本市有通县、顺义等区县。80 多个品种的良种全部由蔬菜管理站提供和销售，并进行技术指导。此外，蔬菜管理站还为菜农提供各种农药、农用薄膜和微肥等农用生产资料，指导病虫害防治，新品种的栽培技术，并随时掌握市场信息，指导上市，为菜农做好各项服务工作。

1990 年，农场开始不断引进蔬菜新品种，如抗病高产的新一号大白菜、抗病高产的碧春黄瓜都在全场推广。

"八五"期间，农场为提高蔬菜种植技术，解决蔬菜生产保护地病害日趋严重及抗药性问题，农场组织菜农和蔬菜技术人员参加以植保为主的综合技术培训班，请专家讲解保护地蔬菜病害的综合防治方法，介绍新型化学农药，如"利得""克露""克抗灵""保果宁"等品种。同时还推广黄瓜的"新泰密刺""中农 5 号"，番茄的"佳粉 15 号"等优良品种。

第三节　绿化园艺

一、绿化工程

（一）产业发展

20 世纪 80 年代，农场植树量逐年增大。1981 年植树 4.03 万棵，1982 年后，每年植树 10 万株左右；1987—1989 年共植树 42 万株，其中大环境外缘绿化带 11.1 万株，农田林网 17 万株，四旁植树 13.8 万株，成活率、保存率都在 90％以上；1989 年 7 月进行的二类资源调查表明：农场存有林木 57 万株，总蓄积 26829.89 立方米。其中：农田林网

628 条、长度 218.4 公里，林木 21.8 万株；四旁植树 18.3 万株；片林 87 片，面积 3738 亩，植树 19.2 万株。

1990 年，植树 11.18 万株，其中首都外缘绿化带 1.9 万株，四旁植树 4.77 万株，林网 4.52 万株，超额完成任务。截至 1990 年底，全场林木总有量 70.58 万株，绿化面积 1.05 万亩，总覆盖率达 14.35%。较 1986 年提高近 7 个百分点。其中林网 628 条，全长 348 公里，现有树 36 万多株，基本实现了有路有渠就有林，达到了市规定。全场 64 个村庄，四旁植树 20 万株，平均覆盖率达 17.3%。外缘绿化带在农场已形成绿色长廊，全长 24 公里，占地 1800 亩，种植了以毛白杨为主，辅以桧柏、洋槐、柿树等共计 13 万多株。双桥办事处绿化办公室 1990 年被评为全国造林、绿化、美化先进单位；从 1987 年至 1990 年连续四年被评为北京市绿化、美化红旗单位；并获农场局规范化绿化点第一名；1995 年全场总植树达到 20 万株，覆盖率达到 16.97%。

2000 年 5 月，双桥农业服务公司草坪生产被钓鱼台国宾馆园林处确定为"草坪生产定点供应基地"，出售草坪 12 万平方米；2001 年 4 月，双桥农业服务公司成立了"双科创绿园林有限责任公司"，并投资 100 余万元，在定辛庄西北建成百亩苗木基地；三元绿化在 2014 年为延庆项目、永乐店项目、昌平南口项目、京承高速项目提供了优质苗木 2 万余株，对外销售草坪 20 万平方米；2017 年，双桥农业服务公司为减河公园工程、萧太后河工程、E9 区工场综合改造项目等专项工程提供乔木、常绿树 1.9 万株，花灌木 136.5 万株，草花 19.1 万芽，工程用草 7.7 万平方米。

2011—2015 年，三元绿化参与投标 272 项，中标 85 项，中标率达 31.25%，施工总面积 1612 公顷，工程总造价 9.54 亿元；"十三五"期间，从 2016 年到 2018 年，三元绿化参与投标 162 项，中标 48 项，中标率 29.63%，施工总面积 798 公顷，工程总造价 14.02 亿元。

（二）苗木培育

苗木产业作为工程业务的重要支撑和保障，三元绿化积极开展苗木繁殖生产技术研究，在苗圃内通过扦插和实生的办法，繁殖了元宝枫、白蜡、栾树和柳树等各类苗木，总结出完善的生产栽培技术，为苗圃的可持续发展提供了技术支持。2009 年初结合三元绿化承担科委"三元生态园林科技示范"项目的实施，三元绿化启动了双桥苗木基地的建设。

2012 年，双桥农场又划拨 315 亩草坪基地归三元绿化公司使用，实现了优势产业做大做强。

2014 年，把握市场行情，调整基地苗木种植结构，从山东、河北、河南、江苏等地引进元宝枫、国槐、白蜡、栾树等10多个苗木品种,共计7万余株。

2017年,共引进乔木、常绿树2.1万株,灌木133.8万株,草花17.3万芽。同时,开始着手常营苗圃的建设工作,顺利完成平整场地、安装变压器、打井等基础工作,苗圃已初具规模,在128亩的占地面积上,栽种油松1303棵,连翘1.5万株。

2018年,农场共拥有东郊和双桥两处苗木基地,具有苗木生产和经营许可证,苗圃面积近2000亩,存圃苗木37万株,为打造北京一流的精品苗木基地奠定了良好基础。在满足公司自身业务需求的同时,三元绿化还积极向北京及周边地区提供优质苗木。

二、园艺花卉

2002年4月30日,双桥农场按集团公司的要求,接收了新华园艺场,进行了以菊花为主的花卉种植。2002年10月,又对园艺场实行了"承债注资式"的改制,承担了400万元的债务,注册资本227万元,农场占有股份64.8%,花卉服务公司占有30%,职工占5.2%。

2003年,农场加大了花卉基地的建设,新华园艺场与世界500强企业之一的日商——岩井高牧园艺公司签署了鲜切菊花出口贸易协议。2003年,新华园艺场"华艺牌"鲜切菊花,打开了日本市场的大门,全年共出口切花菊50万支,收入52万元。2005年10月,农场审时度势,对新华园艺场实行了增资扩股,从原来的227万元增加到1035万元,农场持有股份56.5%。同年7月,又与世界花卉种苗领军企业——日本精兴国有限会社签订了菊花种苗特许生产协议。自2003年以来,鲜切菊花的出口创汇取得了可观的效益。

2003年,为实现集团公司指出的专业化经营的总体发展战略,经董事会研究确定了以出口切花菊为主要发展目标,在原有切花菊品种基础上引进日本切花菊"神马"品种进行遮光栽培实验并取得成功,同时成功注册了"华艺"商标品牌。同年8月,北京双卉新华园艺有限公司生产的华艺牌切花菊通过植物检疫,产品质量得到日本客商的认可,首批10000枝菊花顺利出口到日本,成为新华园艺发展新的里程碑。

2004年2月,北京双卉新华园艺有限公司与日商岩井畜产园艺公司在光明饭店举行切花菊贸易出口签字仪式,保证每年向日本市场出口200万支鲜切菊花,由此实现了订单式生产。随着切花菊生产订单数量的稳步提升,2006年,公司对原有生产钢架大棚进行改造,新建加温温室32栋,建设锅炉房、冷库、加工车间等生产设施。建成了大棚120栋,温室49座,使花卉实际生产面积达到11万平方米。

2005年7月,北京双卉新华园艺有限公司与日本花卉龙头企业精兴园签订了特许种苗生产合同，成功引进夏秋菊品种"精海"，这是日本第一次向中国企业发放专利品种，标志着新华园艺公司成为国内菊花种植行业的龙头企业。2008 年以来，企业继续丰富切花菊品种，自日本引进夏秋菊独头菊优香、夏黄、黄金等品种，自荷兰 CBA 公司引进的橘黄色、红色、黄色、白色、紫色等 5 个品种多头菊，使企业拥有了夏季—秋冬季生产的切花菊品系，并拥有了色彩丰富的多头菊品种。

第四节　其　　他

一、棉花

1950 年，农场在棉花种植上采取深耕密植，取得了单产籽棉 163.1 斤的好成绩，相当于 1949 年（亩产 34 斤）的 5 倍，高于当地农民亩产 85 斤的 92%。

1954 年开始了第一个五年计划。农场开始试行以牧草为主的九年九区草田轮作制，并停止了种棉生产，改为以种植饲料饲草为主。

二、饲料

1950 年，农场开始实行密植棉花、小麦。为了解决冬季畜群吃到青饲料，在美国朋友韩丁的指导下，农场首次开始了青贮饲料的制作，并取得了成功。

青贮饲料的生产，主要供给三个牛场，做到自给有余。1980 年建立饲料场，把原来的 3 个农业队合并，统一管理，主要为各牛场服务。饲料地总计 3800 亩，其中双桥牛场 2500 亩，常营牛场、豆各庄牛场各 650 亩，年生产青贮饲料 1500 万公斤。

20 世纪 80 年代初饲料品种主要是冬大麦和玉米，后引进甜高粱，试种结果产量比玉米高，而且耐碱、耐涝、糖分大、适口性强，从 1985 年以后，饲料品种上茬冬大麦，下茬甜高粱。

2017 年，惠丰博华在内蒙古通辽科左中旗开展了玉米全程数字化种植示范项目，并同相关企业签订了《青贮玉米销售合同》。通辽青贮玉米示范项目共种植青贮 1.22 万亩，收获青贮 2.37 万吨，实现收入 834 万元。该项目体现了精准农业作业系统的作业效率和作业质量，向当地农业有关部门、合作社展示了智能农机系统的优势，初步建立了良好的品牌形象，取得了大田种植领域的开门红。

三、大豆

1993 年，农场调整产品结构，在原来稻、麦两茬的基础上，试种 1650 亩地的经济作物，其中种大豆 630 亩，亩产量 395 斤，比水稻每亩增加效益 200 余元。

北京惠丰博华精准农业技术有限公司成立于 2017 年 1 月 27 日，是一家专业从事大豆精准农业种植、精准农业全产业链的一体化服务、农业智能信息化服务的新型农业公司。2018 年，惠丰博华在内蒙古通辽科左中旗启动首农非转基因高产大豆种植项目，1.5 万亩非转基因大豆总产量为 4268 吨，总收入为 1642 万元。

第二章 养殖业

1949年2月，中国人民解放军北平军事管制委员会物资接管委员会财经部农业水利处派军事联络员王继尧接管了"国民党励志社双桥农场"，接收的财产只有破旧的房屋200间，废机井11眼，少量农具和马、骡、驴等大牲畜10余头，猪18头，羊13只。

建场初时，畜牧业还是一片空白。由于肥料缺乏，农场做出养猪积肥、发展养猪生产的决定。

1952年9月12日，农业部召开了会议，规定了双桥农场的发展方针是：以畜牧为主，农牧结合，适当发展园艺，为城市服务；畜牧发展以乳牛为主，配合发展猪、鸡（表2-12）。

表 2-12 双桥农场 1950—1957 年牧畜生产情况

年度	成乳牛			生猪		鸡			备注
	年平均头数	总产奶（万公斤）	头日产奶（公斤）	出售肥猪（头）	推广种猪（头）	累计饲养（只）	产蛋（个）	出售肉鸡（只）	
1950	14	3.25	6.30						
1951	23	8.90	10.88			400	4342	83	
1952	55	25.30	11.41	154	32		11512		
1953	69	33.65	15.35	175		467	57920	388	
1954	147	58.10	10.83	19	49	1712	43672		乳牛发病率达93%
1955	171	66.60	10.67	243	141	1231	59444		开始培育健康牛
1956	116	47.25	11.17	160	499	1207	47728		开始培育健康牛
1957	46	24.60	14.63	220	1248	2260	97282	3032	10月第一代健康牛
合计	—	272.65	—	971	1969		421900	3503	

注：表中部分数据缺失。

建场初期，农场除维护一定数量的种鸡外，还养过一些火鸡、鹅、兔、海狸鼠等。后因鹅、海狸鼠社会需要量少，且销售差、赔钱，在1963年全部处理，并停止饲养。1965年5月，也将兔全部处理，停止饲养。

1957年8月，农业部直属的双桥种畜场开始引进山丹牧场的马。自1965年起，北京农垦役畜的存栏数量开始逐年增加，南郊、北郊、双桥、东风、永乐店农场均建立了养马场。引进苏高血马106匹，主要在双桥农场和东风农场饲养。

"八五"期间，畜牧水产主要饲养自行培育的优质猪种——北京黑猪（瘦肉型）、北京鸭Ⅰ系、Ⅱ系，高产黑白花奶牛，蛋鸡、淡水养殖鲤、草、鲢、鲫等鱼种，并繁育宫廷观赏金鱼，其名贵品种畅销全国及海外。北京黑猪的培育，获得1982年全国农业科技成果一等奖，北京鸭双桥Ⅰ系获1981年部级二等奖，Ⅱ系获1985年部级三等奖，鸭苗远销非洲。

1990年，农场拥有奶牛3296头，其中成乳牛1662头，平均头日产奶21公斤，年交售商品奶1156万公斤，商品猪9471头，商品蛋152万公斤，商品鸭17.8万只，年成鱼捕捞量100万公斤，上市鲜活鱼90万公斤。

1995年，双桥农场向市场提供鲜奶911万公斤、生猪1.89万头、鸡蛋215万公斤、北京鸭12万只、鲜活淡水鱼62.3万公斤、水果61.1万公斤。

1998年，场乡体制改革后，养殖业以饲养奶牛、鸡、鸭、鱼、种猪为主。奶牛存栏1326头，年产奶6384吨，还有部分种猪、蛋鸡和鱼塘。

2001年，集团成立多个专业化公司，双桥农场三个牛场共计2151头牛，连同豆各庄牛场1182万总资产，一并划归三元绿荷养殖中心，尔后，鸭场被划入金星鸭业，农场养殖业逐渐消失。

第一节　养　猪

一、发展历程

双桥农场1949年建场初期，由于肥料缺乏，农场做出养猪积肥、发展养猪生产的决定。同年，将日本侵占时期遗留下来的旧房改建成52间猪舍，充分利用农场粉房的下脚料粉渣来喂养，从当地购入353头猪，办起了养猪场；1951年，农场增添了约克夏、巴克夏种猪15头。养猪生产则从单纯的养猪积肥为主要目的，开始向着培育、推广优良种猪方向发展，当年繁殖巴克夏、约克夏和乌克兰纯种猪30头。

在场社合并阶段（1958—1965年）的8年中，双桥农场的养猪事业有了很大的发展。1959年新建了大鲁店、定辛庄和石槽三座猪场，后又扩建了双桥西猪场，可容纳500头成年母猪。8年中，共推广种猪4.05万头，出售肥猪1.52万头。1965年底生猪存栏数已达9783头，为1958年生猪存栏数（3694头）的2.64倍（表2-13）。

表 2 - 13　1958—1965 年生猪生产情况表

年度	出售肥猪（头）	推广种猪（头）	生猪存栏（头）
1958	897	1467	3694
1959	971	4112	4501
1960	1425	1266	4440
1961	605	5999	2685
1962	304	5764	3563
1963	1658	6179	7088
1964	4744	8210	8974
1965	4584	7484	9783
合计	15188	40481	—

养猪事业也并非一帆风顺。1958 年，农场在定辛庄建起的"万头猪场"，虽然设计构思新颖、很有吸引力，但终因与实际相差甚远，最后以多年的经营亏损而告终。同样，种猪场为了满足城市需要，大力扩大畜群，仅 0～4 月龄的猪，全年就繁殖了 3055 头。由于计划超越客观实际，饲养管理跟不上，猪只死亡率高达 48%，造成了严重亏损。

1966—1976 年养猪生产出现高潮。国营猪场原有 4 个，即西猪场、南猪场、大鲁店猪场、石槽猪场。南猪场于 1974 年初与西猪场合并，变为 3 个国营猪场。农村 62 个生产队，有 59 个生产队养猪。在"猪多—肥多—粮多"的方针指引下，全场国营和集体累计养猪从 1966 年的 1.95 万头增加到 1976 年的 3.75 万头，十年增长近一倍。人均养猪从 1966 年的 0.64 头增加到 1976 年的 1.03 头，增长了 60.9%，1976 年是农场历史上养猪最好的年份。交售商品猪从 1966 年的 3155 头，增加到 1976 年的 1.8 万头，为 1966 年交售头数的 5.7 倍，创建场以来最好水平。

1977—1980 年，养猪生产一直保持良好势头，特别是农村养猪积极性很高。管庄分场即使经营困难，也选择投资 80 万元，兴建机械化养猪场，一年后就投入生产。据 1980 年统计，农场共有猪场 66 个（全民 4 个、集体 62 个），全年累计养猪 37664 头，按农村人口计算，达到人均一头猪，年上交肥猪 18988 头，创历史最好水平。

进入 20 世纪 80 年代以后，随着农村经济体制改革的逐步深入，农村产业结构发生变化，尤其工业，三产的发展，使农村资金、劳力发生转移。另外，国家对养猪生产指令性计划数减少，指导计划数增加，辅以市场调节，再加上收购政策的不完善，养猪赔钱等诸多因素，所以养猪生产从 1981—1987 年呈下降趋势，1988、1989 年又略有回升。

1984 年以后，随着农村责任制的发展，养猪由集体逐步转入到专业户承包，农村集体猪场逐年减少。1986 年出售商品猪 11543 头；1988 年，生猪生产开始走出低谷，全场总存栏 7351 头。国营交售种猪 3370 头，商品肥猪 685 头，集体交售商品猪 2997 头。

1989 年，共出售和推广种猪 4856 头，比 1988 年减少 506 头。养猪受饲料价格影响，种猪每公斤售价虽比去年提高一分钱，而成本增加三角五分，以至种猪头盈利从 1988 年的 51 元/头，下降到 34 元/头，平均每头减利 17 元，比上年共减利 10 万元（表 2 - 14）。

表 2 - 14　1978—1989 年猪场生产情况表

项目	1978 年	1979 年	1980 年	1984 年	1987 年	1988 年	1989 年
生猪存栏（头）	18950	19798	17954	12650	6506	9185	11137
商品猪（头）	14647	15644	18988	13344	8125	8148	9471
猪场（个）	65	66	66	6	2	2	9
专业户（个）				34			35

截至 1989 年底，农村百头规模猪场只有 1 个（即八里桥）百头以下的有 5 个，专业户 35 户。全民猪场 3 个，即西猪场分为原种猪场和商品示范猪场、管庄猪场，成母猪 482 头。1989 年全民猪场共出售肥猪 2256 头，占全场出售肥猪总数的 23%。

1994 年，农场交售商品猪 21425 头；1995 年全场交售商品猪 13500 头，其中国营猪场交售 7000 头，农村交售 6500 头。

二、饲养育种

（一）育种技术

1952 年，农场向五里店、芦台、石家庄、保定等地国营农场推广种猪 32 头；1954 年开始进行进口猪和本地猪杂交选育工作，经过技术人员和养猪工人多年的努力，培育出了产仔多、护仔好、生长快、耐粗饲、抗病和适应性强的几个优良品种，即"双桥花猪""双桥白猪""双桥黑猪"，对我国北方养猪事业的发展，有着极其重要的意义；1957 年底，农场又向怀柔食品公司、华北无线电器材厂、密云、邢台等厂家和地区推广种猪总计达 1969 头；1958 年，为各地提供种猪 1467 头。

双桥西猪场从 1955 年开始在干部、技术人员和老工人共同努力下，进行了北京黑猪的育种工作，经过杂交改良、建立核心群，选种选配，自群繁育，建立品系、品族，定向培育等多种措施，到 20 世纪 70 年代初已初步育成生长快、腹油多、肉质好、耐粗饲、抗病性和适应强的优良品种。1972 年在全场 4 个国营猪场、59 个生产队推广，共 1586 头，其中母猪 521 头。多年来先后向河南、山西、甘肃、陕西等省份推出 12000 头，反映较好。

1986 年以后农场在种猪场的基础上建立了原种猪场和商品示范猪场，进行瘦肉型猪的改造系列工程和商品猪的规范化饲养，取得明显效果。原种母猪由 100 头扩大到 200

头，经过二元和三元杂交，瘦肉率已由原来的 52% 提高到 58%。

（二）饲养技术

1951 年，学习苏联经验，农场开始兴建永久性的近代化猪舍（占地 3.31 万平方米，造价 28.5 元每平方米）。

1958 年，猪场在饲养管理方面，打破常规，开始喂干料，上料实行机械化，用自动料罐、青贮自动补给器和自动饮水器，并试验电气放牧、活动猪舍和野营放牧，以减少人工劳动强度，为迅速发展养猪生产进行了大胆探索。

双桥西猪场加强定额管理，基本母猪组实行定人、定猪、定圈、定饲料、定任务的"五定责任制"。每个饲养员管理 24 头母猪，全年产仔断奶总体重要求达到 1.3 万斤。这要求饲养员既抓成活又抓增重，既抓胎次，又抓每窝多产仔。1973 年所有母猪饲养员都超额完成定额要求，饲养员乔环还创造了全年仔猪断奶总体重达到 15300 斤的最高纪录。1973 年全场仔猪成活率达到 89.5%，断奶仔猪平均体重达到 347 斤。

1977—1983 年，农村普遍推行专业队不联产的生产责任制，收入、开支、利润、人员、工分全部包给专业队（组），实行超收入提成奖和节约开支奖。如何家坟生产队把养猪场包给社员陈国来一家（4 劳力），结果超额完成交售肥猪和仔猪的任务，全家劳均收入 1000 元以上。

1984—1986 年，实行家庭联产承包责任制。畜牧养猪的 38 个大队，其中包干到户的 9 大队，到劳的 25 个队，到组的 4 个队。

20 世纪 80 年代，在养猪新工艺方面，如全年均衡产仔（原来是季节性产仔，仔猪早期断奶；原是 60 天，提高到 30 天），集中产房产仔，集中育仔舍育仔，形成饲养的流水生产线，劳产率大为提高。1989 年，每个饲养员养母猪 45~50 头。每头母猪年产仔 18~22 头，胎次从 1.8 窝提高到 2.15 窝。

第二节　养　　牛

一、发展历程

1950 年 3 月下旬，农场接受了京郊农场管理局调来的第一批乳牛 14 头，4 月上旬又接受了天津渤海区调来的乳牛 29 头，共 43 头，开始了养牛生产。三座牛棚用猪舍改建（在修配厂院内），育成牛和小牛放在简易敞棚中喂养。当年曾因焦虫病死亡了高产牛 4 头，到年底共有 18 头乳牛产奶，全年产奶 3.25 万公斤，年均头日产奶 6.3 公斤。

1951 年，双桥农场开始兴建永久性近代化的乳牛舍，又从东北调入乳牛 18 头。农场有成乳牛 23 头，年产奶 8 万～9 万公斤，头日产奶 10.88 公斤，比 1950 年提高了 73%，并出现了高产牛（9 号），头年产奶量达 6203.7 公斤，产奶最低的 10 号牛，当年产奶也超过 1950 年的平均头年产奶量，达到了 2786.4 公斤。这时，农场的牛群已有种公牛两头，母牛 46 头（其中 28 头产奶），养牛事业已具雏形。

1952 年，农场接受了华北农业科学研究所拨来的部分乳牛和约克夏种猪，还从苏联购入科斯特罗姆乳牛 10 头，种公牛 2 头，牛群进一步扩大。经鉴定，有高产牛 5 头，特等牛 27 头，一等牛 35 头。双桥农场的成乳牛由 1950 年的 14 头发展到 1953 年的 69 头，至 1956 年已达 116 头。

1958 年初，双桥农场仅有一个能容纳 100 头成乳牛的牛场，于是当年农场首先在黑庄户动土兴建了一座容纳 200 头成乳牛的简易牛场，称乳牛二队（双桥老牛场为乳牛一队），边建、边投产、条件比较艰苦。

1961 年 7 月开始筹建常营牛场，1963 年 5 月开始投产，可容纳 200 头成乳牛；1963 年秋筹建豆各庄牛场（原地址在孙家坡村，当时称孙家坡牛场）和扩建双桥牛场。豆各庄牛场为容纳 400 头成乳牛的牛场，1964 年开始投产，因饲料不足，当时仅喂养 300 余头成乳牛。扩建的双桥牛场为一座容纳 200 头成乳牛的牛场，1964 年使用，条件、技术力量都比较优越；到 1965 年，双桥农场拥有三座可容纳 200 头成乳牛的牛场和一座能容纳 400 头成乳牛的牛场，同时较好地解决了牛场和饲料地的布局，使双桥的乳牛事业有了很大的发展。

1958—1965 年的 8 年中，成乳牛由 107 头增加到 727 头，牛群扩大了 6 倍有余；总产奶量由年产 45.9 万公斤增加到 238.4 万公斤，年产奶量增加了 4 倍还多（表 2-15）。

表 2-15　1958—1965 年乳牛生产情况表

年度	成乳牛（头数）	成乳牛（年平均头数）	总产奶量（万公斤）	头日产奶量（公斤）
1958	107	83.0	45.90	15.15
1959	170	130.0	65.20	13.74
1960	336	251.5	81.40	8.86
1961	368	352.5	106.75	8.40
1962	419	350.2	134.85	10.55
1963	529	484.9	215.15	12.21
1964	639	361.8	167.60	12.70
1965	727	504.2	238.40	12.95

1967 年，少数企业管理粗放，致使生产受到一定影响。全场牛奶头日产量从 1965 年的 12.95 公斤，下降为 1967 年的 10.35 公斤。

1966 年，农场三个牛场，共有职工 405 人。其中双桥 56 人，常营 157 人，豆各庄 193 人。1976 年增加到 612 人，其中双桥 207 人，常营 173 人，豆各庄 232 人。成乳牛头数出现波动，由 1966 年的 171 头增加到 1968 年的 1056 头，又降至 1976 年的 722 头。牛奶总产逐步上升，从 1966 年的 284.4 万公斤增加到 1976 年的 422.9 万公斤，十年增长 48.7%。成乳牛头日产奶量由 1966 年的 11.9 公斤降至 1967 年的 10.4 公斤，1969 年以后逐步回升，从 12.8 公斤增加到 1976 年的 15.75 公斤，十年增长 32.35%。

进入 20 世纪 80 年代，奶牛生产始终坚持"全民、集体、个人一起上"的方针，加快发展的步伐。1978—1984 年，除原三个国营牛场外，又增加了一个集体牛场，即孙家坡牛场。1983—1984 年又陆续增加 10 多户养牛专业户。成乳牛头数从 1978 年的 739 头发展到 1984 年的 1334 头，增加 595 头，增长 80.5%。牛奶总产从 1978 年的 446.4 万公斤，增加到 1984 年的 921.15 万公斤，增长 106%。头日产奶从 1978 年的 16.55 公斤，上升为 1984 年的 19.6 公斤，增长 18.4%，头年产奶量第一次突破 7000 公斤大关，达 7154 公斤，创农场 20 世纪 80 年代以来的最好水平。1985 年至 1987 年，随着领导体制的改革，畜牧分场撤销，影响畜牧生产的发展。尽管这三年牛奶总产和成乳牛头数略有提高，但头年产奶量有所下降。全场 1985 年头年产奶量 7081 公斤，1986 年头年产奶量为 6898.5 公斤，1987 年为 6716 公斤。

1988 年，全场牛奶总产 1150.2 万公斤，头年产奶量达 7500 公斤，超过 1984 年历史最好水平。1989 年成乳牛头数 1662 头，牛奶总产 1224.7 万公斤，头年产奶量达 7427.7 万公斤。和 1978 年相比，成乳牛头数增长 125%，牛奶总产增长 174%。

双桥牛场从 1987 年参加全市"三金杯"竞赛起，1988 年参加"五金杯"竞赛，1989 年参加菜篮子系列工程竞赛，连续三年生产上升三个台阶。即 1987 年头年产奶量 7238 公斤，在全市评比中由过去第十位上升到第六位；1988 头年产奶量 8431 公斤，在评比中获得第三名，获"铜牛杯"奖；1989 年头年产奶量 8738 公斤，在全市评比中获第一名，夺取了"金牛杯"奖。

集体和专业户养牛也略有发展，1988 年又新建一个于家围南队牛场，成乳牛 67 头，到 1989 年底止，集体牛场 2 个，成乳牛 386 头，牛奶总产 982 万公斤，头日产奶 17.15 公斤。个体户 27 户，成乳牛 96 头，牛奶总产 528 万公斤，头日产奶 15.12 公斤，打破了 1970 年以来养牛独家经营的局面。

1990 年，全场成乳牛 1792 头，牛奶总产 1287.8 万公斤，比 1989 年的 1224.7 万公斤增长 5%，成乳牛头日产奶 21.89 公斤，比 1989 年的 20.35 公斤增长 7.5%。三个国营牛场成乳牛头年产奶量第一次突破 8000 公斤大关，达 8037 公斤，创历史最好水平；1995

年全场成乳牛头数达到 1920 头，其中国营牛场达到 1500 头，农村成乳牛达到 420 头。牛奶总产达到 1234 万公斤，其中商品奶达到 1170 万公斤。

2001 年，三个牛场共计 2151 头牛，连同豆各庄牛场 1182 万总资产，一并划归三元绿荷养殖中心。

二、饲养技术

1952 年，农场养牛开始按等级、分组管理饲养，讲究饲料配比和不同时期的饲料合理调配。精料由 4 种增至到 8 种，加上青贮发酵饲料的使用，牛奶产量不断增高。养牛生产已形成一整套完整的规章制度，从配种、泌乳期的饲养、挤奶、干奶及产房、犊牛、育成牛的饲养管理，都有具体的要求和规章制度。牛只的配种工作已采用人工授精，并重视和健全各项原始记录，养牛生产已初具规模。同年，向国防部、北京牛奶场、四川北碚（现重庆北碚区）试验场、西安奶牛场、山西等地推广种公牛（荷兰、娟姗、科斯特罗姆等品种）13 头。

1954 年 2 月，牛的发病率高达 93%，严重影响产奶。9 月 23 日，农业部国营农场管理局召开会议，决定将双桥农场作为防治乳牛结核病、流产病的试点场之一。10 月，根据苏联专家建议，经全场讨论，制定了乳牛结核病、流产防治措施——实行分四区，严密隔离法，着手培育健康牛群（四区：病牛区、假定健康牛区、中间转移站、健康区）。

1956 年 10 月，为彻底解决和防止疫病的发生，场内的牛场开始空闲，进行彻底消毒（拟一年后再进健康牛群）。10 月底，从 1955 年开始培养的健康牛群 156 头中，已有 21 头顺利产犊，农场将全部病牛，调给东郊畜牧场。

1957 年 10 月，经过了一年进行九次彻底大消毒的牛场，将第一代健康牛群接入场内。从此，双桥牛场的牛群，已成为一个完全健康的牛群。第一代健康牛群的成乳牛，年平均头数为 46 头，年总产奶量为 24.57 万公斤，头日产奶 14.63 公斤，当年超额 28% 完成了年产奶计划。

1957 年底，农场又向怀柔食品公司、华北无线电器材厂、密云、邢台等公司和地区，推广种公牛 22 头。

1984 年，双桥牛场自困难时期停止使用电气挤奶，时隔二十余年又恢复使用机器挤奶。以后各牛场逐渐普及了机器挤奶、管道输送。

1990 年以后，双桥牛场规范化管理经验在全场推广，应用了奶牛围生期管理和阶段饲养法、季节饲养法及秸秆氨化饲料，取得了很好的效果。双桥畜牧分场三个牛场调整牛群结构，减少沉淀资金，加强了牛群管理，努力提高单产、提高胎次，将成乳牛中产奶低、没有生产价值的牛及时淘汰，减少耗费，提高成乳牛比例，少养精养，抓好犊牛出生质量关，提高成活率，把犊牛饲养阶段的淘汰比例降到最低点。

第三节 养 鸡

1950年3月，农场购进来亨鸡210只，并用平式孵化器孵化出雏鸡185只。双桥农场正式开始饲养家禽；1951年，在养鸡生产方面，农场已摸索出了一整套饲养方法，并开设了一期养鸡训练班，推广养鸡经验。同年，农场兴建鸡舍1座（占地235.44平方米，造价45.6元每平方米）；1952年增添芦花、油鸡、澳洲黑、新汉县、红岛等种鸡。新增添了孵化室、育雏室五间，并从农业科学研究所拨来一次能容纳6 000枚种蛋的大型立体孵化器一台。年饲养来亨鸡467只，并向河北省三河县（今三河市）推广了来亨幼雏1.8万只；1958年，农场的养鸡组扩大为养鸡队，开始大量养鸡，种鸡群发展到3000多只。根据统计数字，场社合并的8年来，农场向社会提供了肉鸡20.3万只，填鸭8.51万只，丰富了首都副食品供应，为以后培育和向社会推广优良品种打下基础（表2-16）。

表2-16 1958—1965年双桥农场养鸡生产情况

年度	累计饲养（只）	产蛋数（个）	出售肉鸡（只）
1958	42917	222401	7124
1959	23911	187000	81175
1960	5249	369100	36405
1961	69173	127695	67075
1962	2022	132069	828
1963	6478		5319
1964	4016		3551
1965	2249		1491
合计	—		202968

注：表中部分数据缺失。

农场养鸡生产在20世纪80年代以来发展较快。全民部分：西猪场从1981年开始养鸡，规模始终在一万只以上。1988年在原石槽猪场的旧址上始建5万只规模的蛋鸡场，实行工厂化养鸡。农村集体部分：从1982年开始，市、区规定菜田每亩必须养10只鸡，农村五个分场养鸡都发展起来。1982年全场养鸡年末存栏为6.32万只，为1980年5530只的11.4倍，产蛋量从1980年的1.5万公斤上升到1982年的13.9万公斤，增长8.2倍以上。1984年以后随着农村经济责任制的深入开展，农村集体鸡场逐渐减少，逐步转换为以养鸡专业户和个体户为主。截至 1989 年底，共有集体鸡场 3 个（豆各庄乡 2 个，黑庄户 1 个），专业户近 70 多个，专业户最大规模为 4000～5000 只，最小的 400～500 只。截至 1989 年底，存栏 23.4 万只，其中国营 6.43 万只，占总数的 27.5％，农村集体 9.47 万只，占总数 40.5％，社员户 7.48 万只，占总数的 32％，总存栏数为 1978 年的 5405 只的 40 倍。产蛋 181.3 万公斤，为 1978 年 1.15 万公斤的 157.7 倍。

1997 年 9 月 18 日，北京市双桥养鸡场完成转产，正式更名为北京市日盛仓储服务中心。

第四节　养　　鸭

一、发展历程

1958 年，双桥农场在养鸡队建立养鸭组（后独立为养鸭队），因当年生产取得成绩被评为北京市"先进单位"，出席北京市群英会（表 2 - 17）。

1960 年，双桥农场养鸭队开始生产填鸭。

表 2 - 17　1958—1965 年双桥农场填鸭生产情况

年度	1958	1959	1960	1961	1962	1963	1964	1965	合计
饲养数（只）	185	7226	1628	17732	19320	20890	17798	20512	—
出售填鸭（只）	28	3554	0	15745	17819	16989	13553	12406	80094

1966 年，累计养鸭 3.21 万只，1976 年增加到 9.35 万只，为 1966 年的 2.9 倍。交售填鸭由 1966 年的 2.51 万只，增加到 1976 年的 4.51 万只，增长 79.7％。

1986 年，出售填鸭 65767 只，出售商品蛋 64.4 万公斤；1988 年上半年生产肉鸭 4.8 万只，自加工 4.67 万只，出售种雏 5.98 万只。养鸭生产由于饲料价格平均比上年每斤涨价 0.17 元，增加成本 9 万元，加之种鸭、种蛋外销不畅，良种鸭作为肉食鸭加工，亏损 12 万元；1989 年鸭场不仅生产美味鸭 10 万只供应市场，而且生产肉食品 9.3 万公斤，创利 15.9 万元，改变鸭场多年微利的局面。

1992 年，养鸭场逐步扩大养鸭集团经营，积极走向市场，广开销售渠道。1995 年，农场交售填鸭 15 万只，交售商品蛋 195.5 万公斤，其中国营部分 88 万公斤，农村部分 107.5 万公斤。以双桥养鸭场为中心，分别在沈阳、郑州、济南等地建立养鸭基地，并与石家庄鸭场签订了联营协议，用一年的时间把石家庄鸭场改造为标准管理、科学养鸭、一条龙生产工艺流程的现代养鸭场，年生产商品鸭 10 万只。

1998 年，场乡体制改革后，集团公司批准成立北京金星鸭业中心。2001 年，双桥鸭场被划入金星鸭业。

二、养殖技术

20 世纪 70 年代，因为全市养鸭生产蓬勃兴起，以致郊区的水草资源枯竭。双桥农场养鸭生产存在严重亏料问题，1971 年至 1975 年累计亏料 46 万斤。主要是饲料品种单纯，营养不全，辅料又不能保证供应，水草经常中断，鸭群营养状况不良，延长日龄等。双桥鸭场通过试验，率先使用多种维生素代替青饲水草取得成功，解决了"两草难"（水草和稻草），推广全市，获市科技成果奖。

饲养小鸭需要较多的褥草，但随着工业的发展，稻草用途很广，养鸭缺乏褥草，成为当时难题之一。鸭场引用笼养鸡技术，创立了"网上育雏"的先进方法。不仅提高了房舍利用率，防止鼠害，而且完全不用褥草。"网上育雏"在全市鸭场推广后，取得较好效果，逐渐推广到全国各地。

20 世纪 80 年代，双桥鸭场在养鸭技术上持续更新。使用较完善的配合饲料，缩短填鸭日龄，填鸭体重由 2.5 公斤上升为 3 公斤，料肉比由 4：1 下降到 3.76：1，在全市名列前茅。"六五"期间每年上市填鸭 6 万～7 万只。1985 年以后由于社会需求的改变，外贸也停止收购填鸭，从而使填鸭生产走向低谷。鸭场积极改变产品结构，改填鸭生产为肉鸭生产。随着饲养工艺的改变，肉鸭质量不断提高。料肉比下降为 2.7～2.8：1。这项科研成果获北京市科技进步奖。生产高瘦肉率肉鸭后，鸭场就地加工成"美味鸭"受到本市广大消费者欢迎，从 1978 至 1989 年共上市商品鸭 1044 万只。

三、育种

1973 年，双桥鸭场作为全市六个北京鸭选育点之一。从此农场的养鸭场在科研部门的指导下开始了选育的艰苦工作。经过技术人员（袁光斗、杨学梅等）精心培育，1981 年北京鸭双桥 I 系通过鉴定，1984 年双桥 II 系通过鉴定，均获农牧渔业部科技二等奖，双桥 I 系北京鸭具有突出的产蛋性能，平均年产蛋量 280 枚以上，蛋重 90 克以上，是我国北京鸭中的高产品系，其产蛋水平已超过当时美国、英国、丹麦等国家。双桥 II 系具有体型大、生长快，外形比较一致，遗传性能比较稳定等特点，49 日龄体重达 2.67 公斤，年产蛋 240 枚以上。双桥 I 系和 II 系向全国 23 个省市自治区推广种蛋和雏鸭约 100 万只，特别是广西壮族自治区，双桥Ⅰ系、Ⅱ系声誉好，普及率高。

双桥种鸭场大力推广科研成果，多年来已先后向全国 28 个省市（自治区）300 多个养鸭点推广了双桥 1 系、双桥 11 系等优良品系的北京鸭 120 余万只。

自双桥品系北京鸭选育成功以后，双桥种鸭场便开始陆续为各地提供优质北京种鸭、种蛋和种用雏鸭。同时，根据各地养鸭单位的实际需要，双桥鸭场领导和技术人员还到各地传授北京鸭的孵化、育雏、喂养、防疫等各种专业生产技术。

第五节 渔 业

一、生产规模

双桥农场 1968 年开始进行池塘养鱼，从 1969 年开始至 1976 年农场养鱼生产从无到有，从小到大。1969 年全场养鱼只有三个单位，亩产 60.5 公斤，总产 2.03 万公斤。1971 年管庄分场八里桥生产队创养鱼亩产千斤的记录，为此农场参加了全国水产会议，这件事激发起人们对养鱼的兴趣。

养鱼生产逐步走上正规化、科学化的道路后，1976 年成鱼总产 5.81 万公斤，较 1969 年增长 1.8 倍。亩产上升为 114.5 公斤，增长 47%，鲜活鱼捕捞量增加到 5 万公斤。当年，水产站收入为 5.24 万元，人均劳产率 1541 元。

1978 年，养鱼水面 590 亩，总产 8.1 万公斤，亩产 137.3 公斤。

1980 年，农场 8.87 公顷养殖水面平均单产达到每公顷 7395 公斤（合亩产 493 公斤），为全市第一，两次参加全国水产工作会议，被评为全国养鱼红旗单位；到 1985 年，全场养鱼水面 1187.5 亩，总产 11 万公斤，亩产达到 590.5 公斤，比计划提前一年实现千亩 500 公斤的目标。总产，亩产分别比 1978 年增长 7.6 倍和 3.2 倍。上市鲜鱼从 1978 年的 5.25 万公斤，增加到 1985 年的 67.3 万公斤，增长 11.8 倍；双桥渔场从 1985 年至 1989 年连创高产，1985 年成鱼亩产达到 1019 公斤，1989 年成鱼亩产高达 1099 公斤，创亩产吨鱼的好成绩。

1989 年养鱼水面 1499 亩，总产达到 100.9 万公斤，亩产达到 673.1 公斤，总产、亩产分别比 1978 年增长 11.46 倍和 3.9 倍。成鱼捕捞量 89.9 万公斤，上市鲜活鱼 100.3 万公斤，比 1978 年增长 18.1 倍。同时还发展了宫廷金鱼 40 余种，出售鱼种 60 多万尾，金鱼 10 万尾。

1994 年商品鱼 92.7 万公斤；1995 年农场交售商品鱼 105 万公斤；1996 年 6 月初，双桥渔场从上海引进罗氏沼虾虾苗进行试养,经渔场干部、职工近四个月的精心饲养和管理,使得沼虾试养获得成功。有70%的沼虾体长达到13厘米,体重达25克,平均亩产267.5斤,受到集团公司水产处领导的好评。

二、渔场建设

1969年,全场养鱼只有三个单位,水面335亩。当时主要是利用自然坑塘进行饲养,水平较低,是处在"白水养鱼、靠天收"的阶段。从1969年冬春开始,在改土治水,大搞农田基本建设的同时,农场先后组织5万人次,动土20万立方米,把全场大部分坑塘改造成养鱼池。

1973—1974年,市、局投资17万元为农场兴建商品鱼生产基地。黑庄户、豆各庄分场组织两千人的劳动大军,开挖萧太后河,截流、筑坝、挖渠、修闸,并打井11眼,先后建成两个渔场,水面分别为133亩和120亩。1974年春和1975年正式投产,成为农场最早的商品鱼生产基地和养鱼试验中心。

1973年,农场以黑庄户渔场为基地,建立农场水产管理站,职工34人,任命周诗平为党支部书记兼站长。同年,在水产站开始兴建孵化设施。该站从75年正式投产后,从坑塘改造、鱼苗孵化、鱼种生产、成鱼生产、养鱼专业队伍建设、科学养鱼等方面都取得显著成绩,使养鱼生产逐步走上正规化、科学化的道路。

至1976年,全场养鱼单位发展到22个,水面510亩,水面较1966年扩大52.29%。1978年,农场水面达到590亩,其中老基地253亩(即双桥渔场133亩,豆各庄渔场120亩)。

中共十一届三中全会以后,双桥农场建立、健全组织机构、总场、分场、生产队都安排一名副场(队)长抓养鱼生产。1984年农场还建立了水产公司,全场初步形成一个渔业生产的服务体系。

到1989年底,国家总计投资52.6万元,新建商品鱼基地1316亩,连同原来的老基地133亩(豆各庄渔场于1987年已核减),共计商品鱼基地1449亩,加上农村分散养的(不连片)50亩,总计水面1499亩。其中咸鱼水面1222亩,育种水面270亩,养殖金鱼水面7亩,比1978年的590亩增加909亩,扩大为原来的1.5倍。有国营渔场2个(双桥渔场、三间房渔场),集体渔场3个(即郎各庄渔场、常营渔场、豆各庄科技站渔场),养鱼专业承包户32个。养鱼人员从1978年的110多人,增加到162人。1981年以后还陆续建成金鱼池4200平方米。

三、科学养鱼

为提高养鱼的总产和亩产，20世纪80年代以来双桥农场始终坚持科学养鱼和高产实验。

（一）提高鱼种规格，增加放养密度

1980年以前，农场生产的鱼种大部分为10厘米，如管理不好，产量很低。1980年以后，农场采取夏花稀放，培育大规格鱼种，规定不足15厘米，不许放塘，所以秋捕个体均在一斤以上。放养数量由亩放700~800尾增加到1300尾以上。1985年以后全场平均亩放1300尾以上。1985—1989年全场平均亩产都达500公斤以上，实现了千亩500公斤的目标。双桥渔场1985年亩放1980尾，当年亩产达到1019公斤。不仅提高亩产水平，也获得较高的经济效益。每亩纯利977元，亩产两吨的五号池每亩纯利为2064元。1989年平均亩放1800多尾，亩放重量190公斤。花白链占总重量的60%，草鲤鱼占40%左右，增重倍数6~7倍。

（二）按标准建立增氧体系

为解决水质溶氧量，农场从1983年以来投资12.5万元给池塘配备增氧机，截至1989年，全场有增氧机172台，平均9.4亩水面一台，使水质溶氧量保持在5.5毫克升以上，保证了鱼群正常生长所需的氧气，避免泛塘死鱼。

（三）水、饵、肥的充足供应是保证高产的物质条件

为解决鱼塘用水，减少工业污水的污染，1985年全场养鱼用水的机井已达30多眼，平均50亩有一眼井。对于饵、肥的供应，在以肥水鱼为主的情况下，规定亩施肥3.5~5立方米，水的透明度20~25厘米，pH在7以上，肉料比1：2，草鱼肉料比1：25~40。农场还购置了颗粒饵料机，部分单位已使用颗粒饵料喂鱼。1989年进一步改变投喂方法，采用混合面料干撒，以"均点多"的方式，过去一个10亩左右的鱼塘只有一两个料点，现在平均2亩水面一个料点，达到均匀投喂，使鱼长势比较均匀，达到群体鱼重量的增加。

（四）坚持科学试验

为探索鱼塘潜力，提高经济效益，农场从1983年开始承担北京市科委下达的"以草鱼为主——令鱼种亩产500公斤"的试验项目，到1985年，圆满完成任务，亩产最高达918.5公斤，优质鱼占50%以上。

1984年，农场又参加了国家重点工业性试验项目，承担了"千亩500公斤"的试验课题，农场于 1985 年就实现了千亩 500 公斤的目标，比规定三年提前一年完成目标。

另外，1983—1985 年农场和局水产处在双桥渔场 11 亩水面上搞了高产试验，到 1985 年该试验池达到平均亩产 2008.3 公斤的好成绩。

（五）搞好鱼病防治

从鱼种放养到日常管理，农场一直把防治工作放在首位，坚持以防为主，防重于治的方针。池塘做到严格消毒，鱼种做到不消毒不下塘，药物主要是漂白粉、生石灰，兼用一些磺胺药类。

（六）不断完善生产责任制

1977 年以前养鱼产量低，年年赔钱。1978 年，双桥渔场首先实行生产岗位责任制"以人定塘，以塘定产，以产定奖罚"，当年获得了亩产 320 公斤的好成绩，一年就摘掉了赔钱的帽子。1986 年以后，双桥渔场又采取了包含生产任务、劳动态度、技术水平、池塘环境卫生四个方面的"百分考核制度"。把考核结果和奖金，浮动升级挂钩。具体办法是：

生产任务：仍然实行"以人定塘、以塘定产"的办法，定出每人全年完成生产任务的指标。完成了任务记满分即 40 分，超额完成任务，每超 10 斤记 0.8 分，完不成任务每少 10 斤罚 5 分。在定产量的同时定物质条件，每产 1 斤鱼供给精饲料 1.5 斤，多用饲料多交鱼，按 1∶1.5 折算，年底根据产量和饲料计算出生产任务数。

劳动态度：指平时生产管理水平和责任心。主要依据池塘水质、饵肥利用情况、巡塘、出勤、劳动时出力以及遵守纪律情况，满分为 30 分。

技术水平：一是看平时管理水平，二是试题答卷，满分为 20 分。

池塘环境卫生：由全体饲养人员和领导共同评定，满分为 10 分。

通过以上四个方面的评比，确定每人每年所评分数，和农场所规定奖金总额相除，求得每分金额，这样就得出个人的奖金数。如渔场超额完成国家的利税指标，将按照规定的浮动升级面，从评比最高分数中依次排列，确定谁能浮动升级，谁不能浮动升级。从执行情况看是比较好的，调动了职工的积极性。

1989 年双桥渔场又打破国营职工的铁饭碗，实行全面大承包制，即三定一归，定产量、定产值、定利润、超产部分归承包组，进一步调动了广大职工的积极性，使高产技术得以实施。

对集体部分实行承包水面。队和个人互商条件，采取承包者交水面费的办法。最多的一年每亩交 250 元。为了鼓励高产，总场规定：养鱼人员亩产超千斤的，按下达计划每超过一千斤奖 30 元。

对管区水产干部，完不成任务者不奖，完成计划以万斤为单位，每超产一万斤奖150 元。

（七）加强技术培训

农场养鱼专业队伍，绝大多数都是从农业上转过来的。起初，160 人的专业队伍中只有两名科技人员。农场每年冬春季节都举办专业技术培训班，外请专业技术人员讲课，后来又把专业技术人员和养鱼生产能手介绍经验结合起来，很受职工欢迎。从 1983 年到1989 年为止，农场开展培训 500 多人次，出现一批养鱼能手，如戴福海、王荣、索东帆、韩俊如等。他们管理的鱼塘亩产都在 800 公斤以上。

1993 年 10 月，黑庄户宫廷金鱼交易市场正式开业，吸引了大批国内外客户前来选购，生意火爆。

先后扶持黑庄户分场建立了"金鱼集团"，使该集团成为观赏鱼品种发展和销售的龙头，成为育种中心和销售中心，成为带动特色农业、富裕一方的龙头。

第三章　农林牧渔服务业

第一节　农田基本建设

一、耕地变化情况

建立国营农场后首先面临的是扩大耕地的问题。1949 年，双桥农场接收国民党励志社双桥农场总土地面积为 2700 亩，其中道路、沟渠、建筑等占地 300 亩，耕地 2400 亩，含农场自种地 1800 亩，暂租农民土地 600 亩。

双桥农场先后两次购置土地。1952 年 12 月底，经农业部批准，当地政府与农场组成收购土地委员会，首次向农场附近的东、西、南方向扩充土地。收购土地 224.65 公顷，其中耕地 167.69 公顷，扩大后双桥农场土地增至 325.8 公顷。1956 年 12 月，双桥农场第二次扩充土地，由当年成立的农垦部出资 250 万元，再次购买了农场至定辛庄村西 227.51 公顷土地，至此双桥农场土地总面积达 593.8 公顷，其中耕地 535.13 公顷。

1958 年，人民公社化以后，双桥农场的土地面积由 8027 亩猛增至 5.5 万亩。1990 年，双桥农场有耕地 4.82 万亩，包含果园 1374 亩，菜田 3813 亩，养殖水面 1353 亩。

1998 年，场乡体制改革后，双桥农场土地减少到 8882 亩。截至 2018 年 12 月 31 日，双桥农场土地总面积 8005.85 亩，其中：农用地、耕地、林地共 5067.08 亩，占总面积的 63.3%。

二、平整土地工程

1950 年，针对农场低洼易涝特点，双桥农场在农业部农田水利局测量队的指导下，测出土地水平，进行新的区划，使 160 公顷耕地成方成块，并在每区边界用开沟机开挖宽 1 米、深 1.7 米的排水沟 2850 米，1952 年，平整了土地，修复 5 眼机井。1969 年，双桥农场复平土地 800 公顷，大平土地 66.67 公顷，共完成土方量 40 多万立方米。

1973—1974 年，双桥农场以常营、管庄和三间房三个分场为主，打一场"平地仗"，开展搬土丘、填废沟，削平的土坡最高的达 2.5 米，填平的废沟最深的达 9 米，使 1133.33 公顷的丘陵地变成了成方连片的丰产田。

1990 年，复平土地 1 万多亩；1991 年，复平土地 3000 亩。

第二节　水利工程建设

暴雨是北京地区夏季（6—8 月）主要的灾害性天气，年内降水主要集中在汛期，而汛期的降水又是集中在几场大暴雨，极易形成洪涝灾害，防洪排涝是水利建设工程的重要内容。同时，北京春季干旱多风，降水量仅占年降水量的 8%～9%，而蒸发量占年蒸发量的 30%～32%，干旱灾害时有发生，也需要建设灌溉工程。

1949 年，国营双桥农场建立时，仅有废机井 11 眼。1990 年，全场拥有扬水站 63 座，水泵 30 台，电机容量为 1907 千瓦，提水能力为 12 个流量。河、渠蓄水 23 处，蓄水量 180 万立方米。建成万亩灌渠、干渠（污水干渠，北水南调干渠）两条，长 125 公里；支渠 10 条，长 21 公里；地下灌水主管道 6 条，支管道 27 条，全长 32.7 公里；排水沟干、支渠 28 条，长 76.3 公里；机电井 144 眼，井灌面积 5800 亩。有效灌溉面积 4.6 万亩，为耕地面积的 92.37%。

一、排水工程

1960 年，双桥农场组织人力参加修建小红门水库、黄厂水渠、沈家坟灌渠和阳坊水库的水利工程打会战。

1962 年 1 月上旬，双桥农场开挖 8 条大型排水沟，形成了比较完整的排水系统。1963 年 5 月，修建污水工程建筑物 159 座，并成立了渠道队，加强了渠道和灌溉用水的管理。1964 年 11—12 月，坝河工程上马，双桥农场组织人力参加施工，并投入运河、潮河、减河排干的清淤工程。

1968 年，双桥农场党委分析，自 1965 年粮食亩产"过黄河"以后，粮食生产遭遇瓶颈，连续几年没能实现"跨长江"，原因在于农场有 3333.33 公顷农田抗灾能力低，三分之一的耕地面积属于低产田，遇灾则严重减产，甚至颗粒不收。为改变这种状况，双桥农场党委决定苦战两个冬春打好"排涝仗"，开展了以排涝为中心的农田基本建设工程。是年冬季，双桥农场会战大搞沟渠建设，进行清淤和加宽，扩大泄水量。1969 年，双桥农场共动土方 60 万立方米，沟通了整个排水系统，建立了两排两灌的耕作区；加深和新挖排水沟十多条。

二、灌溉工程

为了解决农牧业用水问题，双桥农场大力兴建灌溉工程。

1956 年 7 月，在农垦部指导下，市农林局、东郊区积极支持寻找水源，双桥农场修建了自高碑店至农场长 15 公里的一支渠，使农场 233.33 公顷旱田变水田。

1963 年 5 月，双桥农场建成污水处理工程建筑物 159 座。同月，双桥农场成立渠道队，加强渠道和灌溉用水的管理。

1969 年，双桥农场修建、扩建小型水库 2 处。从 1969 年冬季开始，双桥农场连续两年开展以抗旱为中心的农田基本建设。至 1971 年 3 月，双桥农场共完成土石方 40 万立方米，完成通惠河截留引水和"北水南调、南水北调"工程；建成一座横跨通惠河的大型闸桥，开挖了一条 6 米深的引水渠，沿渠修建 20 座建筑物和 1 座扬水站，解决了 2000 公顷农田的灌溉和排水问题。

1974 年，双桥农场在打"平地仗"中打井 70 多眼，使农场有效灌溉面积达 3133.33 公顷，占土地总面积的 90%。

三、农业节水工程

1974 年冬，双桥农场党委提出"奋战几年，实现大田管道化，园田喷灌化、大棚蔬菜滴灌化"的目标。1975 年，双桥农场完成安装菜田喷灌管道，铺设地下管道 5000 米，33.33 公顷菜田实现了喷灌。

1978 年，双桥农场建成一个有滴灌设备的十亩钢架大棚及长达 6 公里的地下灌水管道。

1990 年，农场组织物资和人力投入到农田水利设施建设。主要对现有水利工程进行技术改造，集中力量搞好节水工程。一冬一春共完成土石方 28.87 万立方米，建设渠道衬砌 5300 米，建成灌排管道 4 条，共计 2500 米，开挖排水沟 186 条，全长 75.1 公里，开凿机井 6 眼，挖成一个占地 10 亩的蓄水池，大平复平土地 1 万多亩，修建各种水利设施 36 座。

1991 年，全年建成地下管道 2800 米、渠道衬砌 4200 米、打成机井 18 眼、新建大小扬水站 3 座、复平土地 3000 亩、修整排灌渠道 4.2 万米，总计动用土石方 37 万立方米。

第三节　农业机械化

双桥农场是北京市乃至全国最早实现机械化的单位。建场初期，在国家的大力支持和中央首长的关怀下，很快就成为农业机械化的试点和示范单位。1989 年建场 40 周年之际，农场有大中型拖拉机 83 台（其中国营 13 台，集体 70 台），共 3447.6 千瓦；小型拖拉机 111 台，共 1075.2 千瓦；联合收割机 22 台，共 1426.2 千瓦；大型机引农具 73 部。平均每万亩耕地拥有大、中型拖拉机 16.6 台，小型拖拉机 22.2 台，联合收割机 4.4 台。其他，还有场院机械 308 台，植保机械 1711 台，排灌机械 125 台。全场机动车 1409 辆，其中农用汽车 751 辆。小麦、油料、饲料青贮、青割的耕、耙、播、收全部实现机械化，水稻耕地、平地全部机械化，播、收 50% 实现机械化。

一、机耕学校

（一）拖拉机手训练班

1949 年 12 月，双桥农场成立了拖拉机手训练班。

1950 年 2 月，双桥农场四周的农村土地改革已经结束。2 月 28 日，农场由京郊管理局移交给拖拉机手训练班。

截至 1950 年 3 月，三期共为全国国营农场培养了 2000 多名学员，成为新中国第一批拖拉机手。因此，双桥农场被誉为"新中国农机事业的摇篮"。

（二）机耕学校

1950 年 3 月 1 日，中央人民政府农业部机耕学校成立，第一任校长李直，副校长狄越，美国朋友韩丁等人都在机耕学校讲课。双桥农场作为机耕学校的实习农场，拥有一定数量的机械、运输、水利和加工设备，配合学生实习。同年 3—4 月，朱德曾来农场视察，即指示从车站往实习工厂修一条铁路复线，以保证农业机械的及时运输到位。1950 年，在实习农场试验过多种农机具，如玉米收割机、棉花收割机、土豆收获机、植树机、铡草机等。很多农机具，都是先在这里试验，然后再向全国各地推广的（表 2-18）。

从成立至 1952 年 4 月，农业部双桥机耕学校共训练拖拉机驾驶员 1025 人，并分配到全国各地，成为我国农业机械化事业的骨干力量。

表 2-18　1950 年机耕学校拥有设备情况

类别	名称	数量
机械设备	阿特兹拖拉机	1 部
	福特机	2 部
	电动机	4 部
	柴油机	1 部
	收割机	2 部（1 部自引，1 部马拉）
运输工具	运输汽车	2 部
	胶轮车	2 部
	铁轮车	2 倍
	马	1 头
	骡子	6 头
水利	11 眼机井 5 眼可用，为 2.2～16 千瓦的小井，每天可灌地 30～40 亩	
加工设备	黄油机	1 部
	电气冰箱	1 部
	奶油分离器	2 部
	副业粉房电磨	2 盘

1952 年 10 月，中央人民政府高教部决定在原双桥机耕学校的基础上成立我国第一所农业机械化高等学府——北京农业机械化学院，校长李直，副校长狄越。同时，中央人民政府农业部定名农场为"国营双桥机械化农场"。北京农业机械化学院和国营双桥机械化农场的建立对培养我国农机事业人才，推动我国农机事业的发展，为建设现代化国营农场提供经验有极大的历史意义和深远的影响。

1953 年 12 月，北京农业机械化学院迁至西郊（八大学院处），双桥农场成为完全独立的国营机械化农场。

其间，双桥农场不断接待来场学习、实习和参观新技术、机械化作业等的人员达 20 万人次以上，为周围农村代耕土地 2500 多亩。

二、农场机械化进程

1949 年 6 月 11 日，双桥农场首次用割麦机割麦；10 月 8 日，平郊农垦管理局调来 3 台拖拉机帮助双桥农场耕地，这是双桥农场第一次使用拖拉机作业；10 月 12 日，双桥农场第一次用马拉十行播种机播种小麦。

1950 年 6 月，双桥农场率先使用牵引式联合收割机收获小麦，中华人民共和国中央人民政府副主席、中国人民解放军总司令朱德再次视察双桥农场机收小麦作业。

1951年6月，双桥农场使用C-4联合收获机收割密植小麦，党和国家领导人刘少奇、彭真和徐特立等来麦地参观。密植后的小麦产量达到每公顷1954.5千克（折亩产260.6斤），远超京郊小麦亩产百斤左右的水平。夏季，中华人民共和国中央人民政府副主席朱德再次到双桥农场视察，并于夏末秋初指示新疆派400人到双桥农场学习驾驶拖拉机。

1952年双桥农场的机械化已初具规模，农场拥有拖拉机3台（共73.5千瓦），汽车两辆，与拖拉机配套使用的农机具13部，马拉农具7部，轧花及畜牧业用机械12部，联合收割机1台，电动机16部。农业方面的耕、耙、播90％用机械操作，小麦收获实行机械化；棉花，块根饲料作物为半机械化；喷药、施肥也部分实行机械化；畜牧方面的饮水、挤奶、饲料粉碎、切片、铡草、雏鸡孵化等也大部分实现了机械化；北京牛乳场双桥牛队建立自动饮水设备的新式牛舍，90％牛群开始使用苏联援助的第一台电气挤奶器挤奶。

1953年秋季，双桥农场使用苏制48行播种机播种小麦。同年，农场派人参加蓟县（今蓟州区）青甸洼开荒，共调去二三十部机子，开荒1.4万余亩；秋季，为铺头、定辛庄等农业生产合作社代耕土地193亩，为通县二区小辛庄农民耕翻了多年无法生产的荒草地684亩。

1958年，农场养猪上料实行机械化，用自动料罐、青贮自动补给器和自动饮水器，并试验电气放牧、活动猪舍和野营放牧，以减少人工劳动强度；1958年由农场机务队的机耕组扩大成双桥机务队，1959年扩大成3个机务队，即双桥机务队，队长贾吉祥；黑庄户机务队，队长辛伟；定辛庄机务队，队长画景画。同年，在原农场机务队修理组的基础上建起双桥第一座农机修配厂。

1960年朝阳公社成立，修配厂迁至豆各庄，称道口修配厂。同年，撤销定辛庄机务队，新组建咸宁侯机务队（后改称于家围机务队，20世纪70年代又改称豆各庄机务队），队长方长友；常营机务队，队长杨德山。农场已有4个机务队，机务人员由1958年的15人发展到150多人；1962年，农场已有80％耕地机耕，90％耕地可以灌溉；1964年8月，根据形势发展需要，农场建立双桥机务管理站，下辖双桥、于家围、黑庄户、常营4个机务队和原修配厂；1965年，全场拥有大中型拖拉机26台、排灌机械193台、联合收割机9台，机引农具从1958年的80部发展到151部。

20世纪70年代初，小麦耕、耙、播、收已全部实现了机械化。水田秒地、平地也逐步实现了机械化。1976年后，全场拥有130台插秧机，机插面积逐步扩大，达60％以上。

1990年12月，双桥农场农机公司被农业部授予"全国农垦系统标准化管理优秀单位"；1999 年 4 月双桥农场又将农场机关农村经济工作部及科技站、农机站、农用物资供应站、蔬菜站、畜禽服务站所有资产和人员全部归划双益达。

2001 年，双益达所属农机公司划入三元石油集团。

三、机械引进及开发

1952 年 3 月 22 日，中华人民共和国中央人民政府主席毛泽东将罗马尼亚人民共和国政府部长会议主席格罗查赠送的 2 台拖拉机转交农业部双桥机耕学校。机耕学校和双桥机械化农场举行接收仪式，机耕学校驾驶员田军凯和农场评出的劳动模范李俊伦进行田间操作表演；1953 年 6 月，双桥农场接受捷克斯洛伐克共和国赠送的拖拉机、拖车、培土机各 1 辆及各种配件 195 件；1955 年以来，农场的农机具改革，有了很大的发展。对化学肥料施肥机进行多次改装；试制平型镇压器，并赶制出五台空心式平型镇压器来解决秋季和早春顶凌播种镇压问题；试制培埂准向犁，用克德-35 拖带，一次培埂八行，解决地势低洼易涝，块根作物（白薯）必须大垄培埂问题。

1974 年 4 月，双桥农场农机修配厂试制成功"红旗 700"脱谷机 11 台；1975 年开始引进水稻插秧机和机耕船，并在万东、东马、十里堡等生产队进行机插试点；1978 年，双桥农场从丹麦引进鱼骨式挤奶机。

1983 年，双桥农场率先引进佳木斯生产的 1000 系列联合收获机，在京郊得到推广，成为京郊首选的收获机型。

中国农垦农场志丛

第三编

工业产业

中国农垦农场志丛

第一章 发展起步阶段（1958—1976年）

一、发展历程

1958年2月，全国国营农牧场社会主义建设积极分子大会召开，提出国营农场要"农牧业和加工业相结合，多种经营"。8月，农场在新生窑厂、解放军总参下放干部支援下，开始建加工厂厂房；同期建制药车间。1958年，双桥农场加工厂制糖车间建成，开始用两口大锅生产饴糖，开启了农场最早的工副业。

1959年，在原农场机务队修理组的基础上建起双桥第一座农机修配厂；制药车间土法上马，因陋就简，制出一万单位高效土霉素，经农业部鉴定向全国推广；加工厂全年利润16万元，糖浆产量占全市25%～30%，淀粉产量居全市首位。

1965年5月，农场在市有关化工部门协助下，自筹资金10余万元，办起大型工副业——北京市双桥农药厂；1966年春季，农药厂建成投产。同年农场又自筹资金建起面粉厂、五金加工厂（1971年下放到三间房分场，人员除留下少部分外，大部分调给农场修配厂）。

1966年，全民工业只有4个厂家，即农药厂、淀粉厂、特艺厂、五金厂，共有职工345人。工业收入140万元，利润23.1万元。

二、部分产业选介

（一）修配厂

1959年，在原农场机务队修理组的基础上建起双桥第一座农机修配厂，1960年朝阳人民公社成立，修配厂迁至豆各庄，称道口修配厂，人员发展到132人。厂长贾宝堂（兼），副厂长韩玉清、史克俭。

1961年4月，朝阳人民公社撤销，修配厂于同年8月又迁回双桥，修理人员约50人左右。修配厂拥有一定数量的车、铣、磨、刨、钻等机床和铸铁、翻砂设备，具备机加工和修理农机具的能力，不仅为本场服务，还为周围有关单位服务。据统计，仅1963年对内、外大修机车 21 台，小修机车 24 台，改装东方红引擎 3 台，改装分解操纵台 3 台，攒 2～25 人机车 1 台，改装 0～100 号推土机 3 台，试制打稻机 13 台，试制斜面平地机 6 台，为农机事业做出贡献。

1974 年 4 月 25 日，农场农机修配厂试制成功"红旗 700"脱谷机 11 台。

（二）农药厂

1965 年，为了开展多种经营、以工养农，农场在市有关化工部门的协助下，自筹资金 10 余万元，开始兴办化工企业——农药厂。杨宝贵担任书记，黄立本、徐国忠分别担任正、副厂长，并陆续从各单位职工中，抽调出 1962 年来场的中学生和一部分农民子弟，送北京农药厂培训。

农药厂 1966 年投产，当年共有职工 67 人，该厂土法上马，土洋结合，从设计、施工、设备制造、安装全靠自己的力量。1966 年生产敌稗乳油 203 吨，收入 81.4 万元，创利 11.2 万元；1968 年该厂干部、职工仅用 18 天，花了一万元建成了三氯化磷车间，一次试车成功（正常情况需 8 至 9 万元，半年时间才能建成），年生产三氯化磷 1000 吨，不仅满足本厂自用，还为北京地区填补了化工原料的空白做出了贡献；农药厂 1966 年至 1976 年创利润总计 1087.7 万元，在一定程度上促进了农场农牧业的发展和提高了人民的生活水平。

1982 年 7 月，农药厂和北京市第一制药厂合营，农药厂以全部厂房、设备和 500 多名职工为条件，合营后改为北京市第五制药厂，双方就办厂的具体问题和事宜签订了《北京第一制药总厂与双桥农场关于合营建立北京第五制药厂》的协议书。北京市第五制药厂占用双桥农场土地 15 万平方米和部分固定资产，每年上交农场利润约 100 万元。

制药五厂投产后，不履行合同规定，长期拖欠农药设备投资等资金不还，使农场生产受到影响；1985 年 7 月，农场对制药五厂正式起诉；1986 年 3 月 27 日，关于农场与北京制药厂合营建立北京市第五制药厂债款问题，市政府农林办、市经委发出批复，要求市医药农场按原协议，在 1986 年内一季度前分期付清农场债款，双方重新修改协议，继续合作。

（三）淀粉厂

1958 年，双桥农场开始建设加工厂淀粉车间，1959 年正式建设完成并发挥生产效用，其淀粉生产量居当时北京市首位。

1966 年，淀粉厂拥有职工 139 人，主要生产淀粉、糊精、白酒等。当年收入 36.4 万元，利润 5.5 万元，1969 年扩建面粉车间加工小麦。

1969 年前，淀粉厂大部分生产为手工操作，1969 年以后开始进行机械化改革。如玉米的流浆槽改为分离机，石磨改为钢磨，逐步提高工效，1972年开始生产玉米油。

1976年，淀粉厂职工发展到161人，工业收入达71.2万元，利润15.1万元。

20世纪70年代，淀粉厂每年向北京市供应淀粉75万公斤。

（四）特艺厂

特艺厂地址在原淀粉厂后边，职工68人，生产料活、牙雕、首饰等。1966年被定为"为资本主义服务"，下半年被迫停产。当年收入5.5万元，创利0.7万元。1967年与淀粉厂完成合并。

（五）五金厂

1966年，五金厂有职工71人，主要经营黑白铁活。1971年下放到三间房分场，人员除少部分留下外，大部分调给农场修配厂。

三、"文革"时期

1967年，特艺厂和淀粉厂合并。

1969年，农副产品加工工业开始在农场兴起，农村生产队开始利用稻草打草绳，打床垫、组织编筐等。同年，豆各庄化工厂由农场接管。农场派去干部30多人，配备工人400多人。

1971年，为了加强对全民企业的领导，改变企业连年亏损的状况，经党委、革委决定，把全民企业收归农场直接领导，下辖豆各庄化工厂、农药厂、淀粉厂等工业企业。乡办工业在农场的帮助和支持下，开始起步。

1973年，农村分场建立党委以后，开始重视了工业、副业的发展。农村和企业分别核算后，农村分场没有工副业，没有积累，在农场帮助下办起了一批工副业、猪场、渔场、机务队、科技站，使分场一级的企业产值一年就达到了160万元。当时乡办工业只有4个厂家，即常营砖厂、常营修配厂、管庄修配厂、三间房五金厂。工业收入65.4万元，利润19.7万元，税金3.8万元。

豆各庄化工厂1973年由朝阳区工业局接管，以后又归市化工局领导，改名为北京市化工八厂。

1975年，豆各庄分场办起磷肥厂一座。

1976年，农场全民工业只有3个厂家，即淀粉厂、农药厂、修配厂，职工861人，工业收入812.5万元，利润155.9万元。乡办工业发展到11个厂家，即常营砖厂、常营修配厂、常营铸造厂、常营拉锁厂、管庄扣厂、管庄纱厂、管庄修配厂、三间房五金厂、豆各庄修配厂、黑庄户配件厂、黑庄户瓦具厂。职工 1390 人，工业收入 592.7 万元，利润 167.5 万元（表 3－1）。

表 3－1　1966—1976 年工业生产发展情况

		单位	1966	1976	1976 年比 1966 年增减	平均年递增
工业企业个数		个	4	14	2.5 倍	
其中	全民	个	4	3		
	集体	个		11		
职工人数		人	345	2551	6.4 倍	
其中	全民	人	345	861		
	集体	人		1390		
工业收入		万元	140.0	1405.2	9.3 倍	25.9%
其中	全民	万元	140.0	812.5		
	集体	万元		592.7		
净利		万元	23.1	323.4	13 倍	30.2%
其中	全民	万元	23.1	155.9		
	集体	万元		167.5		
销售收入利润率		%	16.5	22.6		

第二章　快速发展时期（1977—1998 年）

一、发展历程

1978 年，农场确立"以农牧业为基础，以工业为经济支柱，积极发展第三产业"的经营方针，全场场办、乡办、队办三级工业企业已有 56 个，职工 4817 人。工业收入 2339.3 万元（含国营工业 1294 万元，乡办 646.7 万元，队办 398.6 万元），占全场三级总收入 4031.9 万元的 58%，实现利润 357 万元（含国营 214 万元，乡办 104 万元、队办 39 万元）。

1984 年，全场三级工业企业发展到 137 个（含国营 8 个、乡办 21 个、队办 108 个），职工 9799 人（含国营 2039 人、乡办 3559 人、队办 4201 人）；工业收入达 8091.1 万元（含国营 3266.3 万元、乡办 2640.3 万元，队办 2184.5 万元）；实现净利润 775.3 万元（含国营 408.8 万元、乡办 131.2 万元、队办 235.3 万元）；就企业个数、职工人数、收入、净利四项指标，分别比 1978 年增长 1.4 倍、1.0 倍、2.5 倍、1.2 倍。

1989 年，畜牧分场（不含乳品厂）的工副业收入达 960.9 万元，占该分场总收入 5100 万元的 18.89%，实现利润 180.5 万元，占畜牧分场当年利润 210.4 万元的 85.8%。

1989 年底，全场共有场办、乡办、队办三个层次的工业企业 182 个，职工 1.21 万人。工业收入 2.53 亿元，实现净利润 1255.2 万元，以上四项指标分别比 1984 年提高 33%、23%、2.1 倍、62%（表 3-2）。工业收入占全场三级总收入，由 1984 年的 59% 提高到 59.8%，成为农场的重要经济支柱。主要产业如下。

①食品工业：奶制品加工、肉食品加工、糕点、冷饮、冰激凌、巧克力、淀粉、味精等。

②纺织工业：织布、染织。

③化学工业：制药（含人用、兽用）、黏合剂、塑料制品、橡胶制品、造纸。

④机械加工：汽车配件、汽车修理、农具制造、金属结构。

⑤建筑材料：木材加工、水泥构件、钢窗等。

⑥铸造。

⑦金属材料制品。

⑧印刷。

⑨服装。

⑩工艺美术、宫灯、台灯、壁画、石雕、木雕、珐琅、首饰等。

⑪玻璃制品。

表 3-2　1978—1989 年全场企业情况统计

年份 项目	1978 年				1984 年				1989 年				1984 年比 1978 年 增减	1989 年比 1984 年 增减
	合计	国营	乡办	队办	合计	国营	乡办	队办	合计	国营	乡办	队办		
工企个数（个）	56	3	14	39	137	8	21	108	182	9	24	149	1.4 倍	33.0%
职工人数（人）	4817	875	1900	2042	9799	2039	3559	4201	12126	2773	3913	5440	1.0 倍	23.0%
工业收入（万元）	2339.3	1294.0	646.7	398.6	8091.1	3266.3	2640.3	2184.5	25263.3	8364.3	8414.0	8485.0	2.5 倍	2.1 倍
净利润（万元）	357.0	214.0	104.0	39.0	775.3	408.8	131.2	235.3	1255.2	467.7	274.8	512.7	1.2 倍	62.0%
工业收入占全场总收入	58.0%	—	—	—	59.0%	—	—	—	59.8%	—	—	—	+1.0%	+0.8%
销售收入利润率	15.2%	—	—	—	9.5%	—	—	—	5.0%	—	—	—	-5.7%	-4.5%

1989 年，工业分场实现销售收入 4643 万元，比上年同期减少 810 万元，下降 14%，实现净利 223 万元，完成年计划 44.7%，比上年下降 55%，减利 279 万元。食品工业迅速发展，乳品厂不断增加产品花样，继续完善和发展各项经济责任制，完成鲜奶加工 938 万公斤，超计划 54 万公斤，生产糕点 25 万公斤，冰棍儿 1887 万支，汽水 24 万打（1 打为 12 瓶），巧克力 12.7 万公斤。葡萄糖厂受自然灾害影响，原料紧缺，淀粉完成总产 4145 吨，生产味精 120 吨，比上年产量分别减少 640 吨和 1090 吨，葡萄糖产量为 1339 吨，比上年增加 1415 吨。纸袋受压缩基建影响，销售量比上年减少 559 万个，减少 57%，共生产 653 万个。

1990 年，全场三级工业 152 个，职工 14698 人，实现销售收入 26115.08 万元，比 1989 年 25263.3 万元增长 3.4%，实现净利 1671.85 万元，比 1989 年 1255.2 万元增长 33%。

为适应社会主义市场经济发展的需要，农场在经营理念上实现重大转变，企业发展由过去的发展速度型转向发展效益型。第二产业实施两大战略，即"集团战略"和"名牌战略"。要在巩固、壮大乳品、制药、建材、化工、清真食品、燕京药批等已初具规模的企业集团的同时，积极创造条件，力争再创建一批适应市场经济需要的新的企业集团。

名牌产品是企业综合实力的体现，在发展原有名牌产品的同时，借助高新技术，再创新名牌、用优异的产品质量参与市场竞争。国营部分以医药、水泥、化工集团为重点；集体部分以清真食品、燕京药批为重点，上水平、上规模，形成新的产业和经济增长点。努力提高现有拳头产品的知名度，拓展市场。

同时实施乡村企业化工程。乡办、队办企业以产权改革为突破口进行"改制、改组、改造"，盘活存量资产，重组生产要素，形成新的生产力。1993 年，工业在提高新技术投入、提高企业和产品的科技含量，创造更多的名优产品上做出努力，对低效、亏损或扭亏无望的企业实行了合并，以几个优势企业为龙头，成立了药业公司、乳品公司和双利公司。促进了企业间的优势互补和结构重组。既消灭了亏损企业，又提高了生产的专业化、系列化水平。兽药厂新产品盐酸呋吗唑酮和长城机械厂的医用焚烧炉不仅投资少、见效快，而且填补了国内空白；乳品厂相继增加了学生奶公司、清洗公司、包装公司等 10 个新项目，销售收入突破了 3500 万元，利润突破 250 万元；制药厂扩大扑尔敏（氯苯那敏）生产线，开发制剂新品种，完成销售收入 4591 万元，利润 356 万元，比上年增长了 40.9％。

20 世纪 90 年代初，农场进入"质量、品种、效益年"以来，农场制定了"规范管理上等级，挖潜革新增效益，爱国立功劳动竞赛"的办法，竞赛分三项内容展开，即以在同行业各单位之间，组织规范化管理，达标上等级为主要内容的竞赛活动。年终在完成双文明建设指标的单位中评选"上一流水平，创一流效益"的效益杯优胜单位。在企业车间、班组中开展以规范化管理基础建设为主要内容的"比达标升级竞赛"活动，分别评选合格、先进、特级车间、班组。在管理人员、科技人员和职工中，开展"挖潜、革新、增效益，爱国立功百名标兵"竞赛。

1. **集团企业上水平、上效益**　坚持扶优扶强政策，使企业集团不断壮大经济实力。如：制药公司、金鱼公司、双益达集团（原农场水电站）、东旭集团、建材集团、燕京药批、化工库、兽药厂（立时达药业有限公司）、光明开关厂、活力家具厂、三间房构件厂等。总场、分场都对其加大投入，给予优惠政策，使其顺利发展。

2. **促使中、小企业上规模、上等级**　对中、小企业加强企业内部管理，为其发展壮大积极创造条件。农场首家国营企业北京市双果木器加工厂被总公司批准为股份合作制企业，改制后的企业充满了生机。

3. **对亏损业实行关、停、并、转**　经过调整改制，一些亏损企业盘活盈利，免遭破产。自 1996 年以来，黑庄户配件厂、豆各庄紫金肉食厂等，先后实行了租赁承包的改制措施，经过一年多的运转，配件厂收益 250 万元，紫金肉食厂收益 90 万元；清真食品集团也采取了调整组织结构，加强内部管理，强化销售队伍建设等措施，月销售额突破 150 万元；豆各庄华联装饰公司改制后利润增长 50％；箱柜厂合并到机务队后由停业转为年盈利 15 万元；双利公司果树承包后减亏 20 多万元。

4. **开展"双学双创"活动**　"双学双创"即"外学邯钢，内学乳品，狠抓管理，争创名牌",在全场范围内迅速开展学邯钢、学乳品的管理经验和创明星、名牌产品活动,促进了全场经济建设进一步发展。

邯钢的经验归纳起来就是"模拟市场,成本否决"即制定企业生产经营目标,用倒推法确定目标成本和目标利润,指标分解,成本否决。

乳品的经验主要是"以人为本,二级核算"。双桥乳品公司在不依靠农场增加投资的情况下,经济效益平均年增长始终保持在20%以上,因其拥有四大行业、8个分公司、20多个批发站、400多家销售网点,产品才得以扩展到4个省、12个市的综合性企业,1995年实现销售收入4021万元,创利508万元。

该公司"坚持以人为本,搞好二级核算"。坚持以人为本:公司领导坚持抓住解放生产力、发展生产力的根本要素——劳动者,通过各种手段努力调动公司、车间、班组、骨干职工、科员等五个层次劳动者的积极性、创造性,促进了公司生产力的解放与发展;搞好二级核算:公司实行微机管理,核算到生产车间。将车间列为一线,对其产量、质量、支出费用、利润(模拟利润)等进行全面考核。同时保证部门和其他部门列为二线、三线,分别制定了具体的考核内容,考核结果和干部、职工的收入直接挂钩,强化了企业内部管理。

1997年,全场有实力的产品共7个,年销售额1.6亿元,其中如泰利特新药年创利润1200万元,活力家具创利润1000万元。国营、集体企业还开发了一些科技含量高、市场竞争力强的新产品,这些新产品如抗菌王、乡佬方便面、新型乳制品、绿鸟牌活性乳、绿鸟牌100%纯牛奶、绿鸟牌VD消毒奶、激光治疗仪和活力家具等已成为农场新的经济增长点。

5. 集团企业和骨干企业实力增强 由于农场在深化改革中坚持"扶优扶强"政策,使得原有的集团企业不断壮大经济实力。制药公司通过开发新产品,创利570万元,金鱼公司、双益达集团、东旭集团、建材集团、燕京药批、化工库、兽药厂(立时达)、兴明开关厂、活力家具厂、三间房构件厂等骨干企业都有了新的发展,实现了企业增效,职工增收的目标。

二、不同性质企业及荣誉概况

(一)国营工业

1978年,双桥农场的国营工业企业只有三个厂,即淀粉厂、农药厂、农机修配厂。

从1979年6月开始,为了加强对全民企业的专业化管理,把原来的企业分场(即双桥分场）分为工业、畜牧两个分场，工业分场党委书记兼场长韩玉清，副书记辛伟，工业分场副场长陈志业。工业分场下属七个单位：即农药厂、制药厂、淀粉厂、修配厂、木材厂、物资站、基建队，职工 1740 人。

1979 年 8 月，原科技站制药车间迁至葡萄园西，扩建厂房后正式定名双桥制药厂，投产"苯海拉明"；11 月，农场与北京针织工业公司联营成立双桥针织服装厂，在全场范围内招工，规模在 300 人左右，生产出口针织服装。

1980 年，农村工副业也有了较大发展，全场已有 81 个厂（点），全年完成利润 297 万元。农场全年总产值达到了 2532.18 万元，工业总产值占总产值的 68.3%。

1982 年 7 月 6 日，经北京市计委、经委、农林办批复，原农场农药厂全部设备、人员与北京市第一制药总厂合营建立北京市第五制药厂。

1984 年，全民企业发展为 8 个厂，即制药厂、木材厂、针织厂（和北京市第二针织公司合营）、钢窗厂、纸袋厂、乳品厂、农机修配厂、葡萄糖厂。

1985 年以后，工业在巩固提高的基础上进行了调整，该合并的合并，该转产的转产，并新建 2 个厂。

1986 年 1 月，中央政治局常委、中共中央纪律检查委员会第一书记、常委陈云为双桥乳品厂题写厂名"北京市双桥乳品厂"；8 月 5 日，农场利用现有 460 平方米的空闲房屋建立起北京市朝阳区新胜五金厂。该厂主营蔬菜大棚架加工、电气焊、水暖件加工，企业性质为全民所有制。

1986 年，八个国营工业单位在资金紧张、原材料涨价、市场困难等多种不利因素影响下，调整产品结构，增加花色品种，实现利润 450 万元，占全场利润总额的 68%，比上年增长 9%。

1987 年 4 月 20 日，北京市城区建设工程公司将该公司下属企业北京市东方艺术雕塑厂无偿划归双桥农场。企业性质由集体所有制变为全民所有制，并接受该厂一切业务、13 名现有职工以及近 3 万元的固定资产；4 月 29 日，农场与辽宁省凌源县（今凌源市）大王杖子乡联营建立北京市朝阳区双凌山枣饮料厂。该厂为全民所有制性质，农场以厂房、仓库、车棚共 400 平方米折合 10 万元作为投资，凌源工业公司投资 50 万元。利润三七分成，农场 30%，凌源工业公司 70%。亏损按比例分摊；11 月，经北京市计划委员会批准，北京市兽药厂成立，注册资金 250 万元，固定资产 210 万元，流动资金 40 万元。职工人数 150 人，经营范围：生产、销售兽药。

1988 年 11 月 7 日，农场建立北京市新型建材厂，建筑面积 400 平方米，总投资 95 万元，企业性质为全民所有制，从业人员 60 人，经营范围：生产、销售轻型墙板等建筑材料。

1989 年 12 月 1 日，农场成立北京市双桥京华制鞋厂。建筑面积 340 平方米，为全民所有制性质，注册资金 30 万元，从业人员 30 人，主管单位为双桥商业公司。

1989 年底国营工业企业有 9 个单位，即制药厂、葡萄糖厂、乳品厂、纸袋厂、木材厂、工程机械厂、兽药厂、五金厂、磁件厂（表 3-3）。

表 3-3 1978—1989 年国营工业收入利润增长情况

	1978 年	1984 年	1984 年比 1978 年增减	1989 年	1989 年比 1984 年增减
工业企业个数（个）	3	8	+167.0%	9	+12.5%
职工人数（个）	875	2039	+133.0%	2773	+36.0%
工业收入（万元）	1294.0	3266.3	+152.0%	8364.3	+156.0%
净利润（万元）	214.0	408.8	+91.0%	467.7	+14.4%
工业收入占国营企业收入	65.0%	67.0%	+2.0%	62.0%	−5.0%
工业净利占国营企业利润		83.0%		48.4%	

1991 年 11 月 1 日，农场集资兴建的大型液化气站落成，实行自买、自运、自灌，是首都东南部最大的液化气自管站。

1992 年，国营工业企业实现总利润 351.6 万元，比去年增长 17.7%。

1993 年 7 月 6 日，北京双桥制药厂发展成为双桥制药公司，注册资金 2000 万元；10 月 24 日，农场首家国营企业北京市双果木器加工厂被总公司批准为股份合作制企业。

（二）乡、队企业

1987 年 1 月 6 日，农场常营牛场利用空闲房屋，建立常营清真冷饮厂，主要生产冰棍、雪糕。资金、原料自筹，产品自销。

1989 年，农场拥有乡办工业 24 个，有 14 个行业，包括机械制造业 5 个，建材制品 1 个，铸造业 2 个，纺织工业 1 个，汽修 2 个，塑料制品 1 个，化工业 2 个，造纸业 1 个，金属及非金属制品 4 个，印刷业 1 个，手工工具 1 个，低压控制设备制造 1 个，食品加工 1 个，其他行业 1 个；队办工业 149 个，有 16 个行业，包括食品制造 6 个，文教体育用品 4 个，服装 6 个，工艺美术 4 个，木材加工 3 个，化学工业 6 个，造纸及纸制品 9 个，橡胶制品 3 个，家具制造 5 个，塑料制品 5 个，印刷 10 个，金属材料制品 12 个，金属制品业 21 个，交通设备制造业 4 个，机械工业 27，其他 24 个（表 3-4）。

1997 年，东旭村与东北一家企业合作创办京亚木业有限公司，主要经营集成材、实木家具等，当年营业收入突破 1000 万元。

1998 年 3 月，管庄分场重兴寺集体企业——双桥汽车制动泵厂以 100 万的价格将产权转让给个人，成为双桥农村集体企业产权转让第一家。

表 3-4 1978—1989 年乡队两级工业发展情况

	1978 年		1984 年		1984 年比 1978 年	1989 年		1989 年比 1984 年
	合计	队办	合计	队办	增减	合计	队办	增减
工业个数（个）	53	39	129	108	+143.0%	173	149	+34.0%
职工人数（个）	3942	2042	7760	4201	+97.0%	9353	5440	+20.5%
工业收入（万元）	1045.3	398.6	4824.3	2184.5	+362.0%	16899.0	8485.0	+250.0%
净利润（万元）	143.0	39.0	366.5	235.3	+156.0%	787.7	512.7	+115.0%
工业收入占农村总收入	48.9%		53.3%		+4.4%	59.0%		+5.7%
工业劳力占农村总劳力	20.0%		44.0%		+24.0%	56.0%		+12.0%
销售收入利润率	13.6%		7.6%		−6.0%	4.0%		−3.6%

（三）合资企业

1992 年 6 月 13 日，双桥制药厂与西班牙齐氏环球贸易有限公司合资成立北京太洋医药化工有限公司。项目投资总额为 100 万美元，注册资本 70 万美元。双桥制药厂以厂房、设备、附属设施及现金作为出资 28 万美元，占注册资本的 40%。西班牙齐氏环球贸易有限公司以技术、设备、现金作为出资 42 万美元，占注册资本的 60%。合资企业生产 BK 蚊蝇器，合资年限为 15 年。

1995 年 12 月 12 日，（荷兰）中国国际食品贸易有限公司与北京市双桥化工原料仓储库合作设立，注册资本 70 万美元，外方出资 42 万美元持股 60%，双桥化工原料储存库出资 28 万美元，持股 40%，公司主营造纸和纸制品。公司于 2010 年 9 月 17 日注销。

1996 年，北京制药公司与北京太洋世纪商贸公司合资成立北京太洋环宇医药有限责任公司，注册资本 50 万元，制药公司出资 24.5 万元，占注册资本的 49%；太洋世纪商贸公司出资 25.5 万元，占注册资本的 51%。

（四）其他工业

除上述工业企业外，在畜牧分场、服务分场的各企、事业单位中，也相继办起了从事工业生产的小车间、小工厂，形成了一业为主、多种经营，以工补农、以工补牧的局面。如双桥牛场的制瓶车间、豆各庄牛场的首饰加工车间、管庄猪场的机加工车间，种猪场的木器加工车间，石槽果树队的纸袋厂等。

（五）产品及荣誉

1989 年，农场国营工业主要产品有苯海拉明，葡萄糖酸钙，扑尔敏等 9 种原料药、20 多种制剂和露它净等 30 余种兽药，以及淀粉、口服葡萄糖、味精、粘合剂。树脂胶、木制家具，纸袋等。制药厂和有关单位联合生产的"联苯双酯"曾获 35 届布鲁塞尔国际博览会金质奖；这个厂生产的"沛心达"填补了国内制药行业的一项空白，是治疗心脏病的特效药；盐酸苯海拉明 1987 年被评为部优产品；扑尔敏、胃复安（甲氧氯普胺）1988 年评为市优产品。兽药厂生产的"露它净"获市科技三等奖。

乡队企业也有了快速的发展。黑庄户配件厂从 1987 年开始连续三年被评为市级双文明单位，厂长杨茂被评为北京市劳动模范、市农场局系统十名优秀企业家之一。760 压盘、飞轮、进排汽总成三种产品 1988 年获市优产品、1989 年获部优产品，同时计量上国家二级。除黑庄户配件厂外、乡、队工业中还有 8 个单位计量上三级，1989 年有 6 种产品获市优。

三间房乡褡裢坡生产队办的太阳能成套设备厂，生产的微循环太阳能式热水器，1987 年获国家专利（市能源办优质产品），产品畅销 10 多个省、市。

常营乡绝缘测试设备厂生产的 12 种绝缘测试设备，获市技术开发优秀奖。

管庄乡激光器厂生产的二氧化碳激光治疗仪，获市技术开发优秀奖，产品畅销北京、上海、河北、东北等地，并出口创汇。

豆各庄乡新宏离子镀膜厂生产的涂层硬质合金刀片，1989 年获局科技进步一等奖。

1992 年 11 月，北京地区工业企业 500 家规模经营排序中，双桥农场三家企业榜上有名：北京市燕京制药厂、北京市京东造纸厂、北京市双桥制药厂。

1993 年 3 月，农场有六项产品达到全市新技术及产品认定标准。分别是：微循环式太阳能热水器、酰舒（过氧苯甲酰）、激光治疗机、激光美容治疗机、激光美容治疗仪电脑触摸式、触控光针仪。

1995 年，燕京医药公司在中国乡镇企业排序中分别荣获"中国商业行业最大规模乡镇企业"百家第 19 名、"中国最大经营规模乡镇企业"千家中第 838 名。

1996 年 3 月 22 日，在中国首届农业科技年会上，双桥乳品公司生产的绿鸟牌活性乳获精品金奖。绿鸟牌 100％纯牛奶和绿鸟牌 VD 消毒奶分获精品银奖、铜奖。

1997 年 1 月，双桥药业公司被授予"1996 年度首都文明单位"。北京市兽药厂、燕京医药公司、常营乡佬食品公司被授予"1996 年度朝阳区文明单位"。

三、部分产业选介

（一）制药厂

1979 年 8 月，原双桥农场科技站制药车间迁至葡萄园西，扩建厂房后正式定名双桥制药厂，投产"苯海拉明"。

1992 年 6 月 13 日，双桥制药厂与西班牙齐氏环球贸易有限公司合资成立北京太洋医药化工有限公司。项目投资总额为 100 万美元，注册资本 70 万美元。双桥制药厂以厂房、设备、附属设施及现金作为出资 28 万美元，占注册资本的 40%。西班牙齐氏环球贸易有限公司以技术、设备、现金作为出资 42 万美元，占注册资本的 60%。合资企业生产 BK 蚊蝇器，合资年限为 15 年；11 月 5 日，双桥制药公司下属的双桥制药二厂顺利通过验收。

1993 年 7 月 6 日，北京双桥制药厂发展成为双桥制药公司，注册资金 2000 万元。

1994 年，4 月 20 日，双桥制药厂三车间发生爆炸事故，造成 2 人死亡，1 人重伤，部分厂房倒塌，机器设备及半成品被毁。事故直接原因是该厂三车间内一蒸馏负压罐爆炸。8 月，制药公司与北京市集才药物研究所共同研究开发的国家四类新药，最新型大环内脂类抗生素——泰力特（阿奇霉素）胶囊取得卫生部现卫健委颁发的新药证书、批准号和生产许可证，正式投产。

1996 年，北京制药公司与北京太洋世纪商贸公司合资成立北京太洋环宇医药有限责任公司，注册资本 50 万元，制药公司出资 24.5 万元，占注册资本的 49%；太洋世纪商贸公司出资 25.5 万元，占注册资本的 51%。

1998 年，制药公司年收入达 1.06 亿元。

1999 年 3 月，制药公司成立药物研究所；9 月 27 日，制药公司无偿接收原军队企业中国天龙实业总公司；12 月 13 日，制药公司与永清县宏业化工厂合作建立廊坊太洋药业化工有限公司。双方均以实物作价出资，制药公司出资 458.6 万元，占股 37.5%，永清县宏业化工厂出资 763 万元，占股 62.5%。

2000 年 9 月 9 日，新北京太洋药业有限公司成立。由中国国际金融有限公司向太洋药业投资 1000 万美元现金，持有太洋药业 69.58% 的股权。制药公司向太洋药业投入 450 万美元的资产，持有太洋药业 30.42% 的股权。

（二）兽药厂

1987 年 11 月，经北京市计划委员会批准，北京市兽药厂成立，注册资金 250 万元，固定资产 210 万元，流动资金 40 万元，职工人数 150 人。经营范围：生产销售兽药。

1991 年 7 月 7 日，农场投资 510 万元建成华北地区最大的兽药厂——北京市兽药厂投产；12 月，我国第一条球威-25 生产线在双桥兽药厂建成投产。生产的球威-25 获得首届中国农业博览会铜质奖。

1999 年 12 月 29 日，根据总公司京农管字〔1999〕第 73 号文件，北京市农工商联合总公司决定组建北京三元种业股份有限公司，农场所属的北京市兽药厂划归三元种业。

2000 年 3 月 16 日，经北京市工商行政管理局核准，北京市兽药厂名称变更为北京立时达药业有限公司。

2003 年 4 月 14 日，北京立时达药业有限公司重新划归双桥农场管理。

（三）饲料厂

1985 年，农场饲料加工队和原淀粉厂所属面粉车间合并改称饲料加工厂，人员扩大到 135 人。从 1987 年开始优化组合，人员实现递减，1988 年加工厂有 65 人，1989 年为 54 人。

精饲料加工主要为双桥农场国营各畜牧场、农村集体养殖业和专业户服务。1983 年以前主要加工生产混合料，1983 年以后，随着畜群的不断扩大，饲养水平的提高，对精饲料需求数量扩大，质量要求更高，所以增装五千吨机组，改为生产配合饲料。年加工量从 1983 年的 7500 吨增至 1988 年的 1.28 万吨，1989 年增至 2.14 万吨，分别比 1983 年增长 71% 和 185%。

由于产品质量的提高和稳定，服务质量的改进，饲料销售范围逐步扩大。除本场外，还供应农场周围的企、事业单位，远到通县、昌平、大兴、河北的三河、天津的蓟县、武清等。

饲料厂树立"为畜牧服务"的宗旨和"质量第一、信誉第一、用户至上"的观点，从 1988 年开始开展"夺金杯"竞赛活动，以产品质量为中心搞好科学化、规范化管理，坚持优质服务，开展"双增双节"（增产节约，增收节支），挖掘企业内部潜力。该厂饲料加工量 1989 年比 1988 年增加 8537 吨，增长 67%，比 1987 年增加 12612 吨，增长 144%。1989 年，饲料厂总收入为 785.7 万元，比 1988 年增加 132.47 万元，增长 20.3%，比 1987 年增加 498.1 万元，增长 173%。比 1987 年增加 209 万元，增长 4.8 倍。该厂 1988 年至 1989 年两次分别获北京市、国营农场管理局"金饲杯"奖。

（四）乳品厂

乳品加工厂 1981 年兴建，投资 330 万元，1983 年 5 月正式投产。

1986 年 1 月，国家领导人陈云为双桥乳品厂题写厂名"北京市双桥乳品厂"。

1989 年，乳品加工厂除鲜奶加工外，生产酸奶、汽水、糕点、巧克力等 11 个品种，年产值从 1983 年的 245 万元增加到 1989 年的 1600 万元，创利从 1983 年的 1.3 万元，增加到 1989 年的 100 万元。国营三个牛场的冷饮生产，冰棍年生产近 3200 万只，雪糕 200 万只，酸奶 340 万瓶（表 3-5）。

乳品厂抓住市场信息，在厂外共开辟销售网点 12 个，产品不仅在北京市站住脚，而且打入河北市场，1990 年有 4 种产品（冰激凌、蛋卷、酸奶、花色雪糕）成为亚运会专供商品，签订合同十年。

表 3 - 5　1989 年上市冷饮、食品统计表

	酸奶（瓶）	冰棍、双棒雪糕（支）	汽水（打）	冰激凌、蛋卷（个）	糕点（公斤）	巧克力（公斤）
乳品厂	6042604	24571758	234435	4921807	2489785	126555.5
豆牛	1349602	8194071		442000		
双牛	1416695	4983120				
长牛	600000	2871800				
合计	9408901	40620749	234435	5363807	2489785	126555.5

20 世纪 90 年代，双桥乳品公司由一元化向多元化发展，相继建立起由著名营养学专家于若木担任名誉顾问的学生奶制品供应公司，还有双龙清洗公司、三汇公司、装饰公司、商业批发公司等十个项目。其开发出的绿鸟牌活性乳，从产品的试制生产到上市，短短几个月的时间，东城、西城、朝阳、宣武、崇文、丰台、海淀及临近的几个区县都有"绿鸟"的身影，该产品日产量达 26.2 吨，为乳品生产带来可观的收益。

乳品公司还兴建跨地区冷食分厂，自筹资金和利用自己的先进技术，在山东济南青龙山地区和河北夏垫开辟了自己的领地，建立了双桥乳品公司跨地区冷食分厂。

双桥乳品公司在不依靠农场增加投资的情况下，经济效益平均年增长始终保持在20％以上，逐步发展为拥有四大行业、八个分公司的综合性企业，1995 年实现销售收入4021 万元，创利 508 万元。

1997 年，双桥乳品厂划归三元食品股份有限公司。

第三章　现代企业发展（1999—2007 年）

1998 年 8 月，按照上级指示，双桥农场进行了场乡体制改革，实行政企分开，农村集体经济与农场分离，终结了延续四十年的"国营带集体""全民、集体两种所有制并存"的经营体制。

1999 年，在农场社会总收入中，第一产业占 7%；第二产业占 63.5%；第三产业占 29.5%。在利润中，第一产业由于政策性倒挂，利润完成－30.7 万元；第二产业完成 245.3 万元；第三产业完成 7.9 万元，占利润总额的 3.55%。第二产业主要以制药、印刷、磁件、纸袋加工和汽车修理为主体。

第二产业进一步调整改制，优化企业组织形式。集中力量扶持优势企业，对现有的集团企业和一些有前途的中小企业及有竞争力的项目，给予多方面的政策优惠，重点培育；放活一批微有亏损的小企业，对其因厂制宜，一厂一策，采取租赁、承包经营，兼并、拍卖的形式，盘活资产，减少负债；农工部制定了适合本地区乡、村企业改革的具体政策，各农村分场根据所属企业情况大胆进行了结构调整，改组改制，遏制了近年出现的乡企经济萎缩现象。

1999 年 7 月 13 日，新胜金属结构厂划归工业分场管理；10 月 14 日，双桥商标印刷厂改制为北京市双桥商标印刷有限责任公司；12 月 24 日，双桥铁塔金属结构制造厂划归工业分场管理。

2000 年 3 月 16 日，经北京市工商行政管理局核准，北京市兽药厂名称变更为北京立时达药业有限公司；5 月，双益达集团用时 3 个月，建成生猪屠宰场项目，并获得朝阳区政府颁发的北京市首批"生猪定点屠宰场"铜牌，成立了友谊肉类食品有限公司；8 月 30 日，工业分场、畜牧分场撤销，合并重组成立双桥农工贸公司；9 月 9 日，新北京太洋药业有限公司成立。由中国国际金融有限公司向太洋药业投资 1000 万美元，持有太洋药业 69.58% 的股权。制药公司向太洋药业投入 450 万美元的资产，持有太洋药业 30.42% 的股权；9 月下旬，双益达矿泉水服务站投资 30 万元生产的双益达纯净水投放市场。12 月 27 日，农场下属京轮汽车电器制造公司经区法院裁定宣告破产，进入破产程序。

2001年8月，农场利用现有的地热矿泉资源及双益达集团的优势，建成双益达饮用水有限责任公司。

随着改革形势的发展，农场提出了"稳定一产、强化二产、大力发展三产"的产业结构调整目标。2002年，在国民生产总值中，第三产业占51.4%，第二产业占45.3%，第一产业占3.3%。

2002年，按照集团公司"聚大放小""有所为、有所不为"的方针，农场重新确定了三个产业的发展思路。第二产业重点扶持两个药业公司，增加科技含量。提高竞争力，全力打造现代制造业，创北京市乃至全国名牌产品。

从1998年场乡体制改革，至2004年市国资委提出国有企业实行"减、压、控"（即减少企业个数，压缩企业层级，控制企业成本），双桥农场采取并、改、剥、破、消五种方式，先后将新胜五金厂、铁塔厂、锅炉厂划入工业分场；将凯恒厂、新型建材厂、天泉饮料厂、涂料厂办理歇业；将商标印刷厂和汽车队改制成有限责任公司；对京轮电器和肉食厂申请了破产等，取消了所有的直属小企业。"减、压、控"之前，农场还有二、三、四级企业共58家（有营业执照）。其中，二级公司9家，三级公司40家，四级公司9家。减压控运行之后，农场共注销了20多家企业，二级企业脱颖而出，优势凸显。从此，八大集团公司（双益达集团、太洋药业、立时达药业、农工贸公司、胜利建材、建筑公司、桥联物业公司和大秦仓储公司）成为农场经济的主体和支柱。

2007年6月20日，腾达饲料提升为农场二级单位，将双桥工业公司、腾达饲料场、双桥印刷厂、常营牛场、双桥木材厂、双桥农业服务公司六家企业进行国有资产重组合并，整体并入腾达饲料。

第四章 转型升级阶段（2008—2018年）

2008年以来，双桥农场经过转型升级，工业产业呈现一企一业的特点。北京太洋药业股份有限公司与北京立时达药业有限公司是北京双桥农工商公司（现北京市双桥农场有限公司）仅有的两家药品生产工业企业，除这两家药品工业企业之外，北京双益达建安工程有限公司旗下还有北京市双益达饮用水有限公司、北京市双旺电力工程有限公司和北京新益永盛轴承有限公司等三家小型工业企业。所有这些工业企业铸就了2008年双桥农工商公司、永乐店农场和三元绿化公司重组后公司工业体系的新格局。

第一节 民药工业

北京太洋药业股份有限公司创建于1992年，是一家现代化中外合资制药企业，太洋药业在职职工300余名，拥有160多种优良药品，其中60多个品种进入《国家基本药物目录》，得到广泛应用。

一、产业发展

2008年，太洋药业作为双桥农工商公司第一大企业，定位为"专业降糖药物生产企业"，并于2009年1月顺利取得批准文号——盐酸二甲双胍和伏格列波糖，是对公司"艾汀"品种的有益补充。2009年以来医药行业复苏，糖尿病用药市场规模突破70亿元大关，增幅达到21%，是增幅最快的一年。2012年以后，国家相应政策的出台对整个医药行业冲击较大，在"十二五"规划、基药政策、公立医院改革、两票制、企业生产成本调查、环保要求大幅度提高等政策冲击下，公司的销售业绩很难按照原规划的增长趋势发展。面对这种形势，公司优化产品结构，果断采取行动，剔除产量低、销量低、利润低的"三低"品种，保留利润高、市场销售前景广阔的品种，利用现有的市场资源，力推优势盈利品种。在医院市场重点推广艾汀、伏格列波糖咀嚼片；在物流市场重点推广二甲双胍缓释片、奥美拉唑、阿奇霉素胶囊、盐酸氨溴索等产品。2014—2017年，平均年收入

1.12 亿元，利润 2114 万元，实现收入与利润同上新台阶。

二、安全管理

民药生产质量安全始终是第一位，公司在售产品全部通过 GMP 认证或美国 FDA 等相关认证，规范生产流程，保证零生产质量事故。太洋药业还建立了安全事故应急措施预案，注重质量安全，要查隐患、查漏洞、查不足、杜绝一切违章指挥和违章操作，消除所有隐患。太洋药业于 2015 年底完成了新版 GMP 的认证，并严格按照新版 GMP 生产要求，在此基础上尽快完成重要药品品种的一致性评价工作。太洋药业严格要求对原辅料的采购，不惜高于市场 4 倍价钱采购的产自苏州胶囊有限公司的空心胶囊，使太洋免受 2012 年"毒胶囊事件"的不良影响，树立了太洋药业在消费者心中的高品质企业形象。

第二节　兽药工业

北京立时达药业有限公司前身为成立于 1987 年 11 月的北京市兽药厂，兽药厂的前身为成立于 1985 年的北京市双桥有机化工厂，有机化工厂的前身为北京市双桥针织服装厂。

一、产品研发

2006 年，通过对北京乃至整个华北地区兽药的大输液产品市场需求，投资回报分析，立时达药业向双桥农工商公司递交了关于投建最终灭菌大容量注射剂（大输液）的可行性申请，得到批复许可后，投资 368 万元，新建 1200 平方米生产车间，同年 10 月顺利通过 GMP 验收。大输液剂型的投建，及时弥补了华北兽药市场该剂型的空缺，极大地带动和促进了立时达其他剂型产品的销售。

2008—2017 年，共研发、申报并取得了氟苯尼考注射液、头孢赛呋钠、碘伏等 50 余个新产品的兽药产品批准文号；2015 年，与中国饲料研究所合作开发的奶牛乳房炎新药——硫酸头孢喹肟乳房注入剂（泌乳期），成功取得新兽药证书，产品于当年 5 月份投放市场，当年完成销量 521 箱，销售额为 138 万元；2016 年销售 1559 箱，销售额 410 万元；2017 年第一季度销售 479 箱，销售额 126 万元。

根据市场反馈，公司将原有的药品喘痢康、复方磺胺嘧啶钠、复方磺胺对甲氧等 10 余种市场前景销售堪忧的产品停止生产。为确保产品质量，技术开发部做了大量的工作，对宫得康、高效氨基多维口服液、维 C 注射液、喘利清、硫酸庆大霉素注射液、复合维生素 B_1、乳酸环丙沙星注射液、恩诺沙星注射液等诸多原有产品的工艺配方与流程进行了改进，改进后的产品经过牧场牧畜试用，效果很好，使产品质量更佳、性状更加稳定。

二、经营策略

立时达药业高度重视销售策略改革，一是及时调整销售策略，探索一种直接面向各大养殖场（直至养殖集团）的新销售模式；二是专攻各大养殖集团，成功与蒙牛集团、现代牧业签订了全年产品供货协议，与国内知名的养殖集团建立合作关系；三是成功于 2013年 4 月进入了国家奶牛"金钥匙"技术示范工程，截至 2017 年也仅有 3 家兽药企业入围。4 年来，立时达药业积极参与"金钥匙"技术示范工程在全国各地开展的技术推广活动上百场，很大程度上提升了立时达药业的影响力和品牌竞争力。销售模式的转变带动销售业绩不断攀升，销售收入连年突破历史新高，2014 年为 3750 万元，2015 年为 4283 万元，2016 年为 4977 万元。

三、生产标准

2002 年 12 月，立时达药业首次通过兽药 GMP 验收；2008 年，立时达药业以 94.8 的高分顺利地通过了全部 6 条生产线、8 个剂型的 GMP 复验；2013 年 4 月，立时达药业再次以 96.6 分的高分顺利通过了 5 年 1 次的 GMP 复验，此次验收是立时达药业的第 5 次验收，验收范围在原有的 8 个剂型的基础上增加了乳房注入剂这一新剂型，验收顺利通过。2015 年初，立时达药业就新建最终灭菌大容量非静脉注射剂生产车间这一项目开展了可行性论证，经双桥农场批复后，于 2015 年 5 月开始动工，项目共投资 248 万元，于 2016年 1 月顺利地通过了 GMP 验收。

四、设备投入

立时达兽药厂是建厂较早的老企业，公司的生产设备陈旧老化，设备设施更新是企业发展的需求。2010—2013 年，立时达引进不干胶贴标机、水针 6 针拉丝灌封机、水针联动印字机和包装机、生血素灌装轧盖一体机等，降低了人工成本。2014 年以来，立时达先后购置红外检测仪、气相色谱仪、液相色谱仪、蒸发光散射检测器、示差折光检测器等仪器，并对粉针剂、水针剂及大输液车间相关陈旧设备进行改造，进一步完善检测项目，提高检测手段，提高劳动生产率，减少能源消耗。2015 年 7 月，着手配置二维码相关设备，先后投入 60 万元，实现所有剂型的产品均附二维码出厂，确保产品生产、检验、入库、出库及销售各环节全程追踪。

五、主要荣誉

多年来"立时达"产品荣获首届亿万农村消费者信得过产品金奖，许多单项产品也多次获奖："痢菌净"和"球威-25"分别获得全国农业博览会银、铜奖。"环痢灵"生产技术获北京市科技进步一等奖。"北京维他"被中国动物保健品协会推荐为优质产品。本厂 100 多个兽药品种中，有 30 多种产品被列入"国家星火计划"；企业顺利通过国家科委组织的"星火计划"验收，"药品管理""药品品种"和"现场管理"三项内容均获全国第一。在 1998—1999 年全国兽药产品抽检中，北京市兽药厂被中国动物保健品协会和中国消费者协会评为"产品质量信得过单位"。

赵振明 2000 年被授予"北京劳动模范"。

2008 年 6 月，公司研发的"泌乳康"推广应用项目荣获三元集团科技成果三等奖；项目技术负责人张殿奎、刘云分别荣获三元集团科技进步三等奖。

2016 年，奶牛乳房炎新品——硫酸头孢·喹肟乳房注入剂（泌乳期），荣获首农集团科技成果推广奖二等奖。

第三节 电力工程

北京市双旺电力工程处，是 1996 年在国营北京市双桥农场水电站基础上申请成立的，主要经营承担 10 千伏以下架空线路电缆线路，变配电室安装工程施工，并于 1998 年 11 月 10 日获北京供电公司颁发的"北京市城镇居民住宅配电设施改造工程施工许可证（甲种）"，至今仍然承担北京市朝阳区范围内居民住宅配电设施改造工程施工。双旺电力作为双益达集团的龙头企业，多年来对外抢抓市场，对内加强监管，始终支撑着双益达集团整体经济的稳步发展。2008 年以来，共完成了朝阳供电公司标准化综合整治过程 303 路；配电消隐工程 162 项；用户报装工程 211 处；敷设新建管井 161 座；缆沟施工及电缆敷设 65765 余米。

2008 年，完成朝阳供电公司标准化综合治理，整治工程 17 路，配网消隐工程 15 项，用户报装工程 18 处，重点工程为北京绿丰兴业房地产开发有限公司区内新建楼房电缆敷设工程，共完成新建管井 120 余座，缆沟包封施工 13000 余米，电缆敷设 15000 余米。

2009 年，共完成朝阳区供电公司标准化综合整治工程 21 路，配网消隐工程 10 项，分倒路工程 8 路，分装变压器 12 台，用户报装工程 15 处，重点工程为北京三元双日食品物流有限公司线路改造及 800 千伏安箱式变压器安装工程，共完成新出电缆线路 600 余米，10 千伏线路敷设 1000 余米，800 千伏安箱变安装 2 台。

2010 年，完成朝阳供电公司标准化综合治理整治工程 32 路；配网消隐工程 15 项；分倒路工程 6 路；分装变压器 15 台；用户报装工程 16 处。重点工程为三元双日食品物流公司新建冷库敷设电缆、管井及管道工程及箱变增容工程，共完成了新建管井 8 座，管道 1000 多米，电缆敷设 1300 余米。

2011 年，完成朝阳供电公司标准化综合治理整治工程 30 路；配网消隐工程 17 项；分倒路工程 5 路；分装变压器 18 台；用户报装工程 20 处；重点工程为公司公租房临电工程，共完成箱变报装 2 台，敷设电缆 1500 余米。

2012 年，完成朝阳供电公司标准化综合治理整治工程 31 路；配网消隐工程 18 项；分倒路工程 6 路；分装变压器 15 台；用户报装工程 23 处。重点工程为北京欢乐大道商贸有限公司北京酷车小镇国际会展中心外电源及配电室工程，共完成了新建高基配电室 2 座及外电源工程等。

2013 年，完成朝阳供电公司标准化综合治理整治工程 35 路；配网消隐工程 21 项；分倒路工程 5 路；分装变压器 14 台；用户报装工程 46 处。重点工程为公司公租房项目，共完成新建管井 33 座，敷设电缆管线 1300 余米，地下车库电缆桥架安装 1400 米。

2014 年，完成朝阳供电公司标准化综合治理整治工程 33 路；配网消隐工程 19 项；分倒路工程 7 路；分装变压器 12 台；用户报装工程 28 处。重点工程之一为北京双桥信泰文化发展有限公司塞隆文化园箱变安装工程，共完成 2 台 500 千伏安箱变压器的报装、施工及发电。另一重点工程为北京双桥信泰文化发展有限公司和北京胜利混凝土建材有限公司库房装修项目，共完成 6 台 500 千伏安变压器出线端电缆施工工程，包括从箱变至配电间电缆采购敷设、手孔井施工、电缆采购、敷设及勾头连接等工作。

2015 年，完成朝阳供电公司标准化综合治理整治工程 32 路；配网消隐工程 22 项。分倒路工程 8 路；分装变压器 18 台；用户报装工程 22 处；重点工程为公司京桥 1 号地租赁房项目变配电室低压出线工程，完成安装高压柜 16 台、变压器 4 台、低压柜 34 台、支流信号屏 6 台，制作箱柜 3500 余台面，电缆敷设 6761 米，安装电缆桥架 6000 余米。

2016 年，完成朝阳供电公司标准化综合治理整治工程 36 路；配网消隐工程 25 项；

分倒路工程 7 路；分装变压器 22 台；用户报装工程 23 处。重点工程为：北京市市政三建工程有限责任公司广渠路（东四环—通州区怡乐西路）市政工程（广渠路五环以外红线范围内）低压电缆拆改工程；北京市亿本房地产开发有限公司朝阳区双桥农场限价商品住房 16♯、17♯ 配电室低压电缆工程，共完成了低压电缆敷设 54 条，6200 余米；制作电缆头 108 个及附属土建工程；昌平区北七家镇二类居住、商业金融、公共交通、中小学合校、托幼等用地项目的临时用电工程，共完成 12 台临时用电变压器，报装、施工、发电等；昌平区北七家镇二类居住、商业金融、公共交通、中小学合校、托幼等用地项目高基配电室，小区低压电力管网（含 π 接柜）电力工程，截至 2017 年 4 月，一期土建工程已全部完工，86 面高低压柜安装完成，143 面 π 接柜已全部进场；北京朝阳公寓有限公司内部高低压及外电源工程，共完成内部电缆敷设、低压柜、开闭器 DTU 安装、断路器柜安装、315 千伏安箱变工程及外电源工程；北京建工集团有限责任公司北京鲜活农产品流通中心箱式变压器工程，共完成了箱式变压器采购安装 2 座及附属工程。

2017 年，完成北郊回龙观龙冠房地产限价房一期工程的配电箱柜安装及一二期电缆敷，长度 20000 余米，E9 区创新工场电力管井管沟建造，电缆敷设都已完成，共计敷设电缆 2800 余米，排管 8000 余米，建造完成土建管井 60 座。同时还完成了 315 千伏安柱变 3 个，500 千伏安箱变安装 1 个，完成了豆各庄、石槽路、东旭路、双桥路共计 36 条标准化改造及综合治理工程和重点时期的保电、消隐任务。

第四节　机械加工

一、轴承加工

北京新益永盛轴承工贸有限公司成立于 2011 年，是一家集设计开发、生产制造为一体的公司，地址设在双益达工业园，主业为各种轧机轴承、非标轴承，尤其是在轧机轴承的应用方面有着丰富的经验，产品供不应求。

轴承产品共有千余种型号，并可为客户制造非标准尺寸的各类滚子轴承及球轴承，轴承厂产品主要定位在轧钢轴承。主要产品包括：四列圆柱滚子轴承系列、双列角接触球轴承系列、四点接触球轴承系列、滚针轴承系列、双向双列圆锥滚子轴承系列、背衬轴承系列等。质量管理体系通过中国质量中心认证，符合 ISO 9001：2000 标准。产品广泛应用于高速线材、棒材、板材、中宽带及窄带轧机设备，冷轧带钢轧机、森吉米轧机、橡塑延压机、工程机械等设备，冶金、矿山、化工、煤矿、造纸、建筑、工程机械等行业，产品畅销全国各地,深得广大顾客欢迎。

到 2015 年,轴承公司受市场环境不景气等诸多不利因素影响,销售情况低迷,虽然用优质的产品和优厚的促销手段,保住了一些客户,但效益不佳。2017 年公司响应北京市功能疏解政策,与合作方协商后,整体外迁至山东。合同制员工依法解除劳动合同,公司原有的老职工另行安排工作岗位,腾出车间厂房交由双益达集团租赁部负责管理。

二、长城磁件

长城磁件厂成立于 1988 年,在双益达集团发展的历史长河中,磁件厂曾为双益达的经济发展与增长做出过重大贡献,磁件厂的主要产品有罐型、环形、U 型、RM 型等,产品广泛应用于铁路信号、电源开关、电信等领域。

2000 年与用户联合开发取代进口产品的蝶形磁芯,这种磁芯形状国内少见,公差尺寸在零点零几毫米范围内,精度要求高于国家标准。最终产品质量合格,成本只有进口产品的五分之一。

MXD-2000 罐型磁芯作为磁件厂的名牌产品,可以满足铁道部信号厂的使用要求,在国内六七百家磁性材料厂中,能生产这种产品并符合要求的仅有北京长城磁件厂和 754 厂两家。因此,很多铁路工厂都慕名而来,争订磁件厂的产品,产品供不应求。

2011 年,磁件厂入驻联合公司工业园。并购置新的设备,经过改造调试,完成了 ISO 9000 认证工作,改造后的磁件厂自动化程度提高,彻底改变了企业生产能力低下、生产成本过高的状态,在保证现有市场份额的同时,拓宽新的销售市场,努力开发市场需求的中小产品,被铁路系统单位购进使用。新设备的投入使用,使生产能力提升到每年创造增加值 300 万元左右,为企业增添新的活力,创造了新的效益。

2014 年后,受国家经济调控的影响,双益达集团做出主业发展,辅业退出的战略决策,磁件厂经营遇到了困难。2016 年,长城磁件厂被列入退出行列。2017 年,长城磁件厂正式开展退出计划,200 多万欠款已全部追回,机器设备经专业机构评估后进行了合法处理,剩余库存商品也在积极销售中,磁件厂基本完成了注销前的一切准备工作。

第五节 饮用水加工

北京双益达饮用水有限责任公司成立于 1998 年,经过筹备建设于 2001 年正式投产。双益达水厂规模不大,在桶装水行业属于小型水厂。全厂全部员工既是管理者,还是生产者、销售者，根据气候特点，夏季是用水旺季，每天供水量多达 1400～1500 桶。

2009 年，在国庆 60 周年之际，水厂圆满完成了西马阅兵村全体官兵饮用水的供给工作，为水厂增加了效益；2011 年 10 月顺利通过 QS 质量认证，获得市有关部门颁发的食品 QS 质量认证证书；2013 年，双益达集团投资 200 万元采购一台自动化设备程度高，生产规模较大的生产罐装设备，并新建了水厂，进行快速的安装调试。到 2014 年新水厂的生产与销售都有了大幅度增长，定辛庄东西村，双树南北村等 4 个自然村几千户居民都喝上双益达的纯净水。

2016 年，全年生产桶装水 30 万桶，到 2017 年达到 40 万桶，实现了营业收入与利润双增长，企业的整体发展形势趋好。

中国农垦农场志

第四编

第三产业

中国农垦农场志丛

双桥农场的第三产业是改革开放的产物。因为双桥农场地处首都近郊,京通、京津公路和京承、京山铁路,从农场北部穿境而过,北京市第二大货运编组站——双桥火车站,就位于农场中心,20 多个中央市属院校、企、事业单位,也密集于农场北部的定福庄、管庄、三间房等地。农场丰富的自然资源和优越的地理位置,为发展第三产业、搞活经济提供了十分有利的条件。农场从 20 世纪 80 年代初开始,第三产业快速兴起。主要包括商业、饮食业、服务业、修理业、交通运输业、科技、咨询、信息、劳务和仓储等十大行业。

1980 年春节,畜牧分场第一座商业点——知青商亭开业。农场商业开始起步,1982年初,农场建立第一个国营仓储业——化工部双桥代管库。

1983 年底,已有第三产业网点 39 个。其中国营 4 个(包括管庄商亭、代管库、综合服务部、维修点),乡办 4 个(包括燕京药店、三间房旅店、豆各庄理发馆、管庄综合点),队办 31 个。从业人数分别为 72 人、84 人和 126 人,销售收入为 1461.1 万元,净利润 167.4 万元,三产收入占全场总收入的 14%。

1984 年深化改革以后,农场的经营方针从原来的"一业为主,多种经营"进一步发展为"以农牧业为基础,工业为支柱,适当发展第三产业",实行农、工、商综合经营;1984 年 7 月,农场建起京来顺饭馆和京来顺旅馆,发展起旅游业和饮食服务业;商业部投资在双桥农场代管库的基础上建库房,占地 200 亩,农场仓储业开始发展。

1989 年,农场已拥有仓储、商店、饭店、旅店、服务、修理、运输等网点共 125 个。其中国营 37 个,乡办 30 个,队办 58 个。从业人数为 2641 人,其中国营 640 人,乡办1166 人,队办 835 人。第三产业总收入 1.27 亿元,占全场总收入的 29.9%,净利润1252.3 万元,分别比 1984 年提高 3.45 倍和 2.87 倍。另外,第三产业个体户已发展到700 家左右。

1990 年,第三产业网点增加到 132 个,职工人数增加到 3258 人,第三产业总收入1.31 亿元,实现净利 815.81 万元。仓储业继续稳定发展,国营三个仓储库创利润 470 万元,占国营企业利润的 42.7%,成为名副其实的经济支柱。

1998 年,以仓储业为龙头,包括商业、运输业、修理业、饮食业等各种服务行业在内的第三产业发展迅猛,已占全场总收入 50% 以上。第三产业仍以商、工、贸为主,将资源开发和利用地域优势作为经济增长点。农场北部地区充分利用城市东移、小区密集的特点,建成了管庄刨花板市场、三间房石材市场;中部地区以仓储业为主,充分利用农场铁路专用线，吸引了众多储户；南部地区开发土地和林木资源，发挥基地和环境优势，开展旅游观光、休闲度假等服务行业。场乡体制改革完成后，农场第三产业以仓储业、建筑业和服务业为主体。

1999年，农场社会总收入中，第一产业占7%；第二产业占63.5%；第三产业占29.5%。在利润中，第一产业由于政策性倒挂，利润完成－30.7万元；第二产业完成245.3万元，占全场利润总额的110%；第三产业完成7.9万元，占利润总额的3.55%

随着改革形势的发展，农场提出了"稳定一产、强化二产、大力发展三产"的产业结构调整目标。2001年第三产业总收入同比增加84.6%。

2002年，按照集团公司"聚大放小""有所为、有所不为"的方针，农场重新确定了三个产业的发展思路。农场确定第三产业主要加大对房地产、仓储物流等服务业的开发与扶持，发挥临近CBD和定福庄边缘集团的区位优势，创造新的经济增长点。国民生产总值中，第三产业占51.4%。

2004年，集团公司提出"四大板块"的发展战略，农场被划定在第四板块，即"物产物流"板块，按照集团公司的要求，农场再次调整产业定位。发挥区位优势，大力发展以房地产和仓储为主体的物产物流业。

第一章 物 流 业

双桥农场的物流业起源于20世纪80年代。双桥农场地处首都近郊，京通、京津公路和京承、京山铁路从双桥农场北部穿过，与北京市第二大货运编组站——双桥火车站紧密相连，双桥农场与20多个中央市属院校、企业、事业单位相邻，双桥农场北部相依管庄、三间房、定福庄。自然资源与优越的地理位置，为双桥农场发展第三产业提供了十分有利的条件。

仓储业作为商品流通过程中的中转站，自20世纪80年代起，双桥农场日益活跃起来。1982年初建立第一个国营仓储业——化工代管库，1982—1989年该库总计上交场部利润910万元。到1989年，双桥农场仅国营部分的仓储面积就达7万平方米。主要有储存化工物资的双桥代管库、储存人民生活物资的双桥储运库（1987—1989年共上交场部利润160万元）和首都郊区最大的水泥集散地双桥建材库（1986年11月筹建，1987年11月，农场投资470万元建成投产，并扩建储运库专用铁路线，占地面积22440平方米，是北京地区最大的水泥集散地，次吞吐量2万吨，至1989年总计实现利润267万元，上交场部75万元）等单位。除此之外，其他企、事业单位也有仓储业，如饲料加工厂、科技站、纸袋厂等。农村乡办仓储业发展也很快，如黑庄户分场，起步早、面积大、网点多，有储存全市人民食用糖的双桥储运栈，有停放北京吉普车的存放场，总营业面积为6万多平方米，1989年销售收入达337万元。其他几个农村分场，也都有一定的仓储面积，如常营分场，有为北京卷烟厂储存卷烟材料的烟叶库，有为北京雪花电冰箱厂储存的电冰箱库等，全场从事仓储业的干部职工以良好的服务质量，热情的服务态度，创造了较好的经济效益和社会效益（表4-1）。

表4-1 1989年仓储业情况统计表

	网点数（个）	职工人数（人）	营业额（万）	净利润（万）	利润率	收入占三产收入	人数占三产人数
国营	9	136	1084.1	478.6	44.1%		
乡办	9	479	568.7	51.9	9.1%		
合计	18	615	1652.8	530.5	32.1%	11.4%	23.3%

1993年，仓储业以农场代管库、储运库、建材库为龙头共建网点17个，形成了三级

仓储网；1994年4月双桥农场建成了一次贮存20万吨的水泥库，输出量占北京市一半以上；1995年8月农场又筹集资金1496万元建成8000吨散灰仓和大型混凝土搅拌站，年产十万立方米混凝土，大力支援了首都的建设并为农场创造了可观的经济收益。

2000年8月1日，农场物资供销公司投资850万元，利用7个月时间，建成28个散装水泥筒仓，全部是钢结构主体，引进德国先进技术进行筒仓卷制，整体没有焊接点，并采用国内领先的激光物位测试系统；2002年12月，该项目再次投资631.41万元，建成第二批水泥仓18个，两批共计46个水泥仓。

2004年，集团公司出台了"四大板块"的发展战略，为农场量体裁衣，确定了双桥农场经济发展的主攻方向为"物产物流业"。农场根据四大板块的定位，立足地处定福庄南区的区位优势，抓住北京市规划修编、市区东扩、CBD东延和两广路通车等契机，以物产物流为依托，加大开发力度，逐步向现代物流业发展。

从2004年开始，农场对下属企业进行调整，将农工贸下属公司——双利公司划归双益达集团，充分利用双利公司土地资源和区位优势，利用双益达的资金和人才优势，逐步发展为农场现代化仓储物流重点基地；2007年之后，农场物流业板块已经初具规模。农场收回了匹比公司占用的土地，交给了双益达集团，双益达充分利用收回的土地，又新建库房7000多平方米。胜利建材公司对库房进行了改造，充分利用水泥仓提高仓储率，现已形成了集仓储、生产、销售、运输为一体的服务体系，现有库房15000平方米，全部现代化微机管理，内设两条铁路专用线，全长475米，46个物料筒仓，可一次容纳水泥36800吨。大秦公司拥有不同类型的库房4万多平方米，专用铁路线两条，各种装卸设备50余台，最大调运能力20吨，年货物吞吐量30万吨。2020年，全场共有对外出租库房约15万平方米，已形成规模化，为从传统意义上的仓储业向现代物流业转变奠定了基础。物产物流业的发展，必将成为农场经济发展的核心竞争力推动农场"一主多元"发展战略的实施。

第一节　永　乐　店

2017年永乐店农场下属企业3个，即北京永乐鑫达物业管理有限公司、北京市永乐物流中心和北京腾达物流服务中心。

北京永乐鑫达物业管理有限公司于2011年2月成立，注册资本50万元。北京鑫达物业管理有限公司，是在永乐店农场棚户区改造项目的基础上组建而成的，意在与棚户区改造项目同步实施并加强管理服务职能。

2013 年 3 月，永乐店农场根据集团公司"四大经济板块"的经营理念，适时成立北京市永乐物流服务中心，公司主要功能为供货代理、仓储保管、分期包装、配送服务等项业务。筑巢招凤、未雨绸缪。

"守土有责"是双桥农场自 2008 年 6 月重组至今给永乐店农场下达的硬性工作指标，为此永乐店农场始终坚持"守土有责"这条主线，逐步完善企业管控机制；坚持"守土与招商并举"的原则，租金收入逐年提高。十多年来，永乐店农场对所辖国有工矿土地进行详细的调查摸底、查清四至边界，解决与当地集体土地边界不清的历史遗留问题，并将国有企业的土地证全部变更到永乐店农场名下，办理房屋产权证，为经济发展奠定基础。

对出租企业（户）管控工作，永乐店农场始终坚持"租得出、管得了、收得回，不留隐患、不留遗憾"的管理方针。2014 年 7 月，为适应大环境的需要，结合永乐店农场实际情况，成立基建项目专项领导小组、租赁审查专项领导小组、资金审核领导小组和薪酬考核领导小组，使永乐店农场的各项工作更加公开透明、工作更加严谨。与此同时，强化看守职工的责任心，明确职责范围，制定奖惩标准，加大了对闲置厂区内的危房、围墙修缮工作、大厂区内化学除草工作、对闲置土地的监管力度，提高了闲置厂区厂容厂貌的透明度，为闲置厂区整体出租和高科技项目的入驻打下良好基础。

根据集团公司和双桥农场的指示精神，永乐店农场对永乐店地区 1889 亩国有土地实行管控结合，即：加强对已出租厂区和土地的管理力度，严格执行《租赁合同》，控制租赁年限，提高租赁收入；对闲置厂区强化监管力度，为集团公司和双桥农场提供足额的土地支持。根据京首农发〔2016〕244 号文件精神，永乐店农场对已收购的 7 个奶牛场、奶牛公司地上物，采取租赁经营方式，增加农场经济收入，确保国有资产保值增值。

第二节　胜利建材

北京胜利混凝土建材有限公司前身是北京市双桥物资供销公司，成立于 1985 年。1985 年初名称为北京市双桥建材库，1986 年建立 20000 平方米的袋装水泥仓储库，是当时华北地区最大的袋装水泥仓储中转库。1990 年为北京市举办亚运会建筑工程的水泥供应做出过突出贡献。通过广泛调研，在吸取借鉴国内外有关仓储经验的基础上，于 2000年 8 月建成 28 个散装水泥物料筒仓，同年根据筒仓所占的空间和建筑面积又增建 4 个筒仓，合计 32 个筒仓的一次性仓储量为 35.2 万吨。如果按照比重不同的规则，32 个筒仓可一次性仓储粉煤灰 8000 吨，能够创造可观的经济效益。建成后的筒仓工作区域，均可采用机械化管道作业，整个过程没有废渣、废气、废水的排放，得到了环保局的批准与认可，为北京市散装水泥及建筑行业的发展提供了可靠的保证。

2002年，为保证奥运工程的水泥供应，胜利建材加入了市建委组建的北京市散装水泥配送中心，根据配送中心的要求，散水泥中转量要达到100万吨。通过专家考证认可，胜利建材决定在32个筒仓的间隙处，利用原有的基础，新建14个容积600吨的钢结构散水泥筒仓，可增加一次性储存水泥8400吨。此次新建筒仓使之成为当时亚洲存储量最多的散装水泥物料筒仓。

筒仓自2000年投入使用以来，每年的仓储量都有所上升，到2003年仓储量达到23万吨，连续三年筒仓使用率达到100％。进入2004年，由于散装水泥罐车增多、车辆运载吨位增长及道路的贯通，筒仓的水泥仓储量开始下降，特别是2004年金隅集团成立并控制北京市的水泥销量以来，原来合作的水泥厂家纷纷取消了合作计划，到2006年筒仓出租率仅有21％。面对严峻的经济形势，公司改变经营思路，将经营散装水泥改为供应粉煤灰，充分利用铁路资源优势，购进外地粉煤灰供应北京地区，2007—2008年通过积极运作，筒仓出租率开始上升。但在经营过程中，筒仓租金偏低，收入低于成本费用，导致企业出现亏损。为打破这种局面，公司把散装水泥筒仓全部出租给中国建筑材料北京散装水泥公司，但经营效果不佳，到2009年散装水泥公司也开始走下坡路，筒仓的出租率持续下降，始终未能给企业带来效益。

2011年，水泥库厂区进行转型升级，一手抓盘活，一手抓转型。抓盘活就是改变过去的租赁方式，库房出租采用根据不同客户的货物使用情况确定不同使用价格、不同租期的方式，这种灵活的租赁方式使库房出租率达到80％以上；抓转型就是利用朝阳区定福庄文化走廊的功能定位发展文化创意产业，将仓储物流业向文化创意产业转型。2013年6月胜利建材与塞隆国际签订出租协议。库房和水泥物料筒仓经过转型后升级为塞隆文化创意园，转型后收入比2012年增长了3倍。原来的物料散装罐，现已成为双桥地区广渠快速路的一个新亮点，也为双桥农场文化双桥、智慧双桥、创富双桥的美好前景描上了浓墨重彩的一笔，同时也是"资产创新"的新举措，是构建"高精尖"经济结构的新起点。

在水泥库转型盘活的同时，搅拌站的发展也在紧锣密鼓地进行。从2008年到2010年，胜利建材搅拌站的经营一直处于亏损状态。2011年3月搅拌站恢复生产，为完成双桥地区房地产项目打下了坚实基础。当年完成营业收入2000万元，利润25.6万；2012年，营业收入实现4342万元，其中商品混凝土收入达到3826万元，实现利润107万元，彻底扭转了经营的被动局面。

2013年，胜利建材经过论证与市场调研，在选址、招标、变压器增容、打井、料棚搭建各项工作完成后，2014年5月15日新机组落成上线，同年被列入北京市建委在册的

133 家搅拌站，为企业的长远发展提供了可靠保证。

2015 年，实现收入 7080 万元，利润 304 万元；2016 年实现收入 8687 万元，利润 407.8 万元；2017 年实现收入 12399.4 万元，利润 457 万元。

第三节　仓　储　业

双桥农场仓储商品物流产业起源于 1982 年建立的第一个国营仓储业——化工部代管库。

一、大秦物流

大秦物流是双桥农场仓储业向现代物流业转变过程中应运而生的产物，大秦物流的前身是北京市双桥化工原料仓储库和北京市双桥储运库。北京市双桥化工原料仓储库成立于 1991 年 8 月，主营化工原料、钢材等货物的储存运输业务。北京市双桥储运库成立于 1991 年 8 月，主营烟草等货物的储存运输业务。1998 年 6 月，双桥化工原料仓储库吸收合并双桥储运库。2004 年 5 月，按照集团公司要求，以双桥化工原料仓储库为母体，改制为国有控股有限责任公司，这种经营体制一直延续至今。

（一）仓储扩建

2008 年，大秦物流扩建 2260 平方米的库房，之后连续 8 年每年扩建库房，尤其是 2011 年，建成 8000 平方米的高台库投入使用。高台库于 2009 年秋天开始修建，占地 20 亩，历时近 2 年才修建完成。2015 年，因客户临时撤库 1 万多平方米，大秦物流及时转变经营策略，寻找优质客户，上调库房价格，当年的收入不减反增。大秦物流通过择优选择合适的施工企业和合适的施工方式，采取自筹、借款、垫资、预付仓储费等方式解决资金问题，逐步实现改造扩容仓储面积的目标。

（二）环境改造

大秦物流始终坚持因地制宜，努力营造客户满意的仓储环境。一是对屋顶设计不合理的仓库进行屋顶全面处理，在屋顶上方再铺上 20 厘米彩钢板，彻底解决屋顶积水的问题；二是逐步改造石棉瓦屋顶的库房及存在安全隐患的库房，将石棉瓦屋顶更换为彩钢顶，累计投资 120 万元。

2015 年，大秦物流投资近 50 万元对库区地面和部分库房地面进行了修缮。经改造，库房经营顺畅，消除了安全隐患，改善了存储环境，获得了客户的好评。

截至 2017 年底，大秦物流公司的仓储面积已达到 8.4 万平方米，客户增加至 60 余家。当年收入 1990 万元，利润 1261 万元，收入比 2008 年翻了一番，利润是 2008 年的 6 倍。

二、双益达

双益达集团的仓储物流还得追溯到 1989 年 9 月成立的双桥农用物资供应站。在之后十余年的发展中，物资供应站坚持盘活资产、活化资源、修缮库房、改善环境，给租户创造了良好的经营环境，经济运行质量获得提升。双益达集团在做好客户代理商的同时，继续扩大租赁空间，扩大营销网络建设，实现规模经营，不断降低营运及仓储成本，推进企业稳定发展。

2000 年，北京双利公司双桥渔场合并至物资供应站，利用屠宰场关闭后的场地及高压走廊的拆违资金成立了北京双桥友谊仓储有限公司。2004 年，集团公司提出"四大板块"发展战略，双益达集团作为双桥农场发展的重点企业着力打造和发展仓储物流业。

2005 年 7 月，农场将下属农工贸的双利公司划归双益达集团，逐步拓展现代仓储物流业；2007 年收回匹比公司占用的土地委托双益达集团管理，利用收回的土地投资兴建新库房 7000 多平方米，又将原有老旧库房进行升级改造。

双益达集团新建库房面积 3 万多平方米，物产物流业初具规模。为实现物流业管理的制度化、规范化与现代化，双益达集团在 2012 年 3 月成立了职能管理部门——资产租赁部，彻底改变了过去分散经营、不具特色、相互竞争的经营乱象，创新了由资源—资产—资金的现代物流经营管理模式。截至 2015 年，双益达集团仓储租赁面积达到 12 万平方米，成为经济发展的核心力量。随着 2015 年北京市"四个中心"建设的定位及公司企业转型升级步伐的加快，双益达集团的物资供应站于 2015 年 12 月 17 日注销，现有的仓储物流业由仓储租赁部管理。

第二章　商业服务业

第一节　商业发展

"无商不活"，重视商业、发展商业的思想，很早就在双桥人的头脑里扎根。1980年春节，畜牧分场第一座商业点——知青商亭开业，农场商业开始起步。

1989年，总场、分场、基层单位的商业网点共76家，其中国营25个、集体51个，还有一些个体摊点。这些网点不仅遍于全场各个角落，而且打进了北京城里的一些繁华地区和远郊区、县。涌现出一些效益良好的商店，如管庄分场的燕京药店。除燕京药店外，管庄乡办的隆福果品批发部（职工23人，销售收入187.8万元，净利润4万元）、百货批发部（职工22人，销售收入65.9万元，净利5.1万元）也是经济效益和社会效益都比较好的单位。

商业积极抢占市场，除农场境内建立商业、服务网点外还采取"进城""围城"相结合，到市内创办京来顺饭庄分号等12个网点。仅1991年农场商业实现净利润536万元，占全场利润总额的46.4%，是农场名副其实的经济支柱。

1993年10月，黑庄户宫廷金鱼交易市场正式开业，吸引了大批国内外客户前来选购，生意火爆。农场在市内，京畿要道和场内建立了三级商业网点126个，形成3个销售网络。

1994年，管庄分场（乡）成立了农贸、医药、木材三个市场；常营分场（乡）投资150万元，建起了占地2.3万平方米的集零售、批发于一体的大型综合市场，市场内有房屋254间，各种摊位300余个。这个市场的建成既方便了管庄地区和常营小区及周边居民的生活，消除了交通拥堵、环境混乱等现象，又解决了部分村民的就业问题。

1996年夏，三间房分场抓住拓宽京通路的有利时机，在通惠河南岸建成了占地2.33万平方米，建筑面积1550平方米的京东最大石材市场，引来福建、山东、四川等地的客商40余家在此经营。

1999年12月，农场筹资300万元，在居民区中心，建了一座5060平方米的中天综合市场；2003—2005 年，又在五号井和六号井建了 6526 平方米的商业楼；还先后招租了两个千平方米以上规模的超市。场区主路两旁，餐饮、服务等第三产业门庭若市，一派繁华景象。

管庄分场的燕京药店是农场商业的代表，于 1983 年 10 月成立，营业面积 1417 平方米，职工人数 22 人，仅用四五个月就实现收入 300 万元，利润 20 多万元。

1985 年 6 月，管庄乡燕京药店由集体所有制变更为全民所有制；10 月 14 日，农场与管庄乡签订燕京药店移交协议。移交后，该药店成为独立的全民企业。

燕京药店以交通方便这一得天独厚的地理条件，靠改革开放，不断加强经营管理，坚持质量第一、信誉第一。1989 年，燕京药店职工增加到 109 人，经营 1800 多个规格、品种的药品，销售中不搭配、不赠物、不给回扣、不搞高级包装，业务范围遍及北京市，同时销往华北、内蒙古各地，拥有 800 家客户。当年销售额为 4856 万元，是 1984 年的 1600 万元的三倍，净利润为 190.5 万元。

进入"八五"后，公司越办越红火，一年一个新局面。在与 200 多名员工的共同努力下，1993 销售收入突破亿元，1994 年达到 1.3 亿元，1995 年销售收入达 1.6 亿元，年平均递增 20%。利润增长更快，1993 年创利 260 万元，1994 年创利 360 万元，1995 年达到 1075 万元，人均创利 4.8 万元。1995 年，已形成拥有固定资产 698 万元、流动资产 8164 万元，经营 2000 多种中、西药品和针剂及医疗器械的大公司。

1994 年，燕京医药公司被评为北京市经济百强企业。1995 年燕京医药公司在中国乡镇企业排序中分别荣获"中国商业行业最大规模乡镇企业"百家第 19 名、"中国最大经营规模乡镇企业"千家第 838 名。

第二节　餐饮娱乐

"民以食为天"，作为首都的东大门，1984 年 7 月，农场建起京来顺饭馆和京来顺旅馆，发展起饮食服务业和旅游业。1989 年底，共有饮食业网点 10 个，其中国营 1 个、集体 9 个，职工人数分别为 10 人和 238 人。

以"京来顺"为例，1985 年建立，发展为北京市七十余家旅游定点餐馆之一。1989 年末职工 99 人，创销售收入 301.8 万元，利润 25.8 万元，是双桥农场最大的餐馆。

"八五"期间，农场开发旅游、服务业已见成效。豆各庄分场（乡）在武汉中心公园投资 200 万元兴建了"水上世界"，在天津等地先后建立了三个游乐项目。三间房分场（乡）、乳品公司、农场汽车队先后成立出租汽车公司，取得了很好的经济效益和社会效益。管庄分场（乡）京来顺饭庄（涮羊肉）于 1993 年 3 月被北京市授予"旅游企业最佳风味奖"。

2003 年，农场经过多方考察，看好延庆的自然环境和旅游优势，成立了龙妱园农业生态技术研发中心，策划了龙妱园旅游建设项目。农场先后进行多次可行性分析和论证，完成招投标和土地勘测，办理营业执照，确定设计方案。经过两年的运作，在即将进入施工阶段时，由于国家政策的变化，该项目暂停。

第三章 物业管理

随着农场域内职工住宅（宿舍）小区的兴建，相应的物业管理公司应运而生。

第一节 桥联物业

北京双桥桥联物业服务有限公司（简称桥联物业）的前身为北京双桥桥联物业服务管理中心，成立于 1998 年。当时的工作主要是为公司家属住宅楼提供供暖、维修、服务等，靠收取供暖费、物业费、维修费以及双桥农场的经济补贴维持运营。2001 年桥联物业获得了 ISO 9001 认证，2006 年，桥联物业正式接管双桥农场的物业管理工作，为双桥农场提供办公楼水电暖的维修、卫生清洁、安保等全方位的物业服务工作。自 2014 年起，一直被朝阳区安全生产管理协会授予"安全生产先进单位"，2015 年 6 月荣获"北京市二级安全标准化达标企业"。在北京市朝阳区双桥地区所有供暖单位中，桥联物业是唯一一家达到该标准的企业。

一、供暖业务

1999 年，桥联物业接管温泉北里小区，供暖面积只有 2.2 万平方米，加上原有老住宅小区 5 号井、6 号井，共计 10 万平方米。2006 年接管亿本温泉东里小区，2007 年接管华美橡树岭小区，2015—2016 年又相继接管双桥嘉园和燕保家园小区，2017 年末，共持有 40 万平方米的供暖面积。

自 2008 年起，公司每年都会投入资金对老旧供暖管线进行更换，截至 2016 年，已全部更换完毕。2015 年 4—11 月，完成对公租房、限价房两个项目的供暖设施的建设；2015 年 11 月，锅炉房扩建工程正式启动，2016 年 7 月中旬，锅炉房扩建工程圆满完工，满足了京桥 1 号地、两限房住宅楼，E9 工程的供暖需求。

二、环境整治

2010年，桥联物业打造蓄水池，过滤的饮用水干净清澈，达到合格标准，为新五号井二期、六号井、温泉东里、温泉北里小区居民供给饮用水；2015年6月，制作垃圾箱100余台，将五号井、六号井小区楼前垃圾箱全部更换。

2016年上半年，公司与第二社区共同联手，进行道路改造、空地硬化、楼道粉刷、清除火灾隐患等；2016年4月在管辖小区内安装电子信息显示屏，5月对温泉东里小区地下车库防雨棚进行整体更新改造；同年，完成了五号、六号井饮水井的水泵房建设和消毒器的安装，保证饮用水质量。

2017年，公司对亿本小区外围杂草进行清理，对乱停车现象进行治理；翻修六号井小区辅助道路；为温泉东里安装监控探头；并修复温泉东里小区院内主路喷泉，每天喷泉开放，切实提高人居环境。

三、幼教

2000年，桥联物业接管双桥幼儿园。双桥幼儿园于2007年升级为一级二类幼儿园。2009年为进行一级一类资质验收，桥联物业投入大量资金，更换硬件设施，新建幼儿园橡胶操场1000平方米，对教学楼室、食堂、门柱、窗户等基础设施进行维修改造，投资共计60万元。2009年10月进行了一类一级幼儿园的初步验收，2010年5月21日，双桥幼儿园正式通过区教委等相关部门的验收，取得一级一类幼儿园资质。2016年10月，根据国资委减少企业层级的要求，双桥幼儿园从桥联物业管理中退出，直接归属公司管理。

四、其他工程

桥联物业在电力布线、供暖管道、上下水管道的保养及维修方面也有强有力的技术优势。2000年先后与中船重工、社会保障局建立良好的合作关系，为这两家公司的室内电器进行改造。

2000年，桥联物业接管煤气站，将原始厂房出租，将大面积更换小面积厂房，余下租金对煤气站运营进行贴补，缓解煤气站的经济压力。2016年7月，煤气站因属于违章建筑而拆除。煤气站在经营的16年里，方便了黑庄户乡及周边居民的生活。

2007 年 10 月，桥联物业负责安装的双桥六号井小区三台 12 吨天然气热水锅炉，通过朝阳区有关部门组织的联合验收。

2014 年 9 月 18 日，桥联物业承揽双桥农场大门口、大鸭梨门口便道护栏及隔离桩安装工程，对农垦公交车站便道进行整修，承包方式为包工包料，合同价总计 24.87 万元。同年，为六号井、温泉东里小区入口安装停车智能系统，共投入资金 9 万余元。

2016 年 8 月，双桥第二社区居民委员会联合桥联物业公司在六号井小区 26 号楼南侧筹备建造双桥第二社区居民委员会办公用房，历经 10 个月的方案规划、意见调查、图纸审批，于 2017 年 6 月底正式开工建造，占地面积约 600 平方米，主要用于双桥第二社区居民委员会的日常办公和居民活动。

桥联物业一直注重防汛工作，每年的雨季来临前，防汛指挥部及人员 24 小时备勤，对所管辖小区进行全面、深入检查。及时完成辖区内排水设施的疏通及清淤；确保防汛工具、设施设备的准备到位，完成排污泵的检查、检修；雨季到来前，对检查出的老旧屋面防水进行整体翻新，确保雨季百姓屋内不漏水。

第二节　亿本康乐物业

北京亿本康乐物业管理有限公司（简称亿本康乐物业）成立于 2001 年 8 月，2006 年桥联物业作为改制前的国有企业从亿本开发公司手中收购亿本康乐物业。2008 年桥联物业经集团公司批准改制为国有控股公司，企业由过去的桥联物业管理服务中心更名为北京桥联物业服务有限公司，亿本康乐物业由双桥农场授权北京桥联物业管理。

2006—2015 年，亿本康乐物业工作虽有起色，但不尽人意的地方很多。2016 年，亿本康乐物业开始狠抓四项工作。

一是严格规范落实岗位负责制。重新划分卫生管理区域，重新定岗定员，合理调整保洁员负责范围，使小区环境卫生得到迅速改观。

二是狠抓小区内的绿化美化，为居民营造良好舒适的生活环境。2017 年 3 月又在小区绿地里清除干树枝和杂物，投资 10 万元，对绿化管线进行更换，同时投资 13 万元实施惠民工程的绿化改造项目，栽种杨树、黄杨、萱草、月季花、果树等植物；2017 年下半年又投入 4 万元，对小区广场中央花坛及七号楼前的黄杨带、快递柜前的沟坎进行整治。

三是加强小区公共设施的维修保护，方便居民的生活。公共设施的维修与保护是亿本康乐的重要工作任务，亿本康乐坚持做到日常维修与平时检查相结合。2017 年新增两台电动自行车充电桩，一次可供 20 辆电动车充电；2017 年 4 月对小区高层屋顶防水施工，解决了因屋面防水层漏水给居民带来的多年困扰。

　　四是消除安全隐患，建立和谐之居小区。亿本康乐物业投入 10 万元，为温泉东里小区 10 号、11 号楼安装烟感报警装置，有效预防火灾隐患；在重大活动期间加强对辖区全天候的昼夜巡视，保证辖区不发生一起安全事故。

第四章　房地产开发业

1984年，为适应深化体制改革，推动商品经济发展，双桥农场撤销工业分场与畜牧分场，组建八大公司，原双桥建筑公司（简称建筑公司）就在其中。建筑公司在1986年新建六号井六栋职工居住楼，缓解了职工住房难问题，但尚未真正开展房地产开发业务。

1990年，双桥农场成立房地产开发机构，由张志明任组长，多种形式进行房地产开发业务，在"八五"初期，签订合同的开发面积达70万平方米，其中对内49万平方米，对外21万平方米。其中三间房定福庄小区的开发建设纳入北京市2010年总体规划的一部分。自1997年底，2.1万平方米的建筑破土动工后，又有5000平方米工程开工，农场房地产业初见成效。

1994年1月7日，北京市进行大规模危旧房屋改造和"康居工程——常营住宅区"项目合同签字仪式在人民大会堂举行。香港长江实业集团有限公司董事局主席李嘉诚、北京市领导和国务院港澳办主任鲁平出席了签字仪式。该项工程占地52公顷，投资12亿元。

1994年7月12日，突发连续24小时降雨天气，降水量达到240毫米，因下游排水受阻，五号井居民区180多户职工宿舍雨水漫进，严重影响职工的正常生活和工作。事发后，双桥农场多次向上级主管单位和有关部门呈报《关于北京市双桥农场五号井职工宿舍区危旧房改造的申请》项目建议书，采用集资建房形式，在五号井宿舍区内进行建新拆旧工作。到2004年底，5万平方米的新型住宅楼交到职工手中，妥善安置了被拆迁危房内的职工住户。

场乡体制改革前，农场就将房地产开发作为新的经济增长点来抓，1999年，农场迈开了自主开发的步伐，由建筑公司承揽农场4号区3栋楼共计1.3万平方米的集资建房的任务。4号区当年开工，当年交付使用，当年基本售罄，并达到了优质工程标准；同年，建筑公司还完成了跨越了三年的34号、35号、36号住宅楼的建筑任务。

2000年，双益达集团开发5194.7平方米的管庄商住楼工程。

2000年8月，为推进农场房地产开发事业快速发展，由建筑公司、远东方建筑公司、建鑫明模板租赁站和台湖建筑公司共同出资组建北京亿本房地产开发有限公司，注册资本1000万元，各方分别占有股比为35％、20％、25％、20％。2002年12月，双桥农场通过债转股方式，清理其他外部股东，将其债务全部偿还，收回股份，亿本公司变为双桥农场自己经营的房地产开发公司，同时，双桥农场又进行了注资。改制后，双桥农场占股70%，建筑公司占股30%。亿本公司公司成立后，开发7号区一期45000平方米的商品住宅工程；2001年，对7号区二期工程进行开发，共计45000平方米，并含有两栋小高层住宅。这两期工程双双摘下北京市"长城杯"和群体市优工程的桂冠。

2000年，农场与银信兴业房地产开发公司，签订1000余亩国有土地使用权转让合同，合作开发康城花园别墅项目，农场占有其中9%的股份，到2007年，康城已建成三期别墅区。

2002年，亿本公司注册资本金增加到2000万元。双桥农场先后开发了康城别墅项目、温泉东里项目。2006年农场五号井69亩国有土地通过"招、拍、挂"形式转让给了雅居乐房地产公司，并于2008年建成华美橡树岭公寓。

1999—2008年，农场在房地产业自主开发方面共收益2268.8万元。房地产开发成为农场经济增长的一大亮点，房地产业成为农场支柱产业，其经济效益和社会效益，远远超过其自身价值。

股东结构的变化使亿本公司在经营中几经周折，直到2008年8月经集团公司批准后，建筑公司将持有的30%股权转让给福建中庚实业集团有限公司。经过洽谈协商，亿本房地产注册资本金增加至5000万，由双桥农场与福建中庚实业集团有限公司各出资2500万元，双方各持股50%。2013年11月，亿本公司注册资本金增加至30000万元。至此，亿本公司迈入快速发展期。

房地产开发，成为农场经济增长的一个亮点，房地产业成为农场的支柱产业，它的经济效益和社会效益，远远超过其自身的价值，仅7号区一期，开发486套住宅，售后净利润达1233.3万元。1999—2008年，农场在房地产自主开发方面共收益约2267.8万元。不仅如此，农场还先后解决了五号井、东大院、常营牛场和黏合剂二厂等平房的搬迁问题，改善了农场职工的住房条件，使农场周边的自然环境和人文环境都发生了巨大变化，提高了农场的知名度和竞争力。

一、亿本公司综合推进多个项目

（一）双桥农场限价商品房项目

双桥农场限价商品房项目位于北京市朝阳区黑庄户乡，项目用地面积3.08万平方米，总建筑面积7.5万平方米，其中地上建筑面积6.22万平方米，共提供限价商品房759套。

项目于 2011 年纳入朝阳区保障房计划，2012 年 6 月 26 日奠基。原定位为集团公司的定向安置房，房源优先满足集团内符合条件的安置对象，安置交由朝阳区政府住保办，对外摇号销售。最终于 2013 年 10 月 30 日完成了北京市朝阳区首个限价房配售公开摇号选房工作。

2015 年，受 7·21 暴雨等诸多不利因素影响，项目单体验收直至当年 9 月 25 日才得以进行，于 12 月 4 日完成了竣工备案验收。2015 年 12 月 26 日协同桥联物业公司进行集中交房。项目整体入住交付顺利，集中交付率达到 97%，一次满意率达到 75%，朝阳区建委对项目整体评价为"过程曲折，总体效果较好"。

（二）双桥京桥 1 号地公共租赁住房项目

双桥京桥 1 号地公共租赁住房项目位于北京市朝阳区黑庄户乡，项目用地面积 4.37 万平方米，总建筑面积 14.98 万平方米，其中地上建筑面积 9.94 万平方米，提供公租房 1296 套。

项目于 2011 年 6 月 17 日正式开工建设，2015 年 7 月 15 日经四方验收合格，2016 年 5 月取得该项目产权初始登记，2016 年 7 月项目整体移交住保中心。该项目为北京市第一批保障性公租房，纳入当年"北京市政府扩大内需重大项目绿色审批通道"。

双桥农场限价商品房项目与双桥京桥 1 号地公共租赁房项目规划设计新颖，端庄大气，综合品质超出预期，整体效果得到了社会各界广泛好评，已成为双桥地区地标性建筑。

（三）大连东港当代艺术项目

亿本公司在发展中坚持立足双桥，瞄向外埠做大做强方针。2011 年底亿本公司开始接触洽谈大连东港当代艺术项目。该项目位于大连市"钻石港湾"南端东港商务区，紧邻达沃斯会议中心，依靠威尼斯水城公园、滨海大道，紧靠海边，地理位置十分优越，规划建筑方案户户看海。项目占地面积 13.47 万平方米，总建筑面积 53.83 万平方米，其中地上建筑面积 40.10 万平方米。

亿本公司于 2012 年 4 月收购大连一方东港 100% 股权，经营团队由中庚集团统一管理。2011 年 5 月开工建设，2013 年 10 月 11 日首期开盘，2016 年 1 月首期项目顺利交付使用。因受大连区域市场大环境影响，项目销售难度加大，项目每平方米价格一度落到冰点，公司背上沉重包袱。2017 年东港地区发展环境获得极大改善，地面交通发展迅速，城际化铁路通车，中小学校幼儿园的建设，使当代艺术项目的销售市场逐步回暖，销售前景良好。

（四）朝阳定南棚改安置房项目

定福庄南居住区项目位于朝阳区定福庄南，东至双桥五号井用地，西临常营路，南至双纬路，北临双纬北路，使用双桥农场土地 28.9035 公顷，其中建设用地 17.7062 公顷，代征道路 7.3678 公顷，代征绿地 3.8275 公顷，由北京中房佳和房地产开发公司一级开发项目农用地转用和土地一级开发后纳入政府土地储备。

亿本公司于 2009 年 12 月出巨资全额收购北京中房佳和房地产开发公司 100％股权。2011 年 3 月，亿本公司完成了定福庄南居住区土地一级开发，将土地移交给市国土局，拟用于崇文区（现已并入东城区）危改定向安置房用地，该项目全部收回经营款项，实现了土地一级开发收入 2.145 亿元，定福庄南居住区土地一级开发项目运营操作专业、高效，获得了非常好的收益，为亿本公司的发展打下了坚实基础。

（五）定南猪场棚改安置房项目

定南猪场棚改安置房项目原为定南猪场经济适用房项目，是 2010 年列入计划的北京市政府保障房项目。2010 年 8 月 13 日，国务院副总理李克强、北京市委书记刘淇、市长郭金龙为定福庄保障性安居工程项目奠基，当日新闻联播、主流媒体纷纷报道。

该项目作为经济适用房项目原已完成了政府要求提前开工的各项准备，但北京市环保局紧急要求项目暂缓开工，理由是 491 电台电磁辐射在建筑物高层部分可能超标，项目环评需重新进行专家论证后审定。按照市环保局限高 18 米的要求，项目可建筑面积只有规划批准面积的 50％左右，项目开发将形成巨额亏损。为规避企业经营风险，亿本公司在评估利害关系后决定经济适用房项目暂缓实施。

2015 年，市住保办原则同意定南猪场经济适用房项目调整为棚改安置房。2016 年 8 月，朝阳区政府同意另外安排项目弥补经济适用房指标，定南猪场地块不再建设经济适用房。2017 年 3 月 30 日，由市住建委叶向忠副主任主持，市发改委、市住建委、市规土委等部门参会的专题会议上，就此项目同意在取得市政府批示意见以及环保局关于 491 台电磁方面初步意见后，可列入 2017 年保障房补开工计划。为此亿本公司提前委托中广电广播电视设计研究院、北京奥达清环境监测股份有限公司对该项目进行规划影响测量、电磁环境评估，并组织专家评审会，评审专家表示对测量与评价结论认可，该项目现有的规划方案的规划影响、电磁环境满足规范要求。通过充分挖掘、精算各种限制条件下的可利用空间，在可建层数由 11～16 层调整为 9～12 层的条件下，完成了规划方案的调整，规划指标与经适房规划方案相比未明显减少，安置房项目方案总建筑面积 21.9 万平方米，其中地上住宅面积 17.29 万平方米。截至 2018 年底，正推进项目立项变更手续、纳入保障房开工建设计划、取得一会三函文件。

（六）永乐店棚户区改造安置房项目

2010年，棚户区改造开始启动，永乐店农场为改善职工住房条件和住房环境，决定对永乐店职工家属院和德仁务职工家属院实施棚户区改造工程。5月，国营北京市永乐店农场首次向北京市住建委递交《永乐店农场平房改造工程》申请，当月即被北京市住建委列入北京市棚户区改造项目。

2014年10月，集团公司京首农文〔2014〕252号文件，决定将永乐店农场棚户区改造项目的实施主体由原来的三元置业调整为双桥亿本公司。

亿本公司接手后，立即开展相关工作。按北京市规划委员会审定控规的项目选址永乐店中心区TZ-YLD-025地块（永三村地块）进行普测、定桩、四至围墙砌筑，组建项目团队，按地块控规条件委托建筑设计公司进行了项目方案设计，经多次修改优化后最终定稿。在项目手续办理过程中，由于项目用地性质为林地耕地集体土地性质，镇政府无法解决耕地占补平衡指标将土地性质变更为国有土地而无法推进。2014年12月，镇政府对项目用地调整至永乐店中学旧址内选址，但用地范围迟迟不能落实。因永乐店中学旧址在永乐店镇中心区G地块一级开发范围内，土地供应途径无法落实。2016年12月15日，镇政府提出项目用地再次调回至永三村地块。该项目历时几年，但始终无法落实土地手续，三元置业、亿本公司开展前期工作已累计支出近500万元。2017年3月30日，由市住建委支持，市发改委、市规土委等部门参会的专题研究此项目，因原有国有棚户区改造项目已经不适于现行棚改政策，该项目应由原来的国有棚户区改造变为城镇棚户区改造项目，按照城市棚改安置房项目性质制定棚改实施方案，按属地管理由镇政府向区政府申请授权开发单位、立项，同意由永乐店镇政府牵头作为责任主体建设棚改安置房，仍按原申报规模建设，优先解决现有永乐店农场棚改安置，余量用于安置永乐店镇域、通州区内棚改安置。亿本公司配合永乐店农场、双桥农场积极跟踪项目进展情况。

二、扬州暖山项目扎实推进

扬州暖山项目总占地规模31.2万平方米（含调整待出让用地7.14万平方米），一期规划用地面积24.06万平方米，建筑面积33.66万平方米（其中地上24.02万平方米，地下9.64万平方米），主要业态有联排别墅、独栋别墅、花园洋房、配套商业和幼儿园。二期建筑面积约8.57万平方米，总建筑面积约42.23万平方米，项目总投资约33亿元。

2014 年 12 月底，立项审批工作完成，项目现场"三通一平"工作完成，并取得《建设用地规划许可证》。项目一期于 2015 年 5 月破土动工，总开工面积 7.1 万平方米，其中类独栋 10 栋、联排 30 栋、双拼 2 栋、洋房 2 栋。项目二期于 2017 年 3 月破土动工，总开工面积 8.7 万平方米，类独栋 11 栋，联排 27 栋，双拼 3 栋，洋房 8 栋。2018 年以来，扬州项目建设在持续发展中稳步推进。

第五章 文化创意产业

"十三五"时期是双桥农场产业转型升级的关键期和新旧发展动力的转换期，在北京"四个中心"城市战略定位的深入落实及全面疏解整治促提升的背景下，公司加快经济转型、增速换标的脚步，引领经济发展进入新常态。在京津冀一体化大背景下，公司主动应对挑战，积极抢抓机遇，致力"腾笼换鸟"，启动"文化双桥"发展战略，着力推动"双桥文化创意产业集群"建设，重组和挖掘资源禀赋，形成塞隆国际文创园、E9创新工场、E9区影视基地等园区，集聚电子商务、媒资中心、交流展示、创意孵化、影视制作等产业融合发展的占地千亩级体量的"文化双桥"产业集群，双桥的文化名片和文化地标凸显；坚持文化引领和创新驱动，融集资本和智力资源向文化倾斜，形成成熟的文化产业链和运营机制；培育创客文化，创意经济，锤炼塞隆、E9区等品牌，释放鲜明的文化特色和魅力，扩大品牌影响力、知名度和美誉度，进而彰显首农文化张力和品牌价值。

第一节 塞隆文创园

北京塞隆国际文化创意园是在原水泥库的基础上改造而成的，将艺术融入建筑是园区特色之一，在充分保留工业时期立面风格内部框架的基础上，加以改造，给冷冰冰的厂房注入了文化艺术元素。园区从2013年3月成立以来，精心打造整体建设，完成了"一园、一带、多中心"的园区规划总体布局。"一园"指整个文化创意园建设；"一带"指文化创意设计展览展示带；"多中心"指塞隆创意办公间、水泥库艺术空间、中国视觉创意孵化基地、塞隆文化商务中心、"塞隆创意＋"设计研发中心、"一带一路"文化展览展示空间（筒仓创意升级）等项目。

随着企业不断入驻和园区的综合发展，园区在文化产业领域的地位也在不断提升。作为国家文化产业创新实验区的重点园区、北京市朝阳区的十大转型升级典型园区之一，截至2018年底，已累计取得市区文创奖励资金540万元。2018年以来，园区收到来自各级领导的关心和爱护，中央级与市级媒体对园区从老旧工业厂房升级为文创园区进行了多轮重点报道。中共中央政治局委员、北京市委书记蔡奇，原中央政治局常委、政协主席贾庆林，市委常委、宣传部部长杜飞进，北京市副市长王宁，市文化局党组书记局长陈冬，北京市宣传部副部长徐俊生，原朝阳区委书记吴桂英，区长王灏，朝阳区委常委、统战部部长黄晓伟，区委常委、副区长孙其军，贵州省委常委宣传部部长慕德贵，昆明市文产办专职副书记普跃英等领导先后莅临园区参观考察指导。《人民日报》于 2017 年 9 月 17 日在头版以《老厂房 新风景》为题报道塞隆文创园老旧工业厂房升级典型；《北京日报》于 2017 年 9 月 20 日在头版以《工业遗迹变身文化地标，46 座水泥筒仓照亮广渠路》为题介绍塞隆文创园区；中央电视台、北京电视台、新华网、千龙网、《北京青年报》《北京晨报》《北京晚报》《劳动午报》《新京报》《法制晚报》《京郊时报》等重点媒体均对园区升级改造情况进行了多次重点报道。

第二节 E9 区文化产业园

E9 区创新工场坐落于北京市朝阳区双桥南街西段，是在原北京三元食品乳品一厂旧厂房基础上改造而成的，总投资 1.7 亿元，占地面积 118 亩，建筑面积 6.37 万平方米。园区聚焦数字创意与前沿科技产业，打造文化科技融合生态。园区在设计理念上崇尚历史文脉的传承与时尚创新的相得益彰，从整体规划设计到细节景观都充分延续了厂区的代表性元素，真正使入园企业能够随处感受到一种修旧如旧又历久弥新的文化氛围。现如今，E9 文化产业园继承了三元奶业的辉煌基因，在文化创新领域率先打造"4.0 版"园区。以变革求突破，争做产业融合的新示范、创新创意的新高地、转型升级的新标杆、区域发展的新引擎。

E9 区创新工场坚持引进文创产业集聚度高、文化科技融合度好的新型骨干龙头企业，建园初期就始终坚持在园区的发展上秉持打造园区业态融合，立足双桥文化创意产业，服务产业转型升级的需要。E9 文创园总建筑面积 6.37 万平方米，其中一期改造完成 3.08 万平方米。园区制定了严格的入园企业筛选机制，入园企业除个别企业商业配套外，其余大部分为文创及科技企业，不乏各个行业的龙头领军企业。

E9 区创新工场自成立以来，就采用"平台＋"运营理念，既为企业提供产业落地的空间实体，也提供产业发展的操作系统。入园企业与 E9 区创新工场开展紧密合作，共创品牌、共生项目、共享价值。通过这一模式，园区和企业、企业与企业之间产生真正的关联与互动，一方面园区做到为企业提供工商财税、知识产权等全方位基础服务和路演发布大厅、会议室等配套设施，并帮助企业配置品牌、市场、技术、资金、政策解读和高校人才等全方位资源；另一方面入园企业通过园区平台在上下游及关联环节深度合作，相互支撑，联合拓展市场，而在整个过程中，园区企业不断碰撞出新创意和新项目，园区作为创新平台连续提供产业承载空间和相关产业要素支持，如此形成良性循环。最后，园区平台通过成熟的管理模式和园区品牌，带动园区相关企业共同进行产业输出。园区搭建的产业协同平台已帮助入园企业实现业务关联，通过 E9 区产业协同平台，盛世嘉和的 AM 原菌空气净化技术已被园区企业广泛应用，入园的微智全景信息技术有限公司在平台的资源对接下，成功与大型智能化物流企业源泰隆物流有限公司签订战略合作协议。

E9 区创新工场建设财税迁移平台，依托园区备案的数百个工商注册地址，为入园企业提供永久、稳定的注册和迁移服务，园区鼓励入园企业进行工商财税迁移，解决企业异地办公的难题，特别是针对营收高、增长快、纳税好的优质企业，园区建立了专门的工商财税迁移平台，帮助企业将税源引入朝阳。截至 2018 年底，E9 区创新工场内工商财税迁移平台全程帮助 25 家企业实现公司注册与迁移，实现新注册公司 14 个工作日内完成注册，跨区迁移企业 7 个工作日内完成迁移的高效运转节奏。

经过几年的加速建设，E9 区创新工场已形成了公共服务中心、企业总部基地、综合休闲中心、展览展示中心、文化科技融合中心等五大功能区的经济发展格局，为北京文创产业提供便捷、高效的产业承载空间。

第五编

管理体制

中国农垦农场志

第一章　经营管理

第一节　经营方针

双桥农场在 1949 年建场时，是以种植业为主、生产方式落后、设备破旧的农场，全部作业靠人工、畜力操作，经营方针很不明确。

1950 年，机耕学校成立后，有了机耕作业。双桥农场成为机耕学校的实习农场，主要任务是配合学校教学提供实习场所，没有自己独立的经营方针。

1951 年，双桥农场作为实习农场，虽然进一步明确了生产、实习任务，并提出了要为各国营农场提供工作经验，创建规章制度，推广先进技术，起示范作用等要求，以及配合政府在家禽、家畜、农作物方面普及优良品种，但这时农场仍不是独立的经济核算单位。

1952 年 9 月 12 日，农业部召开会议，规定双桥农场的发展方针是"以畜牧为主，农牧结合，适当发展园艺，为城市服务"。农场确定畜牧以发展乳牛为主，配合发展猪、鸡，农业以推广优良品种为主要任务。

1961 年 4 月，双桥人民公社恢复后，拥有土地 5.5 万亩，农村人口约 3 万，一万余劳动力和 2545 名企业职工，仍为全民所有制的人民公社，是政社合一的组织，也是全民所有制的农场。经营方针：以农业为基础，粮、菜、畜牧并举，发展多种经营，逐步建成首都的副食品基地。

1963 年起，全场（公社）实行统一领导、三级管理、三级核算。总场是管理单位，分场为经营单位，生产队是从事农牧业生产的单位。经营方针：以农业为基础，农牧并举，发展多种经营，逐步建成首都的副食品基地。

1972 年 10 月，双桥农场坚持"一业为主、多种经营"的方针，继续抓好粮食生产，积极改革耕作制度，重视科技在生产上的应用；同时又进一步调整了粮食、饲料、蔬菜的布局和比例，确定了畜牧生产的规模；发展了适合本场特点的工副业。

1984 年以后，深化改革，农场的经营方针进一步发展为"以农、牧业为基础，工业为支柱，适当发展第三产业"，实行农、工、商综合经营。农、牧业坚持走种、养、加一体化的道路，对农、牧业产品进行精深加工，提高了经济效益；第二、第三产业迅猛发展使产业结构、劳动力结构发生根本变化，并逐步趋向合理，提高了全员劳产率和种植业劳产率；农业劳动力的转移，商品经济的发展，经济效益的提高，加快了农业现代化步伐，形成了工、农业的良性循环，从而使农场成为种、养、加一条龙，农、工、商一体化的综合企业，形成了以农、牧业为基础，以工业为经济支柱，第三产业蓬勃发展，商品经济为主体的新格局，进入经济全面腾飞的新阶段。

2004 年之后，农场对现有的二级企业进行深化改革，进一步理顺产权关系，积极探寻适合企业发展的体制和管理模式，不断地向更具竞争力和生命力的现代企业转变。具体方针是：因企制宜、一企一策。

第二节　改革改制

双桥农场始建于 1949 年 4 月，是全国农垦系统最早的国营农场之一，由农业部直接领导。

1958 年春，双桥农场划归北京市领导，同年 6 月归通县管辖，9 月又归朝阳区管辖。10 月份全国开始了公社化运动，农场和附近的高级社合并，建立了双桥人民公社，农场既是政社合一的农场，也是全民所有制的人民公社，并在原有的基础上迅速发展，逐步形成国营和集体两种所有制并存的农场。

1984 年，领导体制进一步改革，农场实行党、政、企分开。原农场党委改为中共朝阳区双桥农村工作委员会，经区委批准，周诗平任工委书记，陈德茂、王金农任工委副书记；农村建立办事处，恢复乡政权，陈德茂任双桥农村办事处主任，董金波、果秀玲任办事处副主任；经农场局批准，王金农任双桥农场场长，陈志业、张忠书、陈士根为副场长。以上党、政、企三部分都在双桥农工委统一领导下，分工负责。

1987 年，农场贯彻中共中央和国务院颁发的企业"三个条例"，实行场（厂）长负责制。有 11 个全民企业和 10 多个乡办骨干企业实行了场（厂）长负责制。

1998 年，市政府发布了"关于北京市农工商联合总公司场乡体制改革的意见"，对总公司所属的 13 个场乡合一的农场进行体制改革。同年 8 月，市政府派工作组进驻农场，三个月后，农场由原来的场乡合一、全民所有制和集体所有制共存、党、政、企三位一体的综合体，变成一个面向市场，自主经营、自负盈亏的国有企业，即独立的法人经济实体。

场乡体制改革后，五个乡、医院、学校等行政事业单位统一归属地方管辖，农场只剩下 36 个国营企业，2962 名职工，土地减少到 8882 亩，国有总资产 1.99 亿元，所有者权益 3584.6 万元。农场领导班子由过去的党、政、企三套人马，减少到党、企五位领导。农场机关也由原来的 200 多人减少到 83 人。

2001 年，总公司提出"条块结合、以条为主"和农场"空壳化"的体制构架，先后组建了三元食品、三元绿荷养殖、金星鸭业、三元绿化、三元建筑等多个行业集团。农场本着大局利益，许多企业陆续被总公司划拨。1997 年，双桥乳品厂划归三元食品；2001年，三个牛场共计 2151 头牛，连同豆各庄牛场 1182 万总资产，一并划归三元绿荷养殖中心；随后，鸭场被划入金星鸭业；建筑公司出资净资产 307 万元，以股权形式进入三元建筑集团；立时达药业划入三元种业公司；农机公司划入三元石油集团等。

2004 年，市国资委提出，国有企业实行"减、压、控"，即减少企业个数，压缩企业层级，控制企业成本。对此，农场积极进行了落实。早在场乡体制改革后的 1999 年，农场首先从直属小企业入手，进行合并、划归、改制。先后将新胜五金厂、铁塔厂、锅炉厂划入工业分场；将凯恒厂、新型建材厂、天泉饮料厂、涂料厂办理歇业；将商标印刷厂和汽车队改制成有限责任公司；对京轮电器和肉食厂申请了破产等，取消了所有的直属小企业。

"减、压、控"运行之后，农场二级企业脱颖而出，优势凸显。八大集团公司（双益达集团、太洋药业、立时达药业、农工贸公司、胜利建材、建筑公司、桥联物业公司和大秦仓储公司）成为农场经济的主体和支柱。

2008 年 6 月，根据国资委的意见，按照集团公司的部署，以双桥农场为主体，吸收、合并三元绿化公司和永乐店农场，组建成新的北京市双桥农工商公司，并对新公司进行了体制改革，推行了法人治理结构，从原来的农场管理体制和经营机制，转换为公司制管理。成立了董事会、党委会和经理层。三方合并，实现了优化重组，将永乐店农场的资源优势、三元绿化的竞争优势，同双桥农场的区位优势和雄厚的基础融合为一体，构建成科学、强劲的现代化企业。

从 2010 年下半年开始，公司不再实行董事会负责制，改为经理负责制。

第三节　经营体制

一、1949—1965 年

建场初期，农场作为机耕学校的实习农场，主要任务是配合教育计划。1952 年，农业部定名双桥农场为"国营双桥机械化农场"之后，农场开始成为独立的经济核算单位，并且有了自己明确的发展方针——以畜牧为主、农牧结合，适当发展果树、园艺，为城市服务。

1960年冬，中央开始纠正"左"的错误，对国民经济实行"调整、巩固、充实、提高"的八字方针。双桥农场调整了社、队规模，包产单位由原来30个划分为59个。

场社合并后，从1959年3月起，黑庄户、定辛庄两个大队率先并入双桥农场，转为全民所有制，直至1967年农场皆为全民所有制人民公社，农村部分统一按全民所有制进行管理。管理办法几经变更，大体可划分为三个阶段。

1. **第一阶段（1959—1961年）** 统一领导、分级管理、统一核算、承认差别、共负盈亏。

1961年初，朝阳人民公社"关于加强经营管理建立各项制度的意见"中规定，管理体制为统一领导、分级管理（公社、大队、生产队），统一核算，承认差别，共负盈亏。具体实施办法是：公社对大队实行四定，即定产值（含产量，商品量）定开支，定工资，定积累，70%上交公社；大队对生产队（或生产单位）在四固定（土地、劳力、牲畜、农具）基础上，实行三包一奖，即包收入（含产量、商品量）、包开支、包工分、超产奖励（奖超纯收入的30%，罚减纯收入的30%）。

2. **第二阶段（1962年）** 统一领导、三级管理、三级核算、任务层层包死、超产归己。

公社对大队、大队对生产队实行"两死两活"的包干办法。上交粮、菜，上交积累两项任务数额包死，完成任务多产多吃，多收多分，社员工资平时预发40%～60%，年底结算。从执行情况分析，这个办法符合社员的觉悟程度，调动了社员的积极性，促进了生产的发展。但从另一方面看，社员收入出现了新的差别，收入好的队人均在百元以上，差的队人均仅为二三十元。为了保证国家计划顺利贯彻执行，缩小差别，达到全场统一工资水平的目的，"两死两活"的包干办法，只实行一年即宣告结束。

3. **第三阶段（1963—1965年）** 统一领导、三级管理、三级核算、缩小差别、统一工资水平。

从1963年起，全场（公社）实行统一领导、三级管理、三级核算。总场是管理单位，分场为经营单位，生产队是从事农牧业生产的单位。

场社合并时期，由于对全民所有制和集体所有制的性质认识不清，一度对农村集体所有制按全民所有制办法进行管理。农村积累、利润一律上缴，资金向上要，致使农村部分在1968年以前积累无一分，储备粮无一斤。另一方面场社合并后，把原来的全民企业又放到农村分场领导，忽视了企业的特点，用管农村的办法管理企业，致使企业从1964年至 1968 年连续五年共亏损 396.3 万元。

二、1966—1976 年

1972 年 9 月国营农场会议以后，农场落实《国营农场座谈会纪要》精神，对农村、企业实行统一领导、分别管理、分别核算。

（一）落实对农村的经济政策

1965 年，对农村生产队进一步明确了按照《六十条》精神办事，即三级所有，以队为基础，实行经济单独核算，自负盈亏。农村生产队从 1968 年开始提留积累。

1972 年 12 月，农场拟定并下发了《关于农村生产队财务分配的具体办法》，实行按劳分配，评工记分，为了以丰补歉，稳定社员分配水平，实行提留储备金、储备粮和预扣粮款的制度。

农村总收入由 1966 年的 492.3 万元增加到 1976 年的 1771.4 万元，增长 2.6 倍。平均每年递增 13.7%。纯收入由 1966 年的 257.9 万元增加到 1976 年的 569.5 万元，增长 1.2 倍，平均年递增 8.2%。人均分配由 1966 年的 80.9 元增加到 1976 年的 114.1 元，增长 41%，平均年递增 3.5%。农村积累从 1968 年至 1976 年，9 年共积累 1021.6 万元。储备粮从 1968 年至 1974 年共储备 631.9 万斤，够当年农村人口 30288 人吃半年。到 1976 年储备粮 1300 万斤，够 3 万口人吃一年。从而改变了农村 1968 年以前储备粮无一斤，积累无一分的不良状况（表 5 - 1）。

表 5 - 1　1966—1976 年农村收入分配统计表

年份	农村总收入（万元）	纯收入（万元）	积累（万元）	人均分配（元）	储备粮（万斤）
1966	492.3	257.9		80.9	
1967	541.7	332.0		92.5	
1968	622.2	405.3	54.6	100.6	
1969	634.9	371.5	51.7	88.1	
1970	747.0	483.6	106.9	103	
1971	666.0	400.3	53.6	97.5	
1972	804.7	428.2	64.9	97.6	
1973	987.8	455.4	80.3	97.7	
1974	1467.5	585.6	143.7	177.8	631.9
1975	1651.1	640.6	189.7	118.2	
1976	1771.4	569.5	276.2	114.1	1300.0
平均年递增速度	13.7%	8.2%		3.5%	

（二）全面加强企业管理，扭亏增盈

1973 年双桥企业分场建立后，为了改变"管理大撒手、资金大敞口、核算大锅饭"的不良现象，全面加强计划管理、财务管理和劳动管理。基层单位普遍建立岗位责任制，操作规程等各项行之有效的规章制度；坚持季度经济活动分析；开展以增产节约、降低成本为中心的社会主义劳动竞赛；促进了生产的发展，使企业很快扭亏增盈。

例如：双桥西猪场加强定额管理，如基本母猪组实行定人、定猪、定圈、定饲料、定任务的"五定责任制"；果树队实行按班划区、按组定树、按人定株的岗位责任制。由于全面加强企业管理，企业收入增加，从 1969 年开始扭亏为盈，摘掉了赔钱帽子。

表 5-2　1966—1976 年企业收入、利润统计表

年度	1966	1967	1968	1969	1970	1971	1972	1973	1974	1975	1976	平均年递增
企业收入（万元）	548.4	581.7	679.2	895.3	1030.9	1182.8	1344.6	1572.5	1442.0	1572.0	1692.0	9.5%
利润（万元）	−98.3	−89.7	−21.9	79.8	81.7	78.5	246.8	70.4	102.8	80.2	13.0	
人均创收入（元）	2006	2093	2652	3993	4731	4374	4301	4769	4289	4660	4984	
职工人数（人）	2733	2779	2561	2242	2179	2704	3126	3297	3362	3373	3395	

1966—1976 年，全民企业共计上缴利润 318.7 万元，全场上缴税金 811.3 万元。

三、1978—1997 年

为了适应"四化建设"的需要，改革部分不适应生产力发展的生产关系和不适应经济基础的上层建筑，农场从 20 世纪 80 年代初开始，进行了领导体制改革、工资改革、企业和农村实行了经济责任制，从而调动了职工和农民群众的积极性，促进了经济的发展和效益的提高。

"八五"期间（1991—1995 年），按照总公司（原北京市国营农场管理局）"坚持服务首都，富裕农民，建设社会主义新农村"的方针，遵循计划经济与市场调节相结合，社会效益与经济效益并举，实施科技兴农战略。农村抓紧粮食生产，夯实基础产业并致力于提高、抓好典型示范；突出农村分场支柱产业的调整，上水平、求效益，深挖内部潜力；第三产业注重完善管理配套；对外向型经济狠抓发展，力求迈上新台阶。

（一）农场农业生产责任制

中共十一届三中全会以来，农场落实农村经济政策，提高农业管理水平。从 1984 年下半年开始，在农村普遍推行以家庭联产承包为主的多种形式的生产责任制，极大地调动了农民的积极性，促进了生产的发展。农民的收入有了较大提高，产业结构有了很大的变

化。回顾农场农业生产责任制的发展过程，主要有以下几个阶段：

1. 1977—1983 年农村普遍推行水稻、小麦、蔬菜、养猪专业队不联产的生产责任制，并在此基础上实行"四定一奖"　大田"四定"，即定地块、定产量、定人员、定开支、超产有奖的制度，曾收到较好的效果。如黑庄户生产队对小麦专业队实行"四定一奖"，定员 33 人，定产量亩产 500 斤，按每亩小麦平均用工 5.5 个，拨给专业队总工分数，并按小麦的不同生长期分别制定出管理任务。由于专业队员责任明确，在 1980 年灾情较大的情况下，夺得了亩产 548.5 斤的好收成，居全场首位。

园田是"四定到组"，即定产值、定工分、定人员、定开支、联产值计奖和联纯收入计奖的办法。1981 年在 28 个园田队中实行这种办法的占大多数。后经过总结了五里桥东园田和杨闸生产队的经验，又创造出"专业承包联产计酬，积累定死，全奖全罚"和"专业承包，以纯收入买分，积累定死，全奖全罚"的办法。对提高园田收入，增加分配，促进生产发展起到很大作用。如五里桥生产队东园田，在农场系统是率先实行这个办法的。58 亩园田，亩产值从原来的 400～500 元提高到 1135 元（当时是全场最高的）。劳均收入由原来的 170～180 元提高到 1375 元。

其他在养猪、工副业方面也都实行了专业承包。收入、开支、利润、人员工分全部包给专业队（组），实行超收入提成奖和节约开支奖。

以上各种形式的责任制都不同程度地调动了农民群众的积极性，但是和当时全国、全市以及郊区社队开展的以家庭经营形式为主的联产承包责任制相比，农场收入、分配的增长速度还有一定的差距。承包组内"小锅饭""小拨轰"的平均主义现象仍然存在，在一定程度上挫伤了农民的积极性。

2. 1984—1986 年实行联产承包责任制　1984 年春，农场曾派 30 多人到山东、河南、河北的先进地区学习取经，并拟定承包总体方案，通过了"关于提高和完善责任制"的正式决定。1984 年 9 月，全部落实并签订了合同。

全场 64 个生产大队，其中有粮田面积的 60 个大队，纯菜队 4 个。实行包干分配的 49 个大队，占总数的 81.7%，其中包干到户的 23 个大队，4013 户，承包 1.14 万亩地；包干到劳的 23 个大队，1461 个劳动力，承包 1.54 万亩地；包干到组的 3 个队，260 个劳动力，承包 3190 亩地。实行联产计酬形式的 11 个队，其中到户的 1 个大队、到劳的 5 个大队、到组的 5 个大队。承包过程中出现了每户承包 50 亩以上的专业大户，分布在 7 个大队，共 24 户。如豆各庄大队将 1344 亩粮田承包给 14 户，16 个劳动力，每户平均 96 亩，每个劳力平均 84 亩，最多的户达 300 多亩。

全场有商品菜任务的 28 个大队，全部实行包干形式。其中包干到户的一个大队，到劳的 25 个大队，到组的 2 个大队。

畜牧养猪的 38 个大队，其中包干到户的 9 大队，到劳的 25 个队，到组的 4 个队。

坑塘养鱼的 38 个队，900 亩水面。其中包干到劳的 33 个队，到组的 3 个队，责任管理的 2 个队。

在承包过程中，农场、分场、生产大队做到五统三分，以统为主。即统一种植计划，统一机耕作业，统一物资供应，统一水电，统一植保管理。三分即分别管理，分别核算，分别兑现。经过二年多的实践，上述各种形式进一步调动了农民群众的积极性，解放了农村的劳动力，使大批离土不离乡的农民，转移到第二、第三产业上来。1984 年，从事农牧渔的劳力 6339 人，1985 年减少到 3345 人，有一半劳力转入第二、第三产业。但是，也存在一定的缺点和问题。第一，种田大户地多、劳力少、管理粗放，出现严重草荒现象，致使粮食产量下降。第二，有的生产大队土地分得过于零散，不利于水利灌溉和机械作业。第三，有少数生产队统、分没结合好，出现干部不愿管、群众不让管的现象。农场本着基本稳定，个别调整的原则，1985 年以后，把比较零散的地，尽量连片集中，把承包大户面积适当压缩，如豆各庄大队由 14 户、16 个劳力，调整为两个专业队。并逐户检查、落实承包合同，年终认真兑现；对个别不完善，不合理的合同进行了修订；对少数不得力的领导班子进行了调整，从而进入了适度规模经营阶段。

3. 1987—1989 年，农业的适度规模经营阶段　1986—1987 年，农村联产承包责任制逐步向适度规模经营发展。

粮田适度规模经营单位共 57 个队，承包粮田总面积 3.12 万亩。其中承包到组的 29 个队，粮田面积 1.6 万亩，占承包总面积的 51.3%，劳力 1129 个，劳均承包 14.2 亩；承包到劳的 14 个队，粮田面积 1.26 万亩，占承包总面积的 40.2%，劳力 1347 个，劳均承包 9.3 亩；承包到户的 14 个队，粮田面积 2649 亩，占承包总面积的 8.51%，6769 人，人均承包 0.39 亩。园田承包面积 39366 亩，28 个队，1375 个劳力。其中承包到组 2 个队，承包到劳 26 个队，劳均承包 2.86 亩（表 5-3）。

适度规模经营在农村的具体体现就是"双层经营，统分结合，以统为主"，既发挥生产大队"统"的积极性，又发挥了承包者"分"的积极性。

为了发挥集体经济的优越性，实际上农场从 1985 年开始就建立健全服务组织，理顺了体系，做好产前、产中、产后服务，提高服务质量。到 1989 年为止，已建立了农场、分场、生产大队三级服务组织。农场、分场分别通过农业服务公司、蔬菜公司、农机公司（或分场农机站）、水电站、物资站、兽医站和两级的生产职能部门，做好农村的水利、植保、种苗、防疫、技术、信息、物资供应等服务工作。生产大队都已建立服务小组，全场三级服务人员约 800 人左右。生产大队由一名副队长牵头，落实了服务责任制，定期考核，有奖有罚。它们主要是向农民提供农用物资，统一安排机械、水利等农田作业，进行必要的技术指导，完成统分结合中统的工作，解除了承包者后顾之忧。

表 5-3　1980—1989 年农村收入、分配统计表

年份	总收入（万元）	纯收入（万元）	积累（万元）	分配（万元）	人均分配（元）
1980	3815.0	1716.2	399.0	1018.0	252.0
1883	6435.8	2585.1	277.3	1897.6	494.0
1985	12185.0	4551.0	501.0	3583.0	912.0
1988	24413.0	6842.0	1184.0	4427.0	1199.7
1989	28727.0	7827.0	1568.0	4839.0	1363.0

"八五"期间，随着改革的逐步深入，农场产业结构的调整已势在必行。为加快农村经济建设的进程，农场党委在指导思想上实现了两个转变。一是在体制上从高度集中的计划经济转为社会主义市场经济体制；二是在经济发展战略上坚持农业的基础地位，乡镇企业抓调整、大力发展第三产业。继续坚持巩固农业统分结合的双层经营体制，进一步完善联产承包责任制。

（二）全民企业经济责任制

全民企业曾一度出现过"管理大松手，资金大敞口，核算大锅饭"，规章制度不健全的现象，生产水平停滞不前。1970—1977 年，年平均上缴利润只有 60 多万元。22 个基层单位中，有三分之一的单位亏损。为了扭转企业的经营情况，解决企业吃国家的"大锅饭"和职工吃企业"大锅饭"的弊端，扩大企业自主权，调动干部职工建设社会主义的积极性，农场从 1978 年开始，对全民企业实行了多种形式的经济责任制。

（1）1978—1981 年实行"四定一奖"。全民企业的经济责任制逐步由初级到高级，由局部到整体。1977 年，国营农场管理局对农场实行利润包干，当年农场并没有往下包。1978 年，根据上级有关指示，开始对分场和部分基层单位，实行"四定一奖"的经济责任制，1979 年全面展开。"四定"即定人员、定任务、定成本、定利润。"一奖"为超利润部分按规定比例奖励。从不承包到承包，当时对促进生产发展，提高企业的经济效益确实起到一定的作用。1977 年，实行承包的当年，全民企业实现利润 94.2 万元，1978 年实现利润 176.2 万元，1979 年实现利润 186.2 万元。三年实现利润分别比 1976 年增长 6.3 倍、12.6 倍、13.4 倍。但是这几年职工奖金分配基本上还是平均主义的，职工的生产积极性仍受到限制。

1979 年，工业、畜牧分场成立，在总结经验教训的基础上，从 1980 年开始，农场对

工业、畜牧两个分场实行利润包干，超包留用。分场对基层也实行利润包干，超包留用，亏损不补，一年一定。同时下达超利润提成比例，一般提 20％～30％作为奖金。签订承包合同后，基层再把生产、成本、利润等指标分解下达到班组和个人。实行"定额记分，超额提成""任务承包、联利提成""定产到人，联产提成""超产计分、按分计奖"等多种形式。对进一步调动职工的生产积极性，提高工效，提高经济效益，扭亏为盈起到了较好的作用。1980 年全民企业实现利润 218.4 万元，比 1979 年增长 17％。1981 年实现利润 247 万元，比 1980 年增长 9.9％。管庄猪场采用"定额记分、超额提成"的办法，人员由 65 人减少到 36 人，超额完成生产任务。原定 1980 年交售肥猪 1500 头，毛重 30 万斤，实际交售肥猪 2010 头，毛重 40.6 万斤，超计划 35.3％。而且当年扭亏为盈，原定亏损 5 万，实际略有盈余。当年提奖 1.2 万元，平均每人 280 元，肥猪组最高平均每人得 400 元。

1981 年，企业收入达 3125 万元，比 1976 年增长 131％，年平均递增化 18.2％。1981 年实现净利润 247 万元，是 1976 年 12.9 万元的 18 倍。

（2）1982—1987 年，随着农场工资制度的改革，进一步推动了企业经济责任制的落实和完善。承包时间由原来的 1 年改为 3 年，包干指标由活到死。1982 年以后农场对下属基层企业单位，根据规模、基础、潜力等不同条件，分别实行三种情况进行承包。

第一，生产发展型的企业，死包干上缴利润，超包部分留给基层，用作生产发展和奖励基金，一定三年不变。多超农场不多要，完不成任务也必须如数上缴包干数，多交一分也不要，少交一分也不成；第二，微利单位没有上交任务，所形成利润按比例留给基层做生产和奖励基金；第三，服务型单位实行包开支的办法，节约开支，留给基层，作为奖金。

1984 年，随着体制改革的深入，工业、畜牧分场撤销，从 1985 年开始由农场直接对基层企业下达包干利润指标。

对基层单位的考核问题和分配升级工资、奖金一道进行。实行以生产任务、经济效果和其他工作等三方面内容十四项指标为 100 分，实行季检打分，以区别单位的好坏。基层单位必须完成合同规定的各项指标，有超额利润才能分配已升级的工资和奖金。奖金按一定比例，从超额利润中提取，实行封率不封顶，多超多分，少超少分，不超不分。

（3）1987—1989 年，工业、畜牧、生活服务分场重新建立，根据市劳动局、农场局指示，农场对分场实行工资总额和利润挂钩的办法，利润增加 1％，工资总额增加 0.75％。分场对基层根据实际情况，从 1987 年开始，核定利润和工资总额，订出不同的挂钩比例，1988年开始执行。实行这种办法后，更大地调动了企业和职工的积极性。

第一，工资分解到基层以后，有利于基层企业进行成本核算，并对车间一级进行承包和核算。如制药厂、葡萄糖厂、乳品厂、双桥牛场、纸袋厂等都已进行两级核算。

第二，农场可以进行宏观调控，分场和基层也有了分配的自主权。

第三，实行挂钩工资，增人不增加工资，减人不减少工资，有利于劳动力的节约。

"八五"期间，国营企业在保持一定发展速度的前提下，坚持把外延发展为主转向内涵发展为主，由过去的发展速度型转向发展速度效益型。为适应社会主义市场经济发展的需要，农场在经营理念上实现了两个转变：其一是在管理体制和经营方式上实现从计划经济向市场经济的转变；其二是在经济的增长方式上，实现从靠上项目、高投入增加效益向优化结构、科技投入、科学管理、提高效益的方式转变。实施两大战略，即实施"集团战略"和"名牌战略"。

四、1998—2018年

1998年，农场由原来的场乡合一、全民和集体两种所有制共存，党、政、企三位一体的综合体，变成一个面向市场、自主经营、自负盈亏的国有企业，即独立的法人经济实体。

新旧体制转换后，农场对外经营，实行一个企业、两块牌子，即继续沿用双桥农场的历史名称，突出"双桥农工商公司"法人经济实体，并由原来的行政管理职能转化为资产管理、股权管理、投资管理、实业管理等经济管理职能，逐步使农场成为通过投资控股、参股等方式进行经营管理的资产主体。

"十五"时期是集团公司以改革促调整、以调整促发展的时期。在这一时期，集团公司把握机遇，大力推进企业集团化、产业化、股份化进程，企业经济效益稳步增长，职工收入大幅增加，对农村和农民的示范带动作用显著增强。

随着改革形势的发展，农场提出了"稳定一产、强化二产、大力发展三产"的产业结构调整目标。2002年，按照集团公司"聚大放小""有所为、有所不为"的方针，农场重新确定了三个产业的发展思路。第一产业主要是加大花卉基地的建设，重点发展以出口日本鲜切菊花为代表的都市型精品种植业，增加出口创汇；第二产业重点扶持两个药业公司，增加科技含量，提高竞争力，全力打造现代制造业，创北京市乃至全国名牌产品；第三产业主要加大对房地产、仓储物流等服务业的开发与扶持，发挥临近GBD和定福庄边缘集团的区位优势，创造新的经济增长点。

2004 年，集团公司提出"四大板块"的发展战略，农场被划定在第四板块，即"物产物流"板块，按照集团公司的要求，农场再次调整产业定位。发挥区位优势，大力发展以房地产和仓储为主体的物产物流业。

2008 年，农场与永乐店和三元绿化三方合并后，又确立了"一主多元、统筹兼顾"的产业定位，即以物产物流为主业，建立起中高档物流基地，并抓好以两个药厂为主体的制造业和以三元绿化和延庆花卉为主体的种植业。

2008 年，重组后的经济发展是由经营管理体制决定的，董事会负责制主导了公司经济发展的方向，从 2008 年开始到 2010 年上半年，公司始终坚持"一主多元，做大主业，做强实业"的战略发展目标。但贯彻落实起来成效甚微，从每年主营业务收入与利润看增长幅度缓慢，收入始终在 3.3 亿～3.7 亿元之间徘徊不前，其主要原因；一是国家政策调整，市场竞争激烈，房地产业开发受限受阻；二是经济运行体制不畅，特别是董事会决策层与经理班子执行层权责界限不清。矛盾迭出，是直接导致经济发展迟缓的原因。从 2010 年下半年开始，公司不再实行董事会负责制，改为经理负责制。

"十二五"期间农场坚持"稳中求进、好中求快"的稳健发展方式，探寻和激发新动力，并不断调整发展思路，集中精力抓主业，集中优势上项目，同时发展新兴产业，为双桥公司增加新的经济增长点。双桥公司做大做强主业，进一步发展多元生态，拓展新兴产业，统筹规划部署，各行业协调发展，取得了较好的业绩。

进入"十三五"期间，双桥农场发展思路是：在集团公司领导下，顺应深化改革的发展要求，转变思路、更新观念，推动经营模式和管理方式创新，开掘并合理运用现有资源，谋求提质增效路径，探索科学的持续发展模式，培养都市农业的发展亮点，实现经济发展体量与质量、内涵与外延和谐共进。在继续夯实传统行业的同时，构建独具特色的"文化双桥"，为公司发展注入新的活力，不断增强公司的经济实力，发展品质和品牌形象，实现公司多元、持续、稳健、优质发展。

第四节　经济发展

1949 年，农场全年总收入折米 168275 斤，总支出折米 195544 斤，亏损折米 27268 斤；1950 年，农场盈利 7000 元，是建场以来首次盈利；1951 年，农场种植业和畜牧业都有了一定发展，当年盈利 13342 元；1953 年，农场盈利 10.3 万元（表 5 - 4、表 5 - 5、表 5 - 6）。

表 5-4　1949—1957 年国家投资及上交款情况表

年份	国家基金（万元）			企业上交（万元）				
	合计	固定	流动	合计	利润	折旧	税金	变价收入
1949	14.6	14.6	—	—	—	—	—	—
1950	16.7	10.7	6.0	0.7	0.7	—	—	—
1951	43.4	36.2	7.2	1.8	1.3	0.5	—	—
1952	90.3	76.1	14.2	−0.7	−0.9	0.2	—	—
1953	126.8	105.6	21.2	5.8	1.4	4.0	0.1	0.3
1954	145.0	109.3	35.7	8.8	1.9	4.9	0.6	1.4
1955	165.3	129.0	36.3	10.3	3.0	6.4	0.9	—
1956	196.3	157.0	39.3	8.6	0.9	7.0	0.7	—
1957	241.7	195.5	46.2	11.9	4.7	6.4	0.5	0.3
小计				47.2	13.0	29.4	2.8	2.0

表 5-5　双桥农场 1949—1957 年基本经营情况

年份	耕地亩数	职工人数	国家基金（万元）	总产值（万元）	劳产率（元）	企业上交（万元）
1949	—	—	14.6	—	—	—
1950	2400	46	16.7	9.4	2043	0.7
1951	2400	48	43.7	8.2	1714	1.8
1952	4887	188	90.3	21.9	1164	−0.7
1953	4887	142	126.8	36.6	2577	5.8
1954	4887	185	145.0	47.6	2572	8.8
1955	4887	225	165.3	58.6	2604	10.3
1956	8027	225	196.3	34.7	1542	8.6
1957	8027	222	241.7	32.1	1445	11.9

表 5-6　1958—1965 年国家投资及上交款情况表

年份	国家基金（万元）			企业上变（万元）				
	合计	固定	流动	合计	利润	折旧	税金	变价收入
1958	275.2	217.0	58.2	28.8	10.9	13.8	2.1	2.0
1959	442.5	337.5	105.0	11.8	−9.1	12.2	6.2	2.5
1960	406.0	301.0	105.0	23.5	−5.7	12.2	14.1	2.9
1961	642.8	467.1	175.1	112.0	50.5	26.0	30.0	5.5
1962	939.1	515.0	424.1	65.7	11.6	22.4	29.9	1.8
1963	1144.2	581.5	562.7	91.1	24.1	33.1	28.7	5.2
1964	1362.1	780.0	582.1	−35.5	−107.6	40.6	23.3	8.2
1965	1544.7	952.0	592.7	33.0	−31.8	34.9	23.7	6.2

随着农、林、牧、副、渔的发展全场收入有所增加，1966 年为 1040.7 万元，1976 年为 3124.4 万元，增长 2 倍，平均年递增 11.6%。从各业收入占总收入的百分比看，农业

收入从 1966 年的 47.55％，下降到 1976 年的 25.4％，畜牧收入从 1966 年的 19％。下降到 1976 年的 8.6％。而林果业收入从 1966 年的 1％，上升到 1976 年的 3.4％。工副业收入从 1966 年的 26％上升到 1976 年的 59.2％（表 5－7）。

表 5－7　1966—1976 年全场总收入、各业收入统计表

年份	全场三级总收入	农业收入	畜牧收入	林果收入	工副收入	渔业收入	其他收入
1966	1040.7 万元	495.4 万元	196.0 万元	11.2 万元	275.0 万元		63.4 万元
各业所占百分比		47.5％	19.0％	1.0％	26.0％		6.5％
1976	3124.4 万元	792.4 万元	271.5 万元	106.3 万元	1849.2 万元	7.0 万元	97.3 万元
各业所占百分比		25.4％	8.6％	3.4％	59.2％	2.0％	3.2％
增减	+200.2％	+60.0％	+38.5％	+849.0％	+572.4％		+53.4％
平均年递增	11.6％	4.8％	3.3％	25.2％	21％		4.3％

随着农、工、商的综合发展，全场经济收入迅速增长。1978 年全场三级总收入 4031.9 万元，到 1989 年增到 42228 万元，为 1978 年的 10 倍，平均年递增 23.8％。其中国营企业 1978 年收入 1984.8 万元，1989 年增加到 13501 万元，增长 5.9 倍，平均年递增 19.2％。农村部分 1978 年收入 2047.1 万元，1989 年猛增到 28727 万元，增长 12.9 倍，平均年递增 27.1％。按照中共中央、国务院工、农业总产值到 2000 年翻两番的宏伟规划，农场 1980 年全场总收入 6347.2 万元，1984 年达到 13706 万元，翻一番，1987 年达 28582 万元，翻两番，提前 13 年完成国家计划。

1985 年是"六五"计划的最后一年。全场工业总收入 18800 万元，共实现销售收入 6643 万元，实现净利 601 万元，分别比同期增长 29.4％和 15.6％；全民企业部分的工农业总收入达到 6340 万元，比上年增长 29.3％；上交国家税金 202.8 万元，比 1984 年增长 35.7％，比同期增长 35.7％；人均创利从 1984 年的 1100 元提高到 1266 元，增长 15％；国营企业职工年收平均增加约 140 元以上；顺利完成了"六五"计划。

1986 年，全场工农业总收入 21030 万元，比 1985 年增加了 2230 万元，增长了 11.9％，比 1980 年增加了 14683 万元，增长了 231.3％。在全场工农业总收入中，国营部分 7000 万元，占 33.2％；集体部分 14030 万元，占 66.8％。国营企业创净利润 660 万元，比 1985 年的 600 万元增加了 60 万元，增长了 10％；比 1980 年的 218 万元增加了 442 万元，增长了 202.7％。集体纯收入 4732 万元，比 1985 年增加 181 万元，增长了 4％，比 1980 年增加 2982.8 万元，增长了 170.5％。国营企业上缴国家税金 240 万元，比 1985 年增加 37.2 万元，增长了 18.3％。集体上缴国家税金 512 万元，比 1985 年增加 82 万元，增长了 19％。

1988 年上半年，全场工农业总收入达 17003 万元，比去年同期增长 57.7％，增加了

6220万元，完成指标53.9％。在全场工农业总收入中：国营部分4827万元，占28.4％；集体部分达12176万元，占71.6％。国营企业创利税624.6万元，比去年同期增加116.5万元，增长22.9％，完成计划52.5％。集体纯收入实现1534.5万元，比上年同期的1275万元增加259.5万元，增长20％；上缴国家税金360万元，比去年同期增加126万元，增长53.8％。人均纯收入407元，比上一年同期增加71元，增长21.1％。

1990年，全场社会总收入46783万元，比1989年42228万元增长11％。国营企业收入15190万元，比1989年13501万元增长12.5％；农村收入31593万元，比1989年28727万元增长10％。1990年实现净利1100.7万元，比1989年964.8万元增长14％；上缴税金395.2万元，比1989年356.2万元增长11％；全员劳产率28255元，比1989年24915元增长13.4％；人均创利税2782.5元，比1989年2498.9元增长11.3％。

1991年，全场社会总收入56612.9万元，其中国营部分收入18749.9万元，农村经济收入37864万元，国营企业创利润1156万元，农村纯收入8785万元，国营部分上缴各种税金675万元，农村部分上缴税金1487万元。

1992年，社会总收入65560万元，比去年增长15.8％，其中国营部分2.19亿元，比去年增长17％，集体部分完成43660万元，比去年增长15.3％，农村纯收入10204万元，比去年增长16.2％，上缴税金1891万元。全民部分实现利润1206万元，上缴税金为774万元，利税合计1980万元。

1993年，提前完成"八五"规划的全部经济指标，全场完成社会总收入8.9亿元，比上年增长43.1％。其中国营部分2.3亿元，比上年增长22.9％，农村部分6.6亿元，比上年增长51.8％。农村纯收入1.5亿元，比上年增长52.8％。全民部分实现利润1801万元，比上年增长118.6％。上缴税金802.9万元，比上年增长8.3％。

1994年，全场完成经济总收入18.65亿元，比上年增加9.35亿元，增长100％。第一产业收入10040.6万元，增长24.7％；第二产业收入90424.7万元，增长89.9％；第三产业收入94973.1万元，增长154.9％。农村五个乡总收入15.8亿元，比上年增长8.2亿元，增长124％，纯收入2.8亿元，比上年增长87％。国有企业实现利润2500万元，达到历史最高水平，完成下达任务的175.2％。上缴税金5729万元，增长43.2％。

1995年全场社会收入26.8亿元，国有企业利润2758.2万元，农村纯收入38705万元，税金6781.3万元，职工年均收入是"七五"末的2.1倍。

1997年底，全场实现营业总收入16.8亿元，其中国营5.3亿元，农村11.5亿元。实现利润8313万元，其中国营833万元，农村7980万元。国内生产总值2.4亿元，其中国营0.75亿元，农村1.64亿元。

1999年，农场总收入29114万元，实现利润222.5万元，上缴税金601.6万元，国有资产增值率1.3%，下岗职工分流安置率70.3%。

2000年，农场总收入24784.7万元，实现利润201.6万元，上缴税金1313.1万元，总资产49698.2万元，国有资产增值率105.5%。

2001年，农场总收入全年完成27295.6万元，同比增长14%。其中：第一产业完成599.4万元，增长31.49%；第二产业完成22929.6万元，增长48%；第三产业完成4063万元，增长84.6%。利润总额实现242万元，同比增长19.2%。其中：第一产业完成－25.7万元，同比由盈增亏30万元；第二产业完成479.5万元，同比增长1.6倍；第三产业完成－211.8万元，同比由盈增亏226.6万元。

2002年，农场销售收入完成36762万元，同比增长34.7%，完成了计划的123.4%；国内生产总值完成8066万元，同比增长20%，完成了计划的101.9%，人均38700元，同比增长28.4%。其中：第一产业完成270万元，同比减少13%，占3.3%；第二产业完成3650万元，同比增加1%，占45.3%；第三产业完成4146万元，同比增加47.8%，占51.4%。利润总额实现347.4万元，同比增长43.6%，完成了计划的130%。

2003年，农场销售收入完成42203万元，同比增长13.4%，完成了计划的104%；国内生产总值完成9586万元，同比增长18.8%，完成了计划的101%；利润总额实现426.4万元，同比增长22.8%，完成了计划的105.8%。

2004年，农场实现销售收入41448万元，完成了计划的118.4%，实现利润总额1018万，完成了计划的127.3%，净资产收益率3.62%，缴纳税金2176万元。

2005年，农场实现销售收入31016万元，完成了计划的102.6%，实现利润总额805万元，完成了计划的161%，净资产收益率2.87%，完成了计划的186.4%，缴纳各项税金1187万元。

2006年，农场实现销售收入36500万元，完成了计划的114%，实现利润总额556万元，完成了计划的101%，净资产收益率1.53%，缴纳各项税金1084万元。国有企业在岗职工年人均收入25085元。

2007年，农场实现销售收入30100万元，完成了计划的107.5%，实现利润总额554万元，完成了计划的102.6%。农场员工总数1578人，其中在岗1407人，不在岗171人，离退休职工2175人。

2008年，合并后的双桥农工商公司资产总额为56877.1万元，负债总额为41972.3万元，所有者权益总额为14904.8万元，少数股东权益为4136.5万元。拥有员工1776人，其中在岗1541人，不在岗235人，离退休2687人。按照企业性质分，其中国有职工

694 人，控股公司职工 360 人，合资企业职工 722 人。国有职工中在岗 511 人，不在岗 183 人，离退休 1728 人；控股公司职工中在岗 350 人，不在岗 10 人，退休 340 人；合资企业中在岗 680 人，不在岗 42 人，退休 619 人。

2009 年，公司全年实现营业收入 33700 万元，完成全年预算的 100.8%，实现利润总额 608 万元，完成了全年预算的 101.3%。公司全年应交税金 2246 万元，缴纳"五险一金"总额 2760.12 万元，公司员工人均年工资 26573 元。

2010 年，农场实现收入 37921 万元，与 2009 年 35078 万元相比，增长 8%，完成全年预算的 111.73%，全年实现利润 1596 万元，与 2009 年 608 万元相比，增长 162.5%，较 2010 年预算 650 万元，增长 145.54%。公司全年应交税金 2614 万元，同比增长 4.18%。公司调整土地利用规划，减少了 1050 亩基本农田，新增建设用地 300 亩（表 5-8）。

"十二五"期间，双桥农场各项经济指标得到均衡发展，总资产保持在年均 49.5 亿元；所有者权益保持在年均 9.4 亿元；主营业务收入保持在年均 8.14 亿元；利润总额保持在年均 1.1 亿元。到 2015 年底，不仅各项经济指标令人瞩目，而且产业结构也发生了深刻变化，现代农业、工业、物流业、服务业、房地产业、文化创意产业分别在资产中的比重为 1.47%、2.22%、0.85%、36.99%、57.35% 和 1.12%；六大产业在营业收入中的比重依次排序为 39.76%、20.67%、6.67%、10.12%、20.45%、2.33%；利润总额在六大产业中的比重依次排序为 16.42%、4.91%、12.45%、69.72%、4.99% 和 −8.49%（表 5-9，表 5-10，表 5-11）。

进入"十三五"期间，双桥农场总体发展目标是：到 2020 年底，力争实现营业收入 60 亿元，利润总额 15 亿元，员工工资总额年均增长率达到 7%。

截至 2018 年，"十三五"战略规划现已实施了三年，从三年的各项经济指标完成的情况看：资产总额保持在年均 49.8 亿元；负债总额保持在年均 41.1 亿元；所有者权益保持在年均 0.9 亿元；主营业务收入保持在年均 7.2 亿元左右；利润保持在年均 1.3 亿元左右（已扣除 2016 年亏损的 5.69 亿元）。

表 5-8　2010 年各板块结构（"十一五"末期）

板块	资产		营业收入		利润总额	
	金额（万元）	占比（%）	金额（万元）	占比（%）	金额（万元）	占比（%）
现代农牧业	7621.78	5.85	6109.95	15.95	177.85	11.11
工业	18218.11	13.97	25327.37	66.15	348.17	21.76
物流业	5642.10	4.33	3341.34	8.73	419.86	26.24
服务业	70951.94	54.44	3101.27	8.10	1092.83	68.29
房地产业	27899.52	21.41	408.50	1.07	−438.45	−27.40

表5-9 "十二五""十三五"主要经济指标完成情况表

项目	2011年	2012年	2013年	2014年	2015年	2016年	2017年	2018年
资产总额（万元）	149083.51	611372.54	792215.49	844002.00	924026.09	424592.47	526263.90	543647.20
负债总额（万元）	135085.55	514577.24	679393.71	724995.98	797141.79	372518.74	434953.34	424084.49
所有者权益（万元）	13997.96	96795.30	112821.78	119006.02	126884.29	52073.72	91310.56	119562.71
营业收入（万元）	47351.08	115700.80	77873.31	110908.53	61174.69	59881.04	65428.78	101517.60
主营业务收入（万元）	46523.17	112719.39	76840.67	109918.36	59952.57	52944.29	64390.46	99993.10
利润总额（万元）	2747.09	13626.76	9977.68	14860.40	12528.41	−56945.08	51435.63	39096.90
净利润（万元）	2392.74	10133.21	6152.08	11040.74	8090.28	−61456.74	37226.84	28448.15
在岗职工（人）	708	678	683	648	705	724	1013	988
员工年平均工资（元）	42280	47551	58448	50838	60355	71103	85253	97536
离退休职工（人）	84	83	168	57	57	43	49	57
净资产收益率（%）	19.56	17.79	5.95	9.58	6.58	0	51.93	26.98
总资产报酬率（%）	2.20	3.67	1.47	3.44	2.97	−6.85	13.14	9.39
国有资产保值增值率（%）	127.34	754.71	104.74	109.82	107.63	47.57	178.41	133.94
研发投入（万元）	24.52	84.94	82.42	362.11	5.21	6.31	3.48	335.48
研发投入占营业收入（%）	0.05	0.07	0.11	0.33	0.01	0.01	0.01	0.33

表5-10 2015年各板块结构（"十二五"末期）

板块	资产		营业收入		利润总额	
	金额（万元）	占比（%）	金额（万元）	占比（%）	金额（万元）	占比（%）
现代农牧业	13572.29	1.47	24261.76	39.66	2056.56	16.42
工业	20553.30	2.22	12646.73	20.67	615.24	4.91
物流业	7845.72	0.85	4016.53	6.57	1560.34	12.45
服务业	341824.34	36.99	6191.04	10.12	8735.53	69.72
房地产业	529925.29	57.35	12692.72	20.75	613.37	4.90
文化创意产业	10305.15	1.12	1365.91	2.23	−1052.63	−8.40

表5-11 2018年各板块结构（"十三五"的第三年）

板块	资产		营业收入		利润总额	
	金额（万元）	占比（%）	金额（万元）	占比（%）	金额（万元）	占比（%）
现代农牧业	24476.15	4.50	28386.08	27.96	4177.95	10.69
工业	21897.33	4.03	16001.13	15.76	620.34	1.59
物流业	13288.61	2.44	5294.55	5.23	2108.05	5.39
服务业	409619.81	75.35	10186.71	10.03	34462.37	88.15
房地产业	60855.93	11.20	36925.80	36.37	856.10	2.18
文化创意产业	13509.37	2.48	4723.32	4.65	−3127.91	−8.00

第二章 财务管理

1971年，财务由农场财务组负责。2013年以前，双桥农场经济发展的统计工作设在企业管理部。2014年根据集团公司的统一要求，为使统计口径与财务口径统计数字相一致，决定把统计工作并到财务管理部，便于统一管理及统计数字的准确性。双桥农场机关设财务管理部，具体负责公司的财务核算、全面预算及执行、内部审计、统计工作、企业产权登记和财务决算等工作。财务管理部设部长1人，副部长2人，会计4人，出纳1人。

第一节 财务队伍

到2018年底，双桥农场财务系统（含所属公司）共有财务人员45人，其中：总会计师或财务总监及财务经理8人，财务科长8人，会计14人，出纳15人。按照性别划分：女财务人员36人，男财务人员9人；从文化结构划分：高中1人，大专和中专27人，本科及本科以上17人，从技术职称划分：初级会计师22人，中级会计师6人，高级会计师1人，注册会计师1人，注册税务师2人，中级审计师1人，经济初级及其他1人。

2008年，新的双桥农工商公司成立后，面对基层企业增多，会计队伍人员增加，双桥农场财务管理部针对会计政策的不断变化更新，采取多种形式对财会人员进行岗位培训，如：2013年度的产品成本核算，审计沟通培训；2014年的执行新准则衔接实操；2015年度的合并报表；2016年度的营改增税收政策与案例分析的培训。同时，还加大具体时段，具体工作的培训：2011年为保障年终决算工作质量，专门安排对决算软件实际操作使用的专题培训。此次参加培训人员共98人，其中在岗会计人员40人，不在岗持证人员58人；2012年为了提升财务人员的管理能力，4月份专门组织各单位财务主管进行"用友"财务软件沙盘模拟培训，此次培训将参加的会计人员分成若干组，每组4～5人，每组各代表不同的一个虚拟公司，针对现在企业特有的经营模式，运用实战方式，对可能出现的经营现状和财务问题，应用所学知识对问题进行剖析、相互沟通、发挥团队合作能力，有计划、有步骤、有目的地找出解决方案。此次培训，使全体财务人员认识了财务工作在企业中的重要性，同时也学会了站在企业全局角度思考问题，了解了管理者所承担的责任。通过上述专业技术培训，提高了全公司财务人员的专业技能，掌握了最新的会计政策，增强了更加合理规避税收风险的主动性与自觉性，开启了财会工作的新起点。

为提高双桥农场财会人员的素质能力，财务管理部每年按照财政局的相关规定对双桥农场系统内财会人员进行继续教育，继续教育培训方式主要由集团公司统一组织二级以下企业单位财会人员进行集中培训。双桥农场参加培训人员为所有在职财务人员（包括出纳、会计、财务主管），40 人左右，通过继续为双桥农场广大财务人员提供系统学习相关财会知识，了解最新财务政策的平台，进一步激发了财会人员学习新知识、新业务的积极性，奠定了良好的学习交流氛围。

第二节　财务管理与资金管理

双桥农场财务管理制度与国家经济体制及其改革是密切相关的，不同历史阶段有不同的表现模式和特点。

一、1949—1976 年：农场财务实行"统收统支"

1952 年，农业部定名双桥农场为《国营双桥机械化农场》之后，农场虽然仍为实习农场，但开始成为独立的经济核算单位。当时农场生产结构比较单一，农场的财务管理和会计核算是以场部为主，生产队为辅，由农场场部组织、领导全场财务管理和会计核算工作，全面管理和安排各项资金，计算盈亏，对国家进行预算缴、拨款。

1972 年 12 月，农场拟定并下发了《关于农村生产队财务分配的具体办法》，实行按劳分配，评工记分。教育社员，正确处理国家、集体、个人三者关系。为了以丰补歉，稳定社员分配水平，实行提留储备金、储备粮和预扣粮款的制度。

二、1977—1995 年：财务实行财务包干

从 1977 年开始，局对农场改变过去财务收支两条线的做法，实行利润包干，一定三年不变。以后每三年修订一次，直到 1987 年。

1977—1979 年每年上交包干利润 50 万；1980—1982 年每年上交包干利润 60 万；

1983—1985 年每年上交包干利润 50 万元；1986—1987 年每年上交包干利润 150 万元。从 1988 年开始，局对农场实行利润和工资总额挂钩的办法，工资总额随经济效益的增长而浮动。年利润每增加 1％，工资总额增加 0.75％。1988—1990 年上交包干利润 155 万元。

根据国家经济体制改革的目标与要求，逐步建立、健全以分配核算为重点的管理制度，以解决企业吃国家"大锅饭"和职工吃企业"大锅饭"的弊端。

1987 年 1 月 1 日起，农场按照上级要求执行《国营农场财务会计制度》。

1993 年 7 月 1 日起，农场开始执行《农业企业财务制度》和《农业企业会计制度》。

三、1996—2018 年：建设现代企业制度

在这个阶段，我国加快了社会主义市场经济体制的建设步伐，国有企业建设现代企业制度有重大推进。2001 年 1 月 1 日，农场开始执行《企业会计制度》；2007 年 1 月 1 日起执行《企业会计准则》。

从 2008 年下半年开始，双桥农场加强对市国资委和集团公司各项政策、文件和要求的贯彻落实，梳理管理流程，调整组织架构，不断完善管理机制，细化内部管理制度，加快形成协同高效、管理顺畅的业务运行管理机制。

2008 年，按照集团公司的统一要求，根据多年财务制度的变化，双桥农场财务遵照新会计准则，制定了《双桥农场的财务核算管理办法（草案）》。成立专门的预算管理领导小组，由张保华担任预算领导组组长，孙玉华担任副组长，成员单位有办公室、财务部、人力资源部、企业管理部、资产管理部及资本运营部等部门的领导，预算管理办公室设在财务部，负责全面预算编制工作。同时加强内控管理，稳定经营活动加强对企业管理和控制，确保经济和会计信息的正确可靠，提高企业经营活动的效率性和资产的安全性，双桥农场根据集团公司的要求，编制《关于执行全面预算管理办法》，并全面落实、认真执行。受奥运会的影响，在原材料、人工成本增长、整体经济形式不乐观的情况下，所属企业纷纷采取多项措施，加强内部管理，提高效率、开源节流、降本节费，促进经济获得新的更快发展。

（一）预算管理

1998—2008 年，农场在企业管理中，以财务管理为核心，在财务管理中，又以资金预算管理为前提。根据集团公司"关于执行全面预算管理的通知"要求，农场成立了预算管理小组，采取"自下而上"和"自上而下"相结合的方法，每年都要编制全面预算。财

务部门按年初指标编制年度、季度预算，以预算为依据，先算后花、先算后干，在每个生产环节中，控制企业的经营活动，修正不良因素，化解各种风险。

在全面实行预算管理的过程中，农场根据实际制定了许多配套制度。即：购置固定资产和新上项目实行预算管理制度；申报审批制度和法人负责制度；预付款项必须附有采购合同和相关资料制度；预算内资金实行责任人限额审批制度；大额资金经职代会审议制度；实行催收账款制度；借贷款审核、管理制度等。预算制度的实行，避免了盲目投资，随意开支，达到了降本节支、开源节流和增收、创收的效果。

2009 年，双桥农场按照集团公司要求，完善财务全面预算管理体系，提高企业管理水平，在细化预算管理办法过程中，将双桥农场总体预算汇总上报改为将双桥农场及所属企业的预算一并上报集团公司，强化对基层企业的预算管理，精确企业预算行为。同时，预算管理也由以往的分季度预算细化到分月计算，双桥农场预算管理体系更为精细化。此外强调建立健全内控制度建设，强化和完善内部控制体系。2009 年，双桥农场以太洋药业为试点，初步建立以预算管理为主干的内控管理体系，包括预算、生产、质量、行政、绩效考核等各个环节，初步确定了企业全员的绩效考核计划，以此推进提升企业的管理能力。与此同时，双桥农场财务对房改办的账目进行了认真的整理和清算后并入双桥农场本部。房改办自 2002 年成立以来，基本是记流水账，要并入双桥农场财务，必须对 2002 年以来十六年的流水账进行彻底地整理和清算。面对庞大的工作量，双桥农场财务抽调专人负责梳理账目，并反复、认真、细致地清理和核算，与审计事务所等多方反复协商，按照相关制度规定，将账目分类汇总并入双桥农场本部账内，解决了房改账多年未纳入核算问题。

2010 年，双桥农场财务在完成日常核算与管理工作外，组织安排做好 2009 年年终决算审计工作和 2010 年预算工作。尽全力帮助基层企业协调解决财务核算、审计、重组、改制、资产处置等事项中出现的相关问题，同时完成了基层企业压缩管理层级的工作。并对压缩过程中，产权变动的新情况，及时跟进处理，确保企业平稳过渡，完成了小金库，假发票自查自纠工作。对六个单位的财务基础工作进行了审计，发现问题及时进行了整改。

2011 年财务监管继续贯彻落实《首农集团 2001 年"小金库"专项整治工作方案》，进一步深化"小金库"专项整治工作，并按阶段、分步骤、突出重点有序展开，消灭工作死角，确保财务管理工作取得实效。同时，2012 年的财务预算工作按照市国资委的要求提前展开。根据集团公司财务预算会议的部署，双桥农场对所属企业进行了认真全面的布置，从预算报表，到市国资委全套预算表，再到集团公司分公司分月预算表和预算情况说明书，保证了 11 月底全部完成。

2012 年，鉴于大连当代艺术项目和扬州暖山项目投资较大的重要性，先后派出韩虎强和吴历到两地任财务总监，同时加大对双桥农场财务的管理力度，对重大项目委派了财务总监，开展了专项工作。2013 年、2014 年相继进一步强化财务预算的全面管理，做好财务分析，促使财务管理制度更加完善。

2015 年，根据集团公司要求，双桥农场对账龄较长的应付账款和其他应付款等往来款进行全面清理，并委托事务所对此项工作进行专项审计。此次清理集团公司高度重视，要求彻底全面对历史遗留问题进行清查。双桥农场在中介机构配合下对多年无法支付的应付款进行了清理，处理金额 289 万元。

2017 年，双桥农场财务在日常管理工作中，完成了机关本部与龙妩园的日常财务核算与管理工作，包括编制资金周报、快报、月报等各类财务报表及报表分析工作，各项税费（流转税及附加、企业所得税、个人收入调节税、工会经费、企业年金）等税务申报，纳税工作。

完成集团公司布置的千户集团财务数据采集工作。完成营改增统计表的编制申报工作；完成集团公司布置的所属合并范围内企业 2014—2016 年税收风险自查工作，帮助指导下属企业在财务人员调整、新旧交替阶段，尽快熟悉适应工作，尽快履职提高业务能力。

（二）财务分析报告

农场自 20 世纪 80 年代开始实行财务报告分析制度。通过对生产经营状况，利润、成本费用、资金运用状况，应收账款和负债情况等三类六项指标的评价体系，对企业的资金运营能力指标、债务偿还能力指标、盈利能力比率、发展能力指标、营运资金及企业现金流量等进行综合分析，为企业经营决策提供科学依据。

（三）资金监管

在财务监督方面，农场于 2000 年成立了财务管理中心，实行了会计委派制度。对各级主管会计上收管理和委派，集中管控人事关系和任免权。随着企业改制的深入，农场对名下国有控股公司、拥有 20% 以上股权的公司和单项投资额在 200 万元以上的投资公司，由场部出任董事或监事，委派财务总监或财务主管，并定期向农场述职。农场对其投资的下属公司行使资产收益权，按照《公司法》规定的程序和权限行使重大决策权，财务管理部门在职责范围内，加强对下属企业财务和资金的监管，保证企业经济健康运转。

在资金监管方面，从 2012 年开始，双桥农场加大对重大投资项目核算、监督和管控。随着项目的增多和建设工程的深入，农场在大额资金使用、监管、筹措等方面加强管理，完善审批制度。在此期间，经集团公司批准，从江苏银行贷款 2 亿元，与北京国资融资租赁股份有限公司接洽商谈，最终以双桥农场本部为主，结合立时达药业、胜利建材、桥联物业、以融资租赁方式申请 1.1 亿元融资额度。并与浙商银行北京分行接洽，申请 2 亿元借款，得到集团公司批准，为 E9 区创新工场与塞隆文化园建设资金；农场与江苏银行北京安定门支行继续合作，对已到期的 2 亿元贷款申请续贷，有力支持了公租房建设。上述所有大额资金的使用都定期明晰收支情况，确保资金链的安全运行。同时，农场协助企业间资金调度，降低资金成本，加强融资和管理，还与多家银行展开合作，提高资本运作效率，实行了国有资产保值与增值。

第三节　投资管理

随着资本市场的活跃，农场在投资新产品、新项目的同时，开始注重资本的投入。

从 1999 年开始，制定了投资项目论证制、决策权限审批制、项目运行监控制和法人责任追究制。投资总额在 100 万～200 万元以上的项目由分场审批，200 万元以上由农场审批。2006 年，农场又重申了"三重一大"的审批制度，规定投资总额在 50 万元以上的建设项目均需申请上报，投资在 100 万元以上或土建工程面积在 1000 平方米以上的项目，必须实行公开招投标。

1997 年，乳品厂划归总公司，农场持有 10.53％的股份；2000 年 12 月，农场以 748 万元净资产，投资三元种业有限公司，持有其内部 9.29％的股权；同年同月，又将 798.25 万元净资产，投资三元燕庆石油有限公司；2001 年，农场出资 213.34 万元，投资三元出租公司，占有其 10.36％的股权；同年，以建筑公司净资产 530.05 万元入股三元建筑公司；2002 年 1 月，农场出资 150 万元，持有北京三元创业投资有限公司 13.363％的股份；2002 年 4 月 30 日，农场接收新华园艺场，同年 10 月，对园艺场实行"承债注资"式的改制，承担了 400 万元的债务，注册资本 227 万元，农场占有股份 64.8％，花卉服务公司占有 30％，职工占 5.2％；2002 年 12 月，农场对北京市亿本房地产开发有限公司实行债转股式的改制，清理其他外部股东，偿还全部债务，又注入资金 1400 万元，使其成为农场自主经营的房地产开发公司。改制后，农场占有亿本公司股份 70％，双桥建筑公司占 30％；2005 年 2 月，农场投资 2166 万元，收购了呼伦贝尔三元乳业有限公司海拉尔乳品厂 24.66％的股份，当年就取得了很好的效益，实现销售收入 1 亿元，利润 900 万元；2006 年，农场出资 500 万元，投资环都物流公司，持有其 16.67％的股份。

第四节　审　　计

审计工作是根据国家相关法律法规，审计准则、会计制度及集团公司、双桥农场内部管理规定，对双桥农场及所属企业的财务收支、财务预算、财务决算、资产质量、经营绩效以及建设项目或者有关经济活动的真实性、合法性和效益性开展独立客观地监督、评价，以防范和化解经营风险，维护企业正常生产经营秩序，促进企业提高经营管理水平，实现国有资产的保值增值。

1999年，农场制定了内部审计管理暂行办法，加强了企业内部经济责任和经济利益的审计监督。一方面，健全日常审计制度，每年对下属企业审计一次；另一方面，强化了专项审计工作，例如，工程竣工后、干部离任前以及遇到特殊情况随时进行审计等等。2006年，农场对此办法进行了修订和完善，提出了"以审计促效益、以审计强监督、以审计促发展"的指导思想，始终以效益审计为主，以内部控制制度审计为重点，坚持效益审计、投资审计、专题审计相结合，对所属企业的经营情况，进行经常的专项审计和监督，使问题解决在萌芽状态。

2008年，审计工作完成了由计划财务科向财务审计科的职能转变，加强了审计工作的运作程序。2009年，完成对廊坊太洋药业股权转让的审计评估工作，该股权转让项目顺利在北交所挂牌成交收回转让款。2010年，在市国资委压缩管理层级，劣势企业退出过程中，加强了审计和清产核资工作，开展了"小金库"抽查和专项资金跟踪监管工作，这次审计结果为企业的健康发展提供了依据。

2011年，双桥农场积极贯彻落实《首农集团2011年"小金库"转型质量工作方案》，进一步深化"小金库"专项治理工作，在内部开展假发票自查等多项专项审计工作，并按阶段、分步骤、突出重点有序展开，提高监管能力和监管水平，坚决消灭此项工作中的死角，确保管控工作取得实效。与此同时，财务决算审计，根据市国资委重新聘任中介机构的工作变化，为确保完成年终决算工作，财务部根据事务所分组审计的特点，采取部室工作人员详细分工，专人负责，分单位分类，相互协调解决审计中发现的问题。经过周密安排和运作，财务决算审计工作顺利进行，按时审核、汇总并上报集团公司，使财务决算工作保质保量完成。此外，对双桥幼儿园2010年度的经营情况、资金收支情况、职工薪酬情况进行了专项审计；对立时达药业2010年度报及2011年1—5月的生产经营情况也进行专项审计；对28家独立核算单位进行一次全面的"小金库"专项审计检查，规范企业资金管理。

2013年，随着双桥农场多种产业的做大做强，强化了内控力度，加大了审计监管的方式和手段，对重大项目委派了财务总监，开展了专项审计工作。对所属企业进行内审，根据审计结果按照双桥农场的绩效考核办法执行，确定被考核单位领导的绩效年薪报酬。内审还对永乐店农场、腾达饲料场资金拨付情况进行了专项审计；协助市国资委监事会完成扬州暖山项目的专项审计工作；完成腾达饲料场领导的离任审计工作，并出具了审计情况报告；聘请事务所完成了对公租房项目工程成本的专项审计工作，为土地增值税清算做好基础工作。

2015年，审计工作根据集团公司的要求，对账龄较长的应付账款和其他应付款等往来款进行全面清理，并委托事务所对此项工作进行专项审计，财务审计部配合事务所提供了大量资料，此次清理工作双桥农场高度重视，总经理张保华亲自负责，彻底全面对历史遗留问题进行清查，最终在中介机构配合下对多年无法支付的应付款进行清理，处理金额为289万元。

2015年12月，双桥农场审计部门又配合审计署京津冀特派办进行2015年北京市保障性安居工程跟踪审计工作，主要审计公租房和两限房两个政策房项目。双桥公租房和限价房两个项目都是政府的保障项目，走的是绿色审批通道。经审计，两个政策房手续基本齐全，存在的个例问题也已整改。同时，继续完成了对永乐店农场、双桥制药公司资金拨付的专项审计。

针对2014年集团公司领导经济责任审计报告中提出的双桥农场存在的问题，双桥农场领导高度重视，亲自负责整改工作，几次召开经济责任审计整改专题领导班子会，对存在的不规范问题进行分析、讨论、找出解决问题的方法，从中吸取教训，制定了多项相关的规章制度，严格按照集团公司制度汇编办事、行事。

2017年、2018年继续完成了绩效考核审计工作，并对审计过程中发现的问题予以纠正和整改；完成了永乐店农场、双桥制药公司资金拨付的专项审计工作；完成了幼儿园借款的资金审核工作；完成了2014年集团公司领导经济责任审计涉及双桥农场的问题的整改与巡视整改工作；配合中介机构完成了集团公司三家企业重组合并、领导经济责任的审计工作。

第三章　国有企业资产管理

2008 年 6 月，双桥农场、永乐店农场和三元绿化三家重组后，资产管理的职能设在企管部，企管部、房屋土地管理部、财务审计部同时担负资产管理的责任。2016 年 8 月 29 日，双桥农场撤销资产管理与资本运营部，成立资产管理部，双桥农场资产管理部成立后，根据集团公司的要求，出台了《国有产权转让管理办法》《国家出资企业产权登记工作管理办法》《国有产权无偿划转管理办法》《国有资产处理办法》和《资产评估管理办法》等管理办法，为规范国有资产的管理，促进经济发展打下了良好的物质基础。

第一节　国有企业产权登记

根据国资委和集团公司对国有土地管理的新规定，农场近年来制定了严格的规章制度和规范了合同文本，加强了对国有土地和资产的管理，特别是对土地和国有资产权属的管理。1998—2005 年，农场陆续将具有使用权的国有土地共计 42 宗，6370 亩，全部办理了土地使用证并对农场所属单位使用及对外出租的房屋、厂房全部办理了房产证。同时，明文规定：农场的国有土地受集团公司委托，使用权归农场；农场下属单位的房屋、厂房、设备及地上物等所有国有资产均属农场所有；国有土地不得随意变性和转让；对国有资产产权的变更、注销、分立、转让、改建等，都要经过严格的审批程序；对国有资产的出租，实行报批审核制度；对国有资产的流失，建立了责任追究制度；对非法出租、转让、随意处置国有资产和在改制中瞒报、虚报、转移国有资产的违法违纪行为，直接追究经营者和其他责任人的法律责任和行政责任。农场通过对土地和资产的强化管理，实现了国有资产的产权清晰、责任明确。

产权登记主要是农场代表政府对占有国有企业资产的各类企业的资产、负债、所有者权益等产权状况进行登记，认定产权归属关系。国有独资企业公司、国有控股企业、国有参股企业，以及其他形式占有国有资产的企业，都按照市国资委《关于加强北京市国家出资企业产权登记管理工作的通知》（京国资办发〔2012〕35 号）和《北京首农食品集团有限公司国家出资企业产权登记工作》及有关规定执行。

自 2005 年市国资委规范产权工作后，产权工作已进入一个较为正常的发展阶段，但由于历史原因，双桥农场所属企业数量较多，级次繁杂，按照市国资委"减、压、控"的要求，对所属企业实施重组整合。2008 年，双桥农场对 32 家企业（不含三元绿化和永乐店农场）进行了产权登记工作，包括 19 户正常年检、9 户变动登记、9 户注销登记、5 户新增登记，双桥农场产权登记工作步入正轨。

2010 年，针对 2008 年三家单位合并重组后，双桥农场、永乐店农场和三元绿化从产权关系上仍同属于集团公司二级单位。为进一步理顺产权关系，在集团公司有关部门的指导下，于 2010 年底彻底完成产权隶属关系的变更工作。三元绿化与永乐店农场作为双桥农场的二级单位纳入合并范围，实现了行政关系与产权关系相统一。在产权管理工作中，共有 28 户独立核算的单位完成产权登记年检工作，办理注销 2 户。同时，对三元绿化和腾达饲料场的资产进行了划分，重新定位企业的发展目标和任务。完成了胜利建材、廊坊太洋公司、三元建筑公司、太洋环宇的股权转让工作。

2014 年，农场完成了新成立公司九九工场的新增产权登记工作；完成立时达药业出资人股权变更登记工作；完成亿本公司出资人同比例增资的变更登记工作；完成了双桥起重工程机械厂国有资本全部退出，双科创绿公司清算并入腾达饲料厂的注销登记工作；完成集团公司布置的年度产权登记总分析工作。

按照集团公司的统一部署，农场解决了产权登记工作中多年未解决的大连当代艺术、亿本公司、新华园艺的历史遗留问题。上述 3 家单位根据存在的问题不能办理产权登记的，后经双桥农场报集团公司并与市国资委沟通协商后，要求双桥农场以备案的形式完成了登记工作，并要求基层单位严格执行国有资产产权管理的相关规定，认真履行相关程序，避免在今后工作中再发生此类事件。

为加强国家出资企业产权登记管理及时、真实、动态、全面地反映企业产权状况，2013 年，根据国资委产权处的要求，将所有产权信息全部录入软件系统。双桥农场将正常经营的 30 家企业及以前年度已吊销或长期休眠的 21 家企业的全部资料录入到新的产权管理系统。

第二节　国有资产的管理

农场针对资产数量较多、布局分散且部分闲置的状况，成立了物产管理小组。对现有资产实行统一管理，充分利用。受农场地理位置和商业氛围的限制，现有京华纺织厂、东大院、亿本商业楼、五号井商业楼及下属企业，还有一部分资产空置待租。2007 年，农场物产小组对这些资产摸清底数，进行市场调研，积极制定出方案。对下属企业长期闲置的存量资产进行盘活，根据情况量才使用。例如，双益达集团和农工贸公司，利用拆迁的过渡期，对闲置的厂房进行短期出租，对等待开发的土地进行了农作物种植。亿本商业楼已经出租，京华纺织厂旧址、机关东大院等也都充分利用了起来。通过清理不良资产、盘活存量资产、合理配置资源，使农场高效率地运作现有资源，减少了资产的闲置、空置，达到了资产的保值增值的目的。

三家重组后，双桥农场把国有资产的管理作为企业管理的重要抓手，对新成立后的全部资产进行了全面的清查与盘点，为保证资产清查的准确性，双桥农场专门成立了资产清查组，并由财务审计部与办公室共同负责，对实物资产进行逐一登记、核对，在清查核对过程中，发现问题及时解决，绝不拖延，通过本次资产清查，基本做到实物与账目相符，证明企业管理制度是完善的。

2009年，双桥农场把土地房屋作为资产管理的重要工作来抓，土地是企业的重要资源，本着"守土有责"的使命，双桥农场严格按照集团公司关于土地管理相关文件精神，并结合企业实际制定了土地房屋管理办法。加强了所有土地、房屋的出租管理，同时双桥农场对三元绿化和腾达饲料场的资产进行划分，重新定位企业的发展目标任务。

2010年，按照市国资委和集团公司关于开展专项清产核资审计工作的通知精神，双桥农场专门成立了清产核资工作领导小组。从2010年10月中旬开始，历时两个多月，有步骤、分阶段开展工作，通过清产核资，掌握了资产的实际情况，为企业各项决策提供了可靠的依据。

2011年，在压缩管理层级、消灭四级企业工作过程中，双桥农场所属企业桥联物业需注销液化气公司，但因其企业具有一定的社会公共事业性质，研究后决定在保证国有资产完整的前提下采取整体股权转让方式，严格按照国有资产处置程序及财务核算的要求进行。此方案定稿后上报集团公司备案，并在北京产权交易所挂牌转让。此项工作于2012年底完成了股权转让。同年出资1.8亿元收购了三元乳品一厂的全部资产。

2014年，为了贯彻落实市国资委和集团公司关于劣势企业退出的文件精神，对北京起重工程机械厂采取了国有资本全部退出，职工身份全部置换的改制方案。按照国有资产转让的有关规定到北交所挂牌转让机械厂100％的股权。此项工作于2015年初全部完成。同时还对立时达药业自然人的股权进行了收购，改制成为国有独资公司，双桥农场对股权转让后的账务做了相应处理，圆满完成了股权收购及账务处理工作。

由于对国有资产监管措施到位，制度完整健全，使双桥农场国有资产保值增值稳步提升，2008年三家合并时，资产4.85亿元，到"十一五"末的2010年资产总额达到13亿元；到 2015 年"十二五"末期资产总额达到 92.4 亿元（获得快速发展主要原因是收购大连一方东港项目），剔除特殊原因，到 2018 年末期资产总额达到 54.4 亿元，进入相对稳定发展期。"十二五"末期净资产收益率达到 6.58%，到"十三五"的 2018 年末净资产收益率达到 26.98%，增长了 3.1 倍；"十二五"末期总资产报酬率达到 2.97%，到"十三五"的 2018 年末总资产报酬率达到 9.39%，增长了 2.2 倍；"十二五"末国有资产保值增值率达到 107.63%，到"十三五"的 2018 年末国有资产保值增值率达到 133.94%，增长了 24.4%。由此可见，资产的成倍增长，主要是因为双桥农场已完成由"十一五"期间的产品经营向"十二五""十三五"期间的资产经营与资本经营的转变，推进了经济转型、产业结构的调整，拉动和助推了公司经济的快速发展。

第四章　土地管理

土地是企业的重要资源。2008年6月，新组建的北京市双桥农工商公司，把负责土地管理的开发办变更为土地房屋管理部，本着"守土有责"的使命，双桥农场严格按照集团公司关于土地管理相关文件精神，并结合企业实际制定了《土地房屋管理办法》。2015年9月，伴随经济转型，资产经营替代了产品经营，双桥农场成立了资产管理与资本运营部，负责土地管理和资本运营项目开发工作；2016年8月29日，根据双桥农场经济发展的需求，成立资产管理部，负责包括土地资源在内的一切国有资产的管理。负责土地管理的部门，为双桥农场做了大量的工作。无论是土地利用规划、日常管理、航拍调查，还是土地勘测丈量，会同市、区、乡相关单位做了大量的富有成效的工作。为总体发展规划的部署与土地的合理利用打下了坚实的基础。

第一节　土地调查

1954年6—7月，国营农场管理局、水利局与华北农业科学研究所共同派员组织联合调查组，对农场土地进行了全面调查，并首次写出了农场土壤普查报告，为农场的土地区划、合理利用，提供了科学依据。

重组后的双桥农场对辖区内土地展开全面的调查，经过大量有成效的工作，截至2018年12月31日，北京市双桥农场共有土地66宗，土地取得方式为国有划拨。土地总面积8005.85亩，其中：双桥本部地区有39宗地，共5508.44亩，占双桥农场土地总面积的68.8%；永乐店农场有22宗土地，共1781.38亩，占双桥农场土地总面积的22.25%；三元绿化有5宗地，共716.03亩（2001年集团公司组建专业化公司时，土地已划归三元绿化，但一直未办理手续，尚在东郊农场名下），占双桥农场土地总面积的8.95%。在土地证书办理过程中，除土地编号为0642002041（原双利家属院）地块尚未办理登记手续，其余65宗土地已全部办理土地登记手续。

土地总面积8005.85亩，其中：农用地、耕地、林地5067.08亩，占总面积的63.3%；住宅、办公、商业用地131.75亩，占总面积的1.7%；仓储物流用地385.69亩，占总面积的 4.8%；工业用地 2421.33 亩，占总面积的 30.2%。双桥农场重组合并后采取的第一次土地现状调查通过现有平面图及野外测量，内业面积量算，分类汇总，成图等工作程序准确无误地完成。为双桥农场制定土地利用总体规划和长远发展提供了可靠的依据。

第二节　土地管理

国有土地是农场拥有的最重要、最宝贵的资源，是农场持续发展的重要保障。根据市国资委的要求，集团公司成立了土地房屋管理部，对集团内的土地实行"统一管理、统一规划、统一开发、统一出让"（简称"四统一"）。农场按照"四统一"的原则，也成立了相应的机构，对农场的土地进行了严管、严控，收回流失资源，盘活存量资产，管好现有资源，创造经济效益。

1949 年，双桥农场接收国民党励志社双桥农场的 180 公顷土地。

双桥农场先后两次购置土地。1952 年 12 月底，经农业部批准，当地政府与农场组成收购土地委员会，首次向农场附近东、西、南扩充土地。收购土地 224.65 公顷，其中耕地 167.69 公顷，扩大后双桥农场土地增至 325.8 公顷。1956 年 12 月，双桥农场第二次扩充土地，由当年成立的农垦部出资 250 万元，再次购买了农场至定辛庄村西 227.51 公顷土地，至此双桥农场土地总面积达 593.8 公顷，其中耕地 535.13 公顷。

为了加强对土地房屋的管理，2009 年双桥农场根据集团公司关于土地管理相关文件的精神，结合实际情况，制定了《北京市双桥农工商公司土地房屋管理办法》。

2010 年，双桥农场继续严格土地房屋管理，积极采取各项有效措施，严格把关土地房屋出租事项。根据集团公司对土地房屋管理的相关要求，参照集团公司关于土地房屋租赁的合同范本，双桥农场制定了符合本单位管理和发展需要的场地、房屋出租协议范本，进一步明确土地房屋出租事项，规范了出租事项的具体事宜，明确了出租户与承租户的双方权利与义务，为维护双桥农场的利益起到了积极的保障作用。

制订土地房屋普查计划也是加强管理的重要内容之一。为准确把握双桥农场土地房屋信息变化情况，以便更好地利用与管理现有土地和房屋资源，农场在 2010 年制订了土地房屋普查计划与方案，争取通过土地房屋普查工作，准确掌握完备的土地和房屋信息，为日后土地开发及整体布局管理提供准确可靠的依据。

2011 年，继续严格土地房屋管理，努力实现土地资源效益最大化。为更充分利用与挖掘土地房屋资源，双桥农场开展了为期 8 个月的土地房屋普查工作，制订了具体的实施方案，对管辖范围内的各类土地房屋使用情况进行详细的调查摸底，为进一步合理利用土地房屋资源打下基础。此外，双桥农场还与所属各企业签订了《土地管理责任书》。加强场地房屋管理，杜绝违章建筑和违法建设，对于已出现的违规用地违法建设行为，双桥农场积极落实整改措施。

2011年11月上旬，为了全面贯彻落实市国资委和集团公司更加严格管理土地的指导思想，充分发挥土地资源优势，保障土地的合法可持续利用，根据《三元集团土地管理办法》和集团公司《关于落实规范场地房屋出租管理有关意见的通知》的要求，双桥农场总经理张保华与集团公司董事长张福平、总经理薛刚签订了《土地管理责任书》。责任书明确规定经理、书记为所辖土地监管的责任主体，明确六项责任，同时对违法违规行为也明确了三条处罚规定，并按《市国资委监管企业资产损失责任追究暂行办法》（京国资发〔2009〕6号）文件处理。同时，双桥农场还与朝阳区人民政府签订了耕地保护目标管理责任书。其中主要指标任务：一是规划期末耕地保有量不少于1698.94亩；二是规划期末基本农田保护面积不少于586.85亩。

2012年，土地监管继续严格落实集团公司关于土地管理的相关规定，双桥农场采取了三条措施进一步规范了土地房屋管理工作。一是按用途管理土地房屋，严禁出租土地，必须管好用好土地，严格管理土地，重在日常管理、重在监督、关口前移，要将土地管理摆在更加突出的地位；二是按权限管理土地房屋，房屋连带场地出租中，出现场地租赁面积超过10亩，房屋占地面积小于场地总面积50%，房屋租赁期超过5年，三类情况之一的，须报集团公司审批同意后方可进行租赁；三是建立经常性的巡查管理制度，主要由资产管理部进行定期和不定期的土地房屋检查工作，坚持每月对双桥农场辖区内的土地房屋排查一次，力争做到违规现象早发现、早制止。经过几年的执行，效果良好，维护了企业权益与形象。

2015年，双桥农场加强了土地房屋管理的整治力度，杜绝新增违法建设，整改历史遗留的违法用地和违章行为，削减违法建设存量，完成了中天市场、青松木材厂的清理和腾退。2016年，双桥农场根据市、区两级政府疏解非首都功能的总体布局，积极响应市、区两级政府疏解整治促提升的政策，结合集团公司与属地政府的要求，对双桥农场所属区域的萧太后河沿岸、鱼坑、废品收购站等场地进行了环境整治和综合治理。仅2016年就拆除违章建筑150031.92平方米，其中萧太后河沿岸整治拆除82931.92平方米；南水北调工程拆除32000平方米，广渠路二期工程拆除35100平方米，区域环境得到较大改善，受到集团公司及市区两级领导的充分肯定。

第三节　土地利用

　　土地是双桥农场高质量发展的动力源，因此保护好土地，利用好土地是保证企业发展的关键。一是发挥本地区位优势，提高土地房屋的集约化利用水平，向高端产业发展。双桥农场地处京津冀环渤海商务圈高端产业示范区附近，应以广渠路二期建设为契机，利用剩余土地，提质改造升级现有场地房屋，建设现代化，规模化的文创、物流、制药、商务等产业园。二是下决心加快收回低端及出租年限长的场地房屋，实施符合首都功能定位的产业再造工程，做到人员疏解，提质增效。

　　场乡体制改革前，农场就将房地产开发作为新的经济增长点来抓。1999 年，农场迈开了自主开发的步伐，为了取得开发的规模效益，农场先后与几家开发商合作，拉开了农场大规模的房地产开发的序幕；2000 年，农场与银信兴业房地产开发公司，签订 1000 余亩国有土地使用权转让合同；2001 年，农场与华恩房地产公司签订原豆牛 470 亩饲料地的使用权转让协议；2009 年，农场对 1 号区和西猪队两块土地进行了立项，并向北京市土地储备中心递交了一号区土地的入市申请。

　　2008 年 6 月，三家企业重组后通过对土地房屋的强化管理，使土地的利用效率显著提升，土地创造的价值与日俱增。双桥京桥 1 号地公共租赁住房项目（占地 43650.02 平方米），双桥农场限价商品住房项目（双桥嘉园占地 30771.72 平方米），两个项目已矗立在双桥农场的土地上，即将开工的定南猪场安置房项目（居住用地 69087.59 平方米），教育用地 49700 平方米，公共用地 10200 平方米，代征道路 43355.85 平方米，代征绿地 21265.59 平方米。建设总规模 312270.53 平方米，地上 199572.18 平方米（其中，居住用地地上建筑面积 159812.3 平方米，中学用地地上建筑面积 39759.88 平方米），地下 112698.35 平方米（其中，居住用地地下建筑面积 83818.43 平方米，中学用地地下建筑面积 28879.92 平方米）。

　　除此之外，双桥农场还解决很多过去遗留的土地房屋纠纷问题，以及疏解整治促提升阶段及拆违后的补偿问题。十余年来，双桥农场在土地利用创造价值方面做了很多重要工作，成绩斐然。2010 年 8 月，双桥农场与北京市土地整理储备中心签订国有土地使用权收购合同，定福庄南居住区土地面积 289959 平方米，双桥农场收到土地补偿金 9.645 亿元。2016 年，完成南水北调工程拆除腾退项目。南水北调配套工程通州支线工程 9.13 千米，其中朝阳区境内 5.9 千米，以通马路为界，在朝阳区管辖范围内涉及三元绿化及永乐店农场管理用房，设备及地上附属物，为保证南水北调工程顺利实施，双桥农场与南水北调工程办公室及北京兴华达拆迁有限公司签订了拆迁协议，补偿金额总计 6725.08 万元。2016 年，完成广渠路二期拆迁腾退项目。在长达 1.6 千米的范围内，双桥农场腾退土地 106.36 亩，拆除房屋建筑物共计 35100 平方米，收到补偿款 20663.6 万元。其中，双桥农场对 38.35 亩存在争议未办证土地进行了确权，争取到补偿款 4627 万元。在 2014 年 11 月 13 日朝阳区农委发布的《关于定期报送城市功能疏解工作进展情况的通知》中，双桥中天市场被列为 2014 年度朝阳区农村地区城市功能疏解重点项目之一。2014 年 11 月 25 日，北京市朝阳区黑庄户地区办事处再次来函督促整改。为落实疏解任务，推进中天市场升级改造，双桥农场与北京中天正生房地产信息咨询公司（后改名北京世隆达运仓储有限公司）达成协议，给予补偿费 1397 万元。中天市场腾退将会对地区经济转型升级起到积极的作用；2014 年 12 月，双桥农场与九九工场签署协议，协议就九九工场在位于北京朝阳区双桥东路原三元食品有限公司乳品一厂区内打造 E9 区创新工场项目做出明确规定：①本合同协议书的标的为原乳品一厂内厂地的旧厂房；②租赁用途为筹建打造 E9 区创新工场；③厂地、旧厂房租金为第 1～3 年 700 万元，第 4 年 800 万元，以后每 5 年递增 10%；④双桥投资新建创意孵化空间租金第 1～3 年为 500 万元，第 4 年为 600 万元，以后每 5 年递增 10%。

为加强双桥农场国有土地的管理、使用，双桥农场 2018 年 10 月制定下发了《北京市双桥农场有限公司土地管理办法》。该办法就土地管理、土地利用，监督考核等方面做了具体的规定，同时将对推进公司经济快速发展起到决定性作用。

截至 2018 年 12 月 31 日，双桥农场建筑物总体情况是：地上建筑物总建筑面积 62.27 万平方米；有证房产面积 33.19 万平方米，无证有规划手续建筑面积 1.19 万平方米；无任何手续建筑面积 27.89 万平方米。根据北京市和朝阳区疏解整治促提升，严厉打击违法建设专项行动的总体要求，农场落实严厉打击违法用地违法建设专项行动工作，督促所辖区企业利用广渠路二期，萧太后河整治等市政基础设施占地时机，积极整改历史遗留的违法用地、违法建设行为，协同城管、土地等部门协调解决。拆除地上物面积 180031.92 平方米；广渠路二期工程拆除双桥农场房屋面积 35100 平方米，其中有证房屋面积达 18000 平方米；萧太后河整治工程拆除面积 82931.92 平方米，南水北调工程拆除面积 32000 平方米；常营牛场拆除面积 22000 平方米；中天市场拆除面积 8000 平方米。

第四节　土地争议

一、终止违约合同

1994 年，农场与房信房地产开发公司签订五号井开发协议，但长期没有进展。1999 年，农场又与巨安房地产开发公司签订 7 号地开发协议，但巨安公司资金迟迟不到位。农场于 2000 年解除了这些合同，重新收回开发权，为后来的开发奠定了基础。

二、收回北渔场土地

1994 年 7 月，农场与新华房地产开发公司，签订北渔场土地开发协议书。1995 年，北京市玻璃钢制品厂与农场关于双桥北渔场 230 亩土地使用权属问题发生争议，致使开发搁浅。经过 5 年的调查取证、谈判、诉讼，1999 年底，农场支付给玻璃钢厂 360 万元的调解金，重新取得了该宗土地的使用权和开发权。2001 年底，农场与北渔场的租赁户——中汽公司达成协议，农场出资 220 万元，收回同地块中 20 亩地的开发使用权、地上建筑物及设施。2003 年，农场与新华房地产、京德顺房地产公司签订补充协议，进行合作开发，农场先后获得收益 3425 万元。

三、收回常营牛场饲料地

场乡体制改革时，常营乡与农场关于常营牛场 650 亩地的使用权问题产生争议，经过市区有关部门和集团公司协调，在 2001 年 7 月，农场收回饲料地东半部，即 153.6 亩地的使用权；8 月份，农场与常营乡、天鸿房地产开发集团，三方签订欠款冲抵协议和牛场场区开发协议；10 月份，双方握手终止合作。2004 年 7 月，农场出资 700 余万元，解决了牛场场区 33 户搬迁问题，为常营乡的整体开发铺平了道路。

四、杨闸科技综合楼资金回笼

杨闸科技综合楼始建于 1996 年，占地 6533.7 平方米，总建筑面积 17388 平方米，分两期开工。1997 年，完成 8000 平方米的主体结构工程后，由于当地住户搬迁和农场资金短缺等问题，致使在建项目停工四年；场乡体制改革后，农场多方寻求解决的途径，力求减少资金损失。首先，农场将 35 号新楼建好后，让给综合楼（黏合剂二厂）搬迁户，并拿出 400 万元进行补偿，为在建综合楼的转让扫清了障碍。同时，农场积极运作，于 2002 年 3 月，与华恩房地产开发公司签订项目转让协议，后因国家政策原因，此项目经土地交易中心挂牌后，华恩房地产公司成为竞得人。2003 年 9 月 12 日，农场与华恩房地产公司，签订此项目转让协议。华恩公司共支付农场土地补偿金 2000 万元，使困扰农场多年的问题得到了妥善解决。

五、收回京华纺织厂土地和资产

1989 年，农场与京华纺织厂签订合营合同，经营纺织品生产，合同期 15 年，占地 45.7 亩，2004 年 6 月 16 日合营期满。由于各种原因，农场决定退出合营，经全体股东大会协商决定，不再延长合同期。自期满之日起，终止合营、依法清算。经过近两年的协商、清算，最后，于 2005 年 5 月 19 日，双方就房屋、建筑物及公用设施达成转让协议。京华纺织厂将现有地上物及公用设施以 90 万元的价格有偿转让给双桥农场，其中，房屋（有产权的）18 幢，建筑面积共 10105.5 平方米，另外，农场作为被授权使用管理土地的合法人在合同期满后，收回原有 40 多亩土地的使用权。当初，农场以钢窗厂厂房等固定资产净值入股，合同期满后，分三次清算，农场共得到权益 700 万元。

六、收回联合收割机厂土地

2000 年 8 月 16 日，农场与北京联合收割机发展集团签订土地租赁协议。后因收割机厂违约，多占农场土地 22 亩，农场本着"守土有责"的原则，与对方多次协商，于 2004 年 12 月 17 日，将 22 亩土地使用权收归农场。

七、处置制药五厂债权问题

1982 年 7 月 6 日，经北京市计划委员会、经济委员会、农林办批复，原北京制药厂与双桥农场签订《北京第一制药总厂与双桥农场关于合营建立北京第五制药厂》协议书，占用双桥农场土地 15 万平方米和部分固定资产。在合营过程中，制药厂连续多年拖欠租赁费用，协议到期后，既不清还债务，也不续定协议。后经市经委、市农工委、朝阳区政府和土地管理局等部门协助，最终于 2002 年 7 月 25 日达成协议：对原协议涉及的 479 万元的固定资产，由农场上报申请核销；农场不再对协议所涉及的相关土地、房产和固定资产主张任何权利。协议生效后 5 日内，制药厂支付拖欠农场的租赁费 900 万元，对农场土地补偿费 2400 万元分两次在 2002 年 12 月 31 日前付清，原来所有的合同全部终止。

八、偿还遗留债务

场乡体制改革后，遗留债务的偿还问题更加突出、紧迫。2000 年，农场一边医治创伤，一边勒紧腰带，当年还清京工房地产公司 110 万元的诉讼应付款，同时还清农行亚运支行的 130 万元贷款和农行朝阳支行部分贷款及管庄乡 42 万元补偿款。2001 年，农场一鼓作气，又偿还了经营总房地产公司 1000 万元欠款以及住总房地产公司 800 万元欠款和机关背负的 2000 万元本息的银行贷款。此后，农场又陆续偿还了三个牛场划拨后遗留的 2450 万元债务，凯恒厂停业后遗留的 860 多万元债务，以及铁塔厂、肉食厂等小单位遗留的债务。截至 2003 年，农场还清了所有遗留债务共计 8000 多万元。

九、其他遗留问题的解决

农场下属单位——管庄猪场，占地 39.3 亩，分为两宗。场乡体制改革时，因双方存在争议而成为遗留问题。2007 年 1 月，双方签订调解协议，农场将两宗地及地上物确权给管庄乡，管庄乡向农场支付人民币 1000 万元，用于经济补偿。之后，农场继续与管庄乡友好协商，给付 42 万元补偿款，解决咸宁侯和郭家场土地遗留问题。2000 年，农场多次与朝阳区教委和黑庄户乡协商，并做出重大让步，将场乡分离时在建的 7000 多平方米的双桥第二小学项目及其债权债务，一同划给了黑庄户乡，保证了当年建成后，在新址正式开学使用。

第五章 劳动人事管理

双桥农场的劳动工资科成立于计划经济年代，员工统称为国有企业职工，伴随改革开放的深入发展，社会主义市场经济体制的建立，农场员工的国企身份发生了根本性改变，由国企的固定员工转化为劳动合同制员工，工资演变成报酬，负责劳动管理与工资管理的职能部门转变为人力资源部。新的市场经济条件下的用工制度体系已建立健全起来，新的职能部门——人力资源部，自 2008 年双桥农场、永乐店农场和三元绿化三家重组后保留至今。

第一节 企业员工队伍

一、职工数量及结构

1949 年，中共中央人民政府接管"国民党励志社双桥农场"，当时全场干部只有 5 人（正副场长各一、生产主任、事务员、助理员各一），工人 41 人，合计 46 人（表 5‑12）。

表 5‑12 1949—1957 年职工人数

年份	1949	1950	1951	1952	1953	1954	1955	1956	1957
职工人数（人）	46	46	48	188	142	185	225	225	222

1958 年 6 月，双桥农场有 222 名职工，是全民所有制的国营企业。1958 年 12 月，为解决双桥农场劳动力不足问题，由农垦部从四川组织调入 157 人。

1958 年起，农场开始实行"场社合一、以场带队"的管理体制，1961 年 4 月，农场拥有土地 5.5 万亩，农村人口约 3 万，1 万余劳力和 2545 名企业职工，是政社合一的组织。职工增多的原因：一是农场通过购买附近农村集体土地，同时从农村招收部分农民成为农场职工；二是在场社合并过程中周边农村社队的少量农民被农场录用为职工。

1961 年 8 月，双桥农场接收分配大学生 10 名；9 月，双桥农场分两批接受城市分配的应届高、初中毕业生。

"文化大革命"期间，农场新增劳动力主要来源于城镇知识青年。1971—1976 年，根据上级指示，农场先后共接收了 5000 名知识青年，分别安排到基层企业单位和农村参加生产劳动，仅 1976 年双桥农场接收知青 1055 人。

1971 年，全民企业收归农场直接领导，下辖 17 个单位，职工 2368 人（不含豆各庄化工厂）。

20 世纪 80 年代初，农场职工队伍文化、技术素质不高，存在文化水平低、技术水平低、科技人员少的状况。据 1980 年统计，农场职工 5000 人，初中文化水平以下的占 85%，三级工以下的工人约占 70%。专业技术人员青黄不接，20 世纪 50、60 年代分配和调来农场的大专、中专毕业生仅 80 人，占职工总数的 1.6%，年龄多数在 45 岁以上。1980 年，全场评定技术职称，助师以上的 103 人，占职工总数的 2%，而且大部分是农、牧专业的，不适应农、工、商综合发展的需要。

改革开放以来，除通过不同形式积极培训人才以外，农场还面向社会广泛招聘各种专业技术人才。从 1984—1989 年国营企业部分引进人才 130 多人（含 1987—1989 年分配来场的大专、中专毕业生 51 人，其中研究生 2 人、大学本科 37 人、大专 11 人、中专 1 人），农村集体招聘约 400 人。1989 年，全场第二次评定职称评出各类人员共 739 人，占职工总数 5958 人的 12.4%，比 1980 年第一次评定职称的 163 人增长了 3.5 倍，其中具有各类高级职称的 38 人，中级职称的 109 人，初级职称 592 人。

1989 年，全场总人口 5.5 万人，其中农村人口 3.48 万人，劳动力 1.64 万人（男 7261，女 9177 人），国营企业职工 5958 人。

1990 年，农场人口 6.6 万人，其中农村人口 3.41 万人，劳动力 1.45 万人，国营企业职工 7426 人。

1998 年，农场具有 66 平方公里辖区、5.5 万人口、64 个自然村、36 个全民企业、200 多个乡办企业（其中外企 17 个）、7426 名国营和集体企业职工。场乡体制改革后，五个乡、医院、学校等行政事业单位，统一归属地方管辖，农场只剩下 36 个国营企业，2962 名职工。

在场乡体制改革和企业改制之后，农场职工队伍人数连年递减，年龄逐渐老化，截至 2008 年，在岗职工 1783 人。其中，35 岁以下只有 229 人，占总数的 13.8%，主要集中在太洋药业。其他企业，绝大多数是 40 岁以上职工。知识结构也不尽合理。中专以上学历占 1018 人，占职工总数的 57.1%，初中以下 765 人占总数的 42.9%。全场在职干部职工中具有高级职称的 2 人，中级职称 53 人，初级职称 81 人；具有工人技术等级的共计 56 人，其中，高级技师 26 人，中级技师 27 人，初级技师 3 人；其他专业技术人员 168 人。

总计 360 人，已占职工总数的 33.7％。

双桥农场、永乐店农场和三元绿化重组合并后，国有及国有控股企业年末人数为 883 人，其中：在岗职工 729 人（其中：户口在外省市 44 人，户口在农村 74 人）。聘用、留用的离退休人员 45 人，不在岗职工 109 人。2008 年末，离退休人数 1606 人，其中离休 7 人，退休 1599 人。双桥农场所属企业员工的年龄结构依次为：35 岁以下的员工 331 人，占全部职工总数的 21％；36～50 岁员工人数为 929 人，占全部职工总数的 57％；50 岁以上员工人数 346 人，占全部职工总数的 22％。

从文化结构分析：大专及以上学历人数占全部职工总数的 25％，中等学历员工人数占全体员工总数的 35％，初中及以下学历员工占全体员工总数的 40％，员工的文化水平为今后企业的发展提供了人才保障。

2010 年，既是双桥农场管理体制变革的一年，又是"十一五"的最后一年。经集团公司研究决定，新的双桥农场恢复经理负责制。国有及国有控股企业年末人数为 944 人，其中：在岗职工 726 人（其中：户口在外省市 73 人，户口在双桥农场人数为 89 人），聘用、留用的离退休人员 39 人，不在岗职工 179 人。

到"十一五"末期，双桥农场（含太洋药业）人数为 1644 人，其中：在岗职工 1285 人（其中户口在外省市 127 人，户口在农村 149 人）。到 2010 年末，双桥农场所属企业员工 1554 人，年龄在 35 岁以下的员工 494 人，占全部职工总数的 31.8％；36～45 岁的员工人数为 448 人，占全部职工总数的 28.8％；46～55 岁员工人数为 564 人，占全部职工的 36.3％；55 岁以上的员工人数为 48 人，占全部职工总数的 3.1％。

从文化结构分析：大专及以上学历员工 484 人，占全部员工总数的 31.1％；中等学历员工 507 人，占全部职工总数的 32.7％；初中及以下学历人员 563 人，占全部员工总数的 36.2％。

2015 年，"十二五"末期国有企业及国有控股企业年末人数 856 人，其中：在岗职工 705 人，其他人员（含聘用、留用离退休人员）72 人，劳务派遣人员 2 人。全场 1284 人，到 2015 年底，1195 名在职工中，35 岁及以下员工 413 人，占职工总数的 34.6％；36～45 岁员工 290 人，占员工总数的 24.3％；46～54 岁员工 427 人，占员工总数的 35.7％；55 岁及以上的 65 人，占员工总数的 5.4％。

从文化结构分析：大专及以上学历 499 人，占员工总数的 41.8％；中等学历员工 365 人，占员工总数的 30.5％；初中及以下学历员工 331 人，占员工总数的 27.7％。持有职称证书的员工 189 人，占全体员工总数 15.8％，其中：103 人取得初级职称，占员工总数的 8.6％；76 人取得中级职称，占员工总数的 6.4％；10 人取得高级职称，占员工总数的

0.8％；取得职业资格的员工 55 人，占员工总数的 4.6％，其中，6 人取得一级执业资格（高级技师），7 人取得二级职业资格（技师），26 人取得三级职业资格（高级技能），12 人取得四级职业资格（中级技能）；4 人取得五级职业资格（初级技能）。

在注重员工年龄结构，加快员工文化与继续教育的同时，双桥农场还特别把人才与智力开发引进工作作为经济发展中一件大事来抓。2008—2018 年，双桥农场共接收的 388 名专业人才来充实双桥农场的员工队伍，促使员工队伍的知识结构、文化结构适应经济发展的需要。

2008 年，三家重组合并时，招收高职毕业生 9 人，引进招聘本科及以上、硕士研究生、博士毕业生 4 人；2010 年（"十一五"末期），招收、聘用、引进应届本科、大专毕业生 40 名，其中外地生源 9 名；2015 年（"十二五"末期）招收、聘用、引进大专、中专毕业生，累计达到 105 名，其中外地生源 64 名；2018 年（"十三五"第三年）招收、聘用、引进大专、中专生以上毕业生 31 人。

2018 年末，在 1050 名员工中，35 岁及以下员工 345 人，占职工总数的 32.9％；36 岁到 45 岁员工 256 人，占员工总数的 24.4％；46～54 岁员工 331 人，占员工总数的 31.5％；55 岁及以上员工 118 人，占员工总数 11.2％。

从文化结构分析：大专及以上学历 531 人，占员工总数的 50.6％；中等学历员工 276 人，占职工总数的 26.3％；初中及以下学历 243 人，占职工总数 23.1％。

从职称结构分析：有职称证的员工 170 人，占职工总数的 16.2％。其中：初级职称 72 人，占员工总数的 6.9％；中级职称 78 人，占员工总数的 7.4％，高级职称 20 人，占员工总数的 1.9％；其中正高级职称 2 人。

从职业资格结构分析，取得职业资格的员工共 53 人，占员工总数的 5％，其中：取得各级职业资格的人数分别为：一级 9 人，二级 8 人，三级 23 人，四级 9 人和五级 4 人。

2008—2018 年末，双桥农场发展变化主要经历了四个阶段：双桥农场成立阶段、"十一五"末期阶段、"十二五"末期阶段和"十三五"第三年（2018）阶段。伴随"四个阶段"经济发展，双桥农场职工队伍的年龄结构与文化结构发生了飞速的变化，35 岁以下员工保持在 35％，36～45 岁以下员工保持在 25％，46～55 岁员工保持在 30％，55 岁以下保持在 10％；文化结构：大专以上学历从 2008 年的 25％上升到 2018 年的 50.6％，初中文化程度从 2008 年的 40％下降到 2018 年的 23.1％。年龄结构与文化结构日趋合理，逐步适应双桥农场经济发展的客观要求，为经济快速发展提供了坚实的人才保障。

二、管理制度

劳动用工制度：自打破"铁饭碗"后，农场一方面，认真贯彻《劳动法》，规范劳动合同管理；另一方面，力求提高劳动生产率，减少企业冗员，增加企业效益。1999年上半年，农场终止、解除了劳动合同570余人，其中，对150名社员工进行了清理，对解除劳动合同的职工给予了一次性经济补偿，全场共补偿678万元。而后，又实行了劳动退养制度和劳务输出制度等减员增效措施。按照国家有关政策，有16个企业（共58个工种），实行了按特殊工种提前退休制度。随着企业改制的深入，用工制度发生了很大变化，农场职工人数逐年减少。同时，企业强化了劳动纪律，严格了奖惩制度等，在劳动合同管理上，农场每年组织主管领导和劳资人员学习贯彻国家新政策、新法规。《劳动合同法》颁布后，农场对劳动合同的订立、变更、解除、终止、续订都做到规范化，对员工的录用、培训、劳动保护、休息休假、保险福利等都做到人性化的管理。

人事制度：在人事制度管理方面，农场改变了过去垄断人才、控制人才流失的简单做法，树立人才共享、正常流动的管理机制。一方面，对现有人才注重培养、选拔、重用；另一方面，积极引进有用人才，包括大专以上毕业生、有经验的管理人才和有特殊技术专长的工人等。场乡体制改革之后，全农场共引进大中、专以上毕业生273名，招聘调入管理人员和专业技术人员360多名，培养工人技师56名。

在大力开发人才的基础上，农场从长远利益着眼，制定了"积蓄人才"的战略，大力培养后备人才。建立人才信息库，对不同的人才进行分类培训、考核，并推广干部聘任制，二级企业正职对其副职和中层干部实行聘任制。同时，建立和完善激励机制，对有特殊贡献的人才，实行重奖。对有发展前途的年轻人才进行重点培养，及时选拔到重要岗位，大胆使用。十年当中，农场先后选拔了28名45岁以下的年轻干部，担任农场本部及二级、三级企业正职职务。

干部年薪制：从1995年开始，根据企业近几年主要指标的平均值进行测算，探索出二级正职年薪制的雏形。场乡体制改革之后，农场又总结出按照企业规模、企业体制和产业差别，制定不同的年薪制办法。对不同企业的干部，根据行业特点、企业规模大小、企业基础薄厚及国家政策的差异，制定了三类不同的年薪制办法，体现了经济效益和社会效益兼得、效率与公平制衡和职业使命的准则，保证了小企业的发展，促进了大企业的进步，鼓励了养殖业和种植业对社会作出贡献。以后的几年，农场经过不断的总结、实践，使年薪制不断的合理完善，并与现代企业制度相匹配。2000年，农场提出经营者年薪总体上不低于本单位职工年均收入的 4 倍；2001 年 12 月，农场年薪制第二版出台，规定经营者年薪，由基薪和效益工资组成，决定提高基薪，效益工资不封顶，同时保持职务补贴。2002 年，根据集团公司的有关规定，探求对董事长实行以净资产为考核标准，对经营者实行以利润为考核标准的年薪制办法。2004 年 3 月，农场对基层企业的考核，实行与集团公司办法对接，对有关条款又做了进一步的修订。

经营者管理机制：经营者公开竞聘机制，打破了干部终身制，采取公开述职、职工评议、竞争上岗。激励和约束机制：1995 年之后，农场对下属经营者实行了年薪制，注重业绩考核，按照企业经营效益获取薪酬，并根据企业规模拉开分配差距；对一些业绩显著、超额完成利润的经营者，给予特殊奖励，并加以宣传。责任追究制度：对那些长期经营不善或有重大失误、亏损严重的企业经营者，根据情节轻重、责令其调离、就地罢免、给予党、政处分，直至追究法律责任。末位淘汰制度和引咎辞职制度：对那些长期不谋其政、无功无过、政绩平平的干部，经过职工评议，实行末位淘汰或本人辞职，彻底疏通干部能上能下的渠道。

工资协商制度：2006 年，市总工会在集团公司试行工资协商机制，农场作为集团公司的试点，根据集体合同条例要求，结合农场实际，起草了农场工资协商专项合同文本，在桥联物业先行一步，取得经验后，当年在全场 18 个单位推广。专项合同解决了企业最低工资标准、加班工资计发基数、当年工资增长幅度、对劳动合同的监管以及职工福利等职工切身利益问题，并规定每年按照北京市新的工资增长基准线和当年最低工资标准协商、签订一次。工资协商以来，除一个亏损企业外，其他企业都实现了人均月增资 100～300 元，增长幅度为 3%～10%。

三、职工的劳动保险及保障

1987 年为全场 5000 多名干部、职工办理每人 1000 多元的家庭保险，1988 年管庄分场党委也为全分场 3000 多户农民办了这种保险。

1999—2008 年，职工保险由"三险"增到现在的"五险一金"；2004 年，为 3000 多名在职和退休职工发放了住房补贴；自 2005 年起，为在职职工办理了职工住院互助保险，建立补充医疗保险制度；每年妇女节，都为在职女职工办理女工安康保险；每年 4 月份，全场在职职工进行一次体检，女职工另加妇科检查；每年暑期，组织一线职工到北戴河修养；2007 年，全场在职职工实行带薪年休假制度。"两节"（元旦和春节）期间，领导亲自慰问退休职工、困难户和女职工单亲家庭。十年当中，农场对弱势群体进行帮扶和送温暖，共投入资金 240 多万元。

2008 年，社会保险费用总额为 725.6 万元，其中：养老保险 403.5 万元，失业保险 30.2 万元，医疗保险 256.4 万元，其他保险 35.5 万元，"五险一金"缴纳总额为 1380 万元。

2010 年，社会保险费用总额为 1454.5 万元，其中：养老保险 842.6 万元，失业保险 40.7 万元，医疗保险 502.9 万元，其他保险 68.3 万元；缴纳住房公积金 964 万元，其中，企业缴纳 483 万元。"五险一金"缴纳总额为 2418.5 万元。

2015 年，社会保险费用总额为 2768.1 万元，其中企业缴纳 2114.9 万元，个人缴纳 653.2 万元；全年住房公积金缴纳 1287 万元，其中企业缴纳 643.5 万元。"五险一金"缴纳总额为 4055.1 万元。

2018 年，社会保险费用总额为 3412.6 万元，其中企业缴纳 2581.7 万元，个人缴纳 830.9 万元；缴纳住房公积金 1688.7 万元。"五险一金"缴纳总额为 5101.3 万元。

综观上述不同阶段的缴费情况，可以清楚地看到双桥农场全年社会保险费用总额在 2010 年（"十一五"末期）比合并之初的 2008 年增长 2 倍；2015 年（"十二五"末期）比 2010 年（"十一五"末期）增长了 90%；2018 年（"十三五"第三年）比 2015 年（"十二五"末期）增长了 23%。

住房公积金（企业负担部分）2008 年为 327.2 万元；2010 年（"十一五"末期）住房公积金达到 483 万元，是 2008 年的 1.5 倍，2015 年（"十二五"末期）住房公积金达到 643.5 万元，是 2010 年（"十一五"末期）的 1.33 倍，2018 年（"十三五"第三年）住房公积金达到 844.5 万元，是 2015 年（"十二五"末期）的 1.33 倍。

2008 年，"五险一金"缴费总额为 1380 万元，2010 年（"十一五"末期）"五险一金"缴费总额为 2418.5 万元，是 2008 年的 1.75 倍，2015 年（"十二五"末期）"五险一金"缴费总额达到 4055.1 万元，是 2010 年（"十一五"末期）的 1.68 倍，2018 年（"十三五"第三年）"五险一金"缴费总额达到 5101.3 万元，是 2015 年（"十二五"末期）的 1.26 倍。

各项保险费用的逐年增长表明：双桥农场领导重视关心员工工作与生活保障，在企业经济发展的同时，不忘关心员工的生存与生活保障；双桥农场十年来在经济发展的同时，经济实力与后劲不断夯实壮大。

2011 年，根据国家企业年金制度的有关政策规定，按照市国资委和集团公司企业年金实施方案，经双桥农场研究决定，拟参加集团公司企业年金计划。参加单位有双桥农场、腾达饲料场、永乐店农场、双桥农用物资供应站、新益永盛、长城磁件厂、双旺电力、双益达饮用水、三元绿化和友谊花木等10家单位。

为加强双桥农场及所属单位企业年金工作的领导与组织管理，成立由张保华任组长的工作领导小组，具体负责组织实施与管理企业年金的日常运营工作与年金计划的建立。各所属企业根据双桥农场的部署，相继召开了经理办公会、员工大会，审议通过了本单位的《企业年金方案实施细则》，并就建立企业年金制度等相关情况向集团公司做出说明。各单位均按时足额缴纳了基本养老保险费，企业经济效益较好并有健全的民主协商机制，企业具备建立企业年金制度的条件。根据国家相关政策精神，企业年金实施细则符合法律法规要求，切合企业实际，有助于激励员工的工作积极性。

试行企业年金制度后离退休的人员，除取暖费，不再在基本养老保险统筹和企业年金之外支付任何福利性项目，取消企业年金制度以外的各种养老性质的福利待遇。

企业年金工作自2013年1月1日起动，追缴至2011年1月1日。

四、职工队伍的培训与技能提高

1953年3月，双桥农场场部办起职工业余学校，分六个班上课，有146人参加，至年底工人中基本上扫除了文盲。通过给失学的职工以文化政治教育，为职工群众学习科学技术知识打下了基础。1957年10月，双桥农场出席北京市扫盲先进代表会议，1959年，双桥农场被评为"北京市农村业余教育先进单位"。

1965年，为解决基层生产队中技人才的不足，农场与双桥中学合办了蔬菜，大田中技培训班，学制一年半，学员100余人，由各单位（包括农村大队）选送具有初中毕业文化水平的青年入学。由双桥中学教师教授文化课，由农场技术人员上专业课，并组织现场实习，学用结合，收到良好效果。

1976年，农场兴办畜牧培训班。1981—1989年，农场各种培训成果可观（表5-13）。

表5-13 1981—1989年职工培训情况

年份 \ 项目 人数	大专以上毕业	中专及专修	职业高中	工人技术培训	各种短训班	科技人员继续教育
1981—1985年	52人	13人	160人	1850人	4000人次	共51个班次
1986—1989年	228人	591人	384人	3000人（其中领证2117人）	2万人次	3000人次
总计	280人	604人	544人	4850人	—	—

1990年，农场普遍开展了职工、专业技术人员的岗位培训，全年办班85个，参加学

习的5418人次，全场扫除文盲145人，被评为"朝阳区扫盲先进单位"。

经过重组后的双桥农场把员工的知识培训和技能培训作为经济发展过程中重要大事来抓。一是根据工作需求，抓好计算机软件管理培训，迎合大数据时代。十年来，双桥农场针对经济发展进入信息化、电子化及数据化领域阶段，已抓起计算机的培训，力争使双桥农场发展纳入电子化、程序化轨道。各部门自己编程序，培训员工，把工作人员变成操盘手和成业务能手。外出培训与内部培训，培养了一批经济发展能文能武的业务骨干，成为双桥农场快速发展的中坚力量。二是在抓培训中加强对青年人才的培养，双桥农场以团委为依托，联合人力、政工等部门经常开展业务骨干工作经验交流拓展活动，其中就某一专题、某一项目和某一事物进行思维研判；能力的定夺，活跃青年骨干之间的工作交流与协调，激发了青年人的工作热情，这种寓教育于活动之中的做法，得到了青年人认可，也使他们在自身或与其他青年骨干中找到自身差距。这些丰富的活动不仅培训了知识，也提高了工作技术的能力。三是抓走出去，通过面对面的现实交流，提高青年骨干的工作能力和工作激情。比如2017年双桥农场组织相关部门带领30余名青年业务骨干参观北京市留学人员海淀创业园，并同创业园的青年学子进行了座谈。座谈中，这些留学归来学子的成长经历与工作成就激励了在场的青年骨干，使他们的思想深邃、自我深省、激情碰撞，决心继续拓宽知识广域，提升做事办事的技能。

为使这项工作经常化、制度化和正规化，双桥农场2018年10月正式印发了《培训工作管理办法》。至此，员工的培训工作走上了正轨。

2008年，双桥农场、永乐店农场、三元绿化重组成立的当年，组织员工参与各种培训及参加继续教育，达1563人次，涉及15个工种，培训学时累计达到5618学时，投入教育经费17.1万元；到2010年（"十一五"末期），双桥农场及所属企业举办、参加各种培训及员工继续教育累计达到3388人次，涉及23个工种和岗位，培训学时累计达到51449学时，投入教育经费42.53万元；到2015年（"十二五"末期），双桥农场及所属企业举办、参加各种培训及员工继续教育累计达到2080人次，涉及近30个工种和岗位，培训学时累计达到93000学时，投入教育经费26.3万元；到2018年（"十三五"第三年），双桥农场及所属企业举办、参加各种培训及员工继续教育累计达到2697人次，涉及30个工种，投入教育经费25.8万元。培训教育面广，教育效果明显。

第二节　劳动报酬

伴随企业现代人力资源管理制度的不断发展，越来越注重对人的有效激励，薪酬作为企业经济发展中的一项重要工作，越发引起关注和重视。

1949年，农场建立初期就开始了民主评定工资，当时把工资分为四个等级。第一级：有一定经验、阅历，料理工作能前后兼顾，能起带头作用或有专门技艺者，每月小米195斤；第二级：有一定工作经验和工作能力，并能起带头作用者，每月小米175斤；第三级：有一定工作能力，对局部工作能负责任者，每月小米160斤；第四级：能完成一般工作者，每月小米为140斤。

1952年3月，农场对畜牧队开始实行了"计件工资"。7月份场务会又通过了"奖惩暂行办法"。对完成任务、超额作、超额产量、节约有成绩、有发明创造、技术改进或合理化建议的先进集体或个人给予奖励；对完不成任务、犯有这样那样过失的同志进行批评教育，或给予不同的处罚；对情节特别严重和触及刑律的予以开除和法办。

1967年，农村部分统一按全民所有制进行管理。

第一阶段（1959—1961年）：社员分配实行工资加供给的办法。规定大队三包分配总数的70％为工资部分，30％为供给部分。发放工资一律采取上死下活办法，即工资总额定死，不得超过三包计划分配总数的70％。下活就是社员按工分分配，多劳多得，少劳少得，不劳不得。在执行过程中，1961年6月取消了"三七开"的供给办法，贯彻"三包一奖，评工记分"。

30％的供给部分是指社员的伙食供给制，它是公社化运动的产物。从1958年下半年开始各生产队普遍建立食堂，当时称"吃饭不要钱"。认为"这是最大的社会保险，是共产主义因素，解决了几千年来广大贫苦农民愁吃愁喝的精神负担，是公社化运动的创举"。黑庄户、定辛庄两个大队在1959年至1960年农村人均每月供给的伙食费为2.7元和2.8元，分别占全分配的53％和45％，大大超过了"三七开"。同时，这种办法并没有调动起社员的积极性，反而使懒汉钻了空子。社员反映"干不干一样算、干不干三顿饭"。以后虽然实行"吃饭底分制"（即社员达到规定的工分数量才供给，不出勤、没工分或工分不足，伙食费由个人负担），但终因各方面条件都不具备，到1961年6月就取消了，改为只对"五保户"实行伙食供给。1961年农村人均分配为67.7元/年，较1959年人均63.6元/年增长6.4％。

第二阶段（1962年）：统一领导、三级管理、三级核算、任务层层包死、超产归己、公社对大队、大队对生产队实行"两死两活"的包干办法。上交粮、菜，上交积累两项数额包死，完成任务多产多吃，多收多分，社员工资平时预发40％～60％，年底结算。从执行情况分析，这个办法符合社员的觉悟程度，调动了社员的积极性，促进了生产的发展。但从另一方面看，社员收入出现了新的差别，好的队人均在百元以上，差的队人均仅为二三十元。为了保证国家计划顺利贯彻执行，为了缩小差别，达到全场统一工资水平的目的，"两死两活"的包干办法，只实行一年即宣告结束。

第三阶段（1963—1965 年）：分配办法：采取承认差别，逐步缩小差别，最后消灭差别的指导思想，以 1962 年决算为基础，从 1963 年起，把 65 个生产队的数十个工资水平划为五个等级，各生产队按各自被划分的工资水平乘本队人数即为该队的全年工资总额，平时预发 50%～70%（按月或季发），年终再发 30%～50%（这个办法叫"跳格升级"）。

五个分配水平分别为 50 元、60 元、70 元、80 元和 100 元。根据各生产队 1962 年人均分配水平凡分别达到 52 元、62 元、72 元、85 元水平的，给予提到 60 元、70 元、80 元、100 元的水平；凡不足 52 元、62 元、72 元、85 元水平的，仍保留在 50 元、60 元、70 元、80 元的水平上。

执行这个分配办法，农场从 1962 年利润中抽出 20 万元补贴不足部分。从 1965 年开始，改为除人均分配在 50 元以下的队，根据农场经济力量给予补贴到 50 元的水平外，其余各队一律稳定在上一年度的分配水平上，不再上提。

总之，1959—1965 年农场（公社）的农村社员分配水平，还是逐年有所提高的（表 5-14）。

表 5-14　1959—1965 年农村分配情况统计表

年份	分配总额（万元）	人均分配（元/年）	备注
1959	167.4	63.60	
1960	200.5	76.20	人均口粮 250 斤（原粮）
1961	176.9	67.68	
1962	184.7	67.28	
1963	197.3	73.06	
1964	203.2	70.70	
1965	303.0	87.30	人均口粮 330（原粮）
1965 比 1959 年增减%	+81.0	+37.9	
年递增%	+10.3	+5.5	

1972 年 12 月，农场拟定并下发了"关于农村生产队财务分配的具体办法"，实行按劳分配，评工记分。为了以丰补歉，稳定社员分配水平，实行提留储备金、储备粮和预扣粮款的制度。

1966—1976 年，农村人均分配由 80.9 元提高到 114.1 元，增长 41%，平均年递增 3.5%；全民企业职工工资总额由 96.5 万元增加到 175.7 万元，年人均工资由 353 元增加到 517 元（表 5 - 15）。

表 5 - 15　1966—1976 年企业职工收入统计表

年份	国营企业个数（个）	职工人数（人）	工资总额（万元）	年人均工资（元）
1966 年	18	2733	96.5	353
1976 年	21	3395	175.7	517
增减%	16.6	24.2	82.0	46.4
平均年增减%	1.0	2.0	6.2	4.0

20 世纪 80 年代，农场在工资问题上存在着"低、平、乱、死"等多种矛盾。"低"主要表现在：农场以农、牧工人为主体，劳动条件差，劳动强度大，而工资水平偏低。20 世纪 80 年代初，农场月平均工资水平为 46.4 元，较全市工人工资水平低 7 元左右，且农场所属农村部分劳动力工资水平相比也低。1981 年农村劳动力年人均收入 820 元，而农场工人年人均工资总额 752 元，低 68 元。"平"即平均主义。改革前，升级由国家统一安排，不论企业经营好坏，升级面统一规定，职工基本上是按年头升级，干好干坏一个样。"乱"主要表现在工资类别多，当时有农工级、农机级、理发级、技术级（瓦、木、电）等，而主体农牧工人的农工级比其他工资类别的等级低，形成了二线高于一线，后勤高于前勤的不合理现象。"死"表现为企业没有工资支配权，调资升级听国家统一令，奖金计发水平由国家统一定，不能发挥工资这个经济杠杆的作用。

1982 年初，市劳动局会同市农林办公室、市经委等单位在双桥农场进行调查后，提出了用企业自有资金进行企业内部工资改革方案。方案主要内容是：将职工工资与企业利润挂钩，以该场 1981 年的利润总额为基数，如每年增加 8%，即按全场职工人均月增加 1.5 元的标准提取增加工资基金，如利润超过 8%，每多增加 1%，人均月增提 0.10 元，最多不超过人均 1.70 元。利润增加未达到 8% 时，每减少 1%，人均按月减提 0.20 元。企业可以用增加的工资基金提高工资标准，并用来进行企业职工浮动升级。当年 11 月 19 日，经国家劳动人事部批准同意进行试点。

改革的内容有以下四个方面：

第一，简化、统一工资标准，把干部（行政 17 级以下的）、工人都纳入全场统一的新工资标准，一级 34 元，八级 102 元，中间加七个半级，称"八级十五等"。行政十六级以上的干部按原标准不变。

第二，建立经常的考核浮动升级制度。经常性：明确规定职工的工资水平与经济效益挂钩，就是在生产发展，经济效益提高，利润递增 8% 的前提下，从自留利润中提取人均工资 1.50 元，在下一年度给部分职工升级，形成制度化。考核：就是用各项生产、经济指标和其他方面的要求，对单位和个人实行百分制考核，用以区别单位成绩的好坏，作为分配升级工资的依据；区别职工个人干多干少，干好干坏，作为是否升级的依据。浮动：即全场人均升级工资标准，随利润增长幅度上下浮动，利润增长低于 0，取消当年升级指标。职工个人升级，要连续考核三年，如果成绩保持稳定合格，三年后给予固定，没保持的，要浮动下来。

第三，对新工人改"熟练期制"为"学徒制"，学徒期限为 2 年。学徒期待遇，初、高中不同。出师和定级，都要经过考核，优秀者可提前出师转正或高定半级工资。

第四，对各级管理干部实行职务津贴和奖励性津贴，克服现存的级职不符、脑体不分的不合理现象。

根据以上原则和内容，农场从 1982 年 11 月份开始实施，第一步按新工资标准进行套靠，第二步从 1983 年起进行第一次浮动升级，1984 年进行第二次浮动升级。两年的实践证明工资改革对促进生产，提高经济效益，提高职工的生活水平起到一定的作用。但是根据 1982 年工资基金提取的办法，年利润增长 8%，人均增加工资 1.50 元，每多增 1%，多增加工资 0.10 元，最高到 1.70 元，利润超过 10% 就不再多提。同时奖金也保持在一定水平上（年人均 130 元）不动。试行一段时间后，发现这种办法有一定的局限性。

1984 年 6 月，经劳动局和农场局协商，修改了原来的方案，建立了职工工资收入随着经济效益好坏上下浮动的工资增长基金制度。即按考核人均利润为主，同时考核产量、品种等主要经济指标。人均实现利润每递增 1%，人均工资总额递增 0.8%，人均利润下降 1%，人均工资总额也要下降 8%。

1985 年，对职工个人实行"月记百分考核制度"，比原来的联产联利计奖更科学合理了。它起四方面的作用：一管浮动升级，二管计算奖金，三管已升级是否保持住了，四管评选先进职工。由于进行考核，经济责任明确，打破了以前那种升级靠"议"，发奖靠"评"的不合理做法。

1988 年，根据局指示又改按利润增长 1%，工资总额增长 0.75% 的利税增长和工资总额挂钩的办法。对基层企业根据实际情况，首先确定 1987 年的利润、工资总额基数、利润和工资总额增长比例，一经确定，三年不变，然后核定 1988 年的利润工资基数。从 1989 年 1 月开始执行新的"利润增长和工资增长挂钩"的办法，对基层企业增人不增工资，减人不减工资，这个办法打破了企业吃大锅饭的弊端。

为了充分调动企业经营者的积极性，区别经营者之间经营成果和贡献大小的差异，从 1988 年开始对基层企业拟定并实行了新的考核奖励办法和奖励晋级的规定。每季度考核一次，然后算出职务奖金的数额，这一方法的实施对促进生产的发展，各项指标的提高作用较大。

继 1983 年、1984 年两次浮动升级后，从 1985—1989 年全场又浮动升级四次，1985年贯彻京政发〔85〕158 号文件国家调资一次，都取得较好的效果（表 5-16）。

表 5-16　1982—1989 年全民企业收入统计表

年份	职工平均人数（人）	工资总额（万元）	年人均工资（元）	全员劳产率（元）	净利（万元）
1982	4462	398.5	893	6604	262.3
1983	4544	421.5	928	8882	426.5
1984	4584	548.6	1197	10698	490.0
1985	4781	756.7	1583	13268	601.3
1986	5034	841.9	1672	15495	662.6
1987	5181	973.8	1880	17475	812.0
1988	5752	1130.6	1966	20341	969.4
1989	5411	1288.7	2382	24951	964.8

国营企业 1978 年 22 个单位，职工年平均人数 4472 人，工资总额 219.7 万元，年人均工资 491 元，而 1989 年国营企业 45 个，职工年平均人数 5411 人，工资总额 1288.7 万元，比 1978 年增长 4.87 倍，年人均工资 2382 元，比 1978 年增长 3.85 倍；1978 年农村分配额 531 万元，人均分配 141 元，到 1989 年农村分配总额增到 4839 万元，人均分配 1363 元，分配总额和人均分配分别比 1978 年增长 8.1 倍和 8.7 倍（表 5-17，表 5-18）。

1986 年，农村公共积累 609 万元，比 1985 年增加 108 万元，增长了 21.5%。农村人均分配 979 元，比 1985 年增加 67 元，增长了 7.3%。国营企业工资总额增长 96.5 万元，职工人均所得增长 7%。

1990 年，国营企业职工年人均工资 2525 元，比 1989 年 2381.6 元增长 6%（1990 年国营企业职工年平均人数为 5376 人，1989 年为 5411 人，均不含农村分场职工数）。农民群众 1990 年人均分配 1406 元，比 1989 年 1363 元增长 3.1%。

1991 年，国营企业人均工资 2160 元，农村人均分配为 1565 元；1992 年，农场职工人均工资 3000.77 元；1993 年，职工人均收入 3725 元；1994 年，实现职工人均增资 1000元的指标，比上年增长 30%，农村劳均收入平均 3975 元，增长 50%；"八五"末期，农场职工年均收入是"七五"末期的 2.1 倍，农村人均分配是"七五"末期的 4 倍。

一直以来，农场对所属企业，实行以工效挂钩为原则的"工资总额预算制"，对全场工资分配实行宏观控制。各企业依据北京市劳动和社会保障局当年发布的"工资指导线"及相关规定，坚持"按劳分配、效率优先、兼顾公平"的原则，自主决定工资分配形式和分配水平。大多数企业都实行以岗位技能工资或效益工资为主体的分配方式，突出员工的岗位职责和工作业绩。

随着企业改制的深入，分配制度随之发生了新的变化，重点是探索和鼓励资本、技术、管理等生产要素参与分配，健全劳动、资本、技术、管理诸要素按其贡献取得报酬的分配机制。农场先后实行了干部年薪制股东分红制和技术成果奖励制等。同时，建立职工工资正常增长机制和支付保障机制，使收入向管理人员、科技人员和一线职工倾斜，并实现了职工平均年收入递增1000元以上的目标。

表5-17 1978—1989年职工收入增长情况

数量 项目 年份	国营企业个数 （个）	职工人数 （年平均）	工资总额 （万元）	年人均工资 （元）
1978	22	4472	219.7	491
1989	45	5411	1288.7	2382
1989比1978年增%	104	21	487	385
年平均递增%			17.4	15.4

表5-18 1978—1989年职工、农民收入增长情况

收入 项目 年份	纯收入 （万元）	分配额 （万元）	人均分配 （元）
1978	738.4	531.0	141.0
1989	7827.0	4839.0	1363.0
1989比1978年增%	959	811	867
平均年递增%	24.0	22.2	23.0

1998年，农场经历了场乡体制改革，农村部分全部归属区县管理。

2008年，双桥农场、永乐店农场和三元绿化合并后，双桥农场国有及国有控股企业全年劳动报酬总额2297.3万元，在岗职工工资2071.1万元，在岗职工年均工资28217元；2010年，双桥农场国有及国有控股企业全年劳动报酬总额3285.8万元，其中：在岗职工工资总额2881.2万元，在岗职工年均工资39851元；2015年，双桥农场国有及国有控股企业全年劳动报酬总额6601.8万元，在岗职工工资总额6035.5万元，在岗职工年平均工资85853元；2018年，双桥农场国有及国有控股企业全年劳动报酬总额8275万元，在职职工工资总额7598万元，在岗职工年均工资107328元。经济的大发展，带动双桥农场经济实力增强，职工收入大大提高，2018年双桥农场国有及国有控股企业全年劳动报酬分别比2008年增长了2.6倍和2.7倍；比2010年"十一五"末期增长1.5倍，比2015

年"十二五"末期增长 12.5%；2018 年双桥农场在岗职工工资总额分别比 2008 年增长 2.9 倍，比 2010 年"十一五"末期增长 2.8 倍，比 2015 年"十二五"末期增长了 13.5%；2018 年双桥农场在岗职工年均工资分别比 2008 年增长了 2.8 倍，比 2010 年"十一五"末期增长了 1.7 倍，比 2015 年"十二五"末期增长了 1.1 倍。十年来，双桥农场劳动报酬的增长与员工收入的提高极大鼓舞了企业和员工发展经济，努力工作的积极性和创造性。2013 年，双桥农场完善激励机制，提高职工待遇，启动了企业年金，为职工养老提供了更有利的保障。

第三节　福利保障

一、居民住房保障

1957 年，农场建成家属宿舍 990 平方米。

农场于 1971—1976 年在 5 号井家属区建平房，前后共计 5500 平方米，投资 44 万元，并兴建幼儿园一所，约 790 平方米。截至 1978 年，农场形成东大院、五号井等 11 个平房居住区。

1977—1983 年，农场为保障职工、农民的住房和文化，兴建福利设施。在 5 号井地区盖起首批居民楼共五栋，建筑面积 13000 平方米，耗资 260 万元；1980 年，农场五号井有两栋及两个单元三层家属楼交付使用，另有两栋四层楼业已破土动工。

1981 年，农场在六号井建起了 6 栋居民楼，解决了一些老职工住宅升级问题和新职工的住房问题。

1985 年 10 月，农场第一批有供暖设备、带卫生间的四栋四层家属楼竣工，老干部、老工人迁入新居。

1986 年，农场六号井新建居民楼 6 栋，建筑面积 16500 平方米，耗资 420 万元。

1988 年 10 月 16 日，农场下发《双桥农场住房制度改革方案》，住户按照住房面积缴纳抵押金，取得住房长期使用权并发放住房证。标准为平房每平方米 20～30 元；楼房每平方米 40～80 元。此后免交租金，以息抵租，持证人不得转租或转让。

1977—1989 年，有 522 户职工喜迁新居，解决了职工"住房难"的问题。到 1989 年底为止，企业职工人均住房面积已达 9 平方米。

1989—1999 年，农场以房改和集资建房等方式，先后在六号井和管庄地区，建起 20 多栋楼房，解决了五号井一、二区和六号井平房上楼问题，同时，出资 525 万元，解决了黏合剂二厂和长牛宿舍共 32 户的搬迁问题。

1999—2003 年，农场以自主开发的形式先后在 4 号区和 7 号区建起了 11 栋住宅楼和一栋商业楼，以优惠价位向职工出售。另外，农场自 1993 年开始，还陆续为六号井小区 8 栋楼房居民补办了房产证。2007 年，又及时为五号井 6 栋新楼办理了房产证。

2003 年，农场注资 3000 多万元对五号井平房进行改造；2005 年 4 月，启动拆迁，到 2006 年 11 月，205 户居民搬迁工作圆满完成。

截至 2009 年，全场共有住宅楼 49 栋，建筑面积 26.5 万多平方米，共有住户 4270 户。

二、其他设施建设

1977 年，农场出资 10 余万元，盖起了双桥地区第一栋楼房，将双桥职工医院乔迁新楼。楼房共三层，占地面积 11825 平方米，建筑面积 3877 平方米。

1980 年，农场投资 35 万元，对场部到猪队进行整修，使群众"行路难"的状况得以改变。

1985 年，农场集资 12 万元，建立煤气自管站，职工们不再为"换气难"发愁。

1986 年，场部耗资 100 万元，建起 2700 平方米、高五层雄伟的办公楼，改善了办公条件。

1988 年，农场又投资 100 万元为 5 号井的旧楼安装暖气，方便了居民生活。

1988 年，农场投资 17 万元，重新整修双桥医院，增添病床和医疗器械，为职工、农民群众有效地防治疾病，创造了优越条件。

1989 年 7 月，京郊最大的幼儿园正式交付，占地 4860 平方米，耗资 250 万元。主楼分三层，有 15 间教室和可容纳 500 张儿童床位的宿舍，16 个洗澡间，一个专门为婴幼儿健康服务的保健室，配备了儿童营养配餐室和食堂；园内有 500 平方米的活动场地，可供开展体育游艺活动。国家副主席王震和全国妇联名誉主席康克清都为这座幼儿园题写了园名。随着该园的落成，从根本上解决了婴幼儿"入托难"问题。

1989 年，农村农民的住房条件得到更为突出的改善，有 90% 以上的农户建起宽敞明亮的新房。被称为"社会主义新农村"的北双桥村兴建了儿童乐园，铺设了宽敞的马路，安装了路灯，还为全村每户人家都安上了太阳能热水器。

"七五"期间先后建成双桥文化宫、幼儿园、液化气自管站，以及 6 栋共 16500 平方米住宅楼等，修公路 2000 米，总投资 1320 万元，比"六五"期间的 401 万元增长

2.3 倍。

1996 年，农场拨出 45 万元对居民小区供水主干道进行改造，缓解用水高峰期水量严重不足的问题。

1997 年 8 月，农场及各单位筹资 120 万元，建成一座占地 6066.7 平方米、建筑面积 753 平方米的三层楼房，作为老干部活动中心。

1998 年，双桥居民小区建于 20 世纪 50 年代初，经过多年发展逐渐形成了占地 20 万平方米、建筑面积 15 万平方米的两处居民集居小区，已有 3700 户居民，2 万余人在此常住。供水、供电等设备、设施因长期使用已老化陈旧，远不能满足居民生活的需要。5 月 27 日下午，朝阳区区长李凤玲在双桥农场召开工作会，决定投资 90 万元（其中双桥农场自筹三分之一，区财政拨款三分之二）来改善居民供电、供水问题。

1999—2001 年，农场先后投资了 3000 多万元，改造了基础设施，而后，每年追加数千万元，对各小区及周边环境进行改造。

首先，农场打了两眼 300 米的深水井，解决水污染问题；新换了两台变压器，解决夏季因亏容而造成的停电问题；2000 年，农场筹资 200 多万元，与北京焦化厂联建管道煤气工程，使双桥地区所有居民及辖区单位用上管道天然气；农场投资建成了双桥供暖中心，结束了燃煤取暖的历史，取暖、做饭全部使用天然气；农场还先后建立了电视信号传播基站和移动通信基站，在新建小区内，引入电视光缆和宽带网，安装了电子监控设备等。

其次是修路。2000 年修整并加宽五号井小区道路；2001 年，展宽杨闸至农场的主干路——双桥东路和康城向南延伸的大东路。同年完成双桥中路、亿本北路和六号井小区路的整修、加宽工程，并全部安装路灯。

再次是绿化美化。农场对原有的树木加强了管理，已长成参天林木；农场自建五号井、六号井、温泉东里等多个小区公园；在马路两旁、小区院内和企业场区，种植大面积的草坪和鲜花；又与康城合作，建起了 300 亩地的康城郊野公园、高尔夫训练场、网球场及其他休闲娱乐场所。

第四节　劳动争议

企业劳动争议是指劳动关系当事人之间因劳动权利与义务发生的争执。

2001 年，总公司划归了三个牛场，拉走了 1326 头奶牛，留下了 206 名职工，这些职工因生产资料的转移而失去了赖以生存的劳动岗位。农场出台了一系列倾斜于职工利益的优惠政策：除正常退休外，放宽内退年龄；调离农场给予奖励；剩余职工一律实行无固定期合同，暂时放假等待安排工作，放假期间，由农场按时发放原工资，并逐年增长。农场用了三年时间，全部安排完职工就业，三年共发放工资 600 多万元。

在劳动关系的协调上，农场对弱势群体给予了特别的关照，20 世纪 80 年代遗留下 100 多名退休社员工，因将本人招工指标让给其子女而失去了国家退休费待遇。这部分退休职工长期上访，最终农场给他们解决了养老费问题。2007 年，农场、立时达药业、大秦物流公司、桥联物业公司均被评为"北京市和谐劳动关系单位"。

2008—2018 年，为避免劳动争议的产生，双桥农场相继出台一些规章制度，并在劳动用工制度、人事制度和分配制度上进行了探索和改革，力求做到公平、公正、合理。十余年间，双桥农场就避免劳动争议和解决劳动争议制定了一些相关的政策规定。在这些政策规定中，明确了企业人力资源部，工会和信访办公室是劳动纠纷争议的处理归口管理部门，明确及时处理，着重调解；在查清事实的基础上，依法公正处理，兼顾职工和企业的合法权益，在适用法律上遵循一律平等三项原则；明确了解决争议的三条措施：①对劳动纠纷来访或来电人员对其提出的咨询投诉问题，归口管理部门，能当场解决的，要当场解决；②不能当场解决的，应当引导当事人向由职工代表和企业代表组成的劳动争议调解委员会提出书面申请进行协商调解，并上报双桥农场领导和上级有关部门；③不愿协商或者协商不成、调解不成的，应当建议来访人员向有管辖权的劳动争议仲裁委员会申请仲裁；对仲裁裁决不服的，可以向当地人民法院提起诉讼。本着双桥农场制定的劳动争议解决的原则、措施、办法，双桥农场 2008 年解决了黑龙江天龙公司刘晓群 5 人上访事件，解除了与原凯恒厂刘敬平的劳动关系；同年双桥农场与所属企业接待来访者 70 多人次，所有争议案件企业均已胜诉。

2010 年，双桥农场解决了所属企业因社员工退休引发的劳动争议，最终在集团公司的协助下，以企业胜诉告终；通过与劳动局的积极沟通，同年 2 月为所属企业员工解决陈旧性工伤问题，使该伤残职工获得了工伤津贴，护理费 4 万元；经与属地劳动局协调沟通，帮助所属企业解决了另一起陈旧性工伤问题，为这名陈旧性工伤职工办理了工伤证并申请了安装义肢及伤残护理费，从而使伤残职工和家属在精神上得到了安慰，物质上得到了补偿。2010 年共接待来访者 60 余人次。

到 2015 年（"十二五"末期），双桥农场解决了员工在劳动争议中最为突出的工资偏低问题，特别是一线员工收入偏低问题。"十二五"时期的 2012 年，针对员工工资偏低，特别是一线员工收入低的问题，张保华总经理在双桥农场年度工作会上要求所属企业要完善激励机制，提高职工待遇。同年公司所属企业全部给员工涨了工资，稳定了员工队伍，确保了企业健康稳定经营。"十二五"末期累计接待来访者 350 人次，妥善处理了企业因劳动争议引发的矛盾和问题，化解了企业与员工之间的情感障碍。到 2018 年（"十三五"第三年），双桥农场主要解决的劳动争议问题是企业退休员工在办理手续时出现的工龄及养老缴费等问题，在此时期间共为 90 多人次开出各类证明，接待各类来电、来访者 160 多人次。上述问题的解决，将各类矛盾化解在基层，维护了企业的和谐稳定，为企业发展营造了良好的发展环境。

第六章 企业安全管理

企业安全是双桥农场常抓不懈的重要工作。一直以来，双桥农场在抓经济发展的同时，丝毫没有放松安全与稳定工作。安全生产是企业推进改革发展的重要保障，也是坚持以人为本，构建和谐社会的重要内容。2008年，新的双桥农场成立后，始终坚持"安全第一、预防为主、综合治理"的工作方针，弘扬安全文化发展，坚持推进安全标准化管理，深入开展"安全生产月"和"三级安全教育"活动，积极探索和构建长效安全管理机制。十余年来，双桥农场在企业安全生产工作方面抓了以下工作：

一、坚持完善企业安全管理体系，落实各级安全责任

2005年，农场制定了安全生产综合考核办法和重大伤亡事故惩罚办法。各级企业的主要领导，作为安全生产第一责任人，每年年初与农场签订安全生产责任书，年底以"两个强化"和"四个百分百"为重点，进行综合考核，实行一票否决，并与干部年薪制挂钩。

双桥农场持续建立健全安全管理体系，要求稳定安全管理队伍，进一步加强安委会建设，配齐专兼职安全管理人员，并及时更新和确定"五项安全管理组织机构"，完成各项动态安全管理基础的统计工作。进一步完善安全管理制度的同时，积极落实安全管理"党政同责、一岗双责"和安全责任制，加强各级安全管理人员的安全意识，每年与所属单位签订《安全稳定目标责任书》《防汛抗旱责任书》《预防煤气中毒安全责任书》《重点地区烟花爆竹安全管理工作责任书》等年度及专项责任书，做到安全责任层层分解与落实。

2018年10月，双桥农场在原有安全制度的基础上修订发布了《安全生产管理办法》，这部管理办法共七章三十三条。保障安全生产工作有法可依、有法必依，为推进双桥农场经济快速稳定发展起到重要的作用。

二、持续做好《安全标准化》推行、落实工作

为贯彻国家安全生产法律法规，落实安全生产责任制，夯实安全生产基础，全面提

升企业的安全管理水平，达到安全管理系统化、规范化、制度化的工作要求。2005年9月26日，农场制定的《安全管理标准》颁布实施；双桥农场自2008年开始推进《安全标准化》认证工作，结合企业发展行业领域的特点，进一步发挥《安全标准化》作用，陆续组织召开针对《安全标准化》专题研讨会，"十二五"期间的2011年双桥农场又以红头文件发《关于开展安全标准化活动的实施方案〔2011〕5号》的形式，要求在全公司范围内推进安全标准化管理；2013年，双桥农场所属19家企业完成了《安全标准化》三级认证，其中桥联物业、三元绿化分别于2015年、2018年完成了《安全标准化》二级达标认证工作；2016年是双桥农场《安全标准化》复审年，所有达标企业均参加并完成了复审工作；2018年是（"十三五"第三年）关键之年，双桥农场拥有法人照单位26家，涉及物产物流、房地产开发、机械制造、建材、制药、绿化工程和文化创意产业等七大行业，其中80%的单位涉及安全管理难度较大的房屋，土地出租问题，双桥农场坚持抓好《安全标准化》工作，所属企业逐步完成《安全标准化》复审工作，进一步落实了安全生产标准化工作，确保了双桥农场安全管理水平持续推向新高度。

三、持续抓好安全教育培训工作

为了规范安全生产工作，进一步加强安全生产管理，提高全员安全意识和安全素质，每年双桥农场都要以多种形式对员工、特种作业人员、安全管理人员进行培训，学习宣传《安全生产法》《北京市安全生产条例》《道路交通安全法》《消防法》，组织"安康杯"知识竞赛，消防演习等。1989年10—12月，双桥农村办事处在农村组织开展了交通安全百日竞赛活动；

2005年，农场政工科、工会、企管科，联合向全场职工发出"创和谐、促发展，抓安全、保平安"的倡议书。举办了以"抓安全从我做起，保平安人人有责"为主题的"千名职工传递签名"仪式，使职工增强安全意识，做到防患于未然。2008年7月，农场举办"双桥杯"安全知识竞赛。

"十二五"期间，农场通过推广安全培训讲师团活动，开展了多次安全教育培训活动，广泛提高员工整体安全意识。进入"十三五"时期，双桥农场更新和明确五项安全管理组织机构，深入开展"安全生产月"、高端安全论坛。三级安全教育等活动。到2018年，双桥农场安全标准化工作迈出入常态化阶段，安全教育、培训和宣传工作已步入制度化、经常化轨道，2018年底，双桥农场各种安全知识的培训教育累计达到117次，受教育员工达到 3908 人次，安全教育深入人心，员工的安全意识明显增强，有力地保障了双桥农场经济健康安全运行。

四、持续抓好安全月活动

双桥农场每年 5 月末，都要召开安全生产月活动布置会，传达集团公司有关会议精神，发布《安全生产月活动方案》，成立活动组织机构，并在 6 月份举办"安全生产月"活动启动仪式。在活动中双桥农场自始至终都坚持活动与实战结合、不搞形式、不搞花架子、立足演练与实战融合，做到安全培训、应急疏散演练都深入人心，达到培训效果。大力提高职工的安全素养，不断深化安全生产执法和隐患治理行动，进一步强化各项预防措施。同时，在"安全生产月"中开展拉网式安全大检查，对检查中发现的安全隐患进行限时督促整改，确保隐患排查落到实处，有效防范和坚决遏制重版特大事故发生。

五、持续抓好各种形式的安全检查和隐患治理

为了杜绝安全事故，各级领导及有关部门做到未雨绸缪，扎扎实实地做好基础工作。按照劳动保护条例，使有毒有害生产的防护、车间的通风设施、施工的安全措施等全部到位；对设备、机械等物品的安全状态进行经常检查、维修；消防器材、防盗装置、监视系统和报警器等全部配齐。

双桥农场安全生产工作坚持企业自查、双桥农场巡查、抽查和联合检查。安全检查做到"三必须"，即每月必须自查、隐患必须按时完成整改、检查必须要有记录。为了检查督促各所属企业做好安全工作，双桥农场安保部门以季度检查验收形式，对各企业不同时期的重点安全工作进行督促和考评。2008—2018 年，双桥农场共计进行安全检查 499 次，发现并整改隐患 1784 处，多部门联合完成了路达废品收购站的清退和乳品一厂设备搬迁与液氨清理工作，大大降低了安全风险，有力地保障了双桥农场生产经营的健康有序发展，做到了重大活动、节假日期间零事故。

六、持续抓好特殊安全管理

一是国家的重大事项、重大节日的安全工作。2008 年，奥运会期间，农场加强了值班制度，各级领导坚守岗位，值班人员昼夜不间断。为了支持奥运会，农场抽调了 87 名

志愿者，为奥运会的安全尽职尽责；根据每年元旦、春节、国家两会、夏季防汛、冬季容易煤气中毒的消防要求和消防工作的特点，双桥农场把这些作为安全防范工作的重点，每逢这些时期，双桥农场安保部门都召开专项工作会，下发安全稳定通知、安全活动方案与应急预案。二是对企业的生产、技术、设计、运输等重要行业和关键环节进行特殊安全管理，建立严格的安全制度，随时检查。三是对特种作业人员，如：司炉工、压力容器操作工、电工、起重机驾驶员、金属焊接工、登高架设工和机动车驾驶员等，定期进行岗位安全培训、考核，取得操作证，方准独立作业。四是对易燃易爆、剧毒等危险物品的存放进行特殊管理。对存放地点、防护措施、管理人员进行随时检查。五是对现金、支票等贵重物品和技术配方、生产工艺等商业秘密文件，全部采取安装"三铁一器"等技防措施。六是对单位食堂、幼儿园、餐饮店及单位出租房屋等关键场所，进行严密监管，必须符合卫生防疫要求和安全防护要求。严防火灾、食物中毒、煤气中毒等意外伤害发生。

表 5-19　双桥农场获得安全奖项

时间	奖项
1991 年 3 月	市总工会"安全合格班组达标活动优秀组织单位"
2009 年	朝阳区"新中国成立 60 周年国庆安保工作先进单位"
2013 年 1 月	北京市 2012 年度"交通安全先进单位"
2015 年 1 月	北京市 2014 年度"交通安全先进单位"
2016 年 1 月	朝阳区 2015 年度"安全生产管理先进单位"
2017 年 1 月	朝阳区 2016 年度"交通安全先进单位"
2018 年 1 月	朝阳区 2017 年度"交通安全先进单位"
2018 年 11 月	北京市第二届首都环境保护奖"首都环境保护先进集体"
2019 年 2 月	首农食品集团 2018 年度"安全生产先进单位"

第七章　产品（工程）质量管理

长期经济发展的实践使双桥农场认识到，质量是企业的生命。根据市场经济发展的需要与要求，双桥农场下大气力狠抓工程质量与产品质量的管理，加大质量体系认证工作的力度，积极提升企业工程质量与产品质量。1991年7月，双桥农场奶牛配合饲料厂全面质量管理工作获得农业部颁发的"质量管理奖"

一、ISO 9000、ISO 9001、ISO 9002 认证

胜利建材于1998年8月，通过了ISO 9002验证和质量体系认证，2002年通过了ISO 1400环境管理体系认证。2003年，桥联物业通过了ISO 9001：2000版的认证，并顺利通过了复审。2006年，长城磁件厂电子通风产品通过了ISO 9000质量体系认证。

三元绿化多年来，围绕提升管理质量，创建精品业绩，精心打造"三元绿化优质品牌"。2001年12月三元绿化顺利通过职业健康安全管理体系G13/T 28001—2001、环境管理体系GB/T 24001—2004 idt ISO 14001：2004、质量管理体系GB/T 19001—2000 idt ISO 9001：2000，三体系的认证工作，提升了企业经营管理水平。双桥公司坚持在项目中创建精品工程，每年都有1~2个项目被北京市园林局评为北京市优质工程。在连续三年被评为诚信企业之后，双桥公司又获得2012年北京市园林绿化局和北京市园林绿化企业协会颁发的"北京市园林绿化协会"行业AAAA级诚信企证书，并连续多年获得此项荣誉。2014年7月，双桥公司被评为北京市园林绿化有优秀企业。

二、GMP 认证

（一）兽药

立时达的兽药生产从原料采购、生产、整个过程都有一套完整的体系。2003年底，立时达药业全面通过了GMP认证；2008年1月，又以94.8的高分顺利通过全公司6条生产线，8个剂型的GMP的复检验收；2013年4月，以96.6分的高分值顺利通过了5年

1 次的 GMP 复检验收；2015—2017 年，立时达被农业和农林部列为地方省所免抽检单位；2016—2018 年，中国兽药药品监察所和全国各省市兽药监察所抽检立时达药品共计 310 余批次，抽检结果均为合格。

由于立时达注重产品质量的管理，被国家第二届中国畜牧业品牌发展大会授予"畜牧业影响力品牌"奖，同时被北京兽药也行业协会接纳为"北京兽药行业协会常务理事单位"。2018 年，立时达药业又被北京市科学技术委员会等四部门联合授予"高新技术企业"并颁发证书。

（二）民药

太洋药业是生产民药的企业，发展过程中始终把药品的经营管理作为企业发展的大事来抓。太洋药业自 2001 年至 2004 年初，全面通过了 GMP 认证；2004 年 10 月，通过了欧洲 COS 认证；2006 年 1 月至 2008 年 11 月，又完成了全部复认证；2009 年，顺利通过了美国 FDA 检察官的检查。2015 年，完成了新版 GMD 的认证，并严格按照新版 GMD 生产要求，尽快完成主要药品品种的一致性评价工作。2010 年，获中国制药行业社会责任论坛组委会颁发的（2009 年中国制药企业社会责任）孺子牛奖。2018 年，太洋药业在售产品全部通过 GMP 认证或美国 FDA 相关认证。太洋药业从 2010 年开始连续 6 年获"中关村高新技术企业证书"。

第八章　行政管理

双桥农场的行政管理工作涉及法务、信访、文书、档案、会务、组织协调、信息化管理及后期工作。多年来这些工作在配合双桥农场经济发展中做出很大成绩。

1951年，作为机耕学校实习农场，农场各项工作已走上了正轨，建立、健全了各项检查、会议、汇报制度，主要包括以下四项。

①检查制度：对各队、室工作，每月定期检查一次，辅以平时不定期检查。

②会议制度：有全场职工大会、农场管理委员会、场务会、队务会、生活检讨会等。农场管理委员会除正、副场长、工会主席参加外，还选出工人代表参加。

③汇报制度：建立自下而上的定期的、口头的、书面的汇报制度。

④请假制度：建立全体员工的请假制度。

1999年，农场根据场乡体制改革后的形势和农场的重大事项、重要工作，制定了《双桥农场规章制度汇编》，包括：《领导工作暂行规则》《投资项目管理暂行规定》《内部审计制度》《国有土地管理及开发暂行规定》《基层上缴管理费规定》《干部使用和管理制度》等共12项规章制度。

2006年，农场根据集团公司下发的33个文件精神，在1999年制度汇编的基础上，又制定和重申了35项规章制度。2006年的制度突出了加强企业内部管理，特别是对资源、资产和资金的管理，例如，房屋、土地、建设项目、大额投资等，对原有的规定做了修订和细化。根据需要又制定了一些新规定，填补了农场制度上的空白，使之趋于完善。为了将制度落到实处，农场还成立了投资评审委员会"国有资产管理小组""企业干部考核委员会""劳动争议协调委员会"和"职工福利委员会"等专门落实机构。制度下发后，对制度的落实情况随时检查，并列入企业干部考核范围。

2018年，这些工作全部纳入了双桥农场管理制度范畴，做出了明确的规定与要求，保障了行政管理工作落实到位。

第一节　法务工作

法务工作是经济转型、企业发展的必然产物。农场作为一个老国企，曾经管理体制滞后，债务负担严重，再加上诸多的历史遗留问题，在市场竞争中，不可避免地会出现一些诉讼案件，给企业经济发展和社会稳定带来了一定的影响。

1994年，农场成立了双桥律师事务所，利用法律，解决了许多历史遗留问题，追回了农场多年的债权，收回了农场多宗宝贵的土地资源。2006年，农场根据国资委《国有企业法律顾问管理办法》和集团公司《法律顾问制度试点方案》的精神，结合农场实际，制定下发了《双桥农场企业法律顾问管理办法》，并在全场各级企业，普遍推行了法律顾问制度。

2014年8月，双桥农场法务部成立。运行五年来，法务部紧紧围绕年初制定的目标和任务，在分管领导的具体指导下，积极有效地开展法务工作，力求做到事前防范、事中控制、事后应对，切实维护双桥农场的合法权益。

一、完善组织机构，夯实工作根基

法务部成立后，积极与集团公司法务部及双桥农场法律顾问对接，并要求双桥农场所属企业确定法务工作联系人。同年，各所属二级企业都根据企业自身情况成立了相关部门负责法务工作，没成立法务部门的单位较小，也都聘任专职律师，具体负责本单位的法务工作。至此，双桥农场及所属二级企业都做到法务工作有专人去干，形成上下网络健全，齐抓共管的格局。完善的组织建设，为推进依法治企打下良好基础。

二、完善制度建设，严把合同审核关卡

多年来，法务部坚持从三个方面严格做好合同审核工作，完善合同审批流程，加强对各个环节的管理。一是在合同草拟与审查方面，严格审查合同对方的主体资格，合同内容文字是否严谨，合同条款是否公平等，并建议承办部门在合同签署过程中加强对合同商务风险的评估工作；二是在合同履行方面，法务部紧密配合合同承办部门履行合同约定义务，跟进合同每个环节的履行，以免在合同履行过程中产生法律问题；三是注重合同的存档工作，法务部对合同进行实时梳理，录入合同电子台账，并对纸质合同进行统一归档，仅2016年，法务部草拟审查合同就达90份。

三、主动出击，控制双桥农场经营风险

主动出击体现在两个方面：一是随着双桥农场发展的多元化，日常经营管理涉及的法律事务逐渐增多，法务部顺应重大事项的需要，在主管领导的带领下，积极参与企业规章制度建立，参与重大经济活动和重大经营决策，主动配合业务承办部门，主动发挥企业法务效用。二是为重大项目提供法律支持。根据双桥农场经济发展的需要，法务部全程参与双桥农场重大项目的调研、论证、谈判和实施，参与木材厂项目、精准农业项目、铜牛项目、秀酷项目、上海城开项目、远景国际学校项目、极赋体育项目、阜外健康项目、英狮体育项目等的各类协议和审核，针对《合作框架协议》《房屋租赁协议》等紧密配合承办部门开展合同洽谈、修改工作，对公司与其他公司成立的项目公司的《公司章程》等进行修改，为双桥农场经济安全发展保驾护航。法务部从成立到 2018 年，参与重大项目洽谈、重大合同谈判 15 次。

四、强化合同规范，健全管理机制

法务工作明确以合同管理为主线，做到合同文本标准化、合同评审程序化、合同执行合法化，积极构筑合同风险防范机制。截至 2018 年底，由法务部拟定、审核、修改的合同及协议数量达到 80 多份，涉及土地租赁、拆迁补偿、评估、咨询、工程、财务等十多个方面。在合同审批方面，法务部专门制定了《合同审核单》，《合同审核单》由具体部门承办、多部门会签，促使经济协议与经济合作更加严密，监督性更强，履行合同义务更富有责任性，避免了失误与缺陷，使经济工作进入规范化和法制化的发展轨道。

在完善管理机制的同时，法务部还从企业自身特点出发，建立符合自身发展的规章管理制度，到 2018 年法务部已为双桥农场拟定了六项管理制度法规，包括《合同管理法》《重大法律纠纷案件管理办法》《法律事务审核管理办法》《外聘律师管理办法》《控股公司管理办法》《企业法律顾问实施细则》，有效地保障了双桥农场经济发展的平稳运行。

五、加大依法维权力度，妥善处理法律纠纷案件

法务部与外聘律师间保持长期稳定的合作关系，依法维护双桥农场的各项权益。自法务部成立至 2018 年底共处理纠纷案件 25 起，其中双桥农场本部纠纷案件 6 起，基层企业

处理解决纠纷案件 19 起。所有案件的处理不仅为企业挽回了经济损失，而且也保证了企业经济及各项工作又好又快的发展。

六、提升专业素质，加强队伍建设

面对错综复杂的经济形势和经济发展中的各种纠纷，法务部加强法律专业系统理论的学习，除积极参加集团公司组织的专业培训外，还为法务部工作人员购置专业书籍加强自学，不断提升双桥农场法务工作者的专业知识水平和工作能力。2017 年，1 人申报公司律师资格（待批），1 人已取得助理法律顾问资格。

七、组织抓好"12·4"宪法日系列宣传活动

"十三五"期间，法务部在每年 12 月 4 日积极抓好"宪法日"宣传工作。2018 年 11 月 26 日，双桥农场制定了《北京市双桥农场有限公司"12·4"国家宪法日系列宣传活动方案》，以"尊崇宪法、学习宪法、遵守宪法、维护宪法、运用宪法"为主题，组织机关部室、二级企业集中开展系列宣传活动。通过中心组学习会、发放宪法读本、张贴宣传挂图、报纸及公众号多渠道开展宪法宣传活动，普及法律知识，弘扬宪法精神，营造自上而下学习宪法、宣传宪法的良好氛围，切实提高了双桥农场全员职工的法律意识。

第二节　信　访

信访工作是为查处违纪案件提供线索，做到信息反馈的主要渠道。从 1985 年开始，农场建立了分级分口处理群众来信来访的制度，1987 年又建立每周两次接待来访的制度。

1989 年 8 月"两高通告"发布后，信访增加，1989 年共收到来信 104 件，比历年增加两倍。除 17 件直投农场外，其余均为区、局下转信件，要结果 12 件，结案率 100%。

场乡体制改革后，原双桥农场体制发生了本质的变化，双桥农场成为隶属市委、市政府、市国资委领导下的国有企业。随着改革的逐步深化和社会主义市场经济的快速发展，我国最基本的社会矛盾发生了变化，信访工作重点向着解决深化改革以及探索高质量发展道路中出现的一系列问题的方向转化。

2008—2018 年，职工群众反映较强烈的问题有腾退问题、劳动关系纠纷问题等。由于疏解"非首都功能"进行供给侧结构改革，致使原来出租老旧厂房的经营者出现退租现

象，腾退事件屡屡发生，引发的腾退问题导致职工群众上访现象增多，信访案件处理难度加大。

一、信访制度

双桥农场党委、领导班子高度重视信访工作，深刻认识到信访工作是党和政府联系人民群众的纽带和桥梁，为此根据《北京市国有企（事）业单位信访工作办法（试行）》及北集团公司相关文件精神，制定了《北京市双桥农场有限公司信访工作管理办法》。办法明确规定：企业建立"党委统一领导，党政齐抓共管，部门各负其责，主管部门协调督查"的工作机制。根据需要，设置信访工作专（兼）职工作人员。《信访工作管理办法》还就信访工作职责、信访工作领导责任制、信访事项（案件）的处理等做了明确的规定。有了制度的保证，企业建立了信访工作机制，成立了信访工作领导小组，落实了信访工作责任制。

二、案件处理

在信访案件的处理中，双桥农场信访部门本着以人为本的原则，及时、高效、快捷地处理人民内部矛盾问题。根据《信访工作管理办法》，2008—2018年共处理信访案件23件，信访量120人次。在案件处理中，信访工作坚持做到：①按照分级负责的原则，处理好各自承办的信访事项，当案件中涉及两个以上企业时，主要负责方主动与有关方面协商，相互配合处理。②企业信访部门或工作人员对受理的来信来访及时回应及时登记，弄清问题性质，提出处理意见，上报相关领导，并在规定时间内答复；对上报单位或领导批办的信访事项，根据批示要求进行调查核对，并在规定时间内上报处理结果或情况说明。

第三节 档 案

双桥农场贯彻国家有关档案工作的法律法规和政策，投入大量财力改善档案建设条件，逐步形成一整套的档案管理制度，使双桥农场档案管理工作持续健康发展。截至2018年底，拥有综合档案室1个，已存永久卷档案1898卷，长期档案7971卷，短期档案6759卷。

一、档案管理

2006年，双桥农场制定了《双桥农场档案工作管理办法》，将档案工作纳入双桥农场发展规划和工作计划中，对现存档案进行了系统的整理分类，确保档案的完整、准确、系统和安全。

2008年，在新的双桥农场成立后，档案工作开始逐步走向规范化轨道，建立健全了档案工作规章制度。重点是建立健全了文件的起草、拟办、承办、核稿、传阅、立卷、归档等各项管理制度。2008年至2018年期间，共归档立卷730卷册，其中：永久27卷册，长期604卷册，短期99卷册。

档案收集工作于每年4月底开始运作，将上一年形成的属于归档范畴的文件材料，如涉及党建工作、土地开发、房屋产权、企业改制、重大投资等重要文件材料按要求整理立卷后，移交档案室集中管理。文书类档案利用时按《公司档案查找借阅登记表》规定进行登记。

为提高档案管理人员的业务水平，2017年5月，双桥农场选送1名档案工作人员参加北京市档案人员专业知识培训。通过对《档案法》的贯彻落实，提高档案工作的重要地位，为档案工作人员创造了良好的工作条件，解决了以前多年没有解决的问题，实现了档案工作管理标准化、规范化，理顺了档案工作关系，使双桥农场档案工作水平有了明显的提升。

二、档案利用

双桥农场档案工作紧紧围绕党建工作、经济建设积极开展各项服务，编写专题材料，变被动为主动，充分发挥档案历史凭证和信息资源作用，为双桥农场经济发展做出了重要贡献。2008年至2018年，共归档730卷，利用档案13378次，档案逐渐成为服务甚至激发经济效益与社会效益不可或缺的力量。如常营乡政府编写史志，到双桥农场查阅相关档案时，经过认真筛查，最终提供了大量历史档案，顺利完成了常营乡政府史志查阅工作，并收到来自常营乡政府赠送的"敬业高效，热情服务"的锦旗。

第九章　社会责任

第一节　爱心捐赠

1998年7月下旬以来，长江全流域发生特大洪水，灾情牵动全国人民的心。双桥农场6万人捐款捐物达287.41万元，北京市兽药厂由农业部统一调配，无偿捐献3.5万瓶消毒剂，紧急运往洪水灾区。在中央电视台《我们万众一心——1998抗洪赈灾大型义演》晚会上，双桥农场三间房分场捐款20万元。

2004年12月26日，农场职工为印度洋海啸沿岸多个国家遭受罕见灾难捐款，共1351人捐款48396.12元。

2005年12月19日，农场向广西、安徽受灾地区及贫困地区捐赠御寒物品，共1104人捐赠2244件。

2008年"5·12"地震发生后，双桥农场为灾区捐款捐物共计59.5万元，捐助药品价值42.1万元。全体党员并积极主动的交纳特殊党费，共计13.8万元，其中，捐款千元以上有47人。

青海玉树地区发生强地震后，双桥公司号召全体员工响应号召，踊跃捐款，奉献爱心，1258人共捐款4.92万元。

第二节　疏解整治促提升

一、疏解整治情况

2014年以来，双桥农场疏解拆除腾退建筑物共计194296.76平方米，具体如下。

2014年4月，对北京双桥路达再生物资回收中心进行疏解，该中心占地面积46666平方米，建筑面积5559.97平方米，该企业在租赁场地后不断进行私搭乱建，形成"小散乱"企业近30家，日常相关从业人员约200人，

2015年4月，对位于朝阳区双桥六号井小区的中天市场进行疏解，该市场占地面积

12000 平方米，建筑面积 8142.3 平方米，小商户约 50 家，日常相关从业人员约 300 人。

2016 年 2 月，根据北京市、朝阳区政府有关南水北调通州支线工程建设、萧太后河整治会议精神，公司对萧太后河沿岸地块进行了环境整治和综合治理，对萧太后河沿岸地块的仓储物流、木材加工销售、食品加工和渔具销售等各类 79 家承租企业和租户进行了清退，疏解相关从业人员约 700 人。拆除建筑（含附属物）总面积 111164.19 平方米，其中有证房屋面积 11395.3 平方米。为萧太后河滨水绿色文化休闲廊道景观建设贡献近千亩土地。

2016 年，为配合南水北调通州支线工程建设，公司拆除建筑（含附属物）总面积 36464.37 平方米。

2016 年，为广渠路二期项目在未获得补偿的前提下，主动拆除腾退双桥中路（现广渠路）沿线多处国有土地共计 115 亩，拆除房屋建筑物共计 39718.69 平方米，其中有证房屋 17718.69 平方米。

2016 年 11 月 26 日，中共北京市委书记郭金龙等市领导到朝阳区萧太后河参加劳动，其间对首农集团及双桥农场在萧太后河整治以及非首都功能疏解过程中的重要贡献和示范带头作用给予充分肯定，这是继在南郊农场调研城乡接合部综合整治工作后，郭金龙第二次点名表扬首农集团非首都功能疏解工作。

2017 年 3 月，按照疏解腾退、留白增绿的精神，对常营牛场地块 53360 平方米（约 80 亩）范围内的违法建设进行整治，拆除房屋面积 22000 平方米，关停企业 6 家，疏解人员 200 余人。

二、转型升级"腾笼换鸟"情况

双桥农场启动"文化双桥"发展战略，对老旧厂房、工业遗存采取因地制宜、各取其长、高效盘活的方式进行改造利用、重塑升级、"腾笼换鸟"，建设第九区影视产业园、新媒体产业园、国际音乐产业基地、文化体育公园等，努力建设"美丽首农"。

1. **塞隆文创园** 塞隆国际文化创意园占地 46620 平方米，建筑面积 24000 平方米，独有 46 座筒仓，另有两条 400 多米长的铁路线保存完整。该园区前身为胜利建材水泥库，主要用于散装水泥储运和销售。为北京市建筑工程的水泥供应做出突出贡献，后因该厂区严重影响周边环境，农场在此基础上将其改造成塞隆文创园。截至 2020 年，园区已有 80 余家文化企业、3 家上市企业入驻先后获得"最具文化特色产业园区奖""最具发展潜力园区奖"等奖项。

2. E9 创新工场以及第九区影视基地 因集团公司结构调整，原三元乳品一厂迁址，公司与合作伙伴将该厂区改造为"文化＋科技"融合发展的 E9 区创新工场，致力于打造北京规模居前、产业结构高精尖、最具前瞻性和创新性的产业融合创新型示范区，截至 2020 年，项目仍在建设中。

原为京华纺织厂退出后，公司与相关合作伙伴利用该厂区剩余场地，正打造以影视文化产业为主导的影视基地。

3. 常营体育公园 为响应疏解整治促提升的精神，公司计划利用常营牛场腾退出的 80 亩土地，建设体育公园，从而优化周边环境。截至 2020 年，该项目尚在前期规划阶段。

第三节 "两个文明"建设

"两个文明"是指物质文明和精神文明。精神文明建设以共产主义思想为核心，以发扬爱国主义为主题，以提高人民的思想道德素质为目的。

饲料加工厂从 1987 年至 1989 年连续三年评为双桥农场"双文明建设单位""绿化先进单位"。黑庄户配件厂从 1987 年开始连续三年被评为"市级双文明单位"。

1991 年，双桥农村办事处曾被评为"北京市计划生育先进单位"；双桥农场被评为"北京市绿化红旗单位"；双桥红十字会被评为"市先进单位"；双桥综合治理委员会被评为"首都社会治安综合治理先进单位"；农场工会被评为"模范职工之家"；双桥农场被评为"北京市保密工作先进单位"。

1997 年 1 月，双桥药业公司被授予"1996 年度首都文明单位"。三间房乡北双桥村、裙褴坡村被授予"1996 年度首都文明村"。北京市兽药厂、燕京医药公司、常营乡佬食品公司被授予"1996 年度朝阳区文明单位"。

一、交通设施

自建场以来，双桥地区由于有路无公交车，交通比较闭塞，给本地区经济发展、居民生活和出行带来诸多不便。1991 年春，双桥农场与北京市公共汽车公司、公共汽车五厂多次协商，终达共识。

1991 年 3 月 22 日，双桥地区办事处主任陈德茂、场长助理张子禄、行政科长徐建忠、场长办公室负责人及六〇二院、农垦物资公司、解放军干部管理培训中心、北京市木材防腐厂、北京啤酒厂、北京市制药一分场、北京市农机物资公司双桥库、北京水磨石厂等单位在农场召开了 382 路公交线集资共建会议。农场利用科技站种子晾晒场地 20 亩，修建了 6600 平方米的停车场，将场区内 1000 多米长、6 米宽的道路拓宽到 8 米，铺设柏油路面，安装路灯。同时，农场还为公汽五厂兴建司、售人员宿舍楼提供了 8000 平方米建设用地。同年 9 月 27 日，382 路正式通车了。

2002 年 3 月，农场与康城和黑庄户乡政府合作，引进了巴士公司 731 路公交车，这条线路由康城南站一直到海淀区厢白旗桥站，全程 40 多公里，贯穿北京的东南和西北。后来，又将黑庄户至农场的 397 路公交，延长至四惠站，与地铁八通线、1 号线衔接；2008 年新添 532 路，自康城至杨闸北站，与快速公交和地铁八通线相接；2009 年 8 月，按照市政府的规定，由于 382 线路重叠而被取消，进而被 342 路取代，自农场至通州武夷花园，填补了农场不能直通通州的空白。

至此，双桥地区共有公交线路 4 条，发车间隔 5～10 分钟。缩短了农场与市中心的距离，由农场到国贸，乘公交车需要半小时，乘地铁需 20 分钟，自驾车只需一刻钟。

二、民政工作

1986 年 6 月 6 日，双桥残疾人协会成立，杨春测当选名誉会长，果秀玲任会长。

改革开放以来，农场各农村分场建立了十八家福利厂，使全场 260 多名残疾人基本得到妥善安置。首都近郊最大的回民居住区——常营分场投资 20 万元，重新建立了敬老院。1989 年初，老人们喜迁新居。

1990 年，全场已发展残疾人福利工厂 21 家，组织残疾人 288 人就业，其中豆各庄乡紫金肉食厂被评为市一流福利企业。殡葬改革进展良好，黑庄户、豆各庄、三间房、管庄 4 个乡火化率均达 100％。

农场妇联自 1990 年起已建立了妇女三级信访网，切实帮助解决一些实际问题，加强了对广大妇女进行"四有、四自"教育（有理想、有道德、有文化、有纪律；自尊、自信、自立、自强），使广大妇女真正成为"两个文明"建设的一支主力军。

民政工作重点抓好以敬老院为依托的五保服务中心，使老有所养这一党的基本政策得到充分体现。敬老院全面推行院长负责制和服务承包制，1991 年 6 月 13 日，豆各庄敬老院建筑面积 1300 平方米，投资 80 万元，建成后就有 17 名孤寡、残病老人进住。福利工厂为不少残疾人创造了就业机会和条件。双抚工作和殡葬工作有了长足进展，移风易俗、喜事新办，为精神文明建设做出了努力。

1994 年 1 月，农场民政科为双桥地区 112 位 70 岁以上老人办理"高龄老人优待证"。

1995 年 10 月 19 日，北京市首家清真寺女殿在常营分场（乡）落成。市伊斯兰协会、市民委、市统战部有关领导出席了落成典礼。建成的常营清真寺占地 6400 平方米，建筑面积 3640 平方米，两个大殿各可容纳 500 人左右，基本上满足了当地回民群众的宗教活动需要。

三、文化工作

为了丰富群众的文化生活，五个农村分场都建立了文化站，大部分基层单位都有了文化活动场所。1988 年，农场投资 550 万元，建立了 3245 平方米的文化宫，与办公大楼遥遥相望。这座具有多种功能的文化宫，可以进行文艺汇演、电影放映，也可举办舞会，成为双桥地区政治、文化中心。

1990 年，法律服务所调解民事纠纷 314 起，处理经济纠纷 12 起，挽回经济损失 47.2 万元。亚运期间进行多次法律咨询。调解离婚案 111 件，其中，调解和好的 66 件。诉讼代理 43 件，非诉讼调节 90 件。帮助基层单位完善合同 21 份，代书 143 件，对经济建设起到了服务、保驾、护航的作用。所长张会庆 1990 年被评为"市十佳司法助理员""司法部劳动模范"。

1990 年办事处、乡都建立了文教办，按照上级指示接管了 4 所中学，17 所小学，加强了对学校的领导和管理，落实校长负责制，努力提高教学质量，同时多方筹集资金，努力改善办学条件和教师待遇，都收到较好效果。

双桥农村办事处于 1990 年 1 月 1 日起实施《朝阳区双桥农村办事处及所属各乡人民政府关于征收教育附加费的暂行规定》；1991 年 4 月 27 日，召开 1991 年征收人民教育基金动员大会，至 5 月 27 日，总计收到集体和个人捐款 507671.51 元，用于集资筹建双桥第二小学新校区。

1992 年 6 月，农场投资 400 多万元兴建的双桥文化宫正式建成。建筑面积 3000 多平方米，所括 1245 个座位的多功能厅、台球厅、舞厅和游戏厅，还能举办画展，是本市郊区规模最大的乡镇文化宫。

1992 年 12 月，由北京市教育局、朝阳区教育局及常营分场（乡政府）三家单位集资共 1100 万元建成一所现代化的九年一贯制的回族学校，学校占地 60 亩，建筑面积 8899 平方米。其教学楼有 25 个教室，有语言、音乐、美术、科技、图书阅览室等教室，还有一个多功能厅、一个封闭操场和一个 400 米跑道大操场。常营回族学校的落成解决了常营乡回族村民和当地居民子女入学的问题。

四、计划生育

1973 年，农场妇联深入开展计划生育工作，为控制本场人口增长速度，组织了计划生育手术队，开展工作。

1984 年，计划生育工作成绩显著，全场第一次实现无多胎生育，人口自然增长率由 1983 年的 10.6‰下降到 7.6‰。

1988 年 1 月 30 日，双桥办事处计生办举办首次计划生育知识竞赛。

1989 年 12 月 22 日，第一届双桥计划生育协会正式成立。

1990 年，全场计划生育率达到 98.2％，比 1989 年上升 0.2％，跨进朝阳区先进的行列。其中：黑庄户、豆各庄、三间房、管庄、畜牧、服务 6 个分场和 12 个直属单位计划生育率均为 100％。

1993 年 4 月 23 日，双桥地区第二届计划生育协会成立，果秀玲连任会长；12 月，双桥地区人口与计划生育领导小组成立，吕和平任组长。

"八五"期间，农场计划生育工作年年达标，严格控制人口增长，计生干部付出了极大的努力。

1997 年，计划生育工作全面超额完成"四项指标"。

2003 年 3 月，农场被市计生委授予"北京市计划生育工作先进集体"。

五、安全稳定

1984 年，全双桥地区发案率比 1983 年下降 41％，且无重大案件发生，社会秩序明显好转。

1990 年，农场生产安全、交通安全、保卫、防火及亚运期间各项安全工作，均按要求全部达标，全年无重大事故，社会秩序安定，受到了上级领导的嘉奖。

搞好治安联防，创造安定团结的政治局面。农场形成了一个以中心派出所为核心以群众为基础的治安保卫网络，保证人民安居乐业，经济稳步发展。

随着"两个文明"建设的不断深入，1997 年，双桥地区治安案件发案率下降 20％，外来人口办证率达到 100％，一般性火灾为 0。

六、文明村建设

双桥农村办事处自 20 世纪 90 年代初，便已深入开展文明单位、文明乡、文明村建设活动，加强对村民（居民）委员会的指导，充分发挥各群众组织的职能作用。同时抓好文明礼貌、优质服务和商业服务的职业道德，以及教育工作者、个体经营者、医务工作者和广大干部的职业道德，提倡树立文明新风，开展普及文明用语，争做先进职工和文明市民的活动。

1990 年，文明村建设和卫生工作有了长足的进步。北双桥村、孟家坟村、黑庄户配件厂、燕京药店多年来被列为文明建设和卫生工作的免检单位。1990 年全场评出标兵单位 24 个，文明单位 58 个，环境卫生进一步加强。亚运会期间，京通、朝阳公路两侧农村和企业都进行了大规模的综合治理，面貌为之一新，受到上级单位的好评。

20 世纪 90 年代末，农场建设了文明示范路，精神文明建设取得了显著成绩。根据党委决定，农场把建成六条"文明示范路"作为精神文明建设的具体工程。全场三级领导干部和沿线村民一齐动手，集中三个月的时间，共投资 480 万元，使双桥地区的道路和环境有了明显的改观。1992 年 12 月 10 日，常营中心沟治理工程举行开工典礼，农场局副局长葛祥书、区水利局局长李玉富、农场领导吕和平、陈德茂、李福荣出席了开工典礼。常营分场机关、村民及当地驻军 2000 多人参加了劳动。

典 范 选 介

农场东旭新村的崛起，是"两个文明"建设中一个极具代表性的典范。从 1990 年开始，么铺村（已改名为东旭新村）采取"筑巢引凤，招商引资"的致富策略，使得这个百户小村发生了翻天覆地的变化，经济连续几年的跳跃式发展，么铺村成为京郊远近闻名的富裕村。1993 年，全村总收入 3000 万元，1994 年翻两番达 1 亿多元，而 1995 年又翻一番达 2.27 亿元。1993 年人均分配为 6500 元，1994 年为 1 万元，1995 年劳均收入达到 2.6 万元，自有资金（人均所有者权益）达 88381 元，取得的经济效益不仅在双桥地区遥遥领先，在整个京郊农村也是极为少见的。

1992 年，农场以"旧村改造，新村建设"为契机，以东旭新村（原么铺村）为试点，用"走出去请进来"和"借米下锅，借鸡生蛋"的策略多方筹措资金，东旭花园小区初具规模。全村的百余户村民陆续免费住上了居住面积达 180 平方米的二层别墅式小楼。

1994 年 8 月，该村派 21 人作为京郊首批村级招商团赴香港招商，在香港引起轰动。

该村先后办起了家具、食品、印刷、旅游等 4 家中外合资企业及灯具、商贸、啤酒花等 3 个村办企业。

1994 年 12 月 26 日，该村和北京市市内电话局共同投资 4000 万元建成的 589 局程控电话局正式开通。这是本市建设的运用国际先进光缆、可向国内国际直拨的电话局，方便了双桥农场与外界的沟通。

1995 年，该村又为每户村民免费安装了程控电话，成为京郊首家电话村。村里通了 382 路专线公共汽车，全村人不仅全部参加了社会保险，实现公费医疗，公费教育等，退休的老年人还享受每年 500 元的退休金。此外，村里打了深水井，修筑了 2000 米的环村水泥公路，该村三季有花，四季常青，环境优美。小区基础设施日趋完善，1995 年该村又投资建起了办公大楼，配备了高档会议室和歌厅等。

第六编

科技教育卫生

中国农垦农场志

第一章 科 技

第一节 科技管理

1963 年 3 月，双桥农场在石槽苗圃队建立了"良种繁育试验站"。书记曹忠，站长张文禄，技术人员有凤朋、吴光固、王殿林、崔士博、王金农、李亚卿。"良种繁育试验站"除继续发展果树外，还增加了良种繁育和一些科学试验项目。

1966 年，刚刚成立的农业科学研究所被撤销，1968 年又撤销良种繁育试验站，科技人员被下放到生产单位或分配从事与专业不对口的工作，有的科技人员还被戴上"资产阶级"知识分子的帽子，科技工作受到严重挫折。

从 1971 年开始，农场、分场、生产队重新建立三级科技网：农场建立农业技术试验站，有职工 150 人，技术人员 11 名，试验地 270 亩，是全场农业技术活动中心和良种繁育基地；分场设立了科技站；生产队设三员（技术员、种子员、植保员），而且每个队都有三田（丰产田、试验田、种子田）。同时落实知识分子政策，全场有 63 名科技干部回到原岗位。

1972 年，原良种繁育试验站改名为农业技术试验站，气象站划归农业技术试验站管理。

1977 年，双桥农场成立科技委员会，1978 年，双桥农场成立科学技术领导小组和科技办公室。

1979 年，农场农业技术试验站已建立小麦、玉米、水稻育种、作物栽培、植物保护、农业气象、土壤、肥料的专业研究小组。

1988 年 1 月 29 日，双桥地区科学技术协会成立。

1994 年 5 月 15 日，农场成立科学技术委员会，李杰锋任主任。

1998 年，场乡体制改革后，科技实验站变成了经济实体，成立了农业服务公司。

第二节　科技成果及技术推广

一、建场初期（1948—1976年）

种植业

1952年，北京农垦学习并采用苏联的合理轮作、科学密植、改进施肥与灌水技术，农业部直属的双桥农场实行大田轮作、小麦密植、棉田科学防虫的经验得到农业部国营农场管理局农业处的充分肯定。

1957年，双桥农场培育成北京黑白花猪，开始向全国推广。

1962年，双桥农场被市人委确定为小麦良种培育基地，推广了"农大183""农大90""华北183"等小麦良种，促进了全市小麦第二次更新换代。

1963年，农场良种繁育试验站试验项目比较成功的有，小麦施磷肥，春玉米灌水和双杂交玉米等。其中，小麦施磷肥和春玉米灌水已向全国推广；双杂交玉米在农垦部所属国营农场的种子会议上被评为"一等奖"。良种繁育试验站被评为区"农业生产先进单位"；果树队因苹果早期结果和草莓高产被评为"北京市农业生产先进单位"。

20世纪60年代，农场种植小麦的"播、培、镇压一条龙作业"，节省人力操作的"油压五铧犁"，在小型机子上使用单项打埂的"圆盘抱埂犁"可以一次完成玉米中耕除草、松土作业，都取得行家们的好评，并在一定范围内得到推广和使用。发明的平地碎土机还获得中国农业机械化学院的科技三等奖。

1973年，全市形成北京鸭6个选育点，双桥农场为其中一个。20世纪70年代，鸭场通过试验，率先使用多种维生素代替青饲水草取得成功，推广全市，获市科技成果奖。

1974年，双桥农场农业技术试验站开始使用喷灌技术。

20世纪70年代，农场培育出"丰收"和"朝阳"等5个高产、优质、抗病的中早熟优良杂交种，在本市和外省推广。在晚稻方面引进、选用了耐低温、早熟、高产的"早丰"品种，在小麦品种方面，大量推广"北京15号""北京10号"以及自己培育的"京双早"等早熟高产品种。

二、改革开放（1977—1989 年）

（一）农业方面

原科技站高级农艺师吴光固和市农科院副研究员王婉仪多年合作，选育的京双小麦8～16 号的优良品种，对提高小麦产量起到重要作用，有 7 项分别获北京市和农场局科技进步奖。

高级农艺师王金农选育的玉米优良品种丰收 103 号、105 号获局科技进步奖。

黑庄户分场龚大年和市农科所合作选育的京稻一号、京稻二号的水稻优良品种获市级科技奖。

农业服务公司高级农艺师朱瑞清在水稻、小麦病虫害的防治、化学除草、新农药、新的增产菌的应用等方面，写出数十万字的论文，有 18 项科研成果，获局级奖，是双桥农场获奖最多的科技人员，闻名全市，对粮食增产起到较大作用。

高级工程师云良萃，多年来积累了双桥地区丰富的气象资料，写出《农业气候资料手册》，并着重研究了气候与水稻的生长，水稻叶龄模式等，有 7 项获局级科技奖。

高级农艺师张忠书的蔬菜优良品种的引进、繁育和推广，以及保护地栽培技术等，有11 项获局级奖。

高级工程师贾宝堂的推广机耕船、农机标准化，以及小麦、水稻收割、秸秆粉碎装置等，有 6 项获局级奖。

高级农艺师王振忠所写的《稻麦两茬耕作技术》获局级奖，《三大作物机械化秸秆还田技术的推广及肥效研究》获部级三等奖。

高级农艺师崔士博和北京化工实验厂合作，开展液氨施肥机和施肥技术的研究获得成功，填补了国内液氨施肥技术的空白，1980 年获市科技成果四等奖。1981 年"IFYA－5型施肥机"的研制获农机部重大科技成果四等奖。

1979—1980 年，双桥农场再次进行了农业区划、土壤普查和资源调查，为农业生产的发展提供了科学依据，获局科技二等奖。

1987 年，农工部农经科科长张佩华所写的论文"建立农业发展基金制度，促进农业稳定发展"获局科技成果二等奖。

（二）畜牧方面

以高级畜牧师何叔铎、傅道暨为主和张厚田，王炳文等所进行的北京黑猪的培育，获部级一级奖。

以畜牧师袁光斗和农场局高级畜牧师杨学梅合作研究的北京鸭双桥Ⅰ系、Ⅱ系的培育，以及袁光斗、季连宽改革北京鸭饲养工艺，提高瘦肉率，无鱼粉日粮饲喂，肉用仔鸭试验等方面，分别获部级和局科技奖。

以高级兽医师于春明、冯万信，畜牧师邵西敏等为主的牛病防治和饲养技术方面以及养猪养鱼方面都有一些科技成果。

以上畜牧方面共有 15 项科技成果获奖。

（三）工业方面

兽药厂张建华 1988 年开发了 33 个兽药产品，仅"露它净"一个产品，投产半年就盈利 40 万元，获农场局科技进步一等奖。

长城机械厂技术人员袁明等研制的电动单梁起动机获 1989 年科技进步三等奖。

农村分场的科技人才异军突起，近几年来也不断革新技术，开发新产品，兴办一些新厂子，形成乡镇企业的五朵金花。

豆各庄分场新容离子镀膜厂，研制出独具特色的涂层硬质合金刀片，1989 年获局级科技进步一等奖。

黑庄户分场生产的离合器压盘及壳总成、进排气歧管总成，1988 年获市优产品，1989 年获部优产品称号。

三间房分场长城太阳能成套设备厂开发的微循环太阳能热水器，1987 年获国家专利和市能源办优质产品奖，产品畅销 10 多个省市，创产值 210 万元。

常营分场绝缘测试设备厂开发的绝缘材料检测系列产品，1988 年获技术开发优秀奖。

管庄分场激光器厂研制开发的模体积型 002 激光器，获局级科技进步二等奖。

《1977—1989 年获奖科技成果统计表》

1977—1989 年，双桥农场获部级奖 6 项（表 6 - 1）、市级奖 10 项（表 6 - 2）、总公司（局级）奖 68 项（表 6 - 3、表 - 4、表 - 5）。

表 6 - 1 获部级奖科技成果统计

科技成果项目	获 奖	年 份	主要完成者
（1）北京黑猪	部一等	1982 年	何叔铎 等
（2）北京鸭双桥Ⅰ系	部二等	1981 年	袁光斗 杨学梅
（3）北京鸭双桥Ⅱ系	部三等	1985 年	袁光斗 杨学梅
（4）IFY 型液氨施肥机	部四等	1981 年	崔士博
（5）三大作物机械化秸秆还田技术的推广及肥效研究	部三等	1988 年	王振忠
（6）北京地区小麦丛矮病发生与防治	部二等	1982 年	朱瑞清 李同希

表 6-2　获市科技成果（或进步）奖科技成果统计

科技成果项目	获奖	年份	主要完成者
（1）小麦丛矮病发生与防治	市二等	1980 年	朱瑞清　李同希
（2）京双早小麦选育	市三等	1985 年	吴光固　王婉仪
（3）京双小麦育种 9～12 号	市三等	1983 年	吴光固　王婉仪
（4）腐殖酸钠防治苹果腐烂病	市三等	1984 年	陈伯兰　崔士博
（5）京双小麦 16 号选育	市三等	1986 年	吴光固　王婉仪　陈坤元　史仁章
（6）液氨施肥技术研究	市四等	1980 年	崔士博
（7）塑料大棚加温西红柿换头栽培试验	市四等	1979 年	王铁千
（8）改革北京鸭饲养工艺提瘦高肉率	市三等	1987 年	杨学梅　季连宽
（9）覆铜箔层压板检测仪器	市三等	1988 年	马万禄　汪国维
（10）京稻一号、二号	市三等	1981 年	刘炳全　龚大年

表 6-3　获局一等奖科技成果统计

科技成果项目	获奖	年份	主要完成者
（1）京双一号选用	局一等	1980 年	吴光固
（2）冬小麦早熟理论探讨	局一等	1980 年	吴光固　王婉仪
（3）京双小麦 14 号选用	局一等	1981 年	吴光固
（4）北京鸭双桥Ⅰ系选用	局一等	1981 年	袁光斗
（5）增产菌在水稻、小麦上的应用	局一等　燎原奖	1989 年	朱瑞清　乔来祥　孙景路　李同希
（6）水稻灰飞虱和条纹叶枯病的发生与防治技术的推广	局一等　燎原奖	1981 年	朱瑞清
（7）试办植保公司	局一等	1981 年	朱瑞清
（8）水稻低温危害	局一等	1982 年	云良萃
（9）农业气候资料手册	局一等	1984 年	云良萃
（10）农机管理标准化	局一等	1988 年	贾宝堂
（11）北京 106 大白菜推广	局一等　燎原奖	1988 年	张忠书
（12）粮、林、果害虫天敌资源调查	农业局一等	1994 年	朱瑞清　张文荣和市植保站合作

表 6-4　获局二等奖科技成果统计

科技成果项目	获奖	年份	主要完成者
（1）黄瓜籽冷冻处理	局二等	1979 年	王铁千
（2）双桥渔场一龄、二龄鱼种养成鱼对比试验	局二等	1980 年	吕秀清
（3）玉米单交种亲子代间一些性状传递规律的研究	局二等	1981 年	王金农
（4）蔬菜育苗技术改革推广	局二等	1981 年	张忠书
（5）犊牛早期断奶饲养试验	局二等	1981 年	于春明
（6）锦州双季豆的引进与推广	局二等	1982 年	张忠书
（7）京稻一号（D10）二号（720）的推广	局二等	1982 年	龚大年
（8）双桥鸭Ⅰ系、Ⅱ系配套杂交测定	局二等	1983 年	袁光斗
（9）春播露地大葱简易覆盖	局二等	1983 年	张忠书

（续）

科技成果项目	获奖	年 份	主要完成者
（10）仔猪早期（20 日龄）断奶试验	局二等	1983 年	王炳文
（11）农业区划、资源调查、土壤普查	局二等	1983 年	崔士博 韩芝宇
（12）害虫自然天敌普查	局二等	1984 年	朱瑞清 张文荣
（13）水稻最优抽穗期农业气象指标及利用	局二等	1985 年	云良萃
（14）水稻纹枯病发生规律及其防治	局二等	1984 年	朱瑞清 李同希 张文荣
（15）稻象虫的发生及防治的研究	局二等	1986 年	朱瑞清
（16）小菜蛾合成性息素在测报上的应用与推广	局二等	1986 年	张忠书 孟晓云
（17）建立农业发展基金制度，促进农业稳定发展	局二等	1987 年	张佩华
（18）冬小麦薄膜覆盖及一膜多用试验示范	局二等	1988 年	云良萃 马振英
（19）综合丰产技术在水稻生产中的推广与应用	局二等	1987 年	汪 忠 孙吉平
（20）覆铜箔层压板检测仪器的研制	局二等	1987 年	汪国维
（21）露它净	局二等	1988 年	张建华 杨春仙 胡亚兰
（22）芹菜 84－01 品种推广	局二等	1988 年	张忠书
（23）模体积型 CO_2 激光器	局二等	1988 年	张春生 李凤清 蔡淑敏
（24）激光淅技术奶牛不孕症的推广和应用	局二等	1988 年	冯万信
（25）稻麦两茬综合丰产技术	局二等	1988 年	王振忠 李清安
（26）辽粳 287 引种试验推广	局二等 燎原奖	1989 年	刘 林 吴 福 吴春江
（27）水稻安全抽穗期	局二等	1986 年	云良萃

表 6－5 获局三等奖科技成果统计

科技成果项目	获 奖	年 份	主要完成者
（1）北京地区水稻纹叶枯病发生与防治的研究	局三等	1979 年	朱瑞清
（2）北京地区水稻灰飞虱发生规律及其防治研究	局三等	1980 年	朱瑞清
（3）气象条件对水稻产量影响	局三等	1982 年	云良萃
（4）水稻干尖线虫病的发生与防治研究和推广	局三等	1981 年	朱瑞清
（5）废旧薄膜地面覆盖技术应用推广	局三等	1981 年	周宝丰
（6）水稻旱育苗试验	局三等	1982 年	云良萃 梁雪竹
（7）黄瓜杂交种一代优势利用推广	局三等	1981 年	张忠书
（8）葡萄施用液氨试验	局三等	1981 年	陈伯兰
（9）维生素 D_3 防乳牛产后瘫痪的效果	局三等	1981 年	于春明
（10）油菜地化学除草试验推广工作	局三等	1982 年	朱瑞清 李同希 王世民
（11）水稻二化螟的发生与防治研究	局三等	1982 年	朱瑞清 张文荣 李同希
（12）矿物质添加剂防止高产奶牛主要营养代谢疾病的试验研究	局三等	1982 年	于春明
（13）喹乙醇添加日粮里对畜禽效果试验	局三等	1982 年	袁光斗
（14）推广机耕船	局三等	1982 年	贾宝堂 李凤山 董淑英
（15）推广新型化油器	局三等	1982 年	贾宝堂 虎秋云
（16）科技体制改革	局三等	1983 年	朱瑞清

（续）

科技成果项目	获奖	年份	主要完成者
（17）美国供给者荟豆引进推广	局三等	1985年	张忠书
（18）焊接压力容器质量保证体系	局三等	1985年	顾广善
（19）农田杂草种类调查和药剂筛选	局三等	1986年	朱瑞清　王世民
（20）旱种水稻耗水与合理灌溉	局三等	1986年	吴集荣
（21）小麦、水稻收割机秸秆粉碎还田装置和使用	局三等	1985年	李凤山　贾宝堂
（22）用井冈霉素低容量喷雾法防治水稻纹枯病试验与推广	局三等	1987年	朱瑞清　李同希　孙景山
（23）奶牛围生期饲养技术的推广	局三等	1988年	邵西敏
（24）电刷镀表面预处理溶液及金属镀液	局三等	1987年	姚春仙
（25）水稻叶龄模式栽培试验示范	局三等	1988年	云良萃　谢永岩
（26）水稻本田应用50％威罗生化除草试验及推广	局三等	1988年	朱瑞清　孙景山　王世明
（27）无鱼粉日粮饲喂肉用仔鸭试验	局三等	1988年	袁光斗　季连宽
（28）新农药防治二化螟试验推广	局三等	1988年	朱瑞清　李同希　孙景山
（29）新农药恶草灵使用技术和推广	局三等　燎原奖	1988年	朱瑞清　孙景山　李同希

三、现代企业（1990—2018年）

20世纪90年代，农场科技人员培育了京双9号～京双18号小麦优良品种。京双18号冬小麦的选育和推广获得1992年局级科技进步二等奖。

农场大力推广农作物营养诊断平衡施肥技术，并在1988年通过有关专家鉴定，被收进《1989年中国技术大全》内，荣获市科研成果一等奖，1990年被拍成了《农作物诊断医生》科教片。这项科研新技术在双桥农场五个农村分场进行推广，取得了很好的经济和社会效益，1990年荣获了市农工商联合总公司科学技术推广一等奖。

同时还推广黄瓜的"新泰密刺""中农5号"、番茄的"佳粉15号"等优良品种。

双桥农业公司水稻叶龄模式栽培技术的开发与推广工作，还开展了"水稻旱育稀植""小麦独杆栽培""稻麦计算机控制系统"等专项研究。《水稻叶龄模式开发》获1993年部级二等奖，《稻麦两茬高产栽培技术体系研究》获1994年北京市星火三等奖。在粮食生产上有了明显的效果。

1999年7月，农业服务公司培育出两个特早熟冬小麦新品系。在草坪生产中自行研制了草品生产机械、引进推广草坪新技术，2000年，被评为钓鱼台国宾馆的定点供应基地。2002年，该公司《草坪优良品种筛选及应用》课题获农业部科技成果奖；2003年，又在新华园艺场，应用高新技术，培育出鲜切菊花生产工艺，取得了出口创汇的好成绩。

北京兽药厂生产的"痢菌净"获得首届中国农业博览会银质奖;"球威-25"获得首届中国农业博览会铜质奖;"立时达牌兽药添加剂"荣获首都亿万农村消费者信得过产品金奖。

太洋药业和立时达药业是农场的高新技术企业,多年来,农场对此加大科技投入,不断地追加投资,广泛引进科技人才,研制、购买和改造先进设备。太洋药业投巨资研制、开发、生产新药。泰力特继1995年研发生产之后,在2002年的"非典"防治中,大显身手,发挥了良好的疗效。2003年,太洋药业又与爱的发制药集团合作,开发了"阿奇霉素口腔崩解片",使泰力特的市场前景更加广阔。2004年9月,泰力特被北京市质量技术监督局评为"名牌产品";"艾汀"作为国家一级一类新药,经历了四期临床实验后,2004年5月,被北京市科委评为科技进步奖。同时,授予太洋药业"北京市高新技术企业"称号。2004年6月,"别嘌醇生产工艺改进"项目,荣获市总工会经济技术创新优秀成果奖。

立时达药业公司自1999年以来,每年都研发新品种,先后完成了5个主要产品的地标升国标的升级工作,而且对6个车间进行了改造升级。2004年3月,北京立时达药业有限公司研制的"氨苄西林钠—氯唑西林钠乳房注射剂"荣获三元集团科技进步二等奖;2005年3月,北京立时达药业有限公司,研发的"盐酸林可霉素乳房注射剂"项目,荣获三元集团科技进步三等奖。

科技成果和经济技术创新获奖情况:

(1)1994年7月,双桥兽药厂赵振明获得"北京市工业企业优秀科技领导干部",曾清华获得"北京市工业企业优秀科技人员"。

(2)1999年7月,双桥农业服务公司培育的"9804""9805"两个特早熟冬小麦新品系荣获"北京市优良品种推广奖"。

(3)2000年12月22日,北京太洋药业有限公司药研所被市经委认定为"市级企业技术中心"。

(4)2001年3月,双益达集团被市总工会授予"经济技术创新工程先进集体"。

(5)2001年,北京立时达药业有限公司被北京市科委授予"北京市星火科技先导型示范单位"。

(6)2001年,北京双益达集团长城磁件厂经理赵宝泉被三元集团公司授予"先进科技工作者"。

(7)2002年3月,北京太洋药业有限公司被市总工会授予经济技术创新工程"先进集体"。同年,药研所研制的阿奇霉素颗粒剂新工艺,荣获"三元集团科技进步奖"。

（8）2003年3月，北京双益达集团旺平水电工程公司被市总工会授予经济技术创新先进班组，其所研制的"机井钻杆测斜法"荣获三元集团科技成果三等奖。

（9）2003年，农业服务公司"草坪优良品种筛选及应用推广"课题获农业部科技成果奖，并评为"北京市经济技术创新优秀成果奖及三元集团公司科技成果二等奖"。

（10）北京太洋药业有限公司工程师黄茂华领导研发的"别嘌醇生产工艺改进"项目，被评为"北京市经济技术创新优秀成果奖"。

（11）2003年，双桥建筑公司第一项目部经理刘辉被北京市科协授予"优秀青年工程师"。

（12）2004年5月，北京太洋药业有限公司生产的新药"艾汀"被北京市科委评为科技进步奖。同时，授予太洋药业"北京市高新技术企业"。

（13）2004年3月，北京立时达药业有限公司研制的"氨苄西林钠——氯唑西林钠乳房注射剂"荣获三元集团科技进步二等奖；参与此项目的技术人员张殿魁和刘云，分别荣获三元集团科技进步二等奖。

（14）2004年6月，北京太洋药业有限公司研发的"别嘌醇生产工艺改进"项目荣获"市总工会经济技术创新优秀成果奖"。

（15）2004年9月，北京太洋药业有限公司生产的新药"泰力特"被北京市质量技术监督局评为"名牌产品"。

（16）2005年，国营北京市双桥农场被市总工会授予"北京市经济技术创新先进单位"。

（17）2005年，北京立时达药业有限公司开发小组被市总工会授予"北京市经济技术创新工程优秀班组"。

（18）2005年3月，北京立时达药业有限公司研发的"盐酸多西环素混悬剂"项目荣获三元集团科技进步二等奖，该项目技术人员张殿魁、刘云分别荣获三元集团科技进步二等奖。

（19）2005年3月，北京立时达药业有限公司研发的"盐酸林可霉素乳房注射剂"项目荣获三元集团科技进步三等奖，该项目技术人员张殿魁、刘云分别荣获三元集团科技进步三等奖。

（20）2005年5月，北京立时达药业有限公司工程师刘云被北京市科协授予第十五届"北京优秀青年工程师"。

（21）2006年10月，北京立时达药业有限公司工程师刘云被北京市创争活动领导小组授予"北京市创争活动知识型职工"。

（22）2007年，北京太洋药业有限公司职工徐世博在北京市职工技术比武活动中荣获第九名。

（23）2008年6月，北京立时达药业有限公司研发的"泌乳康"推广应用项目荣获三元集团科技成果三等奖；该项目技术人员张殿魁、刘云分别荣获三元集团科技进步三等奖。

（24）2016年12月，三元绿化"京津地区月季白粉病的防治技术研究"项目获首农集团科技成果推广奖三等奖，"观果园林植物紫株在京津地区快速繁殖技术研究科技项目"获首农集团科技进步奖三等奖。

（25）2016年12月，立时达药业关于"硫酸头孢喹肟乳房注入剂（泌乳期）的研发与推广"获得首农集团科技成果推广二等奖。

（26）2016年，太洋药业获得北京市高新技术企业证书。

（27）2017年8月，公司荣获首农集团知识产权先进集体荣誉；许树坡荣获首农集团知识产权工作优秀组织奖，徐海鸥、李伟荣获首农集团知识产权工作"先进个人"。

（28）2018年10月，E9区创新工场荣获第三届"文化产业学院奖"最佳园区运营创新奖金奖。

第二章　教　育

1954年，场内建起子弟小学。

1958年，农场成立托儿所。仅用一间十几平方米的屋子、一张破桌子、几个小板凳，四名阿姨开始收托孩子；同年，双桥幼儿园正式成立。

1975年6月，农场在五号井居委会成立了双桥校外活动辅导站。每逢假期便有计划地组织学生开展各种活动，被评为朝阳区校外辅导"先进单位"。同年，农场居民区建起幼儿园约790平方米。

20世纪50年代，农场建起了京郊最大的幼儿园，农场每年补贴十几万元。

1980年，农场幼儿园办起幼儿食堂，五名炊事员供230多名幼儿就餐。

1985年6月，农场居委会校外辅导站成立。

1990年，办事处、乡都建立了文教办，按照上级指示接管了4所中学、17所小学，加强了对学校的领导和管理，落实校长负责制，努力提高教学质量，同时多方筹集资金，努力改善办学条件和教师待遇，都收到较好效果。

1991年12月，由区、乡、村三级投资42万元的五里桥小学落成。

1991年，黑庄户中学新建教学楼建成投入使用。

1992年10月6日，黑庄户中心小学新校址举行奠基仪式。

1998年，农场进行场乡体制改革，学校等行政事业单位，统一归属地方管辖。

第一节　机耕学校

1949年12月，在中央农业部的直接领导下，在双桥农场成立拖拉机手训练班。1950年3月1日，中央农业部机耕学校在双桥成立，双桥农场作为机耕学校的实习农场。李直任机耕学校校长，陈国英任副校长，学员大部分为各部队抽调的，美国友好人士韩丁等人在这里讲课。教学条件简陋，学员每人一个马扎，一块木板作为课桌椅。采取实物教学，没有教材，学员们自学辅导、共同研究。1951年，机耕学校根据中央人民政府副主席朱德指示，接收新疆400名学员到双桥农场学习驾驶拖拉机。

1952 年 8 月，机耕学校建临时训练班教室、宿舍等建筑 1367 平方米，办学条件有所改善。是年 10 月，高等教育部决定在原双桥机耕学校基础上成立我国第一所农业机械化学院——北京农业机械化学院，农场仍为实习农场；1953 年 12 月，北京农业机械化学院迁出双桥农场地区。至此，双桥农场配合农业部拖拉机手训练班/机耕学校/机械化学院培训驾驶员、机务及农业干部 2000 多人，为农业部代培机手百余人，在机收季节接待参观、学习达 20 万人次以上，为新中国农机事业的发展做出了重要贡献。

第二节　成人教育

1955 年，农业部干部学校在双桥农场建分校，是年 11 月 11 日，在双桥分校首次举办全国国营农场、军垦农场、劳改农场的场长 380 余人参加的场长训练班，请苏联专家和国内专家讲授计划管理等课程。此次训练班培训时间为 80 天。

1974 年 2 月 15 日，双桥农场科学技术试验站开设农业技术学习班，学习班分设农学、畜牧兽医两个专业，学制一年。

1975 年 3 月 25 日，双桥农场在原农业技术学习班和农场科技站基础上成立"双桥农学院"，开设大田、蔬菜、养猪三个专业，另附设一个大田队的业余班，共招收 9 名学员。朝阳区委副书记尤文俊、区教卫组副组长刘省江出席开学典礼。

根据中共中央、国务院《关于开展职工教育的决定》精神，农场于 1980 年成立工农教育委员会（简称成人教育委员会），党委副书记杨春测任主任，主管成人教育工作。同年又成立了教育科，负责全场成人教育的规划、领导和管理。

1980 年底，畜牧分场和双桥中学合作，办起了畜牧职业高中班。畜牧分场负责出专业教师、出经费，四届共培训了 160 人。此类培训在农场局是第二批（第一批是北郊农场），在朝阳区是第一批。北京市委领导范谨、市教育局主要领导曾多次到农场和学校对这项工作进行指导和鼓励。1984 年以后黑庄户分场、管庄分场，全民企业有制药厂、长城机械厂等都先后和中学合作，办起了职业高中班。总计培养了畜牧、化工、企管、财会、机加工等专业的新工人 544 人，输送到基层生产单位。

农场始终以培养专业技术人员和干部为主。从 1981 年开始，畜牧分场选送优秀职工子弟和青年工人到本市和外省市大专院校学习，每年 10～20 人，解决专业技术人员不足的问题，在全场和农场局起到了示范和推动作用。不久，工业分场所属的双桥制药厂、黑庄户分场的汽车配件厂等都相继采取这种办法，选送优秀青年到大专、中专院校学习。1984 年以后，成人教育进一步发展，农场又普遍组织青工和干部报考成人大专和中专。

至1989年，总计培养了大专以上人员（取得毕业证和结业证的）280人、中专604人，共884人。其中35～45岁副科级以上的干部，大专以上77人，中专113人，相当于二十世纪五六十年代分配到农场的大中专毕业生的11倍。专业有农学、园艺、农机、水电、畜牧、机械、化工、食品、乳品加工、自动控制、商业经济、企业管理、党政、财会、统计等26个专业；科技人员由科技科、分场和各公司负责进行继续教育。举办工业、农业技术、电子计算机、外语等培训班51个，参加学习2000多人次。

1990年，成人教育工作又获好成绩。全场参加大专、中专、职高学习的共855人，其中当年入学的311人，在学的235人，毕业309人，其中大专5人，中专和专修138人，职高166人。总场、分场和基层单位分别和6所高等院校合作，办了9个专业的学历班16个，共有580人参加学习。外培275人，共有14个专业，分别在13所高校学习。

第三节 职工学校

1953年3月，双桥农场场部办起职工业余学校，分六个班上课，有146人参加，至年底，农场工人中基本上扫除了文盲。1957年10月，双桥农场出席北京市扫盲先进代表会议。1959年，双桥农场被评为"北京市农村业余教育先进单位"。

1982年，6月双桥农场成立职工学校。辛伟任党支部书记，邵葆英任职工学校校长、教育科科长，配备了教师和专职工作人员共10人。

根据中共中央、国务院1981年8号文件精神，"六五"期间，全国企业都要全力以赴完成青工"双补"（文化补课、技术补课）的任务。农场从1981年开始以教育科为主进行组织、规划，以职工学校为培训基地，和劳资、宣传等业务科室密切配合，采取多种形式、多渠道、多层次办学。从1981年试点、培训师资开始，1982年全面铺开，到1985年5月，提前8个月完成1722人的文化补课任务。1981—1985年，利用冬春完成1850名青工的技术补课。主要是一级、二级工人，学习应知、应会的科技知识，进行技术岗位练兵，以劳资科为主，教育科、业务科室和基层企业配合，培训后进行考核。

"七五"期间，由劳资科组织，职工学校管理、实施，进一步举办初、中级工技术培训班40多个。参加学习的总计3000多人，经批准取得工人技术等级证书（初级工379人、中级工1738人），并有30人晋升为工人技师。"七五"期间各种技术短训班达2万人次。

从1982年开始，职工学校办了蔬菜、果树、农学等技术骨干专业班，以学习专业课为主，毕业学员100人，分配到农村分场和企业单位，有10多人考入职业大学继续深造。

1984 年、1986 年职工学校两次被评为"农场局成人教育先进单位"，邵葆英于 1983 年、1986 年先后两次被评为"北京市成人教育先进工作者"。

1984 年，教育科和职工学校合并，成为农场成人教育的培训基地和管理中心（校址设在原招待所院内，旧礼堂改为教室）；1988 年由工委副书记李福荣任成人教委会主任，张绍志任职工学校党支部书记，李乃林任校长。校址又迁至农场场部东小院内，共有教室 4 个，300 平方米，在校生 200 人左右，工作人员共 15 人。

职工学校以培养专业技术人员和干部为主。1985—1989 年，职工学校先后举办农经、企业、财会、统计、商业、医士等中专班和中专专修班，培养 35～45 岁副科级以上干部、一般干部和其他人员。黑庄户分场也办了企业管理干部中专专修班，培养干部 40 人。

1990 年，职工学校的不断拓宽办学途径，增加办班层次，不仅办了中专和中专专修班，还办了企管专业大专专修班，学员 49 人。

职工学校与子公司职大中专部合作办学，进行中专学历教育。共举办蔬菜、果树、农经、农机、商业、化工、统计、财会、企管等专业的中专班 17 个班次，招生 810 人，到 1995 年毕业 566 人。1993 年，双桥农场职工学校被北京市成人教育局评为"北京市职工学校示范校"。

据双桥农场成教办统计，双桥农场利用职工学校、乡校办学点及适用培训场所，1994 年、1995 年自培和外培共计大专毕业生和在校生 254 人，完成指标的 123％；中专毕业生和在校生（含技校、职高生）760 人，完成指标的 77％；技术职称评定 454 人，完成指标的 230％；岗位培训 2.6 万人。

2004 年 3 月，中共北京市委党校成人教育学院批准农工商总公司分院在双桥农场职工学校开办 2004 级大学专科经济管理专业；是年 12 月 17 日，中共北京市委党校成人教育学院批准农工商总公司分院在双桥农场职工学校开办 2005 级大学专科法律专业。

第四节　幼教事业的发展

一、幼儿园建设与师资配备

北京市朝阳区双桥幼儿园（原国营北京市双桥农场幼儿园）位于北京市朝阳区双桥东路六号井小区南门，与北京市双桥第二小学仅一路之隔，该园现隶属于双桥农场，是国企办园政府资助的幼儿园。

双桥幼儿园成立于 1958 年，最初的幼儿园地址设在五号井，只有几间平房，建立幼儿园主要是解决公司职工子女的托护及照顾问题。20 世纪 70 年代，农场每年补贴十几万元，幼儿园有所扩大。改革开放后，伴随国家经济发展，农场产业增多，就业人员增加，由此带来就是孩子入托问题。1988 年，双桥农场兴资 250 万元（附近职工，居民也参与出资），在双桥第二小学对面建造了两栋三层主楼及附属配套设施，共占地 4860 平方米，作为双桥幼儿园的经营场所一直沿用至今。1998 年，场乡体制改革后，所有与国企无关联的单位相继退出并归属区县管理，幼儿园属事业单位，本应归属朝阳区教委、经协商，最终保留双桥幼儿园并隶属双桥农场桥联物业管理。房地产业的开发使地区经济快速发展，幼儿园生源大幅度增加，办学力不从心。2001 年公司又与康城联手投资 60 多万元，对幼儿园进行改造，增加了师资力量，幼儿园当年被市教委评为二级二类园。2007 年升级为一级二类园，2008 年被市教委命名为"早期教育示范园"，被全国总工会授予"全国巾帼文明岗"。

双桥幼儿园的主营业务是 3～6 岁学龄前儿童的保育和教育活动。多年来，幼儿园一直进行保育教育工作，树立以幼儿发展为本的教育理念，注重保教结合的原则，把幼儿园建成教育思想先进，管理科学规范，师资结构合理，幼儿全面发展，教育具有个性，社会声誉良好的学园、家园、乐园、花园，力争打造地区优质品牌园。2007 年 4 月，通过朝阳区一级二类园所考核，2010 年 4 月，通过朝阳区一级一类考核。双桥幼儿园是黑庄户地区唯一一所朝阳区教委认定的一级一类幼儿园。2008 年 5 月，双桥幼儿园改制更名后，双桥幼儿园园长和法人为黄玉霞；2016 年 3 月，黄玉霞退休返聘期结束，双桥幼儿园法人变更为宋微玮。双桥幼儿园建筑面积 4786.2 平方米，共 15 个教学班，职工约 80 人。保育员持证率 100％，教师持证率 100％，教师大专以上教育水平率在 40％以上。青年教师（35 岁以下）比例 60％，并在逐年提高。2008—2018 年，双桥幼儿园一直保持满班额、满建制，招收幼儿稳定在 480～500 人，教职工稳定在 70 人左右。鉴于幼儿园不能以营利为目的开设，双桥幼儿园的账目近年来一直处于基本维持收支平衡状态，且总体发展情况良好稳定。

自 2007 年级类验收后，双桥幼儿园一直严格按照教委要求办园和收费，并在双桥农场的领导下良好运作。双桥幼儿园的经费来源主要有三：第一，双桥农场给予的经费，主要是作为双桥幼儿园退休职工的退休专项补助，约 10 万元/年；第二，双桥幼儿园的主营业务收入，主要是幼儿的保育费，园方严格按照北京市指导价 750 元/月统一收费；第三，北京市和朝阳区教委的生均补贴和专项拨款等，数额不定。2017—2018 年上半学年，双桥幼儿园向教委申请增加一个小班，扩大招生规模，增加双桥幼儿园营收。

各班教师亲自动手，努力为幼儿创设丰富而实用的物质环境，起到了良好的教育效果。2015 年 6 月，双桥幼儿园对全体教职工进行了一次资质大整顿。检查所有在职和退休返聘职工的各种工作资质，要求全部幼儿园教师必须均拥有教师资格证，40％以上拥有幼教大专及以上学历；要求保育员必须全部持保育员证上岗，将无证上岗人员予以辞退；全员教职工必须 100％持健康证上岗。人员的规范保证了保教保育工作的专业性。

在教学方面，双桥幼儿园有"保教办公室"，保教主任康利红老师是幼儿园资深教师，拥有高级幼儿教师职称。幼儿园还定期组织教师职业技能比赛，和工会等部门进行联动，调动教职工的工作积极性。为了使幼儿活动更丰富、更多样化，幼儿园还会组织各种幼儿活动。如六一文艺汇演（2008—2015 年）、庆六一嘉年华园游会（2016 年）、六一观看真人木偶剧（2017 年）；带小朋友和家长每学期进行社会实践活动，去北京周边如大兴野生动物园、呀路古热带植物园等学习实践。

双桥幼儿园分别建立了班级家长委员会、年级组家长委员会、幼儿园家长委员会，请家长参与到幼儿园的管理中来，建立与家长沟通的渠道，及时反馈幼儿在园的情况；对于青年教师，幼儿园对其与家长的沟通开展专项培训，探索与家长沟通的有效途径，建立家长对教师的信任。双桥幼儿园还定期组织半日开放和社会实践等活动，增进家长与幼儿园的联系。

安全工作是幼儿园的立园之本，是幼儿园工作的重中之重。幼儿园 2013 年和 2016 年 8 月各进行了一次安全标准化认定工作。两次标准化认定和整改，使幼儿园安全工作更为规范。按照这套模板，幼儿园建立了自己行之有效的安委会、巡查机制和上下沟通传达机制，每年组织至少 40 学时的教职工安全培训教育，每学期组织幼儿和教职工进行安全逃生演练，做好安全各项记录等。

二、园所管理和品牌建设

双桥幼儿园鼓励教师提升教学和业务水平，促进思想政治道德素质等全面发展和提高，并为她们创造展示能力的机会和平台。截至 2018 年，幼儿园有 19 人获得了区、集团公司及以上级别的荣誉。

双桥幼儿园以依法办园、坚持以现代教育理论为中心，以"发展为目标，以提高质量为核心，以规范化管理、队伍建设、环境创设为重点，全面提高保教质量，以教师和幼儿发展为本，以办园特色促进幼儿身体健康、全面、主动、富有个性的发展"为指导思想；以"爱孩子，爱家长，爱幼教事业，力争创建优质品牌园"为办园宗旨；以"以人为本、师幼共同成长，为每一位幼儿成功奠基，为每一位教师发展搭台，规范管理，提高效率，提升质量，追求创新，打造特色促进发展，优质服务创建品牌"为办园理念；以"以规范管理、园所文化培植、队伍建设为重点，致力于管理创新、环境优化、打造教育质量形成教育特色，树立以幼儿发展为本的教育理念，注重保教结合的原则，把幼儿园建成教育思想先进，管理科学规范，师资结构合理，幼儿全面发展，教育具有个性，社会声誉良好的学园、家园、乐园、花园，力争打造地区优质品牌园"为办园目标。

自 1962 年双桥人民公社（当时的双桥农场）被正式命名为"中古友好人民公社"后，双桥幼儿园也为两国友谊，做出过微薄的贡献。2011 年 5 月，古巴大使馆驻华大使等一行来双桥参观交流。公司党委书记马遂志、工会主席闫景海带他们参观双桥幼儿园，并讨论了文化交流等事宜。每年 5 月，双桥农场都会收到古巴大使馆照会，邀请双桥幼儿园的教师和幼儿参加庆祝古巴大使馆纪念共青联盟成立以及古巴何塞马蒂少先队建队纪念日的庆祝活动。双桥幼儿园每年都编排高质量的节目，参加古巴大使馆的纪念活动，代表双桥农场为古巴人民带去我们的友好和热情，已经成为双桥幼儿园的一项光荣任务。

第三章　医疗卫生

1954 年，农场建起医务所。

为了解决农村缺医少药的问题，双桥农场自 1965 年开始，从农村生产队（包括企业单位）抽调了 30 多名知识青年，在朝阳医院医疗队的协助下开办了半农半医训练班。经过三个冬春，1968 年 5 月正式结业，为农村防病、治病培养了一批医务骨干力量。

1968 年秋季，农场开始在黑庄户分场万子营西队试办合作医疗。

1972 年，全场初步建立起三级医疗网。农场有卫生院、分场有卫生所、村（队）有合作医疗（红医工）。全场 59 个生产队建起土药房 21 个，土药厂 5 个。全场赤脚医生和社员利用空闲地、填坑开荒 38 亩。种草药 50 多种，收药 3000 多斤；采集本地草药马齿苋 2000 多斤；自制药丸 20 多种，7 万多丸。培养了一批赤脚医生，初步改变了农村缺医少药的状况。

1973 年，在日坛肿瘤医院的协助下，农场卫生院在全场范围开展妇科病普查、治疗工作。

1974 年，进一步开门办医，双桥卫生院组织巡回医疗小分队，下基层、下农村送医送药。

1975 年，新建卫生院在农场北门外建成，农场卫生院喜迁新址。

1976 年春，经朝阳区政府批准，农场卫生院升为区级医院，改称双桥医院，各分场卫生所升为卫生院。

1977 年，农场出资 10 余万元，盖起了双桥地区第一栋楼房，将双桥职工医院乔迁新楼。楼房共三层，占地面积 11825 平方米，建筑面积 3877 平方米。以后，农场又不断地为其投资，添置医疗设备，高薪招聘医务人员。

1981 年，农场的三级医疗网已显示出巨大作用，农村"缺医少药"的状况已根本改变。分场卫生院和农场医院先后增加病床 110 张。升级为区属医院的双桥医院，在内科方面对脑出血、脑血栓及肺心病能做到及时治疗；外科方面已能胜任一般的肠胃手术，还可在上级医院的指导和协助下完成剖宫产、白内障等眼外科手术。

1992 年 9 月 4 日，朝阳区卫生局同意农场五个乡级卫生院改为医院。

1993年8月，北京市第一家联营性质的少数民族医院——北京伊斯兰医院成立，该医院地处朝阳区管庄回民聚集地。

1994年11月20日，双桥医院正式领取"医疗机构执业许可证"。

1995年，农场共有两座区级医院，拥有床位130张，5所卫生院，共有医务人员150名。

1997年，双桥医院、三间房医院均被评为一级甲等医院，三间房新医院和常营回民新医院主体工程已竣工。

1998年2月，三间房医院被批准为大病统筹定点医院。

1998年，场乡体制改革后，医院等行政事业单位，统一归属地方管辖。

中国农垦农场志丛

第七编

党的组织及企业文化建设

中国农垦农场志丛

第一章　基层组织建设

第一节　组织建制

一、双桥农场党组织建制

1953 年以前，双桥农场的劳动基层组织是生产队的形式，队内分小组，共三个队（耕作队、畜牧队、供销队），并设有职工工会和共青团组织。

1953 年 2 月，双桥农场开展"三反"运动后，发展了第一批中共党员，并建立了党支部，贾梦月担任第一任党支部书记兼农场场长。

1953 年 11 月，根据北京市统一规划，北京农业机械化学院迁至西郊清华东路新建校址（八大学院处），双桥农场成为完全独立的国营机械化农场，姜华亭任党支部书记。

1955 年 3 月，于彦任双桥农场党支部书记。

1956 年 7 月，中华人民共和国农业部农场管理总局扩编为农垦部，双桥农场由农业部移交给农垦部管理。随着双桥农场的发展，党支部也不断壮大，截至 1956 年 12 月 15 日，党支部有党员 48 名。

1957 年 8 月，双桥农场成立了党总支，由崔文瑞任第一任党总支书记。

1958 年 6 月，双桥农场由农垦部下放，移交给北京市通县管理。1958 年 6—9 月期间，通县县委贯彻上级决定，进行了"撤区并乡"工作。将双桥农场周围台湖乡的四合庄、苏坟村、么铺村、定辛庄和豆各庄乡附近的各村庄合并成为豆各庄乡，李惠民任豆各庄乡党委书记。将咸宁侯乡和常营乡合并，成立常营乡，马德洲任常营乡党委书记。至此，双桥农场的正南、西南和西部为豆各庄乡，西北、北部和东北部为常营乡，与双桥农场环绕成一个整体。

1958 年 9 月，根据北京市统一规划，通县将双桥农场和新合并的两个大乡——豆各庄乡、常营乡划归北京市朝阳区管理。当年 10 月成立双桥人民公社，豆各庄乡、常营乡并入双桥人民公社。

1958 年 10 月 25 日，经朝阳区人民委员会决定，撤销了各乡人委及农业社的建制，将全区高级社合并，划分成朝阳、和平、幸福、红光四个人民公社。其中，朝阳人民公社俗称"大朝阳"，包括酒仙桥、平房、东坝、楼梓庄、常营、孙河、金盏、豆各庄八个乡及双桥、朝阳、农展馆、东郊四个农场，马海水任党委书记，梁建华、田子济、苏冰、赵景岑任副书记。双桥农场被合并到朝阳人民公社范围，苏冰任党委书记，张宝文任副书记。

1959年3月，贯彻"郑州会议"精神，朝阳区人民委员会决定将全区原四个大公社划分为七个人民公社，实行三级管理。双桥人民公社（包括农场及豆各庄、常营两个大乡，其中黑庄户，定辛庄两个大队、共十个自然村同期并入双桥农场）为七个人民公社之一。苏冰任党委书记兼人民公社主任，张宝文任党委副书记兼副主任；崔文瑞任双桥农场党委书记，张宝文任副书记。

1959年11月，根据北京市委决定，将原七个人民公社合并为朝阳、中德、和平三个人民公社。朝阳人民公社俗称"小朝阳"，由双桥人民公社（包括常营、咸宁侯2个管理站和种畜场）、红光人民公社（老君堂、小红门、十八里店3个管理站）和幸福人民公社（南磨房、王四营、高碑店、八里庄4个管理站）联合组成。苏冰任朝阳人民公社党委书记，熊克崑、张宝文任副书记。崔文瑞为双桥农场党委书记，张宝文为副书记。从这时开始了由集体所有制向全民所有制过度的试点工作。从此，双桥农场既是政社合一的农场，也是全民所有制的人民公社。

1961年4月，朝阳区委派工作组来双桥农场贯彻《农村人民公社工作条例（草案）》，恢复了双桥人民公社的规模。将朝阳、中德、和平三个人民公社，恢复成原来的七个人民公社。双桥人民公社恢复后，包括常营、咸宁侯、黑庄户、大鲁店、定辛庄五个大队和一个企业部分即原农场的全民企业，仍为全民所有制的人民公社，是政社合一的组织，也是全民所有制的农场。苏冰任双桥人民公社党委书记，张宝文、马振华任副书记。

1961年6月10日，双桥人民公社第一届第一次党员代表大会召开，92名正式党员代表参加，选举产生党委成员20名，党委监委会成员7名。苏冰任双桥人民公社党委书记，张宝文、马振华任副书记。

1962年2月26日，双桥人民公社第二届第一次党员代表大会召开。苏冰任双桥人民公社党委书记，王占成、张宝文、马振华任副书记。

1962年12月29日，双桥人民公社被正式命名为"中古友好人民公社"。1964年1月下旬，双桥农场调整了主要领导，李郡南任党委书记，王占成、张宝文、马振华任副书记。

1965 年 6 月，郭方到双桥农场任党委书记，组成新的领导班子，高凤歧任副书记，制定了双桥农场的全面规划，绘制了新的发展蓝图。双桥农场党委在调整大队（分场）组织、改进工作作风，规划作物种植，筹办大型企业，开班办学，培养人才等工作方面，都有了较大进展。

1969 年 9 月 25 日，双桥农场第一次党员代表大会正式召开，经朝阳区委员会批准，董志坚为党委书记，王占成为副书记。

1970 年 7 月，召开了双桥农场第二次党员代表大会，经朝阳区委员会批准，解放军代表郭景祥为党委书记，戴绍华、韩建初为副书记。

1972 年 9 月，根据《国营农场座谈会纪要》精神，为加强领导力量，双桥农场党委、革委决定，为原党委书记郭方落实政策，恢复其党委书记职务。10 月 24 日，郭方重新被任命为双桥农场党委书记，以后又陆续恢复了王宗续、郑慰祖等公社主任、副主任职务。

1975 年 8 月 15 日，召开了双桥农场第三次党员代表大会，经朝阳区委批准，郭方为党委书记，王宗续、王德厚、陈德茂、庄和善、胡文顺、李桂兰为副书记，杨春测、王敬田、武成、黄槿为常委。至此，"文革"期间被打倒的主要领导干部已全部落实政策、官复原职。

1981 年 3 月 6 日，双桥农场召开第四次党员代表大会，根据市区要求，基层党委不设常委，党委会由七至十一人组成，此次选举产生了第四届委员会，由胡文顺、王德厚、杨春测、陈德茂、黄槿、武成、周诗平、韩玉清、张恩组成。胡文顺任党委书记，王德厚、杨春测、陈德茂任副书记。

1981 年 4 月 29 日，成立了双桥农场纪律检查委员会，共设 5 名成员：陈德茂、李宝亮、徐锦昆、果秀玲、陈序森。陈德茂担任纪委书记，暂不设副书记。

1984 年 6 月，深化体制改革，实行党、政、企分开，双桥农场党委改为双桥地区农村工作委员会。经朝阳区委批准，周诗平任工委书记，王金农、陈德茂、彭少武任副书记。胡文顺、王德厚、杨春测任顾问。彭少武兼纪委书记，韩玉清、张恩任督导员。

1986 年 6 月，经朝阳区委批准，彭少武为工委书记，王金农、陈德茂为副书记，增补徐锦昆、陈志业、果秀玲、李杰锋、张子禄为党委委员。1987 年 4 月，任命李杰锋为工委副书记。

1988 年 4 月，双桥农工委办事机构调整，组织科、宣传科、党委办公室合并成立党委工作部，王立荣任部长兼纪委书记，任命李福荣为工委副书记。5 月，农场在工商部门办理"北京市双桥农工商公司"，同时成立了国营双桥农场管理委员会，管委会由 11 人组成，主任王金农。

1998 年 9 月，北京市政府发布了《关于北京市农工商联合总公司场乡体制改革的意见》，对北京市农工商联合总公司（首农集团前身，以下简称总公司）所属的 13 个场乡合一的农场进行体制改革。北京市政府派工作组进驻双桥农场，11 月，双桥农场变成面向市场、自主经营、自负盈亏的国有企业。12 月双桥农场领导班子由过去的党、政、企三套人马，减少到党、企五位领导。根据总公司党委京农场组字〔1998〕第 68 号文件通知，张志明任双桥农场党委委员、书记，免去其双桥农场场长职务；薛刚任双桥农场党委委员、副书记、场长，免去其双桥农场副场长职务；王立荣任双桥农场党委委员、纪委书记；王平任双桥农场党委委员、副场长；李文才任双桥农场党委委员、工会主席；朱文玲任双桥农场总会计师。免去陈德茂双桥农场党委委员、副书记职务，改任正场级调研员；免去董金波双桥农场党委委员、副场长职务，保留原副场职工资待遇；免去韩凌云双桥农场总农艺师职务，保留原副场职工资待遇；王俊厚因场乡体制改革，其所担任的职务自然免去，保留原副场职工资待遇。

在场乡体制改革后，人事关系划归朝阳区的原双桥农场党委及行政班子成员，其所担任的职务自然免去。人事关系划归双桥农场的人员，其原在双桥办事处工委和办事处中所担任的职务自然免去。

1999 年 1 月 8 日，根据京农场组字〔1999〕3 号文件通知，何冰任双桥农场党委委员、副书记；高扬、魏建田任双桥农场副场长。

2002 年 6 月，双桥农场召开了第五次党员代表大会，选举产生的党委班子成员有何冰、薛刚、王治平、王平、王立荣、王昭亮、魏建田，书记何冰，副书记王治平、薛刚；王立荣担任纪委书记，王治平、李刚、谢俊玲为纪委班子成员。

2008 年 6 月，根据北京市国资委精神，按照北京首都农业集团有限公司的部署，以双桥农场为主体，吸收、合并三元绿化公司和永乐店农场，组建成新的北京市双桥农工商公司，进行了体制改革，推行了法人治理结构，从原来的农场管理体制和经营机制转换为公司制管理，成立了董事会、党委会和经理层。党委会由 7 人组成，何冰任党委书记，张保华、王治平任副书记，闫景海、王平、丁守林、张瑞丰任党委委员。12 月 24 日，双桥农工商公司建立机关党总支。

2010 年 3 月，由于经营管理体制运行不畅，北京首都农业集团有限公司党委决定取消双桥农工商公司董事会，恢复总经理负责制，张保华任副书记、总经理，马遂志任党委书记，王治平任党委副书记、纪委书记，王平、张瑞丰任党委委员。

2011 年 2 月 14 日，王治平调出任职，不再担任双桥农工商公司党委副书记、纪委书记，邵为卓任双桥农工商公司党委副书记、纪委书记。

2011年5月16日，白宝通、张建国、孙玉华、郑媛任双桥农工商公司纪委委员。

2014年11月，双桥农工商公司党委书记马遂志到达法定退休年龄，经集团公司研究，由张保华主持全面工作。双桥农工商公司党委副书记为张保华，副书记、纪委书记为邵为卓，党委委员为王平、张瑞丰。

2016年6月，经集团公司党委研究决定，许树坡任双桥农工商公司党委书记，张保华任副书记，邵为卓任副书记、纪委书记，张瑞丰已到法定退休年龄，不再担任党内外职务，高建华任党委委员。

2016年8月26日，魏曙明不再担任双桥农工商公司副总经理职务，改任双桥农工商公司党委委员，郑媛担任双桥农工商公司副总经理。

2016年11月22日，双桥农工商公司召开第一次党代会，选举产生了第一届委员会和纪律检查委员会。经集团公司党委批复，许树坡任党委书记，张保华、邵为卓任副书记，高建华、魏曙明任委员，邵为卓任纪委书记，郑媛、孙玉华、张建国、赵航任纪委委员。

2017年12月，根据北京市国资委和首农集团的统一部署和要求，双桥农工商公司变更为北京市双桥农场有限公司。许树坡任党委书记，张保华、邵为卓任副书记，高建华、魏曙明任委员，邵为卓任纪委书记，郑媛、孙玉华、张建国、赵航任纪委委员。

2018年9月，双桥农场有限公司党委对于人数不符合设置要求的党组织，进行了调整，下属3家党委改为总支，1家总支改为支部，1家党员不足7人的支部不设支委会。

二、所属基层单位党组织建制

1953年10月，双桥农场向农场管理局呈报了《场机构编制调整准备情况及存在的问题的请示》，提出将三级制改为两级制。

1959年3月，黑庄户、定辛庄两个大队率先并入双桥农场。

1964年8月，建立双桥机务管理站，机务站党支部书记贾宝堂。

1971年1月，为了加强对全民企业的领导，改变企业连年亏损的状况，经双桥人民公社党委、革委决定，把全民企业收归双桥农场直接领导，设企业党委和领导小组，负责企业管理工作，党委书记为郭景祥，戴绍华、韩建初为副书记。农场下辖17个单位：豆各庄化工厂（1973年移交朝阳区）、农药厂、淀粉厂、汽车队、双桥牛场、长营牛场、豆各庄牛场、西猪场、南猪场、双桥马场、黑庄户马场、鸭场、农一队、农二队、农四队、黑庄户果园、石槽果园，共有职工 2368 人（不含豆各庄化工厂）。

1973 年，农村分场建立党委，行使农场一级的职权。分场以下以行政村为单位建立生产队，并建立党支部。同时，将原管庄分场以三间房桥为界划为管庄、三间房两个分场。企业部分撤销企业领导小组，建立企业分场，即双桥分场，并建立党委，胡文顺任党委书记，贾宝堂任副书记。

从 1979 年 6 月开始，为了加强对全民企业的专业化管理，将原企业分场（即双桥分场）分为工业、畜牧两个分场，并分别建立分场党委和行政班子，韩玉清任工业分场党委书记兼场长，辛伟任副书记；周诗平任畜牧分场党委书记，韩文科任场长，徐锦昆任副书记。

1984 年 6 月，深化体制改革，经工委决定，撤销工业、畜牧分场，组建八大公司，即乡镇企业公司、供销公司、建筑公司、畜禽公司、水产公司、农业技术服务公司、蔬菜技术服务公司、储运公司。

1988 年 1 月，根据生产发展需要，又重新建立畜牧分场，张志明任党委书记。

1988 年 8 月，重新组建工业分场，李杰峰任党委书记，朱亚芹任副书记。

1988 年 12 月，双桥农场组建生活服务分场，王敬田任党委书记，张爽任副书记。

2008 年 6 月，经双桥农工商公司党委同意，重组后的国营北京市永乐店农场组建新的领导班子，张瑞丰任永乐店农场党委委员、书记、纪委书记；刘万友任永乐店农场党委委员、副书记、场长；永乐店农场实行场长负责制。

2008 年 12 月，合并后的双桥农工商公司共有 9 家所属企业，分别是：永乐店农场、双益达集团、太洋药业、三元绿化、立时达药业、胜利建材、桥联物业、大秦物流、亿本公司。党委建制企业为永乐店农场、双益达集团、太洋药业；总支建制企业为三元绿化；支部建制企业为立时达药业、胜利建材、桥联物业、大秦物流；亿本公司未建立党组织。

2009 年 4 月 20 日，经北京三元集团有限责任公司组字〔2009〕6 号文件批准，同意太洋药业建立党委，归属双桥农工商公司党委管理。赵宝泉任太洋药业党委书记，李世鑫任党委副书记，曹国强、姚春任党委委员。

2009 年开始，双桥农工商公司党委针对多数下属企业党政合一的体制，积极探索法人治理结构中党组织发挥政治核心作用的有效途径，同样采取了交叉任职的形式，规范了党组织对重大问题的决策途径与程序，保障了企业决策的科学性。对困难企业，双桥农工商公司党委强调企业党组织维护好职工的切身利益，搞好扶贫帮困工作，解决好下岗职工和困难党员的实际问题。

2010 年 3 月，实行总经理负责制后，伴随双桥农工商公司经济发展与经济结构的调整，5 月 14 日，将原三元绿化拆分为三元绿化和腾达饲料场，原在三元绿化任职的干部，职务自行免职。双桥农工商公司共有 10 家所属企业，分别是永乐店农场、双益达集团、太洋药业、三元绿化、腾达饲料场、立时达药业、胜利建材、桥联物业、大秦物流、亿本公司。党委建制企业为永乐店农场、双益达集团、太洋药业、腾达饲料场；总支建制企业为三元绿化；支部建制企业为立时达药业、胜利建材、桥联物业、大秦物流；亿本未建立党组织。

2010 年 11 月 30 日，双桥农工商公司报请首农集团批准，胜利建材董事会、监事会等机构自行撤销，原股份制企业聘任的干部自行免职，实行经理负责制。

为了便于经营与管理，2012 年 11 月 2 日，双桥农工商公司决定永乐店农场与腾达饲料场整合重组，两个单位干部的职务自行免去，新组建的永乐店农场实行场长负责制。

2014 年 1 月 1 日，双桥农工商公司机关党总支进行调整，邵为卓兼任机关党总支书记，张瑞丰、张建国、王卫兵任机关党总支委员。

2014 年 11 月 1 日，根据北京市国资委和首农集团关于减少三级企业的指示要求，双桥幼儿园脱离桥联物业公司管理，改由双桥农工商公司直接管理，成立党支部。

双桥农工商公司 13 家所属企业，分别是永乐店农场、双益达集团、太洋药业、三元绿化、立时达药业、胜利建材、桥联物业、大秦物流、亿本公司、双桥幼儿园、扬州暖山、塞隆国际、九九工场。党委建制企业为永乐店农场、双益达集团、太洋药业；总支建制企业为三元绿化；支部建制企业为立时达药业、胜利建材、桥联物业、大秦物流、双桥幼儿园；亿本公司、扬州暖山、塞隆国际、九九工场未建立党组织。

2017 年 9 月 26 日，成立中国共产党北京市双桥农工商公司机关第三支部委员会。外埠合资合作企业中，大连一方置地有限公司和扬州暖山项目公司均成立了党支部。合资企业北京塞隆公司成立了党支部，九九工场公司和亿本公司的党员均在双桥农工商公司机关第三党支部，做到了组织建设无死角。

2018 年 9 月 17 日，按照党章及双桥农场有限公司党委要求，"中国共产党北京永乐店农场有限公司委员会"变更为"中国共产党北京永乐店农场有限公司总支委员会"；"中国共产党北京太洋药业股份有限公司委员会"变更为"中国共产党北京太洋药业股份有限公司总支委员会"；"中国共产党双益达建安工程有限公司委员会"变更为"中国共产党双益达建安工程有限公司总支委员会"；"中国共产党北京三元绿化工程有限公司总支委员会"变更为"中国共产党北京三元绿化工程有限公司支部委员会"。

历任党组书记、副书记如表 7 - 1 所示。

表 7-1　党组织书记、副书记情况表

姓名	职务	任职时间	姓名	职务	任职时间
贾梦月	书记	1953 年 02 月—1953 年 12 月	张宝文	副书记	1958 年 11 月—1965 年 02 月
姜华亭	书记	1953 年 12 月—1955 年 03 月	马振华	副书记	1963 年 03 月—1965 年 02 月
于 彦	书记	1955 年 03 月—1956 年 07 月	高凤歧	副书记	1965 年 02 月—1969 年 09 月
崔文瑞	书记	1956 年 07 月—1958 年 09 月	王占成	副书记	1962 年 03 月—1975 年 03 月
赵乃光	书记	1958 年 09 月—1958 年 11 月	戴绍华	副书记	1970 年 07 月—1975 年 08 月
苏 冰	书记	1958 年 11 月—1959 年 04 月	韩建初	副书记	1970 年 07 月—1975 年 08 月
崔文瑞	书记	1959 年 04 月—1962 年 03 月	王宗绪	副书记	1975 年 08 月—1981 年 04 月
苏 冰	书记	1962 年 03 月—1964 年 02 月	王德厚	副书记	1975 年 08 月—1984 年 01 月
李郡南	书记	1964 年 02 月—1965 年 05 月	庄和善	副书记	1975 年 08 月—1981 年 04 月
郭 方	书记	1965 年 06 月—1969 年 09 月	胡文顺	副书记	1975 年 08 月—1981 年 04 月
董志坚	书记	1969 年 10 月—1970 年 07 月	李桂兰	副书记	1975 年 08 月—1981 年 04 月
郭景祥	书记	1970 年 07 月—1972 年 10 月	杨春测	副书记	1981 年 04 月—1984 年 01 月
郭 方	书记	1972 年 10 月—1981 年 04 月	陈德茂	副书记	1974 年 03 月—1998 年 08 月
胡文顺	书记	1981 年 04 月—1984 年 01 月	李杰锋	副书记	1987 年 04 月—1989 年 05 月
周诗平	书记	1984 年 01 月—1986 年 04 月	李福荣	副书记	1989 年 04 月—1998 年 01 月
彭少武	书记	1986 年 04 月—1990 年 12 月	蒋士臣	副书记	1998 年 07 月—1998 年 08 月
王金农	书记	1991 年 04 月—1992 年 09 月	何 冰	副书记	1999 年 01 月—2001 年 03 月
吕和平	书记	1992 年 09 月—1998 年 12 月	王治平	副书记	2002 年 06 月—2011 年 03 月
张志明	书记	1998 年 12 月—2001 年 03 月	邵为卓	副书记	2011 年 03 月—2019 年 12 月
何 冰	书记	2001 年 03 月—2002 年 12 月	黄智勇	副书记	2019 年 12 月—今
马 辉	书记	2002 年 12 月—2004 年 02 月			
邵光海	书记	2004 年 02 月—2008 年 06 月			
何 冰	书记	2008 年 06 月—2010 年 03 月			
马遂志	书记	2010 年 03 月—2014 年 11 月			
许树坡	书记	2016 年 06 月—2020 年 11 月			

历次党代会情况如表 7-2 所示。

表 7-2　历次党代会情况表

时间	会议	选举结果
1969 年 09 月	双桥农场第一次党员代表大会	党委班子成员：董志坚、王占成 纪委班子成员：无
1970 年 07 月	双桥农场第二次党员代表大会	党委班子成员：郭景祥、戴绍华、韩建初 纪委班子成员：无
1975 年 08 月	双桥农场第三次党员代表大会	党委班子成员：郭方、杨春测、王宗续、王德厚、陈德茂、庄和善、胡文顺、李桂兰 纪委班子成员：无
1981 年 04 月	双桥农场第四次党员代表大会	党委班子成员：胡文顺、王德厚、杨春测、陈德茂 纪委班子成员：无

（续）

时间	会议	选举结果
2002 年 06 月	双桥农场第五次党员代表大会	党委班子成员：何冰、薛刚、王治平、王平、王立荣、王昭亮、魏建田
		纪委班子成员：王立荣、王治平、李刚、谢俊玲
2016 年 11 月	北京市双桥农工商公司第一次党员代表大会	党委班子成员：许树坡、张保华、邵为卓、高建华、魏曙明
		纪委班子成员：邵为卓、郑媛、孙玉华、张建国、赵航
2019 年 12 月	北京市双桥农场有限公司第一次党员代表大会	党委班子成员：许树坡、张保华、黄智勇、赵宝泉、郑媛
		纪委班子成员：黄智勇、赵航、孙玉华、张建国、史舒楠

党组织及党员队伍情况如表 7-3 所示。

表 7-3 党组织及党员队伍情况表

时间	党委（个）	党总支（个）	党支部（个）	党员总数（人）	其中	
					男（人）	女（人）
1956 年			1	48	42	6
1961 年	1	6	82	576	460	116
1965 年	1	5	86	786	599	187
1970 年	1	6	99	1303	905	398
1971 年	1	7	102	1199	898	301
1973 年	7		99	1329	960	369
1974 年	1	6	110	1419	1014	405
1976 年	7		128	1696	1189	507
1977 年	7		135	1789	1256	533
1978 年	7	27	122	1672	1182	490
1981 年	8	4	143	1921	1414	507
1985 年	6	2	147	1942	1429	513
1986 年	6	2	157	2069	1528	541
1987 年	1	6	161	2211	1636	575
1988 年	1	7	166	2264	1577	687
1989 年	1	11	186	2409	1736	673
1990 年	1	10	188	2540	1961	579
1991 年	1	8	184	2609	1906	703
1992 年	1	11	194	2687	1938	749
1993 年	1	10	199	2791	2032	759
1994 年	1	11	202	2895	2050	845
1995 年	1	11	201	3005	2112	893
1996 年	1	11	195	3047	2152	895
1997 年	1	10	191	3095	2197	898
1998 年	6	1	49	876	608	268
1999 年	5	1	42	732	531	201
2000 年	4	1	31	544	410	134

（续）

时间	党委（个）	党总支（个）	党支部（个）	党员总数（人）	其中	
					男（人）	女（人）
2001 年	4	1	30	526	399	127
2002 年	4	1	29	489	367	122
2003 年	3	1	30	470	353	117
2004 年	3	1	30	445	340	105
2005 年	3	1	28	426	325	101
2006 年	3	2	23	379	282	97
2007 年	3	2	20	377	276	101
2008 年	4	2	33	530	398	132
2009 年	5	1	26	511	381	130
2010 年	5	2	26	472	336	136
2011 年	5	2	26	455	323	132
2012 年	5	2	26	451	318	133
2013 年	4	2	23	447	315	132
2014 年	4	2	24	385	268	117
2015 年	4	2	23	389	261	128
2016 年	4	2	20	360	246	114
2017 年	4	2	20	355	233	122
2018 年	1	4	21	349	226	123

第二节　思想政治建设与重要活动

一、1949—1998 年场乡体制改革前

1960 年 9 月，中央对国民经济实行"调整、巩固、充实、提高"的八字方针。双桥农场（双桥人民公社）开展了整风整社运动，进一步贯彻执行了党对人民公社的各项政策，有效地调整了生产关系，改善了党群、干群关系；调动了广大职工社员的生产积极性，基本上反掉了"五风"（即 1958 年在"大跃进运动"中和人民公社化运动中，所泛起的"官僚主义、强迫命令、瞎指挥、浮夸风、共产风"）。

改革开放以来，双桥农场围绕"一个中心，两个基本点"，加强干部、党员的思想政治教育，提高干部、党员的思想觉悟与政策理论水平。1978—1981 年，组织干部、党员学习党的十一届三中全会文件，揭批"江青集团"，拨乱反正，学习"检验真理的唯一标准是实践"的论述，使干部、党员进一步分清路线是非，肃清"左"的流毒。1982 年 9 月—1983 年，组织近三百人的报告员、宣讲家、党课教员，采取先骨干、后群众，先领

导、后基层的办法，掀起学习党的十二大文件的高潮。1984 年下半年，结合农村联产承包责任制的贯彻实施，组织农村分场领导、基层主要干部，学习中共中央"关于加快农业发展"的两个文件、1981—1984 年各年度的中央 1 号文件，并组织干部到河南、山东等地参观学习，使联产承包责任制迅速得到落实。1984 年 8 月—1987 年 1 月，组织党员学习党的十一届三中全会、党的十二大的重要文件，学习陈云关于党风问题的重要指示，学习党章和《党内政治生活若干准则》，使双桥农场党员受到深刻的马克思列宁主义、毛泽东思想的教育，对彻底否定"文革"，端正党风，加强党的组织性、纪律性等问题，有了正确认识。1987 年初，随着改革不断深化，双桥农场工委举办了为期 8 天，由农村生产大队和基层企业的党支部书记、厂长、队长等 200 人参加的商品经济理论学习班，使干部树立起社会主义大农业、商品经济、市场、竞争等观念。1987 年 5 月，双桥农场工委率先在朝阳区和北京市国营农场管理局（简称农场局）范围内建立起基层党校。从 1987—1989 年，党校共举办了 18 期学习班，对党员进行了党的基本路线方针政策和基本知识、政治理论教育以及党风党纪教育，对组织、宣传、纪检干部进行了岗位培训。1987 年 7 月，双桥农场工委建立了思想政治工作研究会，这是农场局系统唯一的思想政治工作研究会，有 35 名会员。1987—1989 年，思想政治工作研究会会员坚持每年读一本书，研究会每年出两期会刊，召开两次以上的研讨会，对双桥农场思想政治工作内容、形式、方法、对象等方面进行了调查研究，先后写出了论文 44 篇，对提高双桥农场思想政治工作水平起到促进作用。自 1987 年底至 1988 年，组织各级干部学习党的十三大的重要文件，使大家对社会主义初级阶段的理论有了初步认识。

从 1983 年 1 月开始，双桥农场先后建立了干部的任免、考核与考察制度，在职干部和后备干部的培养和提高以及离退休干部的管理等制度，对干部的管理、考核日趋完善。1987 年以后，对干部的管理、考核逐步做到系统化、科学化。即年初制定干部责任目标；春节后举办干部培训班，落实具体措施；6 月份进行半年工作考核，并召开半年工作分析会，落实下半年的具体措施；年底进行全年工作考核，处级以上干部进行年底述职评定。通过系统化、科学化的管理、考核，增强了干部的事业心、责任感，对完成"两个文明"建设任务起到了促进作用。

1984 年 8 月—1987 年 1 月，双桥农场工委组建了整党领导小组，下设办公室负责具体事宜。各分场和基层由党的主要干部负责，并抽调部分联络员，协助基层做好整党工作。调整了两个乡级领导班子和八个基层党支部班子；发展党员近百名。通过整党，纯洁了队伍，核查了"三种人"（即在"文化大革命"中追随江青反革命集团造反起家的人、帮派思想严重的人、打砸抢分子），进一步肃清了"左"的影响；对"文革"中遗留问题，做到了事事有调查、件件有结果；各党支部加强了政治思想工作，更加重视党员发展工作和青年干部培养。双桥鸭场党支部于 1985 年 6 月发展了在该场工作近四十年的老畜牧师袁光斗入党，袁光斗深受感动，一再表示，愿在有生之年，为党的事业贡献自己的力量。从整党开始，双桥农场各级党组织党内组织生活制度逐步完善，建立了"三会一课"制度、党员联系户和联系职工制度。

1986 年，朝阳区双桥乳品加工厂党支部被北京市委评为"先进基层党支部"。

"七五"期间（1986—1990 年）双桥农场建立了党员、群众民主对话制度，积极分子的培养和考察制度。从 1988 年开始，双桥农场在农村和企业开展党员目标管理试点工作，到 1989 年 1 月全面推开。围绕党员目标管理这条主线，开展系统化、科学化的管理和教育。年初制定党员考评目标，党校开始分期、分批进行轮训；半年进行目标管理初评，在此基础上开展"争优创先"活动；下半年以质量分析为依据，实行分类管理：对优秀党员通过不同形式进行表彰，对一般党员加强组织观念教育，督促党员发挥先锋模范作用，对犯错误党员进行追踪教育，通过座谈、个别谈心，启发他们挖根索源、痛改前非，并教育其他党员引以为戒；年终总评，对党员逐个民主评议和鉴定。通过对党员的目标管理，党员素质提高了，党性观念加强了，党员们主动参加义务劳动，主动承包联系户、联系职工的工作，党员作用更加明显了，组织战斗力增强了。

1989 年 7 月开始，双桥农场党委每年"七一"对全场先进党组织、优秀党员干部、优秀党员进行表彰，大力宣传他们的先进事迹，鼓励大家自觉学习身边的榜样。

1991 年，双桥农场建立了领导班子思想作风建设责任制，各级党组织的书记认真抓好本单位领导班子思想作风建设，对领导干部坚持每年进行一次民主评议；健全民主生活会制度，下属单位党支部每季度召开一次民主生活会，开展批评与自我批评，增强党组织自我监督、自我净化的能力。1991 年，朝阳区双桥农村工委双桥乳品加工厂党支部被北京市委评为"先进基层党支部"。

1992 年 5 月，双桥农场工委对所属五个乡党委进行了换届选举，制订了换届选举的具体要求和步骤，对委员候选人员进行了考察，通过选举选出了各乡新一届党的委员会。

1994 年初，开展后进党支部整顿工作，对农场所属 197 个支部进行了认真的调查摸底和分类排队，确定豆各庄乡孟坟村等 10 个党支部作为重点整顿对象，通过对这些后进党支部落后原因的分析研究，采取了调整党支部领导班子、加强党建工作、提高党支部领导集体凝聚力和战斗力、加强干部培训等方式，有针对性地、合理地开展整顿，使后进支部落后面貌有了较大改变。

1995 年，利用职工学校的资源优势，组织开办学历培训、知识讲座、学习辅导等培训班。开办企管大专班，吸收基层党支部书记以上年轻干部 85 人参加学习；开办财会和工业企业管理两个中专班，吸收青年干部、职工 89 人参加学习。

1996 年，利用两个星期时间举办干部培训班，对包括分场正、副职领导，基层党支部支委共 500 多人，进行了市场经济理论和社会主义特色理论的培训，由市委党校教师分五个专题授课，并在培训结束后以问卷形式进行了调研，通过问卷可以看出培训取得了一定的成效。

1997 年，以培养高素质干部和职工队伍为目标，对领导干部进行了邓小平理论、江泽民"5·29"讲话和"十五大"报告等政治理论培训，通过"企业效益与职工利益"大讨论，推动"双学双创"和民主管理向纵深发展。

1998 年初，根据企业的变化，调整了党支部设置，撤销了同兴源贸易商行、文教办、乡镇企业公司、天泉食品公司党支部，合并代管库、储运库党支部，成立了大秦仓储有限公司党支部。7—8 月间，我国南北方发生百年不遇的特大洪水，开展机关、直属单位广大干部、职工向灾区人民募捐活动。9 月，场乡体制改革，顺利完成朝阳区第十一届人大代表换届选举工作。

二、1998—2018 年场乡体制改革后

为提高党组织科学执政、民主执政和依法执政的能力，双桥农场党委带领各级党组织认真学习贯彻党的十五大、十六大、十七大文件；先后开展了"三讲"（讲学习，讲政治，讲正气）和"三个代表"等学习活动。

2001 年 9 月，按照总公司党委的统一布置，在总公司党委、总公司"三讲"办和"三讲"指导小组的指导帮助下，双桥农场领导班子参加了"三讲"学习教育活动，从 9 月 18 日到 10 月 20 日，这次学习教育活动经过思想发动、学习研讨、听取意见、交流思想；民主评议、批评与自我批评；认真整改共三个阶段。

2003 年，在抗击"非典"中，党员们积极参加义务劳动，加班加点，为国家制造所需药品。2008 年 5 月，"5·12"汶川地震发生后，双桥农场党委组织向灾区捐助款物共计 594997 元，其中捐款 173957 元，捐助药品价值 421040 元。中央组织部向全体党员发出了缴纳特殊党费的号召，双桥农场全体党员纷纷响应，全体 471 名党员，共交纳特殊党费 137960 元，其中交纳特殊党费千元以上 47 人，赵振明交纳特殊党费 1 万元。2008 年，建党 87 周年纪念活动期间，按照集团公司通知要求，双桥农场党委又开展了"共产党员献爱心活动"，广大党员和非党积极分子踊跃参加，365 名党员和 19 名非党积极分子捐款

20280元；在此期间，还开展了慰问困难党员活动，各级党组织慰问困难党员17人次。

2004年7月，双桥农场被北京市国资委授予"先进基层党组织"牌匾，被评为"北京市基层先进党组织"。

2005年，集中3个月时间，开展了保持共产党员先进性教育活动，通过开展活动，双桥农场党委的核心领导作用更加明显，突出的表现在贯彻党和国家的路线、方针、政策，参与制定和实施企业重大决策，带领全体党员和职工群众，积极参加农场的经济建设，为农场经济工作保驾护航上。农场保持共产党员先进性教育活动从8月11日开始到11月中旬结束，圆满完成了学习动员、分析评议和整改提高这三个阶段的各项工作任务。农场各二级单位积极传达并组织学习共产党员先进性教育活动动员大会的精神，学习农场下发的先进性教育活动的10个文件，学习集团公司包宗业书记在农场动员大会上的重要讲话。各二级单位在学习的基础上结合本企业的实际，按照农场党委的要求，认真、详细地制定了本单位的先进性教育活动的实施方案和有关文件。

2008年是奥运决战年，双桥农工商公司虽然不是窗口行业，但双桥农工商公司党委积极要求全体党员和员工努力工作，认真落实《中共北京市委组织部关于充分发挥全市基层党组织在筹办2008年北京奥运会中的促进和保障作用的意见》，各单位都于年初成立了由书记为组长，党委委员、各单位党政领导为组员的迎奥运领导小组，制定了奥运宣传和技术练兵等多项工作计划，要求各支部及全体党员积极投入到迎奥运的各项工作中去，党员积极参加志愿者队伍和啦啦队，为比赛活动做好保障工作，充分发挥党支部和党员的先锋模范作用，确保与奥运有关的一切工作顺利进行。根据集团公司专业化经营、集团化管理的总体思路及双桥农工商公司重组以后管理和发展的实际需要，双桥农工商公司机关对各业务部门设置进行了重新调整，重新明确岗位和工作职能并重新选聘工作人员，业务部门的称谓由"科室"改为"部室"。结合合并重组后企业发展的实际情况，双桥农工商公司党委加大调整力度，全年共完成近20人次的中层管理人员调整，并启用35岁以下青年骨干作为中层管理人员。同时，加大对中层管理人员的培训力度，举办了为期三周的管理人员培训班，主要内容涉及开发提升中层管理者的执行力、企业预算管理、企业绩效管理三个方面，中层以上管理人员共70余人参加了培训。在人才队伍建设上，按照集团公司的要求，继续探索实施"双培双带"工程（"双培"是指将党员培养成人才和岗位能手，将人才和岗位能手培养成党员，建立以高技能人才为核心的高素质的党员队伍；"双带"指发挥党员的先进性和模范带头作用，发挥党员目标管理的辐射带动作用，以高素质的党员队伍建设推动高素质的员工队伍建设）。举办入党积极分子培训班，历时一周，有45人参加培训，全年发展党员22名，转正16名。双桥农工商公司党委通过深入调研，不断完善党员目标管理工作。各单位党员目标管理反复修订方案，提出有针对性的目标管理措施。双桥农工商公司党委逐一对党员目标管理落实情况进行检查。将每个党员的目标管理的专栏内容及支部工作手册、党员目标管理手册都纳入检查之中，创新了党建工作内容。

2009年3月开始，双桥农工商公司开展了深入学习实践科学发展观活动。双桥农工商公司党委对整个学习实践活动提出规定动作要到位、自选动作要创新、学习调研要深入、主题讨论要突出、整改落实要实效等五项要求。领导班子成员带领全体党员学习了《科学发展观重要论述摘编》及《毛泽东　邓小平　江泽民　论科学发展》两本书。双桥农工商公司党委书记做了题为"正确理解科学发展观的内涵将科学发展观切实运用到企业的工作实际"的专题讲座。邀请北京国际经济贸易研究所教授邓洪波，就国内、国际的经济形势做专题讲座。活动中，双桥农工商公司党委举办多次不同类型的座谈会，开展解放思想大讨论，围绕双桥农工商公司重点工作、紧密联系实际，深入剖析各单位生产、经营、开发、管理等方面不适应、不符合科学发展的问题，共形成了33条意见和建议，梳理出5个突出问题。针对突出问题，双桥农工商公司党委领导班子开展了批评与自我批评，并明确了整改方向：一是加强各级领导班子建设，提高领导科学发展的能力；二是加快"一主多元"发展战略的落实，统筹兼顾，协调发展；三是加强人力资源管理，打造高素质员工队伍；四是加强管控体系建设，提升企业经营管理水平；五是切实改进工作作风，发挥整体合力并提高执行力。以深入学习实践科学发展观活动为契机，双桥农工商公司进一步加强党员队伍建设：一是创新党员活动方式，创建党员责任区，将党员示范作用作为提高党组织战斗力的有效途径。例如：大秦物流党支部在党员中开展"大秦之星"评定活动，党员"先锋岗"活动长年不断，涌现出众多党员业务骨干，全年在业务骨干中发展党员21名，转正6名。二是党员工作目标量化管理，完善定量和定性相结合的考核评价机制、激励机制和责任机制。三是按照集团公司党发〔2009〕1号文件精神，广泛开展纪念建党88周年的纪念活动，组织全体党员投身到扶贫济困送温暖活动之中，共有379人参加捐款活动，共计捐款20070元。永乐店农场组织党员参观辽沈战役纪念馆；桥联物业、立时达、胜利建材组织党员到革命圣地西柏坡、塔山路战战场等地接受爱国主义教育。

2010年2月，双桥农工商公司党委开展了创先争优活动，提出发挥基层党组织的作用，必须做到"四要"：一要认识到位，从思想上真正认清思想政治工作的重要性；二要理解智能，从信念上坚定思想政治工作的客观时效性；三要发挥作用，从行动上固化思想政治工作的核心统领性；四要广开渠道，从方法上探索思想政治工作的唯一针对性。抓好"四要"，具体体现在"四个一流"：树立一流的风气，建设一流的班子，带出一流的队伍，培养一流的员工。结合双桥农工商公司重组后的实际情况，双桥农工商公司党委发动各级党组织和广大干部员工围绕改制重组和重大项目建设开展工作，并在基层党组织中开展谈心、交心、顺心、愉心、同心为主要内容的"五心"活动，促进了各级班子的团结协作。通过建立学习型党组织，创新党组织工作机制，进一步加强领导班子建设，一是坚持集中学习与个人学习相结合，专题学习与专题讨论相结合，理论学习与实践相结合，提高各级班子成员的思想理论素养、业务水平和驾驭管理企业的能力；二是打造优秀团队，按照政治素质好、经营业绩好、团结协作好、作风形象好的"四好"标准加强班子建设。2010年4月青海玉树地区发生强地震后，双桥农工商公司党委号召全体员工踊跃捐款，奉献爱心，共有1258人捐款49160元。结合建党89周年，双桥农工商公司党委召开了"七一"表彰大会，对5个先进基层党组织、5名优秀党务工作者和20名优秀共产党员进行了表彰，并向获奖的集体和个人分别颁发了证书、奖牌和纪念品。公司还举办入党积极分子培训班，共计55人参加培训，全年共计发展党员38名，转正9名，壮大了党员队伍，增强了党组织的凝聚力和战斗力。

2011年1月，双桥农工商公司党委在基层党组织中广泛开展了"十个一"活动即：重温一次入党志愿、开展一次党员谈心活动、撰写一篇感党恩的体会文章、召开一次党小组生活会、组织一次党在我心中演讲活动、唱响一首歌颂党的红色歌曲、宣扬一批先进典型、检查一次党纪执行情况、评论一次党员的模范作用、征求一次群众对党的意见与建议。2011年8月，双桥农工商公司党委提出实施党务公开，并成立以党委书记为组长，党委副书记为副组长的党务公开工作领导组，制定了《北京市双桥农工商公司关于党组织实行党务公开的实施办法》。双桥农工商公司党委在工作中坚持做到"四个强化"：一是强化积极主动的思想观念，在"我要做好"上下功夫；二是强化服务保障的思想观念，在"应该做好"上下功夫；三是强化开拓创新的思想观念，在"必须做好"上下功夫；四是强化和谐稳定的思想观念，在"全面做好"上下功夫。开展了一系列党史教育活动，组织全体党员和入党积极分子学党史、听党课，听取国防大学教授徐焰做的党史报告。组织机关党员、入党积极分子和团员青年到革命圣地西柏坡参观学习，组织离退休干部到冀热察挺进军司令部旧址参观。所属各单位党支部组织党员开展不同形式的党日活动。"七一"前夕，双桥农工商公司党委开展"送温暖、献爱心"活动，深入企业与基层党组织开展走访慰问，为离退休干部和困难党员送去慰问金、慰问品；双桥农工商公司957名员工捐款36555元，其中党员捐款17025元。"八一"前夕，双桥农工商公司党委和永乐店农场党总支举办复转军人座谈会，学习复转军人党员过硬的素质和实干精神。双桥农工商公司党委加强对支部书记培训，定期给各支部下发学习材料；注重党员发展工作，全年共发展党员 43 名，转正 6 名；有 1 名党支部书记、4 名党员被首农集团党委授予"优秀党支部书记""群众心目中的好党员"。

2012 年 1 月，双桥农工商公司党委提出了思想政治工作要做到四个方面：一是明辨是非，把思想统一到中央的精神上；二是围绕主题，把力量凝聚到发展上；三是拓宽渠道，把起点放在创新上；四是顾全大局，把目标放到和谐稳定上。2012 年 7 月，为庆祝建党 91 周年，双桥农工商公司党委组织全体党员做好四个活动：一是组织好学习新党章活动；二是组织好入党宣誓活动；三是组织好重温入党志愿书活动；四是组织好谈心、沟通、交流活动。双桥农工商公司各单位组织党员开展不同形式的党日活动，如：双桥农工商公司机关党总支组织全体党员、入党积极分子和团员青年到冉庄地道战遗址参观学习。全年发展新党员 32 名，转正 14 名。三元绿化党总支被首农集团党委授予"先进基层党组织"，4 名共产党员被首农集团党委授予"优秀共产党员"。

2013 年，双桥农工商公司党委按照党员发展工作的新要求，进一步规范做好党员发展工作，严格审核、严格把关、确保党员发展工作的高质量，共发展党员 24 名，其中 35 岁以下 14 名，大专以上学历 14 名，一线工人 10 名。

2013 年 8 月 8 日，双桥农工商公司召开党的群众路线教育实践活动启动大会，活动正式开启。成立了教育实践活动领导小组，领导小组下设办公室，负责活动相关工作。在活动中，双桥农工商公司党委积极组织开展各类学习活动，组织开展领导班子理论中心组学习 4 次，学时共计 3.5 天；组织机关党员和入党积极分子集中学习 2 次，双桥农工商公司主要领导讲党课 1 次，观看电影《周恩来的四个昼夜》，发放《论群众路线——重要论述摘要》等 5 本相关学习材料，覆盖双桥农工商公司 23 个党支部共计 447 名党员。另外，公司发放征求意见表 53 份，共征求到意见建议 22 条；领导班子成员到联系点企业进行调研与座谈，共征求到意见建议 19 条；积极开展谈心活动，共计整理谈心记录 42 篇。11 月 21 日，召开领导班子专题民主生活会，认真查摆问题、开展批评，领导班子认真撰写完成了 10 份自查报告，在互相批评中共提出意见建议 23 条，制定相应整改措施 17 条，此次民主生活会开展得比较成功，得到了督导组的肯定，认为做到了"认识程度高、问题找得准、原因剖得透、措施定的实、整改基础牢"。12 月 27 日，召开"回头看"自查专题交流会。领导班子认真对活动进行了梳理与总结，通过剖析再查摆问题，进而制定出整改措施。在活动开展中，双桥农工商公司教育实践活动领导小组办公室共刊发简报 24 期；响应活动要求，尽量减少不必要发文，共计发文 5 次。通过精心部署与筹划，圆满完成了为期 4 个月的党的群众路线教育实践活动，得到了上级的肯定和下级的认可，使得广大党员干部尤其是党员领导干部党性修养进一步自觉、工作作风进一步转变、长效机制进一步完善、发展动力进一步凝聚。在活动开展过程中，做到了认认真真"照镜子"、老老实实"正衣冠"，根据查摆出来的问题着手落实整改方案和整改措施，达到了"洗洗澡""治治病"的活动目的。

2014年，双桥农工商公司党委以巩固党的群众路线教育实践活动成果为抓手，坚持做好党委理论中心组学习，抓好党员学习；严格控制发文，严格会议审批程序；拓宽群众反映问题渠道，恢复领导班子成员接待制度；严格"三公"消费标准，严格会议经费审批。2014年6月，根据中共北京市委组织部《关于进一步做好基层党组织和在职党员"双报到"工作的通知》精神，双桥农工商公司党委专门召开了党委会、班子会传达上级精神，做出具体落实方案。双桥农工商公司9个党组织、305名在职党员在规定时间内到所在4个社区党组织报到，自觉接受社区党组织和居民群众的监督。

2015年6月，双桥农工商公司党委制定了《北京市双桥农工商公司关于开展"三严三实"专题教育的实施方案》，召开"三严三实"专题教育活动动员大会，党委书记为全体党员讲了党课。双桥农工商公司党委召开了班子会，集中开展了《严明工作纪律，改进工作作风》为主题的学习讨论，《践行"三严三实"要求，争当焦裕禄式好干部》讨论，观看了影片《焦裕禄》。专题教育期间组织集中学习12次，发放学习材料4本，学习交流会2次，赴基层企业调研6次，开展专项检查2次，撰写心得体会9篇。2015年10月，为抓好党员队伍建设，双桥农工商公司党委改进党员教育管理制度，采取形象教育形式，用身边典型教育身边的人，用《双桥工作通讯》进行宣传，评选"最美双桥人"；采取互动教育形式，充分利用现代网络手段，为党员学习创造便利条件；采取个别化教育形式，按照基础党组织和个人实际情况，采取开短会、个别谈心、观摩学习等形式，开展多层次，多样式教育活动，有针对性地定向培养教育。健全党员服务群众机制，通过"党员互助送温暖"等活动，不断提高党员服务大局、服务基层、服务群众的能力和水平。推进学习型、服务型、民主型"三型"党组织建设，抓学习型党组织建设，注重学习培训，鼓励党员干部群众参加各级各类培训，并建立职工阅览室，鼓励员工捐献书籍、杂志，供员工休息时间学习交流；抓服务型党组织建设，找准党建服务工作大局的切入点，深入基层企业，为基层企业提供思想指导、心理辅导、矛盾疏导等服务，开展蹲点调研、座谈了解、走访慰问贫困家庭等服务活动；抓民主型党组织建设，贯彻执行民主集中制。全年，公司共发展党员10人。

2015年7月，双桥农工商公司在全部基层党组织中开展了"佩戴党徽亮身份、履行义务树旗帜"的专题活动，为党员配发了党徽，党员在工作中和组织内重要活动中主动佩戴党徽，亮明身份，强化党员的模范带头作用，以创建"四好"班子为目标，实施班子建设"1+1"计划，即一个基层企业班子成员中至少配备一名35岁左右的青年干部，加大选拔优秀干部的力度，加强对中青年优秀干部、青年业务骨干的培养，把各级班子建设成为年龄形成梯次、专业知识互补、整体功能突出的领导集体。

2016年5月，双桥农工商公司召开"学党章党规、学系列讲话，做合格党员"学习教育启动大会。5月底，启动了"聚力首农梦，党员率先行"主题活动。结合双桥农工商公司实际，围绕"两学一做教育"、围绕"三型"党组织建设，围绕纪念建党95周年等，创造性地开展活动，凝聚全体党员，立足岗位做贡献，建言献策谋发展，提出党员发挥作用的具体要求，教育党员铭记党员身份，做先锋做表率。6月初，深入开展"亮标准、亮身份、亮承诺""比技能、比作风、比业绩""群众评议、党员互评、领导点评"的"三亮三比三评"活动。7月，结合纪念建党95周年，启动了手抄党章活动，通过重温党章进一步增强党员意识。举办了庆祝建党95周年"两学一做"专题报告会暨2016年入党积极分子培训班。8月，召开党委扩大会组织领导班子认真学习《习近平总书记系列重要讲话读本》和《习近平谈治国理政》。购买了《习近平在庆祝中国共产党成立95周年大会上的讲话》并发放到每位党员手中，以集中学习与自学相结合的形式认真学习总书记讲话精神。9月，召开"两学一做"学习教育及工会工作专题座谈会，并到兄弟单位参观学习。10月，举行了基层支部书记座谈交流会。11月2日，邀请中央党校教授以《国有企业党的领导和党的建设》为题为党员讲党课，领导班子，所属企业班子、机关部室正、副职及入党积极分子等80余人参加。

2017年10月，深入推进"两学一做"学习教育的常态化、制度化，狠抓党委中心组理论学习。公司共计组织中心组学习12次，学习了《中国共产党纪律处分条例》《中国共产党廉洁自律准则》《中国共产党党内监督条例》，学习了习近平总书记在全国国企党建工作会议上的重要讲话，学习了蔡奇书记在市委第十二次党代会上的讲话精神，传达学习了市国资委党委书记、主任林抚生在市属企业推进疏解整治促提升工作会议上的讲话。为推进"两学一做"学习教育的常态化、制度化，双桥农工商公司党委加强党支部规范化建设，严格按照"一规、一表、一册、一网"为主要内容的工作载体开展基层支部党建工作，并将立时达药业党支部、永乐店农场机关党支部、双益达集团双旺电力党支部作为党支部规范化建设工作试点。公司还开展党的十九大精神学习宣贯活动，组织全体在职党员集中观看党的十九大开幕式和习近平总书记所作的报告，购买下发了《中国共产党章程（2017年版）》《十九大报告》《十九大报告解读》《习近平的七年知青岁月》《习近平讲故事》等辅助学习书籍，组织全体党员学习讨论；双桥农工商公司党委书记以《巩固"两学一做"学习教育成果》为题，为中层以上党员领导干部和入党积极分子讲党课；邀请原地铁集团党委书记、董事长王德兴来双桥农工商公司开展践行"两学一做"专题讲座；组织基层支部书记赴延安开展红色教育培训，开展了发展党员和入党积极分子培训。为党员发放电影券，建立起党员活动室，为党员学习和活动提供便利场所。"七一"前夕，开展创先争优评比，对5个优秀基层党组织、5名优秀党委务工作者和20名优秀党员进行表彰。

2018年，北京市双桥农场有限公司党委重点抓好对党的十九大精神以及习近平新时代中国特色社会主义思想的学习贯彻上来，共组织党委理论中心组学习17次；庆"七一"主题月期间，双桥农场有限公司党委班子成员下到基层联系点讲党课，首农食品集团副总经理马俊到立时达药业党支部讲党课。党员管理网络化是规范和提高党员管理的重要举措，全年组织开展党统系统集中培训1次，加大了党统系统和党员E先锋平台的宣传力度。农场党委还举办了一些党员特色党日活动，包括观看《厉害了，我的国》《青年马克思》等具教育意义的电影；开展平西抗日战争教育基地、鱼子山抗日战争纪念馆等红色教育；参观马克思100周年诞辰展览、改革开放40周年展览等，共计活动20余次。双桥农场有限公司党委邀请中央党校教授丁文峰做了题为《认真贯彻十九大精神，进一步加强企业党建工作》的讲座，利用"互联网＋党建"等形式，建立政工学习微信群，及时布置学习任务转发学习材料，及时交流学习心得，打破定时定点学习讨论的传统模式。按级别规范设置党的工作机构，配备了专兼职书记、党务工作人员。所属企业凡是成立党组织的均配备专职或兼职书记，其中兼职书记的配有专职副书记，各党组织中均有3至5名委员，建制为党委的单位都有纪委书记，建制为党支部的单位在支部委员中设有纪检委员。2018年9月，开展基层党组织建设工作专项检查，通过检查切实推进了基层党建的重点任务的落实和存在问题的整改，开展基层党支部书记集中培训，并组织基层党支部书记进行工作述职。截至2018年底，双桥农场有限公司有党员349名，其中在岗党员315名，退休党员34名。企业管理人员党员140名，占在岗党员总数的44.4％；工勤技能人员党员（普通员工党员）145名，占在岗党员总数的46.1％；专业技术人员党员30名，占在岗党员总数的9.5％。

第三节　宣传工作

农场于20世纪50年代末建起来的广播网直到1986年底一直发挥着作用。总场、分场都有广播站，村村有喇叭，有十多名广播员，负责宣传党的方针、政策，农场生产建设情况，先进人物、先进单位的事迹等。后因设备陈旧，线路不通，1987年初停播。

"六五"期间（1981—1985年），宣传形式以广播、简报等为主。党委对宣传工作比较重视，建立了宣传科，增加了宣传干部。从 1985 年起农场办起了《双桥农场报》，内容除宣传党的方针政策、农场经济建设成就，先进单位、先进个人典型事迹外，还有部分文艺作品（诗歌、散文、报告文学等）。"七五"期间，由农场提供经费，增设场报编辑部，负责场报和思想政治工作研究会刊的编辑出版工作。到 1989 年底，《双桥农场报》共出版 58 期，每期印发 1500 份，每版约 2 万字。

随着农场经济建设的发展，对外宣传范围逐渐扩大，宣传形式多种多样。电台、电视台、各大报社记者，每年有 50～60 人来农场采访。《北京日报》等每年刊登农场稿件 70～80 篇。1985 年，北京电视台为农场录制了电视片《通惠河畔一枝花》，展现了农场从党的十一届三中全会以来的经济成就和人民群众生活的提高。1988 年，《北京日报》（郊区版）为农场出了专刊，在社会上引起良好的反响。1988 年，农场在北海公园举办了双桥农场图片展览。1988 年 9 月教师节，农场在北京市游乐园举办教师游园活动，印发数万册双桥农场情况介绍。1989 年 10 月，中央电视台拍摄并播放了专题片《今天的双桥人》，由著名播音员赵忠祥解说。1989 年庆祝建场四十周年，农场举办了双桥农场史图片展览、召开场庆大会，大力宣传、总结建场四十年的成就和经验，表彰建场以来有功人员 15 名劳模、40 名标兵。

1996 年，双桥农场宣传工作按照"实现两个转变，实施两大战略，调整优化结构，增强全场综合实力"的工作部署，突出宣传"八五"期间涌现出来的先进典型；加大对农场"两个文明"建设的宣传，突出农业基础地位的宣传。

1999 年 4 月 30 日，《双桥农场报》更名为《双桥工作通讯》。

2008 年 2 月，农场落实《中共北京市委组织部关于充分发挥全市基层党组织在筹办 2008 年北京奥运会中的促进和保障作用的意见》，制订了员工素质教育培训计划。所属各单位对员工要结合岗位性质进行练兵，就奥运的安全知识、服务规范进行多方面培训。组织 287 名志愿者，积极开展宣传活动、医疗保健进社区、节能减排从我做起等活动。

2008 年 6 月，新的双桥农工商公司成立后，宣传工作的职能如干部的理论学习、干部职工的思想教育、社会性宣传、新闻报道、统一战线等工作全部纳入双桥农工商公司政工部，所属各单位由副书记专门抓新闻报道工作，没有副书记的单位，也有 1 名主管领导负责新闻报道工作；各单位均有 1 名新闻报道员，规模较大的单位每月选送 2～3 篇稿件，规模较小单位每月报送 1 篇稿件至双桥农工商公司《双桥工作通讯》编辑组。双桥农工商公司政工部不定期对报道员进行业务培训。

2009 年 3 月，双桥农工商公司党委在《双桥工作通讯》上开设了学习实践科学发展观活动宣传专栏，及时报道双桥农工商公司和各二级单位学习实践科学发展观的进展情况及取得的成效，整个学习实践活动期间共出版简报 36 期。

2010 年，通过《双桥工作通讯》这个舆论平台，扩大宣传，凝聚力量。在青海玉树地区发生强地震后，农场号召全体员工捐款献爱心，结合庆祝"五一""七一"，对受表彰集体与个人进行宣传，发挥典型示范作用。

2012 年，双桥农工商公司政工部举办了通讯员培训班，并扩大了通讯员队伍；加强网站建设，双桥农工商公司网站于 7 月底开通，设立了展示专栏、新闻中心、企业文化、群众信箱等多个栏目，进一步树立双桥农工商公司良好形象，拓宽宣传渠道。

2013 年，双桥农工商公司政工部对《双桥工作通讯》进行了改版，更注重内容的多样性、报道的广泛性和消息的时效性，稿件数量和质量较往年有大幅度提高。网站建设进一步规范化，政工部定期进行网站的管理和更新工作。

2014 年，双桥农工商公司响应北京市委宣传部关于组织观看重大现实题材影片《天河》的指示精神，购买 150 张电影兑换券，要求各级党组织观看。通过对双桥农工商公司通讯员进行表彰，充分调动了通讯报道员写稿、投稿的积极性，宣传工作的主体阵地《双桥工作通讯》稿件质量和数量都有大幅度提升，全年共出版 12 期。

2015 年，双桥农工商公司借用《双桥工作通讯》介绍"最美首农人"评选活动信息，同时，也用"最美双桥人"的典型教育身边的党员、员工。

2016 年 1 月，《双桥工作通讯》进行了改版，扩大了版面，增加了信息量，开辟专栏，并适时进行约稿。如"过年的感觉""身边的故事"等这类比较"接地气"的文题激发了员工的投稿热情。10 月，双桥农工商公司"文化双桥"微信公众号全面上线，10 月 25 日，第二届北京塞隆国际文化艺术节盛大开幕，作为第十一届北京国际文化创意产业博览会朝阳分会场展区，双桥农工商公司与华奥传媒共同举办视觉新媒体艺术展、全息投影、动能球等国际领先的新媒体视觉设备所呈现的视觉表演。同时，利用高科技投影技术点亮了园区内十个标志性筒仓建筑，体验特色工业建筑与新媒体艺术的交融。10 月 27日，第十一届中国北京国际文化创意产业博览会在中国国际展览中心开幕，"首农·文化双桥"品牌在文博会上首次亮相！双桥农工商公司携手华奥传媒，在文博会主会场朝阳区展区中心位置设立高科技新媒体展示设备，展示双桥农工商公司在文创领域的最新进展和未来规划。此次活动为宣传"文化双桥"理念，推动双桥农工商公司文创产业的发展迈出了可喜的步伐。11 月 28 日，双桥农工商公司微电影《追梦人》《成长》正式开机拍摄！这两部作品的顺利拍摄是双桥农工商公司文化建设领域的一大盛事，也是提升员工精神文化生活的一大喜事。两部微电影均以公司所属企业为背景，以双桥员工为原型，由双桥农工商公司员工自主进行剧本创作。两部作品在创作过程中，编剧人员经过实地采风、组织研讨、几易其稿，全部演员均由员工本色出演。《追梦人》以主人公三个年龄段所经历的几段往事为线索，以回忆与现实相互切换的方式描述胜利建材水泥库发展成为塞隆国际文化创意园的发展历程。在改革开放的大潮之中，企业与个人在发展中经历了不同时代的变迁，但是双桥人自强不息、勇于创新、开拓进取、不断追寻千亿首农梦的精神不变。《成长》以双桥幼儿园为背景取材，以双桥幼儿园优秀教师为原型，经过艺术加工而成。全剧讲述了一位新入职的年轻幼教老师在老教师的帮助指导下，一步步成长为优秀的幼儿教师，体现了双桥幼儿园"传帮带"的精神传承及"一切为了孩子和为了孩子的一切"的精神理念。于 12 月 9 日完成了拍摄及后期剪辑。

2017 年，"文化双桥"微信公众号，及时发布双桥农工商公司大事要事与文化双桥建设情况，全年共推送文章 40 多篇。中央电视台、北京电视台、人民日报、北京日报等各大媒体纷纷对北京塞隆国际文化创意园的转型升级及双桥农场"文化双桥"建设进行宣传报道。贾庆林、蔡奇、杜飞进等国家、市委领导分别到塞隆园区考察指导工作。《双桥工作通讯》进行改版扩版，不断丰富刊登内容和信息量，全年共出版 12 期。利用新媒介传播"双桥好声音"，传递双桥正能量。

2018 年 1 月，双桥农场有限公司微电影作品《成长》获首农集团首届微电影大赛二等奖，微电影作品《追梦人》获首农集团首届微电影大赛三等奖。7 月，由首农集团、北京市文促中心、中国传媒大学联合主办，双桥农场有限公司和中国传媒大学协同创新中心承办的首届"首农·文化双桥"暨工业遗存文创转型论坛在北京塞隆国际文化创意园举办。11 月，《北京日报》头版刊登了《从首都粮仓到文创摇篮》的文章。

第四节　纪检监察工作

1978 年 12 月，中共十一届三中全会恢复了中央纪律检查委员会。进入 20 世纪 80 年代，农场纪检组织逐步发展完善，总场、分场都建立了纪委，基层企业、事业单位及农场生产队都设立了纪检委员。党委比较重视提高纪检干部的素质和业务水平，每年初都要进行学习培训，明确职责范围，建立工作考核制度。到 1998 年厂乡体制改革后，随着企业改革发展、重组转制，纪委部门职能与工作全部整合到政工部。直到 2012 年，农场才设立纪检监察部，纪检监察工作逐步规范。双桥农场党委每年开展党风宣传月活动，定期组织党课，组织党员干部观看电影、录像，学习张思德、任长霞的先进事迹，组织参观北京市反腐倡廉展览，用成克杰、胡长清等反面教材对党员进行警示教育。并陆续制定了一系列的廉政制度：领导干部廉洁自律制度、民主决策制度、重大事项报告制度、请销假制度、出国审批制度、干部回避制度、诫勉谈话制度、离任审计制度、民主评议和竞聘上岗制度、干部引咎辞职制度、公车改革制度、收入申报制度、党风廉政责任制及其监督考核、责任追究制度等，并将这些制度同干部的业绩考核、年薪制和任职资质直接挂钩。

1982年上半年，双桥农场开展"打击经济领域严重犯罪经济活动"，举办了有分场党委书记、副书记、政工干部、基层党支部书记等170人参加的学习班，进行反腐倡廉教育。

1984年8月—1987年1月，全体党员分期分批进行学习和忆、摆、查、改，各级领导班子、党员、干部进行对照检查，开展批评和自我批评，党员干部带头抵制不正风气，树立了良好形象；广大党员积极为群众办好事实事，带领群众修路18980米，清挖马路边沟1050米，修建公厕43个，垃圾池31个，改善群众生活环境。

1985年底，双桥农场工委下发了《关于党支部以上党员干部端正党风的具体规定》，各分场党委都分别制定了如客饭标准、公车使用等制度，并进一步严格财务制度。

从1985年开始，双桥农场纪委建立了分级分口处理群众来信来访的制度。1986年以后，双桥农场工委进一步落实党风责任制，主要领导带头讲党风、抓党风，党风、党纪教育逐步做到经常化。1987年，农场建立了每周两次接待来访的制度，重要来信来访，农场工委、纪委主要领导亲自办理；一般来信按部门分发批办、督办，并上报结果。各乡党委都比较重视群众来信来访，越级上访信件逐年减少。

1987年5月，双桥农场党校成立以后，每期党员培训都安排党风党纪内容，除学习文件、听党课外，还组织党员观看党风党纪录相片。并通过不同形式，如"七一"表彰，大力宣传作风廉洁的优秀党员，管庄乡李殿奎、陈贵福，三间房乡马德彬，全民企业单位杨宝贵、阎学增等清正廉洁的作风受到干部群众的赞扬。

1988年，双桥农场工委组织纪检主要领导干部外出学习参观，进一步转变观念，明确纪检工作的职能。

1989年，双桥农场工委制定并下发了《关于廉政建设的规定》《党员干部严格遵守财经纪律的规定》《共产党员要带头禁赌的规定》；并建立党内监督制度，半年检查一次落实情况；将党风考核制度改一年一次为一年两次。

1989年8月，最高人民法院、最高人民检察院联合发布了《关于贪污、受贿、投机倒把等犯罪分子必须在限期内自首坦白的通告》（简称《通告》），双桥农场工委迅速成立反腐败领导小组，设立了举报站和举报箱，组织职工、农民群众学习《通告》，层层发动举报经济犯罪案件，结案率100%，形成了威慑力量。

1988年、1989年、1990年、1991年双桥农场纪工委被评为"朝阳区先进纪检组织"。

王立荣 1990 年被评为"朝阳区优秀纪检干部"。

1991 年 1 月，开展了以"清房禁赌"为主要内容的党风廉政建设，分为学习宣传、调封摸底、建章建制和查处违纪等工作环节。组织领导干部学习；对 1985 年 3 月以来建房的 283 名干部进行自查、登记；重申了干部建房、党委纪委和规划部门双层审批制度，新建立了两公开一监督制度、禁赌制度、领导干部调离前的审计制度等；1991 年 2 月，农场纪委被北京市纪委评为优秀纪检组织。4 月，组织全场党员干部进行党规党纪的学习和考试。全年共查处信访 68 件。

1997 年，对机关和直属单位进行了小轿车登记。建立科级干部廉政档案 85 份，为加强机关和基层干部廉政教育做了一定的工作。

1998 年，按照市农工商总公司纪委的部署，场纪委首先清理了用公款安装的住宅电话，然后根据市农工商总公司纪委限额报销电话费的有关规定，再结合本场实际，制定关于住宅电话使用和手持电话使用的规定。

1999 年，根据总公司在改革后的总体发展思路和双桥农场党委对农场机关职能的定位，本着"精简、统一、高效"的原则进行了科室设置的重新调整，使之更加符合建立现代企业制度和市场经济的发展，机关人员由原来的 143 人减少到 74 人，科室由原来的 24 个减少到 11 个，避免了人浮于事的局面，提高了机关人员的整体素质。

2001 年 6 月，农场纪委和监察科组织开展了党风廉政宣传月活动，组织了领导干部收看了广播电视；总场开展了廉政建设知识答卷有奖竞赛活动；参观了世纪坛、革命博物馆建党八十周年党史展览；组织党员干部巡回观看成克杰、胡长清等警示教育片，进行了八小时以外健康生活的教育等。全年农场没有出现一例违法违纪的案例。

2002 年，农场纪委在广泛开展"三个代表"重要思想学习教育的基础上，重点抓领导干部的廉政意识和管理行为规范，按照三元集团纪委制定的《国有企业领导干部廉洁自律规定》，结合农场领导班子民主生活会，进行了自查自纠。同时强化监督约束机制，实行民主管理，对企业经济活动进行全方位监督。

2008 年，农场结合双桥农工商公司、永乐店农场、三元绿化重组整合，加强党风廉政建设，突出"四个结合"：安排党风廉政建设工作与安排生产经营计划相结合；分解经济指标与党风廉政建设责任制相结合；检查生产经营责任制情况与提高党风廉政责任制落实情况相结合；总结生产经营情况与党风廉政建设相结合。建立健全惩治和预防腐败体系，将廉政勤政制度化、规范化。

2009 年，深入开展领导干部作风整顿建设。双桥农工商公司领导班子认真学习贯彻中共中央《建立健全教育、制度、监督并重的惩治和预防腐败体系实施纲要》，建立健全惩治和预防反腐败体系，大力倡导胡锦涛提出的九个方面的良好风气，始终按照"两个务必"和"九个坚持、九个反对"的要求，把廉政勤政制度化、规范化，坚持立党为公、执政为民、依法行政、遵纪守法。深入开展员工理想信念教育、党章教育、社会主义荣辱观教育和警示教育，促使党员干部严格遵守党章和党内法规。

2010年，双桥农工商公司党委认真落实国有企业领导人员廉洁自律"七项要求"，开展专项查纠工作。开展了国有控股企业"小金库"专项治理工作，成立了领导小组。9月1日，召开企业"小金库"专项治理工作会，对相关工作进行具体部署。

2011年，双桥农工商公司党委继续开展"小金库"专项治理工作并成立了领导小组；5月16日，召开2011年企业"小金库"专项治理工作会，并制定了专项治理工作方案，构建防治"小金库"长效机制和体制建设。认真抓好国有企业领导人员廉洁自律"七项要求"专项查纠工作，做好领导干部个人事项的申报工作。

2012年，双桥农工商公司党委以开展"小金库"及假发票专项治理工作为契机，大力抓好各单位的财务管理、账款催收、工程项目、土地管理、成本管理等方面的效能监察工作。以规范企业管理为重点，继续抓好效能监察工作。双桥农工商公司坚持内部审计和投资审批制度，形成双桥农工商公司对所属企业生产经营活动情况的有力掌控，进而对大的投资项目的运行形成有力监控，有效地实施效能监察。凡是由双桥农工商公司批准实施的项目，都由纪检监察部实施效能监察，全部实行对照制度源头参与，按照制度全程监督，落实制度形成评价，从而推进廉政风险防范工作。认真贯彻《国有企业效能监察工作规范化操作规程》，各单位紧紧围绕企业经营管理、物资采购管理、工程建设管理、成本控制、质量管理等方面抓好效能监察项目选题立项，不断提高效能监察工作水平。

2013年，双桥农工商公司认真做好会员卡清退工作，领导班子成员、纪委、各二级单位纪委成员及相关人员均签订了会员卡清退情况报告表。纪检监察部对公司限价房项目进项了效能监察立项，并按立项内容做好各项工作。

2014年，双桥农工商公司党委密切关注"四风"的新形式、新动向，对干部住房、公车配备、职务待遇、业务支出等情况进行经常性检查，发现问题，及时整改，迅速纠正。

2015年，双桥农工商公司党委开展了深入贯彻落实《国有企业领导人员廉洁从业若干规定》工作，为全体党员购买了《中国共产党廉洁自律准则》《中国共产党纪律处分条例》。领导班子严格执行公务接待、出差、会议培训等一系列相关制度。特别是在公务接待方面，调整了机关食堂，接待一律采用食堂公务餐，杜绝外出公务用餐，用餐标准一律按照规定执行。进行了公车改革，车费报销有固定额度和详细规定，做到有据可查，有纪可依。业务招待费 2015 年比 2013、2014 年分别下降 67.6％和 55.8％；办公费用 2015 年比 2013、2014 年分别下降了 49.7％和 65.3％；会议费用 2015 年比 2013、2014 年分别下降了 54.7％和 59.5％；培训费用 2015 年比 2013、2014 年分别下降了 74.8％和 73％。认真执行党员干部述职述廉制度和重大事项报告制度；严格执行财经纪律和干部人事制度；推行"三重一大"决策全程纪实。纪检监察部对双桥农工商公司重点项目进行效能监察立项，通过定期和不定期实地检查，确保了无违纪、无违法、无重大责任事故。

2016 年，双桥农工商公司党委将党风廉政建设纳入党政领导班子、领导干部目标管理，层层分解落实工作责任，并与所属单位签订责任书，党委负责人与领导班子成员签订个人责任书，所属单位与其管辖企业及班子成员签订责任书，做到职能明确，各负其责；利用《双桥工作通讯》、微信公众号、宣传栏等加强党风廉政教育，购买学习资料、观看教育主题影片、参观抗战纪念馆，筑牢思想防线；聚焦"四风"问题，突出在"元旦""春节""中秋""国庆"等重要节日，加大检查力度，狠抓公务用车、办公用房、会员卡清退等专项治理活动；制定《公司企业领导人员履职待遇、业务支出管理暂行办法》；建立起"三公经费"公开硬性的约束机制，及时公开"三公"消费账目和领导干部"三公"消费情况，接受全员监督。完善公开制度，严格按照公开"菜单式"管理模式的内容向双桥农工商公司职代会报告，一是坚持职代会审批，使员工的知情权、参与权、建议权、审议决定权和监督权得到落实；二是规范"菜单式"管理，从企业实际情况出发，针对公开的不同内容，确定了长期公开、定期公开、逐步公开、随时公开四种形式，利用职代、班子会、各种例会、公开栏、橱窗、报纸、微信公众号等多种形式进行公开；三是建立了规范的工作机制和监督检查机制，形成党委统一领导，行政主体到位，纪检监察监督检查，工会主动配合，职能部门履行职责，员工积极参与的工作机制和工作格局。

2017 年，双桥农工商公司党委、纪委在党风廉政建设中，继续聚焦"四风"问题，狠抓重要时间节点，强化执行中央八项规定的检查力度，每逢重大节日之前，纪委发微信、发文件进行廉洁提醒，节后进行抽查走访。在抽查中严格做到"三个在前"，即对苗头性问题提醒在前，对倾向性问题防范在前，对普遍性问题约束在前。

2018 年，双桥农场有限公司建立起约谈、函询制度，对新任公司领导人、企业负责人、部门负责人进行廉政谈话。强化对党员领导干部的日常管理监督，发现问题及时谈话提醒，警示诫勉，对履行党风廉政建设不到位的单位领导，对出现违纪苗头的个例进行约谈，对信访与信件中的一些问题开展函询，对干部及时提醒，对小问题及时改正。紧盯重要时间节点，加强"四风"问题的监督检查，除了做好"三个在前"工作之外，还在教育、监督检查中公布信访举报电话和地址、公布纪委书记约谈办公室，并对财务负责人进行廉洁谈话，做好公车封存工作，并做到出车记录有台账。节日前后，通过明察暗访，查看企业财务账目等方式，对所属企业"四风"问题开展专项检查。2018年10月，农场正式下发了《北京市双桥农场有限公司管理制度汇编》，将《党风廉政建设责任制检查考核实施办法》纳入制度汇编之中。领导班子成员分别与联系点企业及分管部室负责人开展廉政谈话共计23人次。纪委书记对新提拔人员进行任职前谈话，特别将重要岗位、初次提拔、青年干部三类人员作为重点谈话对象，共开展任前廉政谈话8人次。

第二章 工 会

第一节 组织建制

1953 年，随着双桥农场党支部建立，工会组织相继建立起来。

1965 年 4 月，北京市委、双桥农场"四清工作队"分别召开生产会议介绍上海经验，开展企业革命化，学大寨、赶上海活动，运动后期，改选了工会组织。刘铁城担任工会主席。

根据 1973 年两报一刊（两报指《人民日报》和《解放军报》，一刊指《红旗》杂志）元旦社论提出的"工会应当经过整顿逐步健全起来"和市、区委的指示精神，农场采取自下而上的办法，先进行各分场、各单位整顿工作，最后召开农场工会代表大会，选举产生双桥农场工会委员会。1973 年 8 月，在农场党委统一领导下，由王占成、李海珍、贾宝堂、刘文杰等 9 名同志组成农场工会筹备小组，负责筹备工作代表大会召开等事宜。各分场亦成立工会筹备小组。农场有职工 1585 名，按一定条件、比例及分布情况产生代表 147 名，列席 25 名，其中妇女代表占 30％。1973 年 9 月 5 日，双桥农场工会第五次代表大会召开。选举产生双桥农场工会委员会成员 15 名。

1979 年 2 月 20 日，双桥农场工会第六次代表大会召开。选举产生了 11 名同志组成的工会委员会，王宗续担任工会主席，李海珍、朱雅琴担任工会副主席。

1982 年 3 月 31 日双桥农场工会第八次会员代表大会召开，正式会员代表应到 175 名，实到 109 名。选举王敬田为工会主席，李洪骥、李文才为工会副主席。

1984 年 7 月 26 日，双桥农场工会第九次代表大会召开。选举徐锦昆担任工会主席，李文才、刘金声担任工会副主席。

1997 年 3 月—2000 年 4 月，李文才担任工会主席。

2000 年 4 月—2001 年 9 月，何冰担任工会主席。

2001 年 9 月—2007 年 3 月，王立荣担任工会主席。

2007 年 3 月，邵光海担任工会主席。

2008 年 12 月，双桥农工商公司机关调整，闫景海任工会主席，张建国任副主席，魏凤芝任女工委员会主任。

2010年3月，实行总经理负责制后，闫景海任双桥农工商公司工会主席，张建国任副主席，魏凤芝任女工委员会主任。

2013年初，张保华主持工会工作。

2017年11月30日，双桥农工商公司工会召开会员代表大会，工会主席为许树坡，委员有许树坡、白宝通、孙玉华、孙增志、吴历、张建国、张新梅、姚春、霍俐帆（表7-4）。

2018年8月，召开双桥农场有限公司工会二届四次委员会，经民主选举邵为卓为工会主席。

表7-4　工会组织部分换届情况表

单位	届次	时间	工会主席	副主席	委员
双桥农场	第十四次	2001年9月4日	王立荣	刘美荣、张建国	
	第十六次	2007年11月22日	邵光海	张建国	邵光海、张建国、魏凤芝、马晓东、陈玉海、崔宏光、曹国强
双桥农工商公司	第一次	2008年12月	闫景海	张建国	
	一届九次	2013年1月10日	马遂志		
	第二次	2017年11月30日	许树坡	张建国	许树坡、白宝通、孙玉华、孙增志、吴历、张建国、张新梅、姚春、霍俐帆

第二节　工会工作

一、加强民主管理与维护职工权益

双桥农场始终把民主管理作为企业管理的一个重要组成部分切实维护职工权益。双桥农场定期召开职代会，每年至少召开2次会议，凡农场的重大事情，如年初制定经济计划指标、调整工资、发放奖金、住房分配及农场各项重大改革方案都由职代会审议通过。各级领导干部与职工进行协商对话，开展民意调查，征集合理化建议；建立健全厂务公开制度，推行工资协商、集体合同及单项合同，实行改制企业职工董事、职工监事制度、联席会制度等。

1986年，为了加强和发挥工会在企业民主管理中的作用，在贯彻农场局工会委员扩大会议精神的同时，组织工会主席学习了上级有关文件和兄弟单位的经验。农场工会反复研究，分析全场民主管理和工会工作情况，对做好基层换届改选工作向党委做了详细汇报，并对工会主席的人选问题及对这次换届改选的具体意见向党委写了书面报告。农场党委及时召开了基层党支部书记、厂长会议，专门强调了工会改选工作要求，并对工会主席的配备等问题下发了正式文件。在各级党、政领导的关心和支持下，全场除两个单位的特殊情况外，其余33个基层工会全部改选完毕，并按照同级党政副职的标准配备了工会主席。新当选的工会主席的平均年龄三十五六岁，其中有大专文化的1人，中专文化的3人，初中文化的24人，高小文化的3人。为了加强工会的职代会参政议政能力，各基层单位的专门工作委员会根据各自的不同情况，加强了管理人员和科技人员力量。由于各专门工作委员会和职工代表中懂业务、会管理的人员的增加，使职代会审议企业重大决策的能力大大提高，各级工会将日常的参厂政议厂政工作列为工会民主管理工作的重点，深入管理领域调查研究，倾听群众意见，发现问题，拿出建议及时向主管领导反映，并直接参与各项规章制度的修改和制定。

根据不同单位的不同情况，对搞好三级民主管理网络，健全各级民主管理制度进行了有效的探索，有五个较大单位建立了车间（队）工会委员会和民主管理机构，推动了各项工作的顺利开展。为发动群众积极参与献计献策活动，推动年度各项生产任务的完成，农场工会在有关部门的密切配合下，拟定下发了《双桥农场合理化建议、技术革新、奖励条例》和合理化建议表等，调动了全场广大职工爱场、建场的积极性。

1987年，农场工会委员会和职工代表大会主席团是两套班子，两个班子的工作性质虽有不同，但很多的具体工作内容是一致的。为此，根据《工业企业职工代表大会条例》第一章第三条"企业工会委员会是职工代表大会的工作机构，负责职工代表大会的日常工作"的规定和第五章第二十八条的七项工作内容的要求，决定农场第四届职工代表大会与第十届工会会员代表大会合并一起召开，实行二会结合的形式，经报局工会和场党委同意后，组织具体实施。此次职工代表大会和工会委员会选举13名同志组成工会委员会。由于工会工作的需要，设5名常委主持日常工作。工会委员会和职工代表大会下设由9名委员组成的生产经营委员会，由5名委员组成的监督评议干部委员会，选7名委员组成职工生活福利委员会，工会组织还单独设立了9名委员组成的女工委员会和由5人组成的财务审查委员会，由5名委员组成的工会财务工作委员会，负责工会和职代会的日常工作。出席这次代表大会的代表共123名。

充分发挥各专门工作委员会作用，做好日常参政议政工作。如：农场与中国纺织品进出口公司等单位初步形成合资经营方案，利用原钢窗厂厂房合资开办纺纱厂。农场工会及时召开了工会委员、生产经营委员会的扩大会议，与会的委员和代表们提出了有关合资方面的企业管理办法及与上级的隶属关系问题，并请参加谈判的领导和有关同志注意总结以前合营合资办企业的经验教训。在制定农场三年经济规划时，农场和基层职工代表参与了方案的讨论、修改、制定，农场工会专门召开了生产经营委员会，请主管场长讲了三年经济规划的具体指标和初步设想，委员们提出了修改意见。农场专门召开了场长办公会议，重新调整和修订了三年经济承包指标。各单位对发放奖金、调整职工工资、企业管理等重大决策性问题，都提交职工代表进行讨论，征求职工代表的意见，充分发扬了民主，调动了职工的生产积极性。

1988年，企业实行厂长负责制以后，根据《三个条例》和《企业法》的要求，结合农场实际情况，从领导上、组织机构上和工作内容上将职代会和工会工作合为一体，推进了企业民主管理工作。建立了场（厂）、车间、班组三级民主管理组织体系，班组每个月召开一次由工会小组长主持的民主管理会，由班长汇报工作，并听取组员的意见和建议。

为深化企业民主管理，企业的任何重大决策，在决定前将决策方案送到职工代表手中，使代表们有充分的调查研究、集思广益的时间，能够在职代会上有准备地提出意见和建议。在决策实施过程中各个工作委员会积极开展活动，随时注意搜集干部和工人的意见和要求，使决策在实施中得到进一步完善。

1989年，农场工会充分发挥职代会作用，对住房制度改革的初步意见和职工宿舍分配办法广泛征求意见，共征集到50多条意见和建议，推动了房改工作，108户职工搬进了新居。

1990年，关心职工生活，维护职工利益，是工会工作的重要内容，基层工会为全场职工办了88件好事，投入资金44.5万元，投入人力25000个工时，其中包括为职工子女暑假间办培训班，为职工代买粮、油、菜等。

1991年，召开了两次职工代表大会，听取了场长的工作报告，审查和讨论了农场的生产计划、财务计划，对住房改革、工资调整方案进行了审议。农场工会对131名职工代表进行培训，提高了职工代表对企业民主管理重要意义的认识和对企业进行民主管理的能力。

1992年，双桥农场共有职工食堂37个，炊管人员259名，浴池28个，在此基础上，新建食堂2个，投资达70多万元。8月份，农场工会组织了炊管人员的技术比武，提高炊管人员的技术水平。对于后勤生活、卫生环境，农场工会与卫生科每季度进行一次联合检查。农场各级工会全年共为职工办好事247件，包括为职工理发、修车，为孤寡老人送粮、买煤、换煤气等，关心职工的衣食住行，为职工解除后顾之忧。

1993年，双桥农场共召开全场性的职工代表大会3次，年初全场职工代表审议了场长1992年的工作总结和1993年的工作计划。3月份，农场工会在各基层工会进行换届改选的基础上，召开全场职工代表大会进行换届选举，选举产生了新的一届工会委员会并召开了一次会议，研究部署了1993年的工作计划及任期的工会工作的总体设想。召开第十二届二次职工代表大会，审议了双桥农场的住房制度改革的方案。

1994 年，双桥农场召开了全场职工代表大会，审议了场长作的 1993 年工作总结和 1994 年工作计划的报告，共征集了提案 63 条。双桥农场企业工会协助企业行政监督检查企业各项规章制度的制定、落实情况，帮助车间搞好二级核算，积极为企业提出合理化建议。

双桥农场自 1995 年开始，推行了平等协商、签订集体合同制度，集体合同每三年续签一次，每年年底对合同的履约情况进行复审。

1999 年，双益达集团在总公司系统内，最早实行了厂务公开制度。双桥农场以双益达集团为试点。2000 年，双桥农场起草了《厂务公开加强企业民主管理工作实施意见》，各基层根据实际制定出具有可操作性的厂务公开实施细则，十年间，逐步普及厂务公开。一是逐步拓展了厂务公开的内容。由开始的四项制度到八项公开，再到对厂务公开实行菜单式管理，结合双桥农场实际，厂务公开内容拓展到 19 项，其中包含职工最关注的企业重大决策，如企业发展规划、新产品新项目投资回报、大宗物资采购等；职工最关心的切身利益问题，如集体合同履行情况、工资福利及五险一金交纳、带薪年休假制度、企业改制及职工安置方案等；职工最敏感的问题，如党风廉政建设、民主评议干部制度等。二是丰富了厂务公开的形式，由原来的公开栏到各种会议等多种形式随时公开、重大事项专题公开。三是延伸了厂务公开的进程，实行各项工作全程公开，如五号井平房改造工程，从征集意见、制定方案、工程项目招投标、大宗材料采购、工程质量监督、交款选房，到居民入住，步步公开、全程透明。四是严格监督考核制度，每年年初，部署厂务公开工作，年中巡回检查一次，年底列入企业考核评比。

双桥农场对改制企业的民主管理工作，进行了积极的探索，将重点放在协调好职代会与董事会、监事会的关系和职工代表对企业重大决策的源头参与两个方面。在民主管理实施细则中，规范了职工董事和职工监事制度，并在双桥农场国有控股企业中全面落实，使职工的源头参与有了制度保障。另外，在胜利建材、立时达药业等部分所属单位中还建立了由股东代表、董事会成员、职工代表、专业技术人员和有关领导组成的联席会制度，每项重大决策前，都要先提交联席会讨论，统一意见后，再提交董事会决策，使联席会制度真正成为职代会与董事会联系的桥梁。

2001 年，农场的第十三届职工代表大会与会员代表大会同时到期，农场利用文件的形式进一步明确和规范了民主选举职工代表的条件和召开职代会的程序，并到基层企业进行具体的指导。双桥物资供销公司在企业改制中充分发挥职代会的作用，工会主席朱京凤将到南方参观改制的经验做法和企业改制的意见向职代会做了报告，广泛地征求职工的意见和建议，让职工知厂情、议厂事、参厂政，积极投身于企业的改革中。大秦仓储公司就劳动合同到期不再续签长期劳动合同的想法，提交职代会讨论通过后实施。农场为了解决五号井、六号井居民住房拆迁后遗留下来的 24 户的职工住房困难问题，农场制定了具体的解决方案，并召开了双桥农场第十三次职工代表大会，审议通过了由房改办主任刘春森所作的"关于五号井周转房、六号井九区东巷集资建房方案说明的报告"。在职工的理解和支持下，较好地解决了遗留两年之久的职工住房困难问题。

2003 年，集团公司将双桥农场定为民主管理的试点单位，双桥农场工会率先制定了《企业民主管理及职工代表大会实施细则》，所属单位也制定了相应的细则，明确了职代会在企业中的各项职权及其行使程序，职工代表的权利和义务，职代会与党委会、董事会的关系以及民主管理的其他形式，使民主管理工作有章可循，逐步走向规范化。10 月 30日，全国总工会一行 18 位领导，在集团公司工会副主席张淑英的陪同下，莅临双桥农场视察、调研工会工作。11 月，北京市总工会女职工委员会一行 30 多人，在集团公司工会副主席张淑英的陪同下，莅临双桥农场视察、调研工会工作暨集体合同情况。

2005 年，北京市集体合同条例出台，双桥农场重新修订了集体合同文本，并对新的文本进行了多次调研和培训。在充分征求意见后，完成了第四轮集体合同的续签工作。

2005 年以后，农场将年终总结表彰大会以职代会的形式召开。按照职代会的程序，职工代表审议场长工作报告，参与农场经济工作目标、方针、措施的制定，对大会提出的重大决议进行表决，使职代会的审议权、决定权很好地行使，职工代表真正实现了从源头上参与。这一做法，成为农场历史长河中民主管理的一个创举。在日常工作中，职代会已成为企业党政领导科学决策中一个不可缺少的程序。企业中遇到大事、难事，召开职代会讨论成为领导的首选措施。职代会也在企业重大决策、解决矛盾、协调关系、排忧解难中，发挥了不可替代的作用。

2006 年，市总工会在集团公司试行工资协商机制，双桥农场作为集团公司的试点，根据集体合同条例要求，结合农场实际，起草了农场工资协商专项合同文本，在桥联物业先行一步，取得经验后，当年在全场 18 个单位推广。专项合同解决了企业最低工资标准、加班工资计发基数、当年工资增长幅度、对劳动合同的监管以及职工福利等职工切身利益问题，并规定每年按照北京市新的工资增长基准线和当年最低工资标准协商、签订一次。工资协商以来，除一个亏损企业外，其他企业都实现了人均月增资 100～300元。增长幅度为 3％～10％。至 2008 年，全场 18 个单位，集体合同已续签了五轮。合同的内容越来越完善，履约率达到了 100％。集体合同的制定，规范了企业与个人的行为，使企业与职工之间的利益关系得到了妥善解决，为企业创造了稳定、健康、和谐的劳动环境。

农场女工委员会依据妇女权益保护法、女职工劳动保护条例和劳动禁忌规定，经过深入调研，起草了女职工特殊权益保护单项合同，18 个单位全部签署。从根本上解决了女职工四期劳动保护问题，维护了女职工的各项特殊权益。农场女职工委员会通过订立集体合同实现妇女特殊权益保护的同时，做好计划生育工作，并连续多年获得北京市计划生育先进单位的光荣称号。

新的双桥农工商公司成立后，陆续制定了《大宗物资采购公开实施办法》《工程项目招标投标公开实施办法》和《大额资金使用公开实施办法》，要求双桥农工商公司部门与基层企业贯彻落实。

2008 年 1 月，双桥农场召开了第十五届二次职代会暨 2008 年工作会。主要内容是：2007 年企业经营完成情况、主要工作；2008 年指导思想、任务指标、保障措施；表彰2007 年为农场做出贡献的先进集体和优秀个人；并与企业签订了安全生产和计划生育责任书。

2008 年 9 月，双桥农工商公司召开了第一次职工会员代表大会。主要内容是：关于双桥农工商公司合并重组情况的通报、组建工会筹备工作报告、选举产生双桥农工商公司工会第一届委员会和工会经费审查委员会、制订了关于开展厂务公开"菜单式"管理的实施意见。

双桥农工商公司于 2009 年 2 月召开了第一届二次职代会暨 2009 年工作会。主要内容是：2008 年企业经济指标完成情况、主要工作；2009 年指导思想、任务指标、保障措施；并与企业签订了安全生产和计划生育责任书。

2009 年，双桥农工商公司坚持以厂务公开八项内容为主体，按照集团公司工会的要求，双桥农工商公司"厂务公开""菜单式"管理工作全面展开，一是将职工关注的企业重大决策，工程项目招投标和大宗物资采购等事项进行公开。太洋药业因广渠路扩建，需拆除原有厂房，对新厂房的设计方案和设备的购置，成立了招标领导小组和监督小组，从方案设计、设备质量、性能、价格全程公开。立时达药业实行大宗材料采购审批制度，由生产部与供应计划部根据销售和库存数量，参考往年的销售路线图和规律，在此基础上做出生产计划，采购部在完成市场询价及各厂家的样品送检化验后，按生产指令填写相应数量的原辅料及包装材料请购单并注明数量、规格、型号及价格，报送生产副总和总经理审批、签字，一式三份，由采购部、财务部及库房保管各执一份，并经质检科统一验货，三方签字后才可入库。双益达集团、大秦物流对投资建设 4000 多平方米库房的基建项目进行公开招投标。三元绿化加大投标力度，承揽了多项绿化工程，为美化首都做出了贡献。二是对职工最关心利益问题公开。为提高员工的生活质量，双益达集团、桥联物业、三元绿化、胜利建材把员工调整工资方案进行公开。三元绿化、胜利建材为员工退休人员增资问题公开。三是双桥农工商公司厂务公开建立了规范的工作机制和监督检查机制，形成了党委统一领导，行政主体到位，纪委监督检查，工会主动配合，职能部门各负其责，职工积极参与的管理体制和工作格局。2009年，双桥农工商公司被评为"北京市厂务公开民主管理工作先进单位"。

2009年，制订了企业坚持做到"五必访"：职工或职工家属患病住院必访；职工有情绪必访；职工家庭闹矛盾必访；职工家庭发生天灾人祸等突发事件必访；职工子女开学前必访。本着"五必访"的原则，双桥农工商公司坚持重大节日与日常慰问相结合，开展走访慰问送温暖帮困活动。全年，双桥农工商公司共筹措资金221600元，分别对19名困难职工进行慰问，同时还对2800多名离退休人员进行了慰问。太洋药业公司一名职工因大病导致生活困难，双桥农工商公司一次性补助5000元。胜利建材公司为一名职工重新进行了工伤等级鉴定，申请了伤残津贴。

2010年，按照集团公司工会的要求，双桥农工商公司厂务公开除了继续坚持深化"菜单式"管理工作外，还增添了新的公开内容，即党风廉政建设和民主评议干部问题，招聘工作人员也实行公开聘用，取得了很好的效果。"五一"前夕，双桥农工商公司党委组织劳模和首都"五一劳动奖章"获得者进行座谈，号召广大员工以劳模为榜样，立足本职，爱岗敬业。

2010年2月，召开了第一届四次职代会暨2010年工作会。主要内容是：2009年企业经济指标完成情况、主要工作；2010年指导思想、任务指标、保障措施；并与所属企业签订了土地房屋管理、安全生产和计划生育责任书。

2011年，双桥农工商公司坚持做好厂务公开的各项工作，按照集团公司和双桥农工商公司管理制度的要求，相继召开专题会议，对大连当代艺术项目、扬州暖山项目、双桥经适房、公租房项目、永乐店棚户区改造项目、三元绿化投标中标项目工程都全程公开、全程论证，达到了非常好的效果，保证了项目的良好运行。

2012年，双桥农工商公司党委对职工最关心，最迫切的问题公开解决，各单位重点公开了企业经济情况（收入、利润、费用、招待费）职工带薪疗（休）养，职工休假制度，法定节假日补偿制度，五险一金缴纳情况。各基层企业结合集体合同中的条款都做了明确规定，并签订了专项工资集体协议，经职代会讨论通过。同年，双桥农工商公司所属各二级单位全部通过工资调整方案。对党风廉政建设和民主评议干部实行公开，部分基层企业公开评议和聘任全过程，完成了企业聘任干部和民主评议干部工作。

2011—2012年，双桥农工商公司工会共筹款49万元，分别对23名特困、困难职工进行了慰问，对2850名离退休人员进行了慰问。同时，在暑期高温时节，对一线工人进行了慰问，送去了防暑药品，降温用品。

2013年，双桥农工商公司贯彻落实全总"面对面、心贴心、实打实"服务职工在基层活动，坚持重大节日期间与日常慰问相结合，开展走访慰问送温暖活动。共筹措资金25万元，其中，工会拨款3.5万元，对36名特困、困难职工进行了走访慰问，并对企业离退休人员分别进行了慰问，双桥农工商公司及所属单位党政工干部参加了走访慰问。所属单位对企业的特困、困难职工进行了摸底，分别进行了两节期间和日常送温暖活动，建立了特困、困难职工档案，对困难实行动态管理；同时，各单位对职工的婚、丧、嫁、娶、病等给予关心并进行了走访慰问。双桥农工商公司及所属单位对一线职工进行暑期慰问，购置了防暑药品、降温用品，约计5万元；组织30名一线职工进行疗休养，为职工创造良好的休息休养条件；永乐店农场修缮职工食堂，为职工提供用餐就餐环境；组织职工体检等。职工互助保险工作是工会履行维护职能的重要内容，事关企业改革、发展、稳定的大局，是实施"送温暖"工程的有效载体，是"送温暖"工程落到实处的基础。组织参加女职工特殊疾病互助保险续保工作，为171名女工上了186份女工特殊疾病互助保险。组织参加职工住院医疗互助保险续保工作，为693人上了职工住院医疗互助保险；赔付26人次，赔付26589.80元，6人正在申报中。组织参加集团公司关爱基金捐款活动，共有967人，捐款42400元。申报5人，给予大病帮扶资金25300元。

2014年，双桥农工商公司坚持重大节日期间与日常慰问相结合，开展走访慰问送温暖活动。对2名特困、困难职工进行了走访慰问；组织劳模座谈会，对一名困难劳模和市劳动模范进行慰问；组织30名一线职工疗养。所属单位对企业的特困、困难职工进行了摸底，分别进行了两节期间和日常送温暖活动，并对职工的婚、丧、嫁、娶、病等进行了走访慰问。双桥农工商公司及所属单位暑期对一线职工进行了走访送清凉慰问活动，并购置了防暑药品、降温用品，约计5万元。

2015年，送温暖帮困工作除了坚持重大节日与日常慰问相结合外，按照集团公司工会的要求，送温暖开始实施帮扶工程。对1名特困职工、1名低收入劳动模范和劳模进行了走访慰问；并组织老干部团拜会、劳模团拜会，送去温暖的问候与节日的祝福。组织参加女职工特殊疾病互助保险续保工作，为231名女职工上了242份特殊疾病互助保险；组织参加职工住院医疗互助续保和职工住院津贴工作，续保674人，赔付25人次，赔付28316元。

2015年5月，马树娟、左红星、马庆发、杨大勇、陈汝清被评为"最美首农人"。9月，郝春增、徐君成、陈宝生、张金库、季秋颖、陈茂林、刘军、魏凤美在北京市老龄委"孝星推荐"活动被评为"孝星"。

"十二五"期间，在集团公司工会的指导下，在党委、行政的领导支持下，选举产生

60 名代表、二届一次委员会和经费审查委员会，同时选举产生了工会主席、副主席、经费审查委员会主任和女工主任。按照市总和集团工会改革方案要求，一线职工及外埠职工进入工会委员会。"十二五"期间，双桥农工商公司及所属企业共召开职代会或职工代表大会 86 次。职代会重点完成了对双桥农工商公司经济工作报告、企业重大决策、集体合同、员工工资调整方案、员工考勤管理办法、员工培训及人才引进等各项工作的审议批准，特别是对重点项目的审议得到了落实，经济适用房、公租房、大连当代艺术项目、扬州暖山项目、塞隆国际文创园、E9 区创新工场园区都是经过反复讨论，征求意见达成共识，为双桥农工商公司经济发展打开了新局面。

2016—2018 年，双桥农工商公司工会顺应改革发展的新要求，牢牢把握"三维三向，融通联动"的总体定位，在建设"文化双桥""智慧双桥""创富双桥"中，推进民主管理，发挥职工聪明才智，认真履行各项职能，积极主动开展各项工作。双桥农工商公司工会从企业实际出发，做到了不同性质的企业，公开的内容不同，使厂务公开"菜单式"管理工作更趋多样化，公开内容的不同促使公开形式发生了新的变化。双桥农工商公司工会根据企业的性质、内容确定了长期公开、定期公开、逐步公开、随时公开四种公开方式。双桥农工商公司及所属企业利用职代会、班子会、各种例会、公开栏、橱窗、报纸等各种形式进行公开，尽量做到让职工知情，倾听职工发表意见和建议。同时，三元绿化、双益达、太洋药业、立时达药业定期召开例会、季度会、中层干部会、新产品开发研讨会、产品质量鉴定会，通过以上各种不同会议，使工作得到统一决策，民主决策，进一步让职工感受到"菜单式"管理在企业工作中的话语权，增添了职工在企业中的存在感和主人翁责任感。2016—2018 年，双桥农工商公司及所属企业共召开职代会或职工大会 56 次，重点完成对历年经济工作报告的审议，企业重大决策项目，事项的审议，员工集体合同和工资调整方案的审议。员工的知情权、参与权、建议权、审议决定权及监督权在企业得到了落实。2016—2018 年，农场全面落实全国总工会"面对面、心贴心、实打实"服务职工在基层工作的总体要求，除了坚持每年常规的做法外，还增添了新的送温暖帮困的内容。例如：组织员工去北戴河疗养、修缮和改造食堂、安排休息场所，给职工创造良好的休息休养条件，让职工安心工作，努力为企业发展做贡献。

2018 年，双桥农场及其所属单位全部成立工会组织，完成换届和增替补工作，建立了工会委员会、女职工委员会。各企业均按照相关文件精神配备工会主席和女工主任并给予相关待遇。双桥农场所属企业为贯彻落实中华全国总工会、质检总局联合下发的《关于基层工会组织实施法人和其他组织统一社会信用代码制度的通知》，所属企业工会法人登记证书、组织机构代码证将合并为加载有统一社会信用代码的工会法人资格证书，完成两

证合一工作的单位共有 12 家。双桥农场共有职工 1088 人，会员 1088 人，入会率达到
100%，其中农民工 211 人，入会率达到 100%。

截至 2018 年底，双桥农场共有女职工 425 人，女干部 22 人，女技术人员 92 人，女
党员 110 人，基层女职工委员 33 人。近十年来，女工工作一直隶属在公司工会，是工会
工作的一部分，每年坚持为女职工进行身体检查，妇科检查，累计达到 4233 人次；为女
职工办理安康保险累计达到 2862 份。赔付金额达到 19 万元，安康保险不仅维护女职工的
权益，而且也使看病就医，处理意外伤害有了保障，部分年度召开职代会情况如下所示
（表 7-5）。

表 7-5 部分年度召开职代会情况表

时间	参加人数	大会主题
2009 年 2 月 4 日	58	突出主业 强化管控 为实现公司经济又好又快发展而奋斗
2011 年 1 月 18 日	59	把握机遇 乘势而上 做大主业 为实现公司经济跨越式发展而奋斗
2012 年 1 月 11 日	61	加强管控 做大主业 提升经济总量 为实现"十二五"发展目标而努力奋斗
2013 年 1 月 27 日	59	壮规模 促转型 谋跨越 全力开创公司经济发展新局面
2014 年 2 月 20 日	58	把握发展脉搏 奋力开拓进取 开启双桥建设发展新篇章
2015 年 2 月 28 日	60	深耕精进促升级 固本求新谋发展 开创和构建公司发展新常态
2016 年 3 月 28 日	59	扬帆起航 行稳致远 奋力实现公司"十三五"良好开局
2017 年 1 月 20 日	61	履机乘变 聚焦转型 在新的起点上构建创新发展的新格局
2018 年 2 月 2 日	60	攻坚克难 锐意转型 奋力谱写新时代转型升级新篇章

部分年度厂务公开情况如表 7-6 所示。

表 7-6 部分年度厂务公开情况表

年份	厂务公开内容
2007	2006 年经济指标和主要工作完成情况以及 2007 年的工作任务；供暖中心项目情况；北京三元有机农产品生产基地项目情况；五号井尾房分配方案情况；企业安全工作情况
2008	职工关注的企业重大决策、工程项目招投标和大宗物资采购问题进行公开。立时达药业进行锅炉改造和施工工程；双益达集团、农工贸公司、大秦物流公司、胜利建材公司投资建设库房 10000 平方米的基建项目等重要工程项目进行了公开招投标；对设备、建筑材料、生产原料等几十种大宗材料进行公开采购；对企业考核、干部年薪制方案的修订
2009	对土地项目的开发和一号区的土地使用性质进行了调整；太洋药业生产车间重新建设，对方案设计、施工单位以及购置设备进行了招投标；双益达集团、大秦物流公司投资建设库房 4000 多平方米的基建项目等重要工程项目进行了公开招投标；三元绿化公司加大投标的力度，在北京市和外埠承揽了多项绿化工程
2010	对职工关注的企业重大决策、工程项目招投标和大宗物资采购问题进行公开，双桥农商公司先后对土地项目的开发和一号区的土地使用性质进行了调整，成为朝阳区双桥经适房、公租房项目；清理了相关的土地房屋租赁问题；职工最敏感的党风廉政建设和民主评议干部实行公开
2011	对职工关注的企业重大决策、工程项目招投标和大宗物资采购问题进行公开。双桥农工商公司先后对土地项目的开发和京桥一号区的土地使用性质进行了调整，成为朝阳区双桥经适房、公租房项目并进行了项目招标；清理了相关的土地房屋租赁户；崇文区定向安置项目；集团公司安置房项目；双益达集团库房改扩建工程；永乐店棚户区改造项目；三元绿化公司投标项目工程；大秦物流公司新建办公室、库房项目；胜利建材库房改造项目；企业经济情况（收入、利润、费用等）情况、职工带薪疗休养、职工休息休假、五险一金缴纳情况

（续）

年份	厂务公开内容
2012	对职工所关注的企业重大决策、工程项目招投标和大宗物资采购问题进行公开。如：大连项目、扬州项目、双桥经济适用房、公租房项目、集团公司安置房项目；永乐店棚户区改造项目；三元绿化公司投标项目工程；企业经济情况（收入、利润、费用、招待费）、职工带薪疗休养、职工休假制度、法定节假日补偿制度、五险一金缴纳情况；党风廉政建设和民主评议干部实行公开
2013	企业重大决策、工程项目招投标和大宗物资采购问题进行公开。如：大连东港项目、扬州暖山项目、双桥公租房项目、首农职工安置房项目；永乐店棚户区改造项目；双桥国际艺术休闲园区项目；乳品厂设计方案项目等。公司所属三元绿化公司投标项目工程；胜利建材大宗采购、大宗投资和基础设施建设；双益达集团新建办公用房、库房、库房改造等项目；企业经济情况（收入、利润、费用、招待费）、职工带薪疗休养、职工休假制度、法定节假日补偿制度、五险一金缴纳情况
2014	大连项目、扬州项目、经济适用房、公租房项目、两个艺术园区项目；企业经济情况（收入、利润、费用、招待费）、职工带薪休假制度、法定节假日补偿制度、五险一金缴纳情况
2015	大连项目、扬州项目、双桥经济适用房、公租房、永乐店棚户区改造、九九工场项目等；企业经济情况（收入、利润、费用、招待费）、职工带薪休假制度、法定节假日补偿制度、五险一金缴纳情况，党风廉政建设和民主评议干部实行公开
2016	大连项目、扬州项目、永乐店棚户区改造、九九工场项目、塞隆园区改造工程项目结算审计等；企业经济情况（收入、利润、费用、招待费）、职工带薪休假制度、法定节假日补偿制度、五险一金缴纳情况；党风廉政建设和民主评议干部实行公开
2017	大连项目、扬州项目、永乐店棚户区改造、九九工场项目等。企业经济情况（收入、利润、费用、招待费）、职工带薪休假制度、法定节假日补偿制度、五险一金缴纳情况；党风廉政建设和民主评议干部实行公开
2018	职工所关注的企业重大决策、工程项目招投标和大宗物资采购问题进行公开；企业经济情况（收入、利润、费用、招待费）、职工带薪休假制度、法定节假日补偿制度、五险一金缴纳情况

部分年度工会会员情况如表7-7所示。

表7-7 部分年度工会会员情况表

年份	会员人数（人）	其中	
		男（人）	女（人）
1987	5488	3415	2073
1988	5553	3340	2213
1989	5613	3359	2254
1990	5904	3816	2088
1991	6145	3650	2495
2010	1581		
2011	1493		
2013	1339		
2014	1200		
2015	1195		
2016	1095		
2017	1083		
2018	1050		

注：表中部分数据未载。

部分年度女工工作情况统计如表7-8所示。

表7-8 部分年度女工工作情况表

年份	女工工作情况
1989	坚持每月一次例会制度，组织女工干部学习党的方针、政策，贯彻女工劳动保护条例
1990	加强组织建设，提高女工干部素质维护女工的合法权益，减少和解决女职工在劳动中因生理特点造成的特殊困难，加强对女职工的政治思想教育，做"四有"新人
1991	发挥女工委员会的作用，维护女职工的特殊利益，开展适合女职工特点的活动，农场女工委员会通过演讲的形式，宣传了农场各阶层女职工中的好人好事，并选出代表参加了局工会的演讲，获第二和第三名的好成绩
1992	为适应改革开放的新形势和对女工工作提出的要求不断提高女工干部的素质，女工委员会对女工干部培训4次，并请知名人士来场授课，在组织女工参加的"全国家应优生优育优教"和市"家庭知识"竞赛活动中收卷率达98%以上
1993	农场女工委员会组织全场职工开展了"争当三八红旗手"的劳动竞赛，在竞赛中，全场女工委员会不断发现企业经济建设中的典型经验，在女职工中进行表扬。农场女工委员会举办了女职工巧手制作展销会，全场一百多名女职工献出了自己业余时间精心制作的衣服、玩具和手工艺品，农场二百多位职工家属到展销会参观购物，展销会受到农场各界的欢迎
1994	以经济建设为中心开展了"争当三八红旗手"的劳动竞赛活动和开展"我为企业献一计"的合理化建议活动。全年，农场女职工共为企业提合理化建议950条，落实685条，创效益18.2万元。组织女工干部学习《北京市妇女权益保障法实施条例》。组织女职工开展联谊活动，"六一"儿童节、教师节对有关女职工进行了慰问
1995	组织女职工演唱爱国主义歌曲，写对联，以"爱农村、建农村、作农场主人"为题，自编自演文艺节目，组织女工干部登上天安门城楼进行爱祖国、爱北京的教育
1996	全场的女工工作，围绕经济建设这个中心做了大量工作，取得了显著的成绩。在加强女职工保护，依法维护女职工合法权益和特殊利益上，组织女职工开展了《劳动法》和《妇女权益保障法》的知识竞赛，组织了全场女工双休日知识竞赛的活动。增强了女职工依法保护的能力。在全场女职工中开展了争当"三八红旗手"的劳动竞赛，评出10名"三八红旗手"
2001	认真落实《妇女权益保障法》，维护女工的合法权益，加强对女工技能培训，提高女工参与岗位竞争的能力。关心女工的生产生活，组织发动女工上女工安康保险，已有9个单位组织426名女工投保
2007	为女职工办理安康保险，共计266人，325份，女职工妇科检查
2008	对双桥农工商公司女职工委员会进行了改选，选举产生了委员会委员和女工主任；召开了"三八"座谈会；为女职工办理安康保险。共计244人，299份。共有2人出险，赔付13000元
2009	双桥农工商公司所属企业为全体职工进行了全面身体检查；并为569名女工进行了妇女病检查；为326名女工上了375份女工特殊疾病互助保险
2011	组织参加女职工特殊疾病互助保险，为459名女工上了512份女工特殊疾病互助保险；组织"三八"节座谈会；慰问单亲女职工；"六一"节慰问；开展征文活动；所属单位组织职工体检，对女职工体检增加了妇科检查
2012	组织参加女职工特殊疾病互助保险，为362名女工上了386份女工特殊疾病互助保险，赔付1人24832元；组织"三八"节座谈会；慰问单亲女职工；所属各单位为女工上了女职工特殊疾病互助保险；太洋药业组织公司全体职工开展计划生育知识、女职工劳动保护知识问答竞赛活动；男性健康日为男性购置了慰问品；所属各单位组织职工体检。对女职工体检增加了妇科检查
2013	组织"三八"座谈会，发放慰问品；购置图书《职业女性正能量》、慰问单亲女职工；所属单位针对女职工特殊保障专项合同规定进行妇科普查；组织参加女职工特殊疾病互助保险续保工作，为171名女工上了186份女工特殊疾病互助保险
2014	组织"三八"节座谈会；慰问单亲女职工；积极宣传女工工作；所属各单位对女职工委员会进行了换届，选举出新一届女职工委员会。在"三八"妇女节分别以不同形式表达了对女工工作的重视和对女职工的关怀。太洋药业组织公司全体职工开展计划生育知识、女职工劳动保护知识问答竞赛活动；亿本公司为女职工送上一束温馨的鲜花。所属各单位为女工上了女职工特殊疾病互助保险；组织职工体检

（续）

年份	女工工作情况
2015	组织参加女职工特殊疾病互助保险续保工作，为231名女工上了242份女工特殊疾病互助保险；组织"三八"节座谈会；慰问单亲女职工；积极宣传女工工作；各个单位在"三八"妇女节分别以不同形式表达了对女工工作的重视和对女职工的关怀。所属各单位组织职工体检
2016	组织参加2016年女职工特殊疾病互助保险续保工作，为257名女工上了363份女工特殊疾病互助保险；组织"三八"游园活动，开展随手拍女工摄影比赛；所属各单位在"三八"妇女节分别以不同形式表达了对女工工作的重视和对女职工的关怀；组织职工体检
2017	组织参加女职工特殊疾病互助保险续保工作，为366名女工上了381份女工特殊疾病互助保险；组织"三八"节闻香识女人插花活动；所属各单位在"三八"妇女节分别以不同形式表达了对女工工作的重视和对女工的关怀；所属各单位在"三八"节来临之际为女进行了女职工慰问，组织女职工体检
2018	组织参加女职工特殊疾病互助保险续保工作，为189名女工上了189份女工特殊疾病互助保险；组织"三八"节农场参观活动；双桥农场有限公司工会组织机关女职工及下属企业女职工参观南口农场，并为女职工发放了慰问品；所属各单位在"三八"妇女节分别以不同形式表达了对女工工作的重视和对女职工的关怀，进行了女职工慰问，组织女职工体检

部分年度集体合同续签情况如表7-9所示。

表7-9　部分年度集体合同续签情况表

年份	集体合同续签情况
2007	对集体合同进行复审检查，履约率100%，11月各企业根据北京市新的工资增长基准线和最低工资标准重新进行协商，对企业最低工资、工资增长幅度都按照新的政策标准进行了调整。各企业人均增长工资50~100元
2008	双桥农工商公司8个二级单位签订了第五轮集体合同。按照北京市集体合同文本和奶牛中心的集体合同文本，并结合企业的实际情况，重新修订了本单位的集体合同文本。工资协商和女职工专项协议一同在集体合同文本中，并做了专门的章节。双桥农工商公司共签订了11份。各企业并认真履行《集体合同》约定的各项条款，把履行《集体合同》作为维护企业和职工合法权益的重要依据，在履行《集体合同》中，未发现违约现象
2010	为了适应新形势下工会的发展要求，双桥农工商公司认真贯彻落实《北京市集体合同条例》《企业工会工作条例》。9个二级单位签订了第五轮集体合同。按照北京市集体合同文本和奶牛中心的集体合同文本，并结合企业的实际情况，重新修订了本单位的集体合同文本。工资协商和女职工专项协议一同在集体合同文本中，并做了专门的章节。双桥农工商公司共签订了11份。各企业并认真履行《集体合同》约定的各项条款，把履行《集体合同》作为维护企业和职工合法权益的重要依据，在履行《集体合同》中，未发现违约现象。随着北京市最低工资的调整，双桥农工商公司所属各单位通过集体协商对本单位的最低工资进行了相应的调整，并有8个单位给职工增加了工资，分别增加了80~300元
2011	双桥农工商公司所属9个二级单位签订了第五轮集体合同，共签订了12份。各单位结合本单位的实际情况，进行复议并修订本单位的集体合同，对职工收入、劳动合同、休息休假、社会保障及福利待遇、职工培训、劳动保护、女职工特殊保护等涉及职工合法权益的内容做了详细的规定，进一步完善规范了集体合同文本。工资协商和女职工专项协议一同在集体合同文本中，并作了专门的章节
2012	双桥农工商公司所属各单位签订了第六轮集体合同，工资专项协议，共签订了13份。各单位结合本单位的实际情况，进行复议并修订本单位的集体合同和工资协议书的内容，对职工收入、劳动合同、休息休假、社会保障及福利待遇、职工培训、劳动保护、女职工特殊保护等涉及职工合法权益的内容做了详细的规定，进一步巩固提升规范了集体合同和工资专项协议
2013	工资专项协议和女职工专项协议，工资专项协议作为集体合同的附本单独签订，共签订了12份（包含15个法人单位）。各单位结合本企业的实际情况，进行复议并修订本单位的集体合同和工资协议书的内容，对职工收入、劳动合同、休息休假、社会保障及福利待遇、职工培训、劳动保护、女职工特殊保护等涉及职工合法权益的内容做了详细的规定，进一步完善规范了集体合同文本
2014	双桥农工商公司所属各单位已完成签订第六轮集体合同、工资专项协议和女职工专项协议。工资专项协议和女职工专项协议体现在集体合同文本中，共签订了12份（包含15个法人单位）。各单位根据自身实际情况，进行复议并修订本单位的集体合同的内容，进一步完善规范集体合同文本

（续）

年份	集体合同续签情况
2015	双桥农工商公司所属各单位已完成签订第七轮集体合同，工资专项协议和女职工专项协议。工资专项协议作为集体合同的附本单独签订，共签订了12份（包含15个法人单位）。每年各单位根据自身实际情况，进行复议并修订本单位的集体合同和工资协议书的内容，进一步完善规范集体合同文本。在履行签订的各项合同与协议过程中，未发现违约现象
2016	双桥农工商公司所属各单位签订了集体合同，工资专项协议和女职工专项协议。工资专项协议作为集体合同的附本单独签订，共签订了12份。各单位根据自身实际情况，进行复议并修订本单位的集体合同和工资协议书的内容，进一步完善规范集体合同文本。在履行签订的各项合同与协议过程中，未发现违约现象
2017	双桥农工商公司所属各单位签订了集体合同，共签订了12份，各单位根据自身实际情况，进行复议并修订本单位的集体合同和工资协议书的内容，进一步完善规范集体合同文本
2018	双桥农场有限公司所属各单位已完成签订第八轮集体合同，共签订了12份，各单位根据自身实际情况，进行复议并修订本单位的集体合同和工资协议书的内容，进一步完善规范集体合同文本

二、职工获奖与荣誉

1. 获奖情况　具体情况如下：

1960年，郝淑珍（女，1931年4月出生）获"全国三八红旗手"。

1991年，双桥农场工会被评为北京市"模范职工之家"。崔士博荣获首都劳动奖章。

1992年5月1日，双桥乳品厂冰棍班获全国总工会颁发的"五一劳动奖状"，班长张兴哲代表70名职工在大会堂参加了首都隆重召开的"五一"劳动节庆祝大会，受到党和国家领导人的接见。1992年，徐锦昆荣获首都劳动奖章。

1992年12月，双桥工会被市总工会评为"市迎亚运，创一流，爱国立功奖"。

1993年10月，双桥农场工会被全国总工会授予"全国模范职工之家"。

2000年，双桥农场被市总工会职工体协评为"全民健身大型团体操优秀组织奖"。

2002年，黄茂华荣获首都劳动奖章。

2005年，双桥农场被市总工会授予"北京市经济技术创新先进单位"。

2005年，双桥农场被北京市总工会授予"北京市劳动模范集体"。

2007年，双桥幼儿园被评为"北京市巾帼文明岗"；黄玉霞被评为"北京市巾帼文明标兵"。

2008年5月，双桥农场被北京市总工会授予"首都职工素质教育工程通用能力培训先进单位"。

2008年，双桥幼儿园被评为"全国巾帼文明岗"。

2008年，王孝至获得"市国资委先进个人"；魏凤芝荣获"市总工会立功标兵"；张建国获得"市总工会先进个人";双桥农工商公司获得"集团公司先进单位";双桥农工商公司获得"集团公司先进集体";双桥农工商公司工会获得"集团公司工会宣传报道先进单位"。张建国、李永清获得"集团公司优秀党员";任雯卓、肖春香、王孝至获得"集团公司先进个人";王卫兵、郑媛、任雯卓、黄艳华、康宝玉、陈宝生、赵兴研、张殿奎、车万增、宋微玮获得"集团工会先进个人"。

2009年2月,双桥农工商公司被市总工会授予"北京市职工素质教育先进单位"。

2009年4月,双桥农工商公司被市总工会授予"北京市民主管理、厂务公开先进集体"。

2009年,双桥农工商公司获得北京市厂务公开协调小组颁发"厂务公开先进单位"。

2009年,张建国获得北京市工会"积极分子";双桥农工商公司工会获得"集团宣传工作先进单位"。

2013年,张建国被评为"北京市优秀工会工作者"。

2018年,王静荣获首都劳动奖章。白宝通、张建国、张新梅荣获"集团优秀工会干部"。

2. 劳动竞赛与劳模评选　双桥农场工会坚持以经济建设为中心,紧密结合各时段生产与经营任务制度方案,开展了多种形式的劳动竞赛、技术大赛等练兵活动,鼓励员工在企业岗位创建和立功活动。

20世纪90年代,双桥农场进入"质量、品种、效益"年以来,结合发展目标与经营理念,制定了"规范管理上等级,挖潜革新增效益,爱国立功劳动竞赛"的办法,年终在完成双文明建设指标的单位中评选"上一流水平,创一流效益"效益杯优胜单位。在企业车间,班组中开展以规范化管理基础建设为主要内容的"比达标升级竞赛"活动,分别评选合格、先进、特级车间、班组,在管理人员,科技人员和职工中,开展以"挖潜、革新、增效益、爱国立功百名标兵"竞赛,这些活动取得了良好的效果。特别是新型乳制品"绿鸟牌"活性乳的品牌效应日趋扩展,从试生产到上市,短短几个月时间,东城、西城、朝阳、宣武、丰台、海淀及区县都频现"绿鸟"的身影,品牌文化得到不断彰显。

双桥农工商公司进行战略重组后,为推动经济又快又好的发展,双桥农工商公司党委、领导班子、工会鼓励全体员工在生产经营中开展经济技术创新活动,通过创新竞赛培育能打硬仗的骨干队伍。开展"当好主力军,建功十一五"经济技术创新活动,针对企业经营中的热点和难点问题,开展群众性的合理化建议和劳动竞赛活动。

2008年,双桥公司创新技术4项、创新工艺5项、创新产品10个、创新纪录6项、创新服务管理模式4项、创最佳操作法4项、实现技术革新技术攻关4项,创效益70万元，"双增双节" 2 项，创效益 26 万元。

2009 年，双桥公司创新技术 5 项、创新工艺 10 项、创新产品 14 个、创新纪录 2 项、创新服务管理模式 1 项、创最佳操作法 2 项、实现技术革新技术攻关 10 项，创效益 214 万元，双增双节 6 项，创效益 28 万元。

2013 年，双桥公司创新技术 3 项、创新工艺 6 项、创新产品 72 个、创新纪录 2 项、创新服务管理模式 1 项、创最佳操作法 2 项、实现技术革新技术攻关 5 项，创效益 50 万元，双增双节 6 项，创效益 28 万元；以上这些创新成果的应用，有力地推动了企业的进步与发展。

1993—1999 年，市总工会授予劳动竞赛标兵情况如下（表 7 - 10、表 7 - 11）。

表 7 - 10　1993—1995 年市总工会授予劳动竞赛标兵情况

年份	姓名	单位	荣誉称号
1993	刘树斌	制药公司	优秀经营者
	刘玉真	制药公司	技术能手
	白少琴	乳品厂	优秀组织者
	苏铁锁	双桥牛场	优秀工作者
	任贺怀	兽药厂	销售能手
	张振福	水电站	优秀工作者
	崔士博	农服公司	科技工作者
	杨宝贵	代管库	优秀工作者
	马金玺	医院	优秀工作者
	赵华	储运库	优秀工作者
	张兴哲	乳品厂	优秀工作者
	胡跃盛	建材库	优秀工作者
1994	刘树斌	药业公司	优秀经营者
	曾清华	兽药厂	科技工作者
	杨茂恩	豆各庄牛场	优秀组织者
	武立山	乳品厂	技术能手
	康玉秋	乳品厂	销售能手
	王万芳	制药厂	优秀生产者
	张文生	制药厂	优秀生产者
	何亚芹	种猪场	优秀生产者
	胡金全	豆各庄牛场	优秀生产者
	刘振英	鸭场	优秀生产者
	李恩瑞	医院	优秀生产者
	张月珍	乳品厂	优秀生产者
	康立红	幼儿园	优秀生产者
	张殿奎	兽药厂	优秀生产者

（续）

年份	姓名	单位	荣誉称号
	白少琴	乳品厂	优秀组织者
	谢永岩	农服公司	科技工作者
	吕 贵	药业公司	技术能手
	康玉秋	乳品厂	销售能手
	刘树和	建材库	先进工作者
1995	魏建田	代管库	先进工作者
	张文生	制药厂	先进工作者
	胡金全	豆各庄牛场	先进工作者
	张殿奎	兽药厂	先进工作者
	张丽君	医院	先进工作者
	汤 燕	乳品厂	先进工作者

表 7 - 11   1996—1999 年市总工会授予劳动竞赛标兵情况

年份	姓名	单位	姓名	单位	姓名	单位
1996	戴永海	乳品厂	张振富	乳品厂	潘宝才	乳品厂
	黄元芳	制药公司	戚天玉	制药公司	李玉平	兽药厂
	尔建梅	幼儿园	薛福亮	代管库	陈德泉	水电站
	张德江	建材库	胡金全	豆各庄牛场		
1997	刘利亚	医院	张淑萍	医院	陈淑芬	兽药厂
	孙加全	印刷厂	张建维	代管库	管美英	长营牛场
	胡金全	豆各庄牛场	张振泉	水电站	李金贤	制药公司
	王立军	制药公司	刘树和	建材库		
1998	刘 勇	建材库	高 庆	大秦公司	胡金全	豆各庄牛场
	毛诗玲	长营牛场	刘希成	双桥牛场	张殿奎	兽药厂
	刘国田	水电站	张建忠	桥联物业	张淑花	制药公司
1999	张淑花	制药公司	杨启增	长营牛场	李德顺	大秦公司
	荣振忠	水电站	于永顺	汽车队	张德海	建材库

2000—2008 年市总工会授予经济技术创新标兵统计情况如下所示（表 7 - 12）。

表 7 - 12   2000—2008 年市总工会授予经济技术创新标兵情况

年份	姓名	单位	姓名	单位	姓名	单位
2000	李国忠	蔬菜公司	杨荣梅	双益达集团	黄茂华	制药公司
2001	冯增明	双益达集团	黄茂华	太洋药业		
2002	黄茂华	太洋药业				
2003	王 平	双旺电力				
2004	王慧文	太洋药业				
2005	张殿奎	立时达				
2008	徐向利	太洋药业				

历届劳动模范名录如下所示（表7-13）。

表7-13 劳动模范名录（市级以上）

荣誉称号	年份	姓名	工作单位	职务
全国劳模	1955	孙庆年	双桥牛队	工人
农业部国营农场管理局劳模	1954	王德厚	园艺队	副队长
	1954	李文华	饲料队	副队长
北京市劳模	1957	孙庆年	双桥牛队	工人
	1964	郝淑珍	双桥牛队	副队长
	1964	刘文杰	双桥农场双桥机务队	驾驶员
	1964	朱雅琴	双桥农场葡萄园	工人
	1964	辛伟	双桥黑庄户机务队	党支部书记
	1964	蔺如	双桥农机站	修理工
	1982	陈玉甫	通县永乐店人民公社孔庄生产大队	党支部书记
	1984	杨茂	黑庄户分场、汽车配件厂	场长、党支部书记
	1984	袁光斗	鸭场	畜牧师
	1984	杨学梅	北京市双桥农场	科技干部
	1988	赵吉祥	黑庄户乡	党委书记
	1988	郭启凤	双桥种猪场	养猪工
	1988	张淑花	双桥制药厂	车间主任
	1988	张会庆	朝阳区双桥农村办事处司法科	科长
	1988	董本贵	永乐店水产公司	职工
	1995	徐长荣	北京市永科种猪场	场长
	2000	赵振明	北京立时达药业有限公司	经理
	2000	刘玉真	北京太洋药业有限公司	总工程师
	2010	黄玉霞	北京市朝阳区双桥幼儿园	园长
全国五一劳动奖章	2007	魏曙明	北京三元绿化工程公司	总经理

第三章 共 青 团

第一节 组织建制

1961年7月9日，共青团双桥公社第一届团代表大会召开，共65名代表参会，选举徐锦昆、王景乐、方春慧为副书记。

1962年3月21日，共青团双桥公社第二届第一次团代表大会召开，共106名代表参会，选举徐锦昆、王景乐、方春慧为副书记。

1963年4月19日，共青团双桥中古友好人民公社第三届团代表大会召开，93人代表参会，选举徐锦昆、王景乐为副书记。

1965年4月，市委、农场着手企业的建章、建制工作。运动后期，改选了共青团组织。

1970年9月，双桥公社有团员1831人，约占青年总数的23%，在朝阳区整团建团工作会议精神的推动下，双桥分社进行了整团建团运动，召开了首届团员代表大会，建立团支部102个。

1974年，双桥公社团委下设6个分团委，2个团总支，122个基层团支部，共有团员2135外，约占全公社青年的31%。

1975年，双桥公社团委下设6个分团委，3个团总支，134个团支部，共有青年8755名，团员3209名，其中女团员1583名，新接收团员530名，团员入党39名，团员离团111名。

1979年3月13日，共青团双桥公社第二届团代表大会召开。

1998年，场乡改革后，双桥农场机关及基层企业已经改制重组，共青团组织依然存在，活动略有减少。

2010年8月2日，赵航任团委副书记。

2011年5月16日，邵为卓任双桥农工商公司团委书记（兼），赵航任团委副书记。黄智勇、张钊、史舒楠任团委委员。

2016年7月7日，共青团双桥农工商公司第一次代表大会胜利召开。邵为卓代表共青团北京市双桥农工商公司委员会向大会作报告。大会的主要任务是："凝聚青春力量，担负时代使命，团结带领广大团员青年，为实现双桥农工商公司科技发展而努力奋斗。"大会选举了新一届团委员会，赵航为书记，史舒楠、张钊、肖哲、沈祎、赵航为委员。10月，双桥农工商公司团委召开第二次团员代表大会，选举产生9名出席集团公司一次团代会的代表。

第二节　团青活动

1960年1月，根据区委"在今春要集中进行社会主义教育运动"的指示，为了解决农村团干部思想上的问题，划清界限，提高共产主义觉悟，从而鼓足干劲，保证1960年继续增产增收，并为社会主义教育运动和区团培养一批骨干力量。全公社集中了团的基层干部243名，参加了这次学习。

1961年，组织团员和青年在党的统一教育活动中受教育，在贯彻《六十条》以后组织团员学习定额管理评工记分，在秋收以前进行了爱护公共财产、维护集体利益的教育，秋收以后进行了国内形势、三面红旗的教育，教育团员和青年顾全大局、支援城市、巩固工农联盟，建立了团课制度，一般每月学习一次，多者每月学习两次到四次，学习内容是团的基本知识。

1974年，根据实际情况，公社团委先后组织了有团支委以上干部参加的批村批社动员会，学习雷锋纪念会，五四运动庆祝会，青年运动报告会，批注"三字经"辅导会，做后进青年工作经验交流会7次，并且办了1期三级团干部学习班。通过这些活动进一步提高了团干部的思想觉悟和工作水平，大力推动公社共青团思想建设和组织建设。

1975年，从年初开始，公社团委积极响应毛主席的号召，立即行动起来，在学雷锋纪念会上，及时召开了学习理念动员会，向全体团干部和团员发出号召"向雷锋同志学习，发扬钉子精神，努力学好毛主席关于理论问题的重要指示"。会后各级团组织，在党组织的正确领导下，积极投入学习运动。各大队团委举办了学习班，坚持学习规划，广大团干部在组织团员的学习上，做到了干部先学一步，多学一点。

1976年上半年，公社团委围绕党的中心工作和青年工作要点，召开了6次大型会议，其中5次经验交流会，会上典型的支部和个人进行了发言，做到根据不同工作，抓住典型，进行推广，从而推动工作。对于比较典型的后进支部，召开了座谈会，了解具体情况，摸清了在团员、青年身上存在着的一些问题。通过认真学习无产阶级专政理论，在党支部的正确领导下，落后的团支部工作都赶了上来，并且跨进了各大队先进支部行列。

1986年，农场组织了团干部春游、秋游、登山比赛、冬季长跑等活动。7月，在北京市第二外国语学校举办了第一届游泳比赛。"六一"儿童节给幼儿园赠送了益智玩具和学习用具。8月，举办了夏令营活动，共44人参加。10月，双桥农场举办的"庆十一金色的秋天"艺术活动中，团委积极组织青年人参加活动，展现特长，丰富业余生活，登台进行表演的98%是30岁以下的青年人，约有800人次，号召团干部在农忙时为青年办实事，组织了2个助耕队，30余名团干部参加，参加助耕约100人次。乳品厂团支部、鸡场团支部被评为"北京市优秀团支部"。

1987年5月，农场团委利用全团开展大整顿的机会，对全场团员青年进行系统的现实与理想教育，参观《祖国在我心中》英雄事迹展览。7月和9月，开展了2次较大规模的辩论会，辩题分别为"在农村青年中大办婚事利与弊""在青年中提倡向钱看利与弊"。

1987年，双桥乳品厂、双桥幼儿园、双桥养鸡场、黑庄户乡压铸厂、豆各庄乡何家坟大队团支部被朝阳区团委评为"先进团支部"。

1988年，农场团委组织了首次集体婚礼。5月，组织"美在生活 乐在其中"编、织、钩大赛。组织青年游览延庆县（今延庆区）龙头峡、平谷县（今平谷区）的金海公园，观赏香山红叶、漫游西郊风景区。为适应外向型企业发展的需要，农场团委与职工学校联合开设英语大专班。全场团员青年积极参加植树活动，共植树153450余株，成活率在98%以上，建起了"青年林"。

1989年7月，农场团委开展"劳动竞赛月"活动。举办了"统一思想、提高认识、振奋精神、夺回损失"团干部学习班。并将7月23日定为全场共青团义务献公休日，这一天近900名青年贡献了公休日，组织了各种形式的义务劳动。农场团委开展了"金牛杯"养牛知识竞赛，三个牛场15名青年参加了比赛，双桥牛场最终取得了第一名的成绩。8月，开展慰问活动，组织团干部和双二小少先队员一起到李国锐烈士所在班开展了慰问活动，送去了双桥特产，表达了敬意。

1989年，双桥农场团委、黑庄户配件厂团支部、葡萄糖厂团总支、双桥制药厂团总支、双桥牛场团支部、京来顺饭庄团支部被朝阳区评为"先进集体"。乳品厂刘玲侠、制药厂刘晓英被评为"优秀团员"。

1990年8月，农场团委派出5名团干部参加了团中央在深圳举办的新时期青年工作研讨班。开展历史歌曲大赛，500余人参加演出。第十一届亚运会召开期间，组织团员青年到亚运场馆参加义务劳动，开展了以"迎亚运 学雷锋 做好事"为主题的迎亚运200天宣传周活动和"迎亚运 做贡献 创三优"为主题的100天宣传周活动，迎亚运"五月鲜花"歌咏比赛，参与亚运知识竞赛活动，绿化、美化工作，火炬车路传递工作，迎圣火十公里万人接力长跑活动等。

1991年7月农场团委组织了"了解党 热爱党 歌颂党"宣传周活动，对团员青年开展思想教育。年初与工会共同开展冬季锻炼活动，5月组织了首次演唱会，5月底举办了"歌颂党 歌颂祖国 歌唱家乡"的五月鲜花歌咏比赛，500余名青年参加表演。9月，与工会联合举办双桥农场第四届运动会，包括乒乓球、篮球、田径等项目，历时两个月，丰富了团员青年业余文化生活。11月，与文化站、俱乐部联合举办了双桥农场金秋艺术节汇报演出。

1992年，农场团委以"社会主义好"为主题，结合"传统与使命"轮训，对青年进行思想政治教育。开展学雷锋、树新风活动，引导青年学雷锋精神。组织参加了集团公司举办的交谊舞大赛，并取得了优异成绩。

1993年，在开展好各种节日庆祝活动和青年文化节的同时，重点加强"青年之家"的建设，提高活动质量，建成集娱乐、培训、学习为一体的综合活动场所。6月，参加了区委组织的射击比赛，1名团员获得优秀射手奖。6月底，组织全场第三届长城标象棋比赛，共30余名选手参赛。8月组织20名团员参加了集团公司的大圣啦啦队，为七运会做出了贡献。为纪念毛主席100周年诞辰，10月，通过讲座、知识竞赛、舞蹈、歌唱、看电影等形式开展庆祝，组织了"双桥人民怀念毛主席文艺演唱会"，除本场职工外，还邀请5115部队战士、武警支队四大队战士、公路局文工团等单位共同参加。

1993年，双桥农场团委被朝阳区评为"先进团委"。董刚被评为"北京市优秀团干部"。

1995年3月，农场团委组织370多名团干部到管庄分场绿化带挖树坑义务劳动，共挖2000多个，大规模开展植树活动，共植树4.7万棵。开展了培养"青年星火带头人"为主要内容的"青年科技星火"活动，在企业中广泛开展应知、应会、四小发明、岗位练兵比武等活动。参加北京市乡村歌手赛，1名青年获得朝阳区民族组第一成绩。8月，向马骏烈士纪念室捐款，共计5359.60元。

1996年3月，农场团委联合几个科室举办第七套广播体操和秧歌舞比赛，以及民间花会表演，参赛队员350余人，观众3000余人。4月，组织50名运动员参加了北京市广播操比赛。5月，参加了集团公司组织的广播操比赛，取得了第3名的好成绩。9月，组织了"迎国庆 度中秋"首届青年联谊会，进一步加强了农场青年知识分子间的联系。

1997年1月23日，在双桥农场领导的关怀下，农场组织部召开了大学生春节联谊会。党委副书记李福荣、工会主席李文才、组织部部长蒋士臣、团委书记董刚参加会议。在联谊会上，双桥农场党委对来场工作的大学生们表示了节日的祝贺，鼓励大学生们相互之间加强联系与沟通。到会的学生近百人，下属单位的大学生都有代表参加。联谊会内容形式活泼，丰富多彩。联谊会为大学生们提供了一个相互了解的机会，使大学生们坚定了扎根双桥、建设双桥的信心。

1997 年，为迎接香港回归，庆祝建党 76 周年，农场团委举办一系列活动。4 月，举办了"迎接香港九七回归杯乒乓球比赛"，70 余名选手参加了比赛。开展了"双休日读书活动和书法绘画展览"，共收到读后感 30 篇，共收到 100 多幅字画。6 月，组织了"迎回归 颂祖国"大型文艺演出。6 月 30 日，组织 80 人到天安门广场参加了"迎香港回归 洗雪百年耻辱"的庆祝活动。

2002 年 4 月 28 日，在五四青年节前夕，为庆祝共青团北京市第十一次代表大会胜利召开，双桥农场青年工作委员会、双桥农场团委和太洋药业公司联合举办双桥农场庆祝建团八十周年大会，大会采取知识竞赛、运动游戏、文艺节目、趣味答题等具有青年气息和活力的项目穿插进行，使广大青年在娱乐中了解共青团的历史。大会还对农场团委组织参与的团中央宣传部、中国青年杂志社联合举办"京卡杯"纪念建团八十周年共青团知识大赛活动进行了总结和表彰，以抽奖的方式对 21 名优秀个人进行表彰奖励。

2003 年，组织参加三元集团公司举办的"知三元、爱三元"征文活动，获得了集体组织奖，送交的 6 篇文章有 3 篇获个人奖。

2008 年初，以党委文件的形式下发了《双桥农场三年人才规划方案（2008—2010年）》，方案中明确提出了培养青年人才的总体规划，使各级团组织推荐的优秀青年成为各单位选拔和任用青年干部、青年经营管理人员的重要来源。北京举办奥运会期间，为落实市委、市国资委及集团公司党委的要求，双桥农工商公司组织了由青年党员、青年团员、青年员工组成的奥运啦啦队。750 人次的啦啦队承担了 12 场次的临时赛会活动，展示了青年人的风采，受到市国资委和集团公司的表彰。

2010 年 5 月，结合集团公司的青年文化节活动，双桥农工商公司团委联合太洋药业公司举办了"红五月"歌咏比赛。立时达药业举办了五四青年节座谈会，引领和激励广大员工和青年在企业发展中发挥生力军作用。这些丰富多彩的活动，不仅使广大员工受到了传统教育，而且对企业与经济的发展起到促进作用。结合建党 89 周年，双桥农工商公司所属的永乐店农场、腾达饲料场、大秦物流、双益达集团分别组织青年员工到韶山冲、辽沈战役纪念馆、西柏坡、狼牙山等地接受爱国主义教育。7 月底，完成了双桥农工商公司及所属单位团组织的健全工作。配齐各级团组织的团干部，按照国有企业党建带团建工作的目标要求，着眼于现代企业制度条件下更好地履行团组织基本职能，加强企业团组织的建设，积极发挥团组织在企业法人治理结构、企业民主管理和民主监督中的作用，加强了团组织建设的力度，从而为团组织及青年工作的开展奠定了坚实的基础。2010 年向党组织"推优"入党的团员 21 人。

2011 年，共青团一是以团组织为纽带，当好党委的助手，不断提高青年员工的能力和责任心。以能力建设为重点，培养青年员工吃苦耐劳精神，不断加强青年员工的责任意识，合作意识和团队协作能力，提高青年员工的执行力和大局意识。积极为青年员工的成长搭建平台、引导青年发挥生力军作用，凝聚青年力量，不断激发青年员工的工作热情。双桥农工商公司党委和团委组织推荐及个人自荐的 14 名青年参加集团公司首次青年人才选拔考试。二是打造学习型组织，多渠道多方式交流，引导青年在企业文化建设中发挥应有的作用。通过座谈、观看宣传片、参观等方式，引导青年员工"融入双桥、热爱双桥、建设双桥"，增强为企业奉献的热情。通过深入了解双桥农工商公司企业文化进而参与到企业文化建设中去。鼓励青年员工参加不同形式的在职学习。为提高青年人才的全面素质和职工技能，积极开展培训活动，公司团委与人力资源部门举办了第二期青年业务骨干经验交流会，各单位推荐出 18 名 35 岁以下青年业务骨干参加交流会。通过技能竞赛的比拼，不仅增加了青年员工的创新意识，努力钻研业务，而且还提高了业务素质和实际操作能力。三是通过活动凝聚青年，进一步激发青年人活力，激发他们立足岗位为双桥农工商公司做贡献的热情。"五四青年节"团委组织年轻人开展各项活动。如座谈会、爬山、歌咏比赛等。

从 2012 年开始，双桥农工商公司团委陆续组织青年团员赴冉庄地道战遗址参观学习，选派 6 名青年干部参加集团公司组织的优秀干部培训班。开展青年爬山比赛、青年摄影比赛和青年读书协会活动，增强了青年人的身体与心理素质。

2014 年，4 名青年员工加入集团公司青年智库，参与集团青年智库的各项培训和课题研究，在提升自身素质的同时，进一步为集团公司发展助力。

"十三五"起始的三年，共青团委做了如下工作：一是面对双桥农工商公司改革发展面临的形势和任务，带领团员青年坚定信心，迎难而上、勇挑重担、锐意进取，在团员青年中广泛宣传双桥"十三五"发展战略，用"十三五"的目标任务激励团员青年，充分调动他们的积极性和创造性，进一步增强团员青年积极投身双桥改革、发展的使命感和责任感，为完成"十三五"目标任务贡献智慧和力量，用企业文化建设凝聚团员青年。双桥农工商公司团委和基层团组织积极创建符合时代特点、双桥特色，青年喜欢的健康向上的青年文化，广泛开展内容丰富、形式多样的青年文化活动，引导团员青年深化对企业文化的认同感，增强青年对企业的归属感，提升青年做好本职工作的责任感。使青年文化融入"文化双桥"的建设，使团员青年成为企业文化的建设者、实战者和传播者。二是深化青年实践活动，组织引导团员青年为双桥科学发展建功立业。发展双桥特色经济，在实现企业转型发展中团员青年勇挑重担，积极投身双桥重点项目和重点任务的建设，深入开展"青年文明号""青年岗位能手"活动，全力推进实施"双桥青年岗位建功"行动，发挥青年体力、智力、技术综合优势，把青年的成长进步与推进企业科学发展紧密相连，引导青年发扬爱岗敬业的职业精神，树立岗位成才的职业追求，立足创造一流的工作佳绩；同时，围绕双桥"十三五"重点项目和企业降本增效，增强创新意识，提升创新能力，丰富创新成果，展现创新作为。三是开发青年人才资源，为双桥农工商公司科学发展提供青年人才支撑。在工作实践中，团委注重教育引导、培养团员青年成长成才的自觉意识。三年来，通过各种主题思想教育，使广大团员青年增强了学习紧迫感、危机感和责任感，激发起团员青年投身企业改革发展的实践，在各自岗位上砥砺成才，通过选树罗广海、杨大勇等优秀青年典型，营造了"学先进、比先进、赶先进"的良好氛围，用榜样的力量激励和感召团员青年坚定立足岗位的决心和信心，帮助青年们逐步树立起正确的人生观、价值观和职业观，引导他们把"岗位成长"与现实"自身价值"真正统一起来。

2017年，以党建带团建，不断加强团的组织建设，五四青年节，组织青年党员、团员和青年业务骨干参加野外拓展，锻炼青年员工们的意志、增强团队协作精神与合作能力。平时利用微信平台组织青年党员、团员和入党积极分子学习党的十九大精神和习总书记重要讲话精神，弘扬企业正能量。双桥农工商公司团委获得首农集团优秀团组织奖项，1名团干部被评为集团优秀团干部，1名团员被评为集团优秀团员。

2018年，五四青年节活动，双桥农场有限公司团委侧重于"文化双桥"主题，开展了到海淀创业园参观学习、"文化双桥"青年座谈等活动。

第四章　企业文化

第一节　文化生活

为了丰富群众的文化生活，五个农村分场都建立了文化站，大部分基层单位都有了文化活动场所。1988年，农场投资550万元，建立了3245平方米的文化宫，与办公大楼遥遥相望。这座具有多种功能的文化宫，可以进行文艺汇演、电影放映，也可举办舞会，成为双桥地区政治、文化中心。场部东大院有藏书十余万册的图书馆，供职工借阅。

1988年，在农场居民区安装了闭路电视，除每周放映故事片外，还专门播放一次自己采编的"农场新闻"节目。成立了中国象棋协会、美术书法协会等群众团体，经常开展活动。据不完全统计，1988年，全场开展各种体育活动105次，有670人参加，组织文艺演出95场次，参加者达4993人。同时农场还组建了铜管乐队，逢年过节，他们都深入基层做慰问演出，深受广大职工、社员群众的欢迎。

为了密切联系群众，各级领导干部以身作则，国庆节、元旦、春节等节假日深入生产第一线，慰问坚守岗位的职工和农民群众。街道居委会的干部，大年初一给"五保户"拜年、包饺子，受到群众的欢迎。

1994年4月28日，农场党委、农村办事处、农场管委、农场工会在常营小学操场举办了双桥农场体育运动会。运动会的宗旨是：团结、奋进、健康、发展。举办运动会，是为了更加深入地开展普及群众性的体育活动，推行全民健身计划，增强广大干部、职工和农民群众的体质，以此振奋精神，激发斗志，努力完成农场"八五"计划的各项指标，为"九五"期间的改革和发展奠定坚实的基础。开展群众性体育运动，重在参与。运动会分田径、篮球、乒乓球、拔河、象棋等68个竞赛项目，共有2500余人参加比赛。组委会分别按老年组、中年组、青年组进行分组循环比赛和单项比赛，首次采用了国家体委审定的最新竞赛规则。为调动全场干部、职工和农民群众参加体育锻炼的积极性，增强干部、群众团结，同心同德，共建"两个文明"，农场各级党、政、工、青、妇组织做了大量的宣传和筹建工作，动员了方方面面的力量，做好了充分的财力物力准备。特别是对球类等项目的比赛，各分场主要领导干部都亲自组织，亲临练习现场，为运动员们鼓劲。有的亲自参加比赛练习，极大地鼓舞了运动员们的斗志，振奋了团结向上的精神。这次运动会的特点是参与人员多、比赛项目多、涉及范围广、充分体现了群众性。在开幕式上农场党委副书记、场长张志明要求全体运动员在竞技中要树立良好的体育道德风尚，不断提高技术水平和思想素质。并感谢常营小学、双桥中学、北京制药一分场、51115部队等友邻单位对农场运动会给予的支持和帮助。

为了培育干部职工对企业的向心力和团队精神，农场党委及有关部门，围绕经济工作中心，结合企业不同特点，开展多种类型的大型文体活动，还组织了不同岗位的技术比武和技能比赛。2001—2003年，农场在"五一"、国庆、中秋等节日期间，邀请兄弟农场、公司一起，与银信集团举办千人以上的大型联欢活动；2002年，农场以"企业风采"为题，举办了工装展示、文艺演出大赛；并组织了电工、烹饪、汽车维修、财会、文秘等专业的理论考试和技术操作比赛，对前三名进行了表彰；2004年，组织了"五月鲜花"歌咏比赛，通过选拔，组成了百人合唱团，参加了集团公司举办的"三元杯"歌咏大赛，取得了三等奖的好成绩；9月份，农场又组织了"双桥杯"乒乓球比赛；2004—2005年，连续参加了黑庄户乡体育运动会；2006年，农场组织了200多名职工，参加了集团公司运动会，共参赛16个项目，取得了总分第六名的成绩，农场还荣获了特别贡献奖。下属企业也开展了丰富多彩的职工文体活动。立时达药业在节假日期间自编自演文艺节目；大秦公司每周末组织全体职工开展扑克牌比赛；胜利建材公司组织职工运动会等。通过一系列的群众活动，不仅丰富了职工的文化生活，而且培育了职工的团队精神，为企业营造了良好的文化氛围，增强了企业的凝聚力。

2007年9月，职工文明啦啦队组建，到2008年奥运会与残奥会结束，广大啦啦队队员认真学习，努力练习，文明观赛，展示了"我参与、我奉献、我快乐"的良好精神面貌。

2008年，北京奥运会期间，农场组织了一支37人的志愿者队伍，圆满地完成了奥运期间的各项任务，得到了上级的表彰。2008年，基层企业开展了适合职工参与的小型多样的文化体育等活动。如太洋药业开展了中秋联谊活动、跳绳、拔河、象棋、乒乓球、现场火灾扑救演习；大秦物流组织扑克牌联赛；桥联物业公司组织春节联欢会。

双桥农场党委将企业文化建设作为重要工作来抓，紧紧围绕农场改革发展的战略目标，以农场长期积淀的文化内涵和产业特色为依据，以弘扬企业精神、提高企业凝聚力为手段，以提高全体员工整体素质为根本，以增强企业核心竞争力为目标，努力培育与现代企业制度相适应，既符合市场要求，又具有双桥特色的企业文化。农场专门成立了由党委负责、政工主抓、工会配合的企业文化领导小组，大力宣传农场悠久的历史文化和传统的名牌产品，结合工作任务和战略目标，倡导新的双桥精神、双桥形象、并引导下属企业根据各自的生产经营特点，建立起适合自己的企业文化体系。如：太洋药业的"拥有太洋、拥有健康"，双益达集团的"以人为本、诚信为魂"，大秦物流的"安全服务、和气和谐"，立时达药业的"勤俭节约、艰苦奋斗"等。农场党委狠抓企业文化的宣传工作，为各企业建立了网站，增设了局域网，举办大型发布会，设立大型户外广告、灯箱、车身广告、橱窗、ISP通讯等，对农场的规模、产品进行了广泛的宣传。塑造了农场的诚信精神和诚信文化，扩大了企业的知名度。同时，也提升了企业在职工心目中的地位和对企业的信赖。在职工的心目中，农场已不是过去的养牛、挤奶、种饲料的大农业基地，而是具有高端技术产业和系列名牌产品，走出国门、冲向世界的现代化企业。企业的提升，增强了职工的认同感和归属感，激发了全体职工爱岗敬业、积极奉献的精神，涌现出"非典"期间加班加点、连续奋战三十天的制药工人；战烈日、抗严寒、为农村电网改造做贡献的双旺电力工人；以及大干一百天实现利润一千万的全场职工。企业的发展，也促进了职工队伍整体素质的提升，他们不再是过去的"观念老化、技能单一"的操作工，而成为企业精明强干的生力军。

2009年，是北京农垦成立60周年，也是双桥农工商公司成立60周年。在集团公司60周年庆典的大背景下，公司花了大量时间和精力精心筹备双桥农工商公司60周年的庆典活动。从3月份开始，就成立了场庆筹备活动领导小组，由党、政、工领导牵头负责，各部门分工协作、相互配合，并多次召开场庆筹备会议，研究场地设计、布景、条幅标语、展板、庆典程序、文艺演出及邀请嘉宾等与庆典相关的一系列工作。8月26日，庆典在康城科技艺术会馆隆重举行，集团公司党委书记、董事长张福平、总经理薛刚等集团公司领导、朝阳区副区长李建海、原北京市农工商联合总公司党委书记李瑞和、原三元集团有限责任公司党委书记、董事长包宗业、场乡体制改革前各乡的党政领导及友邻单位、首农集团兄弟单位和双桥农场的历任领导等共计200多人参加庆典。双桥农场60周年场庆活动的成功举办，不仅回顾了双桥农场的历史，也更进一步增强了广大干部员工的凝聚力，激发了干部员工团结协作、共同奋斗的昂扬斗志。还组织员工积极参加集团北京农垦60周年庆典的大合唱活动。

2010年，双桥农工商公司将企业文化作为对硬性管理的辅助，本着"结合实际、突出特点、充实内容、注重实效"的原则，避免企业文化的标语化、口号化，在企业文化的建设过程中，做到了"五个注重"：一是注重在行为转化上下功夫，防止企业文化建设的"空洞化"倾向，通过开展有针对性的思想教育、完善各方面制度和加强监督管理，促进员工行为转化。以活动或座谈会的形式激励、引导员工积极投身企业建设，将自我成长与企业发展相结合。二是注重品牌内涵的挖掘。如太洋药业公司着重通过药品的销售环节，抓好品牌建设与营销网络建设的结合。三是注重企业文化建设与企业管理的融合，防止企业文化建设的单一化倾向，将企业文化与员工队伍建设、人力资源管理、财务管理等为核心的企业日常管理相结合。四是注重结合重大节日，开展活动，继承优秀传统。如每年都开展"五一"劳模座谈会和"八一"复转军人座谈会，学习劳模立足本职、爱岗敬业的精神和复转军人艰苦奋斗、服务大局的优良作风。五是注重宣传。通过宣传加强企业文化建设，坚持以《双桥工作通讯》为载体，积极宣传双桥农工商公司的企业文化理念、管理理念，凝聚员工力量，激发员工爱岗敬业、奋发向上。

2011年，按照京首农发〔2011〕219号文件精神，双桥农工商公司认真贯彻首农集团的品牌战略，加强品牌管理，维护品牌形象和信誉，所属8家公司中有3大主打品牌：太洋药业、立时达药业和三元绿化。

2012年，双桥农工商公司采取以基层企业为主，营造团结、拼搏、奋进、和谐的良好氛围，树立良好的形象，开展适合本企业特点的文化体育活动。组织20名群众演员参加全总举办的"庆五一"大型文艺晚会活动。所属单位先后开展了元旦、春节联欢会、团拜会、小型运动会等活动并购置了文体用品、健身器材，丰富了文化生活。

双桥农工商公司始终坚持以提升公司竞争力和提高经济效益为中心，全面推进企业文化建设工作。一是加强领导、落实责任。二是结合实际，制订双桥农工商公司精神、双桥农工商公司宗旨、双桥农工商公司经营理念、服务守则、质量方针、人才观等文化发展理念。三是通过开展形式多样文体娱乐活动，积极培育员工昂扬向上、务实进取的企业文化理念，不断把企业文化建设融入经营管理、思想政治工作和精神文明建设的全过程。

第二节　对外交流

1962年12月，双桥人民公社被命名为"双桥中古友好人民公社"（1993年4月接北京市人民政府外事办公室通知，将"双桥中古友好人民公社"变更为"中古友好农场"）。

场乡体制改革前，农场是外事接待单位，外宾参观频繁。改革后，随着农场行政职能的消失，不再担任外事接待任务。但是由于中古友好农场仍然延续，再加上外经外贸工作的开展，仍然有许多外国友人参观、考察、投资、合作。

双桥幼儿园承担中古友好文化交流任务，可追溯到20世纪90年代或更早。每年5月，双桥农场都会收到古巴大使馆关于邀请双桥幼儿园的教师和幼儿参加庆祝古巴大使馆纪念共青联盟成立以及古巴何塞马蒂少先队建队纪念日的庆祝活动的照会。双桥幼儿园会

图 7-1　双桥中古友好人民公社命名大会

编排高质量的节目，参加古巴大使馆举办的纪念活动，代表双桥农场为古巴人民带去友好和热情。

1970年10月16日，中古友好代表团到双桥公社进行了一天的参观访问，随同代表团来的有古巴使馆的代办、工作人员及亲属共19人。

1979年，农场接待英国、美国、瑞典、瑞士、丹麦、巴基斯坦、法国、孟加拉国、爱尔兰、新西兰、印度、墨西哥、意大利、马来西亚、阿富汗等外宾共108批932人次。

1984年，农场共接待来自40个国家、地区的国际友人、华侨、港澳台同胞，共计1336人。其中各国政党及政府官员195名；副部长级以上外宾8名；各国专家专业性参观109名；一般性旅游人员957名；报社记者7名；其他外宾及外国在中国的留学生60名。

1990年月1月17日，古巴驻华大使一行参观了农场奶牛场、幼儿园、文化宫和农民家庭。5月23日，古巴哈瓦那市副市长到农场进行友好访问。6月4日，古巴对外友好协会会长、参赞等人考察了农场畜牧生产及发展情况。

1991年3月8日，美国通用机械公司亚洲区总裁一行3人在航空航天部二院外经处领导的陪同下来农场参观了黑庄户农民家庭、双桥幼儿园等，对中国农村的变化给予了很高的评价。

1991年3月，巴基斯坦和孟加拉国等国的国家大使、参赞、武官及随行人员50多人，在外交部副部长齐怀远和外交部礼宾司、市外办、朝阳区副区长李明及区外办领导的陪同下来双桥农场参观，访问了常营清真古寺、常营回民家庭和管庄分场京来顺饭庄。场长王金农和办公室人员参与了接待。

1991 年 4 月 12 日，世界银行一行 4 人在中国饲料开发总公司的领导陪同下来农场参观畜牧业，对农场畜牧养殖业所取得的成就表示高度赞赏。

1991 年 6 月 6 日，缅甸驻华大使一行在农场局副局长赵东生的陪同下参观了双桥兽药厂，大使希望在兽药开发与研制方面加强合作与联系。

1991 年 7 月 3 日，古巴国务委员、副主席罗德里格斯携夫人和大使、参赞等一行 9 人在农场场长张志明等领导陪同下，参观了双桥奶牛场、双桥种猪场、双桥乳品厂以及双桥幼儿园，受到干部职工隆重的欢迎，古巴客人对农场在改革开放后取得的成就表示赞赏。

1991 年 11 月 8 日，老挝工会代表团一行 5 人到农场参观，对农场建设成就和职工生活水平大幅度提高表示钦佩。

1993 年 7 月 24 日，为庆祝古巴共和国独立 40 周年，40 多名古巴大使馆工作人员在大使的率领下来农场石槽果园参加义务劳动。农场党委书记吕和平代表农场全体干部、职工和农民群众对古巴共和国国庆表示衷心的祝贺。古巴客人在桃园内进行采摘，宾主共同劳动。当日下午双桥幼儿园的小朋友为客人表演了歌舞。

1996 年 12 月 13 日，古巴共产党中央政治局委员、国务委员会副主席、哈瓦那市委书记埃斯特万·拉索、古巴驻华大使一行四人在北京市副市长孟学农、朝阳区委副书记安训生、农场党委书记吕和平的陪同下到农场走访了东旭新村和农民家庭，对社会主义新农村的巨大变化和农民的新生活表示十分赞赏。随后他们参观了常营清真食品集团，并到食品车间观看了流水线作业。

2001 年 11 月，农场党委书记何冰随中国对外友好协会出访古巴。

2002 年 4 月 20 日，古巴代表团莅临农场进行友好访问。

2003 年 4 月 20 日，双桥幼儿园师生一行 11 人，参加古巴驻华使馆举办的古巴儿童节庆祝活动。

2003 年 10 月 17 日，日本花卉行业高级别人士一行 11 人，莅临双卉新华园艺场，考察菊花种植情况。

2004 年 2 月 17 日，日商岩井畜牧园艺公司与双卉新华园艺有限公司，在北京光明饭店举行 200 万支鲜切菊花出口合同签字仪式。

2004 年 5 月 20 日，古巴储备局局长（华裔）邵黄将军及其随行人员，莅临农场参观访问，并向农场赠送安东尼奥马赛奥骑像（复制品）。

2005 年 4 月 10 日，双桥幼儿园师生 10 余人，前往古巴大使馆表演节目，共庆古巴解放日。

2008 年 3 月 13 日，古巴对外友协副会长巴西利奥·古铁雷斯和亚太司司长阿莉西亚·克莱德拉一行 7 人，莅临农场参观幼儿园、乳品一厂和康城花园，并进行了友好交流和互赠礼品。

2008 年 4 月 12 日，双桥幼儿园师生应邀，前往古巴大使馆演出节目，共庆古巴解放日。

2008 年 7 月 24 日，波黑驻中国、蒙古国大使佩罗·巴伦契奇和蒙古国 ASIA-PHAR-MA Co. Ltd. 公司的客人一道来到太洋药业参观，并洽谈合作意向，太洋药业对他们进行了热情接待。

2011 年 5 月，古巴大使馆驻华大使等一行 9 人来到双桥农场进行参观交流。双桥农场党委书记马遂志、工会主席闫景海带他们参观了双桥幼儿园，并讨论了文化交流等事宜。

2012 年 5 月 19 日，双桥幼儿园学生在老师的带领下，应邀前往古巴大使馆参加儿童节联谊活动，与古巴儿童共庆"六一"。

附　录

双桥农场全称与简称对照

附录表 1　双桥农场全称、简称对照表

序号	单位全称	简称
1	北京市国营农场管理局	农场局
2	北京市农工商联合总公司	总公司
3	北京三元集团有限责任公司	三元集团
4	北京首都农业集团有限公司	首农集团、集团公司
5	中共朝阳区双桥农村工作委员会	双桥农工委
6	国营北京市双桥农场	农场
7	北京市双桥农工商公司	双桥农工商公司
8	北京市双桥农场有限公司	双桥农场
9	国营北京市永乐店农场	永乐店
10	北京三元绿化工程公司	三元绿化
11	北京双益达建安工程集团	双益达
12	北京太洋药业有限公司	太洋药业
13	北京市朝阳区双桥幼儿园	双桥幼儿园
14	北京双桥桥联物业服务有限公司	桥联物业
15	北京立时达药业有限公司	立时达
16	北京大秦物流有限公司	大秦物流
17	北京胜利混凝土建材有限公司	胜利建材
18	北京市腾达饲料场	腾达
19	北京亿本房地产开发有限公司	亿本公司
20	北京歌华有线电视网络股份有限公司	歌华有线
21	北京市友谊花木公司	友谊花木
22	北京市双桥农用物资供应站	农用物资站
23	北京市双旺电力工程处	双旺电力
24	北京新益永盛轴承工贸有限公司	新益永盛
25	北京市长城磁件厂	长城磁件厂
26	北京市双益达饮用水有限责任公司	双益达饮用水
27	新华房地产开发有限公司	新华房地产

（续）

序号	单位全称	简称
28	双卉新华园艺公司（北京双卉新华园艺有限公司）	新华园艺
29	北京华恩房地产开发有限公司	北京华恩
30	北京三元中安有机农业有限责任公司	三元中安
31	双桥农工贸公司	农工贸
32	北京市双桥制药公司	制药公司
33	北京市兽药厂	兽药厂
34	北京市双桥工业公司	工业公司
35	北京市莆泰木业有限责任公司	莆泰木业
36	北京双鹤药业股份有限公司	双鹤药业
37	北京起重工程机械厂	起重机厂
38	北京永乐腾达物流服务中心	永乐腾达
39	北京永乐鑫达物业管理有限公司	永乐鑫达
40	呼伦贝尔三元乳业有限责任公司	呼三元
41	北京中房佳和房地产开发有限公司	中房佳和
42	北京市双桥建筑工程有限公司（北京市长建双桥建筑工程有限公司）	建筑公司
43	西安富祥房地产开发有限公司	西安富祥
44	北京银信兴业房地产开发有限公司	银信兴业
45	北京龙妫园农业生态技术研发中心	龙妫园
46	福建中庚实业集团有限公司	中庚
47	太阳药业控股有限公司	太阳
48	大连一方东港置地有限公司	大连一方
49	扬州暖山房地产开发有限公司	扬州暖山
50	中电信泰置业（北京）有限公司	中电信泰
51	北京双桥信泰文化发展有限公司	双桥信泰
52	北京塞隆国际文化创意园	北京塞隆、塞隆园区
53	九九工场（北京）文化发展有限公司	九九工场、E9 区
54	三音石（北京）文化传媒有限公司	三音石
55	北京市贝士凯资本管理顾问有限公司	贝士凯
56	第九区（北京）国际传媒有限公司	第九区传媒
57	北京惠丰博华精准农业技术有限公司	惠丰博华

历任农场主要领导干部

附录表 2　双桥农场历任主要领导干部名录

姓名	职务	任职时间	姓名	职务	任职时间
苏伯朋	场长	1949 年 04 月—1950 年 01 月	王继尧	副场长	1949 年 04 月—1952 年 09 月
刘子荣	场长	1950 年 01 月—1952 年 09 月	狄 越	副场长	1950 年 01 月—1953 年 12 月
贾梦月	场长	1952 年 09 月—1953 年 12 月	范希忠	副场长	1950 年 01 月—1953 年 12 月
李 直	场长	1953 年 12 月—1955 年 03 月	冀丰盈	副场长	1952 年 09 月—1953 年 12 月
苏 冰	场长	1955 年 03 月—1958 年 11 月	李众仆	副场长	1952 年 09 月—1955 年 03 月
张士达	场长	1958 年 11 月—1959 年 03 月	刘肃彦	副场长	1952 年 09 月—1953 年 12 月
苏 冰	场长	1959 年 03 月—1962 年 03 月	于 彦	副场长	1955 年 03 月—1957 年 08 月
王占成	场长	1962 年 03 月—1965 年 02 月	景 良	副场长	1956 年 04 月—1958 年 09 月
王宗绪	场长	1965 年 02 月—1968 年 02 月	宁雪山	副场长	1958 年 11 月—1965 年 02 月
王占成	场长	1968 年 02 月—1975 年 08 月	张宝文	副场长	1959 年 03 月—1959 年 11 月
王宗绪	场长	1975 年 08 月—1981 年 04 月	张士达	副场长	1956 年 04 月—1958 年 11 月
王德厚	场长	1981 年 04 月—1984 年 01 月	郑慰祖	副场长	1965 年 02 月—1958 年 02 月
王金农	场长	1984 年 01 月—1991 年 04 月	李春测	副场长	1975 年 08 月—1981 年 04 月
张志明	场长	1991 年 04 月—1998 年 12 月	王德厚	副场长	1975 年 08 月—1981 年 04 月
薛 刚	场长	1998 年 12 月—2002 年 12 月	庄和善	副场长	1975 年 08 月—1981 年 04 月
何 冰	场长	2002 年 12 月—2008 年 06 月	周诗平	副场长	1981 年 04 月—1984 年 01 月
何 冰	董事长	2008 年 06 月—2010 年 03 月	王金农	副场长	1981 年 04 月—1984 年 01 月
张保华	总经理	2008 年 06 月—2020 年 11 月	韩玉清	副场长	1981 年 04 月—1984 年 01 月
邵世义	总经理	2020 年 11 月—今	张 恩	副场长	1981 年 04 月—1984 年 01 月
			张 成	副场长	1981 年 04 月—1984 年 01 月
			王敬田	副场长	1981 年 04 月—1984 年 01 月
			张忠书	副场长	1983 年 07 月—1993 年 08 月
			陈志业	副场长	1984 年 01 月—1989 年
			韩凌云	副场长	1984 年 01 月—1995 年 09 月
			陈式根	副场长	1985 年 04 月—1988 年 09 月
			董金波	副场长	1988 年 07 月—1998 年 08 月
			张志明	副场长	1990 年 02 月—1991 年 04 月
			李杰锋	副场长	1991 年 04 月—1995 年 09 月
			李福荣	副场长	1994 年 02 月—1998 年 01 月
			薛 刚	副场长	1995 年 09 月—1998 年 12 月
			王 平	副场长	1995 年 09 月—2008 年 06 月
			高 扬	副场长	1999 年 01 月—2000 年 12 月
			魏建田	副场长	1999 年 01 月—2008 年 04 月
			王昭亮	副场长	2000 年 12 月—2008 年 04 月

（续）

姓名	职务	任职时间	姓名	职务	任职时间
			高建华	副场长	2008 年 04 月—2008 年 06 月
			胡东生	副场长	2008 年 04 月—2008 年 06 月
			朱文伶	总会计师	1991 年 07 月—1999 年 07 月
			李杰锋	总经济师	1999 年 05 月—2008 年 02 月
			高建华	总会计师	2004 年 06 月—2006 年 08 月
			高建华	副总经理	2008 年 06 月—2021 年 08 月
			胡东生	副总经理	2008 年 06 月—今
			王 平	副总经理	2008 年 06 月—2011 年 06 月
			魏曙明	副总经理	2009 年 07 月—2016 年 08 月
			赵宝泉	副总经理	2012 年 07 月—今
			郑 媛	副总经理	2016 年 08 月—今
			梁培敏	副总经理	2021 年 08 月—今

部分劳模事迹简介

魏曙明（全国五一劳动奖章获得者）

魏曙明是绿化行业中屈指可数的女性项目经理。多年来，她在工作中兢兢业业、吃苦耐劳，十多年如一日，在平凡的岗位上做出了不平凡的业绩。她曾先后在三元绿化承揽的亦庄开发区、中关村软件园、清河河道综合治理等多项绿化工程中担任项目经理，总绿化施工面积近40万平方米。她对工作认真负责，对所有建设工程都要求做到高起点、高质量，从未出现任何工程质量问题，受到客户的一致称赞。2003年和2006年，她负责组织实施的郦城和新城国际绿化项目分别获得北京市园林绿化协会颁发的优质工程奖。魏曙明还潜心绿化科研工作，她曾多次承担实施北京市科委、农委的优质苗木引进与推广科研项目，先后引进几十个优质苗木品种，并在园林绿化中推广使用，丰富了北京的园林绿化树种，为北京的城市绿化美化工作作出了积极的贡献。2004年，在她的带领下，工程部人员经过多年探索，总结出反季节绿化施工技术，使三元绿化具备周年施工的能力，填补了北京市绿化施工技术的一项空白，并创造了可观的经济效益。

魏曙明处处高标准严格要求自己，她多次被双桥公司和集团公司评为"优秀共产党员"，多次被首都绿化委员会评为"首都绿化美化积极分子"。2006年，魏曙明被评为"北京市国资委优秀共产党员"，成为全体员工学习的楷模。

宋春来（北京市劳动模范）

宋春来，自1990年任永乐店农场蔬菜公司党支部书记以来，以奋发进取的精神带领企业全体干部职工，全力抓好农场蔬菜业的生产，为富裕农民特别是丰富北京市民的"菜篮子"做出了突出贡献。1992年、1993年永乐店农场蔬菜公司连续获得"北京市蔬菜生产先进单位"，同时荣获"北京市农工商联合总公司蔬菜生产先进单位"。

宋春来自担任蔬菜公司党支部书记以来，狠抓蔬菜生产基地的建设，仅用了5年的时间，就使蔬菜基地由1990年的5千亩扩大到1994年的2万多亩。1994年全场蔬菜总产量达1亿多斤，永乐店农场也成为北京市最大的蔬菜生产基地之一。由于蔬菜基地的扩大，农民收入不断提高，1994年永乐店农场七万农民，人均从种菜中增加收入达614元。几年来，为了扶持蔬菜生产，他积极为农民提供种子、化肥、农技、销售等服务，1993 年投资一百万元建起蔬菜加工厂，加工量达 2000 吨，同年还投资 250 万元，建起 2000 平方米的蔬菜培训中心，投入使用后，共培训 700 多人次，提供技术咨询 2500 多人次。

高青山（北京市劳动模范）

高青山在担任双桥乳品厂厂长期间，该厂经济效益实现逐年提高，企业规模不断发展壮大。在他的带领下，各项工作有序推进。他的主要事迹：一是深化企业改革、促进企业发展，成立了五个公司，即装饰、清洗、食品包装、旅馆、餐饮服务等行业。在经营管理上，他实行层层承包责任制，调动了全体员工的积极性。二是开发新产品、提高企业经济效益。1993 至 1994 年仅两年就开发 19 个新产品。1990 年高级营养冰激凌获"市优产品"，1991 年维生素 D 消毒奶在中国食品工业成就展示会上获"优秀新产品"。三是强化管理、提高质量。该厂在北京市乳品行业第一个取得了职工全面质量管理和全员培训合格证书。由于实行质量一票否决，不合格的产品不出厂，使产品合格率始终保持在 100％，并获"1993 年中国保护消费者杯"最高荣誉。四是开发新市场，扩大市场占有面。从 1987 年开始建批发站 20 多个，社会销售网点 400 多个，产品不但畅销首都市场，还销往外埠的山东、河北、武汉等一些城市。五是依靠职工办企业，重视发挥工会和职代会的作用。该厂每年要召开 3～4 次职工代表大会，审议生产工作计划、重大改革决策和修改厂规厂纪及承包经济指标。

黄玉霞（北京市劳动模范）

黄玉霞在任幼儿园园长之后，面对双桥幼儿园建园早，体制、机制不健全、设施简陋和职工懈怠的局面，她以强烈的社会责任感，大刀阔斧地改革创新。经过多年的努力，将一个无级无类的幼儿园建成为如今一级一类的优质幼儿园，开创了双桥幼儿园发展的新局面。

黄玉霞在做好本职工作的同时，努力提高自身素质，通过参加北京市幼儿园园长高级研修班，扩大了知识面，提升了自身业务管理能力。她引领全体保教人员全面实施新的教育理念，拓展了双桥幼儿园发展的空间，使幼儿园向科学化、现代化方向发展，实现了根本性的变化，并引领保教人员为园所创造诸多的荣誉。历年来在参加北京市武术协会组织的幼儿武术比赛中均获一等奖，在朝阳区教委等多家单位组织的历届幼儿文艺汇演中均获一等奖的好成绩。在促进双桥幼儿园管理水平提高上，黄玉霞团结带领全体员工，充分体现团队精神，营造和谐向上的良好发展局面。为此，2007 年双桥幼儿园获得全国和北京市"巾帼文明岗"，她个人也荣获北京市"巾帼建功文明标兵"和三元集团"优秀共产党员"。

郝淑珍（北京市劳动模范）

郝淑珍是一名老党员、老职工，自 1952 年参加工作以来，一直在农场从事养牛工作。多年来，她爱场如家、爱牛如子，工作上兢兢业业、任劳任怨，得到全场干部和职工的好评，并多次获得北京市和全国"先进工作者""三八红旗手"等荣誉。

郝淑珍在牛场工作期间，主要负责养犊牛工作，饲养犊牛百头以上。由于她的精心饲养，使犊牛成活率达到了 90%，每头日增重 900 多克。在犊牛饲养上，她严格控制牛舍的温度和湿度，日夜观察牛的动态，发现病情及时报告兽医诊治。她以场为家，自己有四个小孩，又替亲戚抚养三个，她没有时间照顾他们，而是日夜守护在犊牛身旁，将全部的爱献给了养牛事业。她不仅热爱本职工作，还自觉地担任起许多社会工作，她认真做好女工工作，还为职工办起了托儿所，解决了职工的后顾之忧，使一些职工家属重新走上工作岗位。她对职工满腔热情，凡是职工有困难，她知道后，都有求必应，尽力解决。她对党忠诚，始终与党中央和农场党组织保持一致，在历次政治运动中都立场坚定、旗帜鲜明，忠心耿耿地为党工作，为农场的事业鞠躬尽瘁。

张淑花（北京市劳动模范）

张淑花于 1979 年在双桥制药厂担任车间主任。在担任车间主任期间，她注重科学技术的开发和应用，带领全车间的广大职工群众奋力拼搏，在工作中取得了突出的成绩，受到了广大干部职工的好评。

在她担任车间主任时，企业正处于市场激烈的竞争中，而且生产一直处于不稳定状态，原料成本高达 3000 多元/公斤，收率仅 2%。为此，她在生产管理上勇于探索和改革，进行了多次的技术改进。经过努力，原料成本由原来 3000 多元/公斤，降低到 550 多元/公斤，与北大药厂生产的 900 多元/公斤相比，每公斤原料成本低了近 400 多元。为了适应市场的需求，在没有增加人员设备的情况下，生产新产品胃复安产品，由原来月产 500 公斤增到 750 公斤，为药厂争创市优级产品作出了贡献。随着全国治理整顿经济环境，药厂面临很大困难，生产形势不好，张淑花认真落实承包指标，刷新了胃复安生产利率新纪录，将生产利率由以前的40％提高到47％，原料成本大大下降，为药厂创净利20多万元。

郭启凤（北京市劳动模范）

郭启凤是双桥农场种猪场的一名普通养猪饲养员，自15岁参加工作以来，整整二十七年一直在生产第一线当种猪饲养员。据统计，经她培育的种猪——北京黑猪足有一万二千头，这些种猪出售到全国十几个省市落户以后，长势良好，受到好评。

在工厂化养猪试验过程中，郭启凤克服多种技术的难点，主动配合技术人员，解决工厂化双列饲养湿度大，仔猪成活率低等技术上的难题，每天十几个小时坚守在猪舍，观察猪只的活动情况，随时调整饲料配方和饲喂方法，运动时间和仔猪护理，有效提高了产仔成活率和仔猪增重。27年以来，她积累了丰富的养猪经验，总是较好地完成各项生产指标，从1984年到1988年，她饲养的母猪共产仔273窝，育成仔猪2790头，平均头重39.3斤，成活率在95.5％以上。过去母猪平均产仔每窝只有6头，育成仔猪平均头重20斤，在她的精心饲养下，现在每窝平均产仔10只，仔猪平均头重40斤，创造同行业的历史最好水平。她在养猪事业工作27年中，没有什么显赫的头衔，但是，作为一名普通的饲养员，在平凡的工作岗位上默默的奉献，为四化建设，为首都畜牧业的发展无私地工作着，并以优异的成绩贡献出自己的一份力量。

朱雅琴（北京市劳动模范）

朱雅琴是一名城市青年，于1962年9月来双桥农场葡萄园工作，她积极投身于农业生产，工作任劳任怨，踏实肯干，吃苦耐劳，干一行爱一行，积极想办法学习业务，熟练技术，虚心向有经验的老师傅求教，在实际工作中提高自己的业务水平和能力。作为一名城市青年，她能和职工群众打成一片，克服各种困难，脏活累活抢着干，工作中敢于挑重担，圆满完成了领导交给的各项工作任务。每天下班后，厂里组织全体员工一起学习，她都积极发言，写出学习体会，用雷锋精神指导自己的实际工作，为此，她被评为"学习雷锋先进个人"。在她的实际行动带动下，企业掀起了人人学英雄见行动，人人抢着做好人好事，个个争着当无名英雄的学雷锋热潮。朱雅琴在自己的工作岗位上不断钻研技术，默默学习，埋头苦干，以过硬的技术和勤恳的工作态度赢得了大家的肯定和赞扬。

朱雅琴工作积极主动，团结同志，勇于吃苦，工作得到了领导和职工的认可，多次被评为"五好青年""先进工作者"。

赵振明（北京市劳动模范）

1984年3月，双桥针织厂面临倒闭需要转产，为了给企业谋出路，赵振明将探索的眼光转向了兽药加工项目。经过三年努力，双桥针织厂转产为北京市兽药厂后，仅用了四个月就摘掉了亏损的帽子。

赵振明狠抓党员队伍和科技队伍建设，走科技兴企之路。他采取"引进"和"培养"相结合的方式，多方招揽专业人才。在他的带领下，企业规模不断扩大，品种不断丰富，企业生产品种达100多种，其中有全国首家生产的"露它净"原料药。企业产品多次获奖，"球威-25"和"痢菌净"产品分获全国农业博览会银、铜奖；"环痢灵"生产技术获"北京市科技进步一等奖"；"北京维他"被中国动物保健品协会推荐为"优质产品"；在1998—1999年全国兽药产品抽检中，北京市兽药厂被中国动物保健品协会和中国消费者协会评为"产品质量信得过单位"。截至2000年，企业共实现利润1200万元，上缴税金800万元，职工收入稳定，实现了国家、企业、职工个人利益的同步增长。随着市场经济的深入发展，全国兽药市场竞争进一步加剧。赵振明利用业余时间大量搜集并研究了国内外先进企业的管理方式和方法，立足兽药厂的实际情况，全面抓好企业经营工作，并着重抓好四支队伍的建设。企业党支部多次被总公司、双桥农场授予"先进党支部"。

刘文杰（北京市劳动模范）

刘文杰自1957年参加工作后，开始从事农业机械工作，他从一名普通的机务工干起，认真学习钻研业务，很快成为行家里手，是农场系统知名的农机专家。他热爱农机事业，精心操作，积极肯干，吃苦耐劳，任劳任怨，工作中从没有出过差错，工作期间每年都圆满完成或超额完成任务。他不仅充分发挥农机在生产中的积极作用，还不断对农机具进行改造，提高了农机工作效率和作业质量，减轻了体力劳动强度。在每年的"三夏""三秋"工作中，他总是吃苦在前，把最艰巨的工作任务留给自己。

刘文杰在担任团支部书记期间，积极组织团员青年开展劳动竞赛，受到上级领导和广大群众的一致好评。在担任双桥农场农机修配厂厂长期间，他加强管理，认真调配修配力量，保证农业生产不断创下新纪录。由于他的杰出工作，农场农田的精耕细作有了可靠的保证，在他的努力下，农场农机管理工作成为农垦系统的先进模范。

杨学梅（北京市劳动模范）

杨学梅在北京鸭品系选育及推广方面作出突出贡献。一是育成北京鸭双桥Ⅰ系、Ⅱ系。她主持北京鸭双桥Ⅰ系、Ⅱ系两个品系选育任务。经过十多年科学而系统的选育，北京鸭双桥Ⅰ系、Ⅱ系分别于1981年、1984年通过鉴定。这个品系是我国最先通过鉴定的北京鸭专门化育成品系。双桥Ⅰ系以产蛋多为突出特点，母鸭年产蛋平均为280枚，其水平已超过英、美、丹麦等畜牧业先进国家同类鸭的水平，双桥Ⅰ系选育获农垦部科技二等奖。双桥Ⅱ系以增重快为突出特点，与国际上高水平的同类鸭接近。二是推广蛋用型鸭。杨学梅在双桥农场鸭场工作中，主要分管养鸭工作。经过三年的努力使本局系统的蛋鸭饲养业从1000只发展到8000只，我局成为北京市和华北地区的蛋鸭良种基地。所饲养的良种蛋鸭康贝尔、金宝鸭向外省市推广，仅半年时间就推广种蛋8万多枚，对北方地区蛋鸭饲养业起了促进作用。三是新技术研究应用与推广获得社会广泛认可，并产生了很大的经济效益。多种维生素代替水草喂鸭，获市科技四等奖；网上育雏养鸭，获局科技二等奖；公鸭生殖能力检查获局科技三等奖；北京鸭配套系推广获局科技二等奖。四是积极参加学术活动和科研活动。1976年与康宁合著《养鸡》一书，并在报刊上发表学术和科技论文17篇，为畜牧科技的普及和发展做了贡献。

杨茂（北京市劳动模范）

杨茂1958年参加工作，从事农业机械工作，1968年任双桥农场机务队党支部书记。在近二十年的农机工作中，他刻苦钻研业务，积极开展技术革新，先后研发了"24件缺口耙""耕耙播一条龙作业法"等新技术、新工艺，为大幅度提高农业产量做出了贡献。他在担任双桥农场农机公司和加油站经理期间，为公司的组建和加油站的建设付出了极大心血，带领干部职工艰苦创业，不断提高企业管理和专业技术水平，取得了良好的社会经济效益，为振兴当地经济，提高职工收入走出了一条新路。

1974年起，杨茂任双桥农场黑庄户分场副书记、场长期间，带领干部职工白手起家，积极开拓，大力发展乡镇企业，创建了黑庄户配件厂。他与干部职工一道，同甘共苦，迎着困难上，克服条件差、人员素质低等困难，群策群力，不断提高企业职工技术素质和经营管理水平。与大型国有企业开展合作，以质量求生存，求发展。经过多年努力，配件厂的产品被评为专业领域内的优质产品，解决了当地2000余人的就业问题，增加了群众收入，将黑庄户分场建设成为农场系统的知名企业。他曾经多次被评为农场局和农场"先进党员"。他以自己的模范行动，赢得了群众的赞誉。

刘玉真（北京市劳动模范）

刘玉真于1966年大学毕业，在山东新华制药厂、西北二合成药厂等企业工作，具有丰富的工作经验并于1988年担任双桥制药厂总工程师。在他的组织带领下，药厂的生产工艺有了很大改进。多年来，他对"痢特灵"生产工艺进行技术革新，提高了产品质量和生产效率，使该产品从亏损转为盈利，并已大量出口；对高浓度氯乙醇生产工艺进行改造，将含有无机盐的母液排放掉改为将无机盐的母液适当浓缩后，循环套用，不仅解决了环境污染问题，而且节约原料，降低成本。为了达到出口日方JPⅡ版的产品质量标准，他对"胃复安"生产工艺进行改造，并亲自进行小实验，经割去酸碱精制后的产品完全符合日方标准。截至1999年底共出口胃复安碱36吨，实现收入1200万元。每年节省36%液碱42.77吨，盐酸33.58吨，药用活性炭2.06吨。该工艺改造获区科技进步三等奖。

截至1998年底，由刘玉真主持开发的移植化学原料药有16个品种，制剂有55个品种和规格，已投入上市的新品种有：过氧苯甲酰凝胶、阿奇霉素（商品名泰力特）及其制剂系列产品、布洛伪麻片等，使企业产值从原来1000多万元增长到1998年的1.5亿元。1992年以来，刘玉真获国家级、市、局多项奖励。

陈玉甫（北京市劳动模范）

陈玉甫对待工作兢兢业业，始终严以律己，在农业学大寨时期，从不脱离劳动。他在大搞平整土地时他也和社员一样，一日三餐在外，大干两个多月完成七千方土方任务。在三夏战斗中日夜奋战在田间和场院，一心扑在集体事业上，人称"孔庄好带头人"。在他的带领下，永乐店孔庄发生了很大变化，粮食单产1982年1100斤，比1977年增长了1倍；总收入176万元，比1977年增长5倍多；纯利润76万元，比1997年增长11倍多，社员人均集体分配720元（包括自营人均可达千元），全村积累83万元。

在工作中，陈玉甫懂政策、善经营、会管理、肯钻研，在推行家庭联产承包制、发展商品生产方面，走在各大队前面。他积极想办法调整农村产业结构，搞多种种植业和养殖业，实行多种经营，从南方引进技术到北方进行嫁接，开展珍珠养殖业；充分利用土地，根据季节的交替，种西瓜和葡萄；在玉米地空间套种胡萝卜，供给奶牛饲料厂，提高经济效益。大力发展工业，充分利用边角料加工五金件，变废为宝，额外又增加了收入。积极扩建养鸡场和养猪场，使孔庄大队在几年间发生了显著变化，他同广大社员一起艰苦奋斗，改变了一穷二白的面貌，建设了一个和谐、稳定、崭新的新农村，成为通县、北京市改革开放的一个典型。

徐长荣（北京市劳动模范）

徐长荣担任永乐店农场小务乡养殖场场长期间，工作上兢兢业业，任劳任怨，创出良好成绩。建厂前徐长荣是当时年收入在 5 万元左右的养殖专业户，任乡养殖场长后，毅然终止自己家庭养殖业，全身心地扑在养殖场的发展上。自 1988 年起，6 年时间里没休过一个星期天。为了让场内职工过好每个节日，他自己始终坚持在场内值班，吃住在场内。工作中他每天都坚持早去晚归，有时夜里还要检查猪舍，鸡栏。同时，他坚持科学养殖，靠科学技术发展养殖业。

为了适应市场需求，徐长荣从 1990 年开始改造企业，除做好超前免疫外，重点放在瘦肉型猪的开发上。在上级有关部门的支持和指导下，他利用二元三元猪种杂交，优化成瘦肉型品种，使猪的瘦肉率达 56%～58%，市场销售情况良好，年投放市场 2000 多头，得到市畜牧局的表彰，经济效益逐年提高。1993 年，在养殖业疲软的情况下，养殖场仍盈利 16 万元。1994 年实现年产值 150 万元，利润 21 万元。在廉洁自律方面，他始终严于律己，从不乱花企业一分钱。由于养殖场每月都需大批购进饲料，饲料厂家提出以每斤饲料给提一分钱的回扣，他分文不取，全部交回场内财务入账，每年给企业节约达 10 万元。多年来，徐长荣以场为家，无私奉献，为企业的发展作出了突出贡献，受到了广大干部职工的好评。

董本贵（北京市劳动模范）

董本贵对待工作兢兢业业、勤勤恳恳、任劳任怨，从不计较个人得失，干起工作来浑身总是有使不完的劲。他不怕脏、不怕累，默默无闻地贡献自己的力量，年年超额完成各项工作任务，为企业创造了较高的产值。1987 年他个人承包了养鱼池，为了进一步实现科学化养鱼，他购买了水产养殖业务书，坚持自学并经常带着问题请教老师，养殖技术有明显的提高。1988年，他承包了21.4亩水田，全部实行了科学喂养、定点喂养，并根据季节变化合理增减饵料，实现了低投入高效益。在鱼群增重季节，每天坚持适量补充井水，调节鱼池水温。为了增加水面肥力，他利用业余时间义务为单位淘厕所，为鸡场倒鸡笼，把肥料投放鱼池，促进了鱼苗的生长。为了加强对鱼苗的管理，他根据气候变化，注意鱼群反应。如夏天气温过高，鱼群发生疾病，他会连续几个月守在鱼池并及时投放漂白粉和各种治疗鱼病的药品，有效控制病情。在他的精心喂养下，亩产持续增长较快，创造了全市的最佳水平。

董本贵在平凡的岗位上为农场发展做出了积极的贡献，多次被评为场、公司"先进工作者"，1988年被评为总公司"先进工作者"、永乐店农场"先进生产者"，他承包的鱼池也在"五金杯"竞赛中荣获三等奖。

永乐店农场简介 (1963—2008 年)

永乐店农场即通州区永乐店镇，位于北京市东南郊通州区境内，北依通州市区，南临天津市武清县、河北省安次县，东与河北省香河县为邻，西接北京市大兴县。总面积 184 平方公里，现有耕地 20.1 万亩，水面 2841 亩。农场属永定河冲积扇前缘地带，地势平坦，土层深厚，自西向东倾斜，坡降为 1:1900，海拔 8.15~16.5 米。地质上层覆盖为第四纪沉积物，表层为沙土和黏土，属潮土类。水文、地下静下位南部为 2.0~2.2 米、北部为 2.2~2.4 米。全场现有机井 1976 眼，保浇地面积 18.9 万亩。各种排水系统 86.5 公里。气候属于北温带大陆性干旱季风气候，年降水量为 558~780 毫米。大部分雨水集中在 7、8、9 月份，最高年降雨 1114.2 毫米，最低 414.2 毫米，年平均日照时数为 2300 小时，年平均气温为 11.2℃，无霜期 190 天左右。年平均风速 2.5 米/秒，最大风速一般为 12~16 米/秒，最高可达 20 米/秒，风向多为西北风。

一、永乐店农场的创建

新中国成立前，永乐店地区人民长期处在"三座大山"的压迫之下，地势低洼易涝，大片荒芜的盐碱地，是十年九不收的穷地方，正像这里民谣所述"春天一片白茫茫，夏天到处水汪汪，种一葫芦收一瓢"。历代官府的腐败统治，恶劣的自然条件，使这里的劳苦大众过着糠菜半年粮的穷苦日子。新中国成立后，在党的领导下，永乐店人翻身，重获新生做了社会的主人，经过土地改革，农业合作化和人民公社，为改变农业生产落后面貌，改善农业生产条件，提高抗灾能力，大力兴修水利，扩大灌溉面积，经过不懈的努力，使人民生活有了提高，生活条件也获得改善。但是 1959—1961 年，受三年自然灾害等影响，威胁永乐店地区的"旱、涝、薄、碱"自然灾害没有根本解决，每年靠国家救济粮维持度日。1962 年，为彻底改变永乐店地区一穷二白的落后面貌，提高地区人民群众的生活水平，公社决定在永乐店地区建立国营农场。

1962 年底，市县委派王锡田、刘恒等开赴柴厂屯人民公社，着手筹建永乐店农场工作。初期筹建组的同志只是占用公社几间办公室，紧张进行建场的各项工作。针对当时干部群众对建场顾虑重重，不愿加入农场的消极态度，王锡田、刘恒等与柴厂屯主要干部，深入社员群众之中，召开三级干部会议，统一干部、社员的思想认识，在做了大量思想和组织工作的基础上，于 1963 年 1 月 13 日，正式宣布国营北京市永乐店农场成立。在干部和群众提高觉悟、统一思想认识的基础上，召开了柴厂屯人民公社第四届四次社员代表会议，通过了加入农场的决议。经报市、县委批准后，柴厂屯人民公社12个生产队有9个大队加入农场，并签订了转场协议书，原在三堡建的小农场也同时并入新建的农场。这样正式建成有39276亩耕地，10144人口的国营农场。

永乐店农场成立后，为了迅速发展经济，建立了组织机构，配备了干部，确定了主要经济指标，制定了经济发展措施和经营管理办法，并开始了全面建设。1963年，国家拨出专款310万元，进行永乐店农场基本建设。先后在德仁务、三堡、应寺、半截河、柴厂屯进行各项建设，又经过十个月的紧张施工，到1963年10月25日，三堡直属队、半截河直属队、柴厂屯直属队、德仁务、应寺两个果园队和种马场，试验站等单位相继建成。这些单位主要经营农业、畜牧业、林果和为农场提供技术服务等项目。这些单位的建立，进一步彰显了农场的影响，提供了企业的知名度。同时，在国家帮助下，农场开始重点安排兴修水利，废除平原水库，兴修一部分防涝治碱工程。在农业方面，改变不合理的种植结构，把水稻种植转向玉米、小麦种植，使农业生产开始稳步提升。

1964年，在市、县委直接领导下，集中时间完成了永乐店、渠头、小务三个公社的转场工作。届时，永乐店农场总面积达到229337亩，人口46286人，规模进一步扩大。考虑全场经济发展布局，先后在新扩建的小务公社建立了直属队，渠头公社建立了渠头直属队，在永乐店公社建立了较大型猪场。上述单位主要以农业、畜牧业生产为主。随着农场各项生产的发展，1965年5月，经市、县委决定。将原牛堡屯、潞县公社的于家务、东马各庄、果村、西马坊、大耕堡、南仪阁、草厂、西鲁、东鲁和丁庄10个村划归农场。至此，扩场工作全部结束。扩场后全场总面积达28.6万亩，成为京郊16个国营农场中土地面积最大的农场。

1964年3月，中共北京市委组织中央、市科研单位、高等院校及有关委办局等十几个单位到农场调研，着手制定《国营北京市永乐店农场1965—1970年规划》（简称《规划》）。为《规划》取得科学依据，参与调查的人员对全场地形、地貌、地物、场界、土壤、水文、地质、气象、水利等设施进行了普遍勘测。他们所勘查的数据，为农场人认识自然、改造自然、发展农场提供了科学依据。特别是《规划》确定的"以粮为纲、农牧结合、多种经营，逐步建成首都副食品基地"的战略思想，一直成为永乐店农场经济发展的重要指导思想。《规划》用了半年的时间编制完成，在编制《规划》过程中，市委、县委、农场局的领导刘仁、赵凡、王宪、魏继庚、刘刚等非常重视，对《规划》提出了不少宝贵意见。《规划》确定了发展蓝图，描绘了农场人根据《规划》要求，开始了永乐店农场的全新建设。

1965 年，根据市委要求，全场开始以"学习大寨"为中心的农田水利的群众运动。本年 11 月 8 日，永乐店农场党委召开兴修水利动员大会，赵峰代表党委提出 65 年冬季到 66 年春季要完成土方 300 万～400 万立方米，实现"一步大通，分小步平"，全场基本实现水利化。1966 年 3 月农场再次召开基本农田建设誓师会，3000 多人参加，党委要求每日出工 1 万～1.2 万人，大干 20 天，坚决完成"一步大通"任务，实现渠通水，建筑配套。再次吹响兴修水利、改土治水的号角。据不完全统计，这次农田基本建设共出工 18 万人次，动土方 540 万立方米。与此同时，开始了环场公路建设，开展了植树造林，发展了 500 亩果园，完成了一批基建项目，使农场面貌为之一新。永乐店农场的建立，使永乐店人看到了希望。

二、农场人的艰苦创业

正当全场人民满怀豪情、信心百倍按照永乐店农场《规划》要求拉开全面建设帷幕时候，"文化大革命"开始了。1968 年底，通县革命委员会派杨文彬来永乐店农场工作（任农场革委会主任、中共永乐店农场领导小组组长）。面对生产停滞的局面，杨文彬深入实际，广泛调查研究，得出永乐店农场要发展，必须顶住各方干扰，坚持走自己的路，坚持艰苦创业。1969 年 10 月，组织全场社员、职工、中小学生共 8000 多人，用 10 天开挖长 7300 米、动土 30 万立方的东风干渠。接着又连续作战，先后在凤港河上，以高速度建起了东马各庄拦河闸、南仪阁扬水站、丁庄拦河闸、西六支边沟等水利工程和水利设施，解决了农场中西部 10 万亩土地排灌问题。

1970 年 11 月，中共永乐店农场第二届代表大会召开，大会提出了今后五年经济发展规划。不久农场党委结合学习贯彻全国北方农业会上提出的"下苦功夫，大搞农田基本建设，农业生产条件基本不改变，产量就无法稳定，农业的被动局面就不能扭转"的工作精神，向全场人民提出了"全面规划、以排为主、排灌为主、排灌结合"的原则，以灌而不碱为前提，水、农、林、牧密切配合，旱、涝、碱综合治理的要求。号召全场人民要继续发扬自力更生、艰苦奋斗、革命加拼命的彻底革命精神。力争在三五年内把全场耕地连片割方、土地平整，沟、路、林、渠配套，做到旱能浇、涝能排，稳产高产，为农业基本建设明确了方向。农场在北方农业会议精神鼓舞下，见缝插针，人人挥锹上阵，这就是农场改土治水的第二战役。

在抓改土治水的同时，永乐店农场党委于 1971 年 8 月至 12 月认真学习河北省遵化县大办"五小"工业经验。在充分调查研究的基础上，针对永乐店农场 8 个职工队伍经营农业亏损的状况，决定对产业结构进行调整，由经营农业转为开办小型工业。8个职工队只留3个，其余5个分别转为工业，陆续办起纤维板厂、粉末冶金厂、金属结构厂等，在农村大力发展编织、来料加工、纳沙、熬硝、烧砖等副业项目，后来"五小工业"发展成国营企业，发展副业的生产成为乡镇企业，为农场工业、乡镇企业的发展奠定了基础，对农场的经济发展起到了促进作用。

1972年，永乐店农场遭受了严重的自然灾害。农场党委对建场后狠抓农田基本建设，土地连片割方，沟、路、林、渠配套等项工作给予充分的肯定，同时经过对十年农业生产发展规律的分析，提出要按照自身客观规律改变生产条件，抓住旱、涝、碱、薄，进一步大干苦干三年，改变生产条件，制定排、灌、平、肥、林改土治水的措施。要求到1975年把全场20万亩土地，全部建成旱可浇、涝可排，亩产600斤的稳产、高产田。为实现这个目标，农场打响了历时三年的改土治水第三战役。此次战役总投工量达5400000个，共平整土地140000亩，其中大平大整35000亩，基本现畦田化。对原有13条主干排沟进疏挖，共挖斗支沟400多条，田间沟4000多条，全部达到"二十年一遇"标准，农田基本建设完成土方量达1500多万方。在北京水科所的帮助下，学习外地经验，把大沟由1米深，挖到2.5米以下，五十一条的田间沟也都进行了疏挖，做到沟沟相通、井灌、井排，地下水位由50厘米，下降到1.7米以下；土壤含盐量由千分之三以上降到千分之一以下，有的地块全部脱盐，大大改善了土地盐碱化，农业生产迈出了一大步，1974年粮食亩产达到850斤。

1975年5月20日，中国共产党永乐店农场第三次代表大会召开，会议确定：必须继续践行全场人民经过多年实践摸索出来的"深挖沟、多打井、细平地、广积肥、造好林"的综合治理盐碱的措施，在全场展开了根治盐碱的第四次战役。在此期间，经历了多灾多难的1976年，唐山大地震波及农场，其中，老槐庄等八个村受灾较重，死亡20人，重伤103人，房屋倒塌10767间，涉及2500多户家庭，9000多人无家可归。在严重的自然灾害面前，永乐店农场人没有屈服，以积极的态度投入到恢复生产、重建家园的斗争中。在严重的自然灾害面前，改土治水，大搞农田基本建设的决心没有丝毫改变，1976年，先后开挖了胜利渠，德后北沟向西延伸，东风干渠向南延伸，接通红旗渠等全场性大工程。这一年经市县批准，永乐店农场成为学农业大寨先进农场。

经过建场后十几年的艰苦奋斗，全场20多万亩土地按"二十年一遇"标准搞好排涝工程，按400亩以上的方块田进行规划平整，按150亩地一眼机井灌溉配套。昔日高低不平，有雨水汪汪，无雨白茫茫的盐碱地，全部建成了地平、埂直，沟、路、林、渠、井、电、机配套，旱涝保收的稳产、高产田。到1978年，全场农田基本建设主体工程基本结束，十几年共挖主干渠超过235公里，修桥、涵、闸470多座，对全场95％以上耕地进行了大平大整，动土方4000多万立方米。所动土用来修筑一条高、宽各1米，绕地球赤道一周的围墙。由于生产条件的改变，与耕作制度的改革，农业机械化的推广，农业有了很大发展，粮食亩产达到634.4斤，比建场后的1966年的214.5斤增长了近3倍；粮食总产达到9773.2万斤，比建场后的1966年的3230.4万斤增长了3倍多。仅1978年当年，就向国家提供商品粮2256.2万斤，交售商品猪33542头，实现总产值3376万元，全场1970至1978年农村三级公共积累达到983.2万元。有大中型拖拉机160台，手扶拖拉机490台，总马力达到9750千瓦。国营工业由建场时一家增加到十九家，从业人数从130人增加到1391人，农场还建立了几处大型养鸡场、牛场、渔场，特别是建场后为加快农场的建设发展，国家还投资2100万元，所有这些为农场工业、农业、畜牧业发展创造了有利条件，奠定了一定的物质基础。

三、改革开放初期的经济发展

党的十一届三中全会为永乐店农场经济发展指明了光明大道。自1978年后仅两年的时间，农场农、林、牧、副、渔各业有了较大发展。1980年工农业总产值3814万元比1978年的3376万元，增长13％；1980年粮食总产1.0565亿斤，创当时历史最高水平，比1978年的0.9773亿斤增长38％；1980年的首都市场提供鲜蛋711898斤，水果471000斤，1980年社队总收入达到1585万元。

国营企业认真贯彻国民经济调整方针，在企业管理上给予自主权，实行利润分成，恢复奖金制，调运企业和员工的积极性，在面临困难的条件下，1980年实现产值824.9万元，利润141.7万元，比1978年的810.8万元和69.3万元分别增长1.7％和104％。全场1979年实现利润15万元，开始扭亏为盈，1980年继续盈利。到1980年底，农村三级提供积累268.3万元，社员、职工储蓄存款207万元，充分显示了政策和科学的威力。

1982年1月，中共中央发布了关于农村工作的第一个中央1号文件——批转《全国农村工作会议纲要》，农场党委组织全场干部、职工、社员认真学习1号文件。根据文件精神，在全场实行"统一经营，专业包干开支归自己，实物归队"的生产责任制。在继续抓好粮食生产的同时，调整农业种植结构，大力发展多种经营，使农业生产经营水平有了新的提高。1982年5月18日，中国共产党永乐店农场第四次代表大会召开，卢松华作了工作报告。确定了"两个文明"一起抓的指导方针。1982年11月19日，永乐店农场党委召开第四届三次扩大会议，主要讨论全场经济翻番问题。确定以1980年为基数，到

1985 年实现工农业总产值翻一番的目标。并制定了具体的翻番措施。1982 年，在全场人民的共同努力下，农场经济工作取得了"三起""两突破"的喜人成绩。粮食总产达到 1.09 亿斤；人均分配 254.38 元；工农业总收入 5643 万元，实现了三项指标超历史最高水平。粮食单产突破 700 斤，达到 721 斤。1982 年是建场以来经济发展最快的一年，不仅为 1985 年经济翻番奠定了基础，同时也坚定了全场人民实现经济翻番的信心。

通过学习贯彻中央若干个农村 1 号文件，农场各级党组织和全场广大干部、职工、社员经过党的十一届三中全会以来几年的实践，在思想认识上产生极大的飞跃，思想发生了重大改变，从 1983 年开始，着重做了以下方面的改革：一是明确提出经济工作必须以提高经济效益为中心，完成了经济工作指导思想的变革，促使工农业及相关产业由单纯生产型的生产经营型转变，注重在提高经济效益上做文章。二是实行了适合生产力发展水平的家庭联产承包责任制，对农村经济管理体制实行改革，贯彻社会主义按劳分配原则，农民的劳动成果"交够国家的，留够集体的，剩下全是自己的"，极大地调动了广大劳动者的生产积极性。三是国营工业、畜牧业实行简政放权，给企业更多的经营自主权，在分配上实行联产（产量）联利（利润）计酬的经济责任制及承包办法打破国企的"大锅饭"平均主义弊端，进一步调动企业和职工的生产积极性。四是全场农村实行联产承包责任制后，出现大量剩余劳力，加快了向非农产业转化，农场迎来乡村企业发展的春天。1984 年，全场共发展新企业 110 个，增加从业人员 4000 多人，新增项目 150 多个。到 1984 年底，全场工农业总产值 7923 万元，原计划在 1980 年工农业总产值 3874 万元基础上翻一番的目标，比 1985 年提前胜利实现。

1985 年，中共中央又发布了 1 号文件，制定和下发了活跃农林经济政策的十项措施。永乐店农场党委结合实际，出台了进一步深化改革，调整搞活经济的指导意见，提出进一步发展商品生产的二次改革。这轮改革，调整了统、派、购制度，农产品不在受原来经营分工限制，实现多渠道流动，农业从过去主要按国家计划生产转向市场需求生产，开始了由传统经济转向市场经济。农业生产力水平获得了新的提高，粮食单产首次突破 1000 斤，总产面积减少的情况下达到 1.38 亿斤，农村经济出现了新的气象。

1989 年，永乐店农场人坚持牢记"以经济建设为中心，坚持四项基本原则，坚持改革开放"的党的基本路线不动摇，做到"市场疲软，精神不能疲软"，要保证生产不能滑坡，首先思想平能滑坡的要求，克服悲观失落情绪。在稳定大局，克服重重困难的前提下，粮食产量增长较快。1989 年粮食单产 1255 斤，总产 18545 万斤，比 1978 年分别增长 620.4 万斤和 8771.5 万斤；1989 年农场增产粮食 3000 万斤，占全北京市增产粮食总数的四分之一。奶牛存栏达 3516 头，牛奶总产量达 1102 万斤；向首都市场提供商品等 2 亿斤。1989 年共建乡村工业 277 个，比 1978 年的 29 个 248 个，产值达到 1.84 亿元，实现利润 1828 万元，上缴国家税金 1250 万元，农村人均分配达 1060 元，年末群众储蓄存款余额 2100 万元，人均 280 元。永乐店农场 27 年的发展及取得的建设成就，充分说明永乐店农场党委制定的打好农业结构调整和大力发展乡村工业这一符合客观经济规律的发展战略是正确的，农场人在诸多困难面前，以昂扬的斗志、饱满热情、奋力拼搏的精神，苦干、实干，推进农场经济及各项工作登上了一个新的台阶。

（一）坚持"以经济建设为中心，推进经济快速发展，综合实力明显增强"

20 世纪 90 年代，永乐店农场贯彻邓小平南方谈话和党的"十四大"精神，坚持以经济建设为中心，解放思想、深化改革，紧抓机遇、拼搏实干。克服了资金短缺及能源、原材料价格上涨等困难，圆满完成了"八五"的各项经济指标，为"九五"奠定了良好的开局，"八五"期间是农场经济总量增长最多，面貌变化最大的五年，主要体现在八个方面。

1. 经济在曲折中快速发展，综合实力明显增强　"八五"末期，全场实现国内生产总值 3.1 亿元，比 1990 年的 1.47 亿元（"七五"期间）增长 1.1 倍，"八五"期间年均递增 16.1％；全场实现总收入 8.65 亿元，比"七五"末期的 1990 年的 4.17 亿元，增长 1.07 倍，年均增长 15.7％，其中：国营收入完成 2.43 亿元，比 1990 年的 9304.7 万元增长了 1.6 倍，年均递增 21％；国营利润 1003.7 万元，比 1990 年的 426 万元增长了 1.35 倍，年均递增 18.6％；全场国营总资产值达到 36 亿元，比 1990 年增长了 2.03 倍。"八五"期间，农场经济在面临重重困难的情况下，仍然实现了国内生产总值、总收入、利润、人均收入四项指标都获得了全面增长，保证了农场"九五"规划开局经济运行总体稳定和发展势头。

2. 农业稳步发展，基础地位进一步突出　农场以"三高"农业为目标，加大种植结构调整力度，使基地建设总体水平有了新的提高。粮食基地狠抓了"万亩三高"工程，加大农机、水利等基础设施建设，实现了小麦生产全过程机械化，玉米机收开始起步，并逐渐推广。1996 年，在低温洪涝的多种自然灾害条件下，粮食产量逐年都有明显提高，1996 年总产达到 1 亿多公斤，亩产实现 822.9 公斤；1997 年，大旱之年，粮食总产仍然达到 1.1 亿公斤，亩产 841.8 公斤，比 1996 年增加 18.3 公斤。为了解决农民的卖粮难问题，农场多方协调争取收购指标，调动了农民种粮的积极性。蔬菜基地建设步伐加快，1996 年基本菜田达到 15471 亩，保护地发展到 1800 亩，商品菜产量达到 1.1 亿公斤。果树发展到 1 万亩，比 1990 年的 3528 亩增加 1.8 倍。全场三分之二的果园是"八五"期间发展起来的，果品连续几年稳定在 200 万公斤左右。另外，通过组建养猪集团，农场 13

个规模的国营、集体猪场以股份制形式联合起来，使全场国营、集体的种猪繁育由组建时700头迅速增加到1400头，全年销售商品猪增加到1万多头，实现利润60多万元，彻底扭转了农场国营、集体猪场总体亏损的局面。商品蛋、鱼的产量都实现了稳步增长。

1995年，剪彩成立了中以示范农场，这是永乐店农场投入资金最多、起点最高的农业生产项目。它的建成标志着农场农业化生产实现了零的突破。到1998年底，该项目已投资3095万元，其中：中方投入1780万元，以方投入1315万元，建成日光温室83亩，塑料大棚20亩，定植果树375亩，两千万株种苗生产车间完工，建成400平方米蔬菜、花卉加工车间，引进以色列先进的滴灌等农业技术和种苗。其产品以成倍于国内市场的价格，占领了北京市及南方部分城市高档宾馆、花卉市场。到1998年已接待国内外各界人士1万余人次，成为北京市展示高科技农业的重要窗口，提高了农场的知名度，到1998年共向社会推广优质种苗21万株，企业获直接效益21万元，社会效益750万元。

奶牛基地建设有了新的发展。从1996年至1998年奶牛存栏全群总数达到7182头，牛奶产量达到2387.5万公斤，商品奶2320.9万公斤，保证了北京市四分之一的鲜奶供应。"八五"新建的小务奶牛场进牛达705头，小务奶站的投入使用，为农场奶牛事业的发展增添了发展后劲。

3. 工业在市场中优化，在困境中发展 农场工业起步较晚，底子薄，农场工业发展的过程就是不断优化的过程，是不断战胜困难的过程。在1996年，永乐店农场工业遇到了前所未有的困难，在国家宏观调控、金融商业化、市场竞争激烈的情况下，实现收入3.78亿万，比1995年增长13.9%，实现利润1569万元，比1995年增26.1万元，从总体上保持了发展的势头。但是，就农场国营工业而言，出现了大幅度滑坡的局面。自从农场有了国营工业以来，虽然也经历过曲折，但一直还是属于上升的发展趋势，特别是在"七五""八五"两个计划期间有了长足的进展，为农场经济建设做出过积极贡献。随着社会主义市场经济体制的深入变革，社会主义市场经济体系政策调整与变化，农场的工业在发展中出现某些不适应，1996年是最困难的一年。全场国营工业总收入6028万元，仅完成全年计划的61.4%，比1995年同期减少30.8%，利润亏损58.2万元，完成全年计划的-11.8%，比1995年同期减少120.3%。由于经济滑坡造成约500名企业职工下岗待业。为了扭转国营工业经济效益下滑的局面，农场党委按照"九五"规划制定的"二产抓调整"的总体思路，采取了一系列扭亏增盈的措施，收到了一定的效果。

一是加强对工业企业的领导。农场、分场两级都成立工业企业领导小组，及时研究解决企业的具体问题；收回投资决策权，成立投资项目审定领导小组，避免了乱铺摊子现象，用有限的资金解决关键问题；建立农场分场主要领导和主管部门包重点亏损企业，通过主要领导包企业，帮助企业解决了一些实际问题，收到了较好的效果。

二是加大资本经营的力度。1996年，在加大宣传力度的基础上，资本运营取得了突破性进展，32家工业企业进行了承租或承包车间、厂房（其中国营9家），利用闲置厂房51818平方米，年收租赁与承租费287.05万元，其中国营158万元，安排就业178人。

三是强化企业管理。按照农场下发的加强财务管理的通知精神，严格控制非生产性开支。加强成本管理，在企业内普遍推行成本控制、成本核算制度，在保证质量前提下压缩了成本；改变了"以承包代管理"的做法，恢复了生产例会、督促检查等过去一些行之有效的办法；加强企业贷款资金的管理，一方面农场千方百计为企业协调资金，另一方面农场收回了企业贷款担保权。通过采取以上措施，使农场经济工作在困难环境中出现了华艺综合厂、小务餐车厂、商贸公司等一批迎难而上、提高经济效益的企业。

四是深化了用工制度改革，千方百计解决下岗和特困职工生活困难。按照《劳动法》和总公司要求，1996年农场从机关到企业全面推行了劳动合同制，把用工管理纳入规范化、法制化轨道。农场通过分流的办法，为246名职工安排了工作。1996年底在财务紧张的情况下筹集21.7万元，对239名特困职工发放了补助金，送去永乐店农场党委的关怀，为他们解决了生活中的困难。

4. 第三产业在实现"两个转变"上有新的发展　"八五"期间全场三产从业人员达到4200人，商业网点达到1251个，实现收入2.27亿元，形成了初具规模的产业群体。几年来，农场建农贸市场5个，柴厂屯商业街初具规模，活跃了农村经济，方便了人民生活，开辟了新的就业渠道。

5. 外资型经济质量有了新提高　1996年底发展"三资"企业4家，引进外资455万美元，永乐经济开发区入区项目"北京原昌皮革服务有限公司"已破土动工。全场出口额达到2450万元，比1995年增长31.7%。

6. 村镇建设步伐加快　一是完成了永乐店镇一期改造工程，永乐店高中教学楼已交付使用。二是完成了永乐店柴厂屯两个电话局的建设，从根本上改变了农场通讯落后的局面，新建的永乐店镇卫生院已破土动工。

7. 加强了精神文明建设　农场党委认真贯彻党的十四届六中全会精神，制定了《农场精神文明建设五年规划》。在全场范围内深入开展爱国主义、集体主义和"四有新人"的教育，开展各种文明争创活动，特别是农场工会开展的"双增双节，四创四比劳动立功竞赛"活动，对克服困难，提高企业经济效益取得了较好的效果。农场对涌现出来的百名标兵进行了表彰，弘扬了正气。

8. 党的建设得到加强　一是认真贯彻"农场党建之年规划";二是加强后进支部的整顿工作;三是加强党员干部的理论学习和廉政、勤政建设,对个别严重违纪的领导干部进行坚决查处;四是加强各级领导班子建设,培养和造就了一批勇挑重担、能谋善断、开拓进取、关心群众、带领群众、致富奔小康的年青领导干部。

回顾 1990 年至 1997 年这段历史,应该说农场经济和各项事业都取得了一定的成绩,但我们也必须清醒地看到存在的问题和不足。"八五"期间经济稳中有升,"九五"伊始经济滑坡,从该时间段经济分析看,农村集体经济好于国营;从产业结构对比情况看,第一产业好于第二产业,第二产业好于第三产业,第三产业下滑。第一产业实现收入 3.24 亿元,比 1995 年增 11.3%;第二产业实现收入 3.78 亿元,比 1995 年增 13.9%,第三产业实现收入 1.95 亿元,比 1995 年减少 14.1%。从整体上看,各项指标完成情况,虽与"九五"规划的有所差距,但到 1998 年场乡体制改革前,农场经济整体运行基本上是稳定的,成绩是全场广大干部职工付出艰苦努力取得的。

(二)　场乡改革后的农场经济

场乡体制改革后农场经济发展大体分为两个阶段,前段从 1999 年至 2001 年,这个时期就农场经济来说,可谓是稳定的好时期,后段从 2002 年至 2008 年,这个时期就农场经济来说,可谓是萎缩滑坡衰落时期,基本的工作任务就是守土有则。

场乡改革的 1998 年,总收入完成 17940 万元,利润完成 183 万元,职工人均工资 4908 元;1999 年总收入 1.33 亿元,利润 201.6 万元,职工人均工资 5651 元;2000 年总收入完成 9780 万元,利润实现 295 万元,职工人均工资 7725 元。从三年经济发展趋势看,农场经济虽然还未走出低俗,但总体形势向好的方向发展。第一产业已成为农场的支柱产业,二、三产业还在低俗中运行,这段时期经济发展能够在平稳向好中发展,得意于农场根据集团公司精神抓了以下工作。

1. 在开展解放思想、转变干部观念为先导的决策上,统一了全场干部的思想并取得成效　针对多数干部思想停留在以产品生产、推销为中心的传统观念,与消费者为中心的营销观念相差甚远的现象,农场采取了以会代训的方法进行引导,举办各种形式的培训班,聘请专家教授、经济学者讲授现代企业营销方面的知识,用理论这把钥匙开启各级领导干部的思想观念大门,为面向市场确定企业新的经营思想奠定了理论基础。

2. 在以"深化企业改革为主线"的决策上,统一了全场干部的思想,并完成第一轮改制任务　根据集团公司扭亏为盈的会议精神和农场经济工作会议上的安排,从根本上解决国营企业体制僵化,机制死板和资金渠道单一问题,我们采取了因地制宜,宜包则包,宜租则租,宜售则售和一厂一制为主、一厂多制为辅及一厂一策的方法,在改制工作上取得突破性的进展，全场28家改制企业，其中实行风险抵押的19家，实行租赁和融资租赁的7家，产权出售2家。除此之外，永乐店农场还按照有进有退、有所为有所不为的原则，对市场份额小，无效益的生猪和酒厂两家企业实行了关停，精简了留守人员。全场企业改制的时间虽然不长，但已取得明显成效，具体体现在：一是调运企业经营者、生产者的积极性。长期以来，在管理上难以解决的人情、感情困扰被突破，管不住人的现象从根本上得到解决。二是推动了劳动人事和分配制度的改革，已经实行承包租赁的企业，内部全部实行定岗定编，用工实行聘任制，并推行了工资与效益挂钩，企业内部运行机制更加适应市场经济发展的要求。三是解决了企业生产与资金紧缺的矛盾。过去企业靠银行贷款，现在银行实行商业化后，企业信贷越发困难，实行改革改制后，企业融资渠道拓宽企业，管理人员及员工通过亲朋好友和其他业务关系，较好解决了资金短缺这个主要矛盾，促使企业能够进行正常运转。四是调动了回收应收贷款的积极性。1999年，全场收回有手续贷款611.6万元，占的手续应收贷款的93.7%。其中利用法律手段追回45万元贷款，这是在改制前从未有过的现象。五是夯实摸清了家底。这次改制一个重要收获就是通过清产核资摸清了家底，对我们过去发展从内在质量上有了一个清醒的认识，促使农场在经济发展上必须从实际出发，按客观经济规律办事。

3. **以扭亏增盈为目标，在实施减员增效的决策上，统一了全场干部的思想并取得成效** 针对永乐店农场企业存在的前勤冗员多，后勤编制大的现象，经过认真研究后决定把减员增效作为场乡改革工作的重点，下决心采取果断措施，狠抓精减人员工作，到2000年全场共减员687人，其中：办理失业96人，农民工终止劳动合同565人，退休16人，自谋生路（档案在农场）8人，全场减员比例达到26.4%，由于场乡改革后的2599人减少到2000年的1912人，与此同时，农场还注意做好职工分流安置和下岗职工再就业工作，再就业率达到76%，完成了集团公司下达70%的再就业指标。这次减员增效重点在工业企业，通过减员企业的劳动生产率，由1998年的人均合计12000元，提高到现在的13000元，提高了8.3%；亏损单位由原来的9家减少到2家，实际效益同比增长了1.5倍。

4. **在扶优、扶强，培育骨干龙头企业的决策上，统一了全场干部的思想并取得成效** 奶牛集团是农场重点抓好骨干龙头企业，在认真做好中以牛场前期筹备工作基础上，要努力提高劳动生产率和成本控制工作。1999年，在保证质量的前提下，低价采购、储备饲料、饲草，仅上半年就玉米采购而言就节省45万元；采取增牛不增人的办法，努力降低人工成本，努力提高成乳牛养殖比例，到1999年底，成乳牛养殖数量已突破奶牛总数的60%，牛奶收入实现6340万元，比上年同期5925万元增长37%；利润实现293万元，比上年同期增长了42.9%。

中以农场是两国政府在农业领域的合作项目，建场以来不断进行内部运行机制的转换，以加压力、增动力、促活力为目标进行劳动、人事、分配制度的改革，推行以提高经济效益为目标的专业承包制，提高了开拓市场的力度。花卉销售网点不仅仅是酒店和超市，还开始打入香港、东南亚、俄罗斯和美国市场；办公与销售开始自动化和网络化，到"九五"末期，中以农场收入实现850万元，比上年增4.3%，利润25万元。达到了预期的效果。

5. 农场在强化企业管理力度的决策上，统一了全场干部的思想，并取得一定成效 农场根据企业管理方面存在的主要问题，制定了"三个管住"：一是管住人——提高劳动生产率和安全生产；二是管住成本——解决和控制住跑、冒、滴、漏现象，实现成本核算；三是管住质量——强化质量监督体系和监控制度。三个方面下发了六份红头文件，各单位狠抓落实，并取得一定成效。奶牛、中以、华艺、造纸和轧花等单位，劳产率普遍高上去了，生产成本降低5%～10%。

6. 农场在加大招商引资的决策上，统一干部的思想并取得一定成效 到2000年底，农场采取主动出去的方法，加大资产盘活的力度，除政策宽松优惠外，在方法上采取灵活多样，农场共招商引资3家，引资总额约200万元，盘活资产2000万元，年获得上缴租金近40万元。

总之，1999年至2001年这个时间段，稳中向好的经济发展态势，使农场在场乡改革后看到了发展的曙光。农场主业体肤完整，发展的生机与空间健在。

进入2002年，农场经济陷入滑坡、萧条、一蹶不振的状态，这种发展趋向一直持续到2007年。农场经济发展跌入低俗的主要原因是2001年集团公司"四大战略板块"的制定，以聚大重组组建产业产业化公司为名，把农场得以生存发展的两大主业奶牛与中以示范农场划归集团公司直辖的专业化集团公司。

面对十分窘迫的经济形势，永乐店农场党委没有气馁，没有被困难下倒，以集团公司发展大局为重，认真细致耐心做好干部职工的安抚工作，针对场乡体制改革后市场经济大环境的变化与国家政策的不断调整，农场各级领导采取多种形式抓好干部职工的思想政治工作，积极更好地落实集团公司的决定，在统一思想、坚定信心的基础上，抓好两件大事。一是积极配合，认真操作，圆满完成重点企业的移交工作；二是寻求农场生存、发展的空间，迅速制定调整发展思路，按照农场现有经济格局和现有状况，重新确定了今后永乐店农场的主要功能：一是盘活闲置资产；二是推进企业改革改制；三是解决历史遗留的债权、债务。并着重提出了工作中三项功能的主次关系，在招商中抓好企业改革，在招商和推进企业改革改制中处理好债权与债务工作。按照新的工作功能定位，永乐店农场又确定了今后几年经济发展、改革的具体工作任务和目标，成立了招商、改制和清偿协调债务三个工作小组。2002—2007年，永乐店农场始终以"三大功能"为工作重心，一直在狠抓这些工作，几年来取得了较为满意的效果。

在招商引资方面，集团公司重组聚大战略方针的实施，永乐店农场主导产业的划出，标志着农场产品经营时代的结束。农场干部职工认识到必须在招商引资中盘活现有存量资产，由过去的产品经营迅速向资产经营，用资产经营成就农场新的主业。2002—2004年，永乐店农场决心利用集团公司的支持帮助的良好机会，最大限度地盘活闲置资产。为此，农场着力在组织结构上有所保证，在政策制定上有足够的吸引力，在治理环境创造良好投资氛围方面有较大的力度，在方式方法上保持较高的灵活性，并要给予投资者一定的政策优惠。全场干部职工经过艰苦努力，资产经营有较大突破，在招商引资运行中，农场资产盘活总量达到闲置资产总量的80%，收益达到200多万元。为永乐店农场各项工作的开展，确保员工生活起到了至关重要的作用；从2005年开始，永乐店农场深刻体会到，招商引资、盘活资产不仅是全场资产经营的主要方式，也是靠外力推进企业改革和培育新的经济增长点，打造主营业务收入的重要方式。2005年，永乐店农场实现招商引资8家，年租金36.46万元。2006年，永乐店农场把招商引资、盘活资产与农场"十一五"规划落实一并统筹考虑，并制定了"三步走"的发展战略。第一步，从2006年起用1～2年时间侧重招商盘活全部闲置资产；第二步，用3～5年时间侧重全面提高资产经营效益，即通过招商引资和其他资产经营方式解决由于分割招商零散导致效益低下，促使全场总体效益提高；第三步，侧重于培养主营业务收入企业，打造农场新的经济增长点。根据"三步走"路线的实施，农场又提出了"强化招引、加大调整、深化改革，创新方式"十六字工作方针，要求农场广大干部职工再鼓干劲，审时度势，趋利避害，抓住机遇，艰苦奋斗，推动招商引资，盘活资产工作取得突破性进展，努力实现"十一五"规划，特别是"三步走"战略的良好开局，到2007年底，农场引资合同成交项目6家，成交租金额新增50多万元，其中：新签合同4家，扩签1家，续签1家。在集团公司两级领导的帮助下，永乐店农场与国家中医药管理局经过数次洽谈成功签约了肉鸡公司转让合同，这对于缓解农场经济困难起到重要作用。永乐店农场预留的两大块区位优势较好、交通便利的910亩地待整体招商外，闲置的厂区都已经招满，闲置资产得到整体盘活，资产经营开启了良好的发展势头，为农场经济发展奠定了坚实的基础。

在深化改革方面，2000年在农场大范围内全部完成以风险抵押承包、租赁为主要形成的第一轮改革后，农场在企业体制改革上逐步深入。首先，对一些企业以产权改革为重点进行改革，使一些企业相继成为真正的无上级企业；还有一些企业成为股份制企业；其次，针对一些企业承租合同到期，在续包、续租的过程中，又进行了有别于过去的改革，在体制管理上，选聘方法上又程度不同地进行了创新。企业机制、体制的改革也带动了劳动、人事和分配制度的改革。通过改革进一步建立起适应市场经济的新机制，营造了"今天工作不努力，明天努力找工作"的氛围。

2005年，永乐店农场按照集团公司的统一部署。一是根据主辅分离辅业改制的原则，以产权改革为核心，以切换职工身份为切入点，顺利完成了对酒厂的改制任务。具体做法是吸收外部投资人闫立庚、原酒厂职工和农场三方入股成立新的股份责任公司。职工全部置换身份，由全民所有制变更为劳动合同制，并与农场劳动人事管理机构脱钩，酒厂土地由新公司租赁。酒厂改制的成功为农场基层企业产权制度改革提供了有利的经验。二是按照集团公司减压控要求，农场采用行政注销的方式注销了磷肥、造纸两家企业的营业执照。三是完成了明珠印刷厂资产评估工作，进入股份制结构组建阶段。经过一年多的努力工作，特别是改制办与外部投资者多次洽商，合理解决了明珠印刷厂存在的资产界定中的矛盾问题，推进该企业于2006年底前完成了改制工作。根据集团公司用车改革的要求，永乐店农场完成了场级副职的用车改革，并于2007年1月执行新的车改政策。集团公司安排的减压控工作，实际上农场已从1999年场乡改革后就已开始着手进行，几年来此项工作一直没有停顿，到2007年底，法人企业比原来减少79%，企业管理层级压缩，农场四级企业全部裁减，基本实现了二级单位一级管理。企业各级管理人员已在体制改革中得到精减压缩，改革后职工总数比改革前减少了82%，农场企业的整体改革初见成效。

农场在减债方面取得较大突破。农场在债权、债务问题上采取果断措施解决历史遗留问题。债务负担是历史遗留问题，像一道关隘横挡住经济发展的要道。城乡改革后农场把债务问题作为农场生存与发展的基础性工作来抓，从2001年开始到2003年，利用三年的时间，以主动应对，善于协调，敢于克服工作态度，不避、不闪、不拖的工作作风，把握相关政策，采用有利于自己的方式认真处理了农场欠农业银行、工商银行、建设银行、华融资产公司、信用社等金融部门的债务1.5亿元，化解了债务压力。2004年，农场又以有利于农场的方式减债1400万元。2005年，经与集团公司协调，农场偿清了欠长城资产管理公司本金2223万元，利息1858万元，两项合计4081万元。

在此期间，农场所欠其他金融部门债务的扫尾工作也在协调中平稳地运作之中。2006年，农场更加主动积极做好金融债务的最后清理工作，以3万元较少的资金化解了商贸公司所欠信用社24万元的最后债务。至此，农场偿债工作全部结束。它标志着制约农场经济发展的最后一道关隘被攻克，为今后农场资产管理的稳定发展奠定了良好的基础。

经济工作的平稳运作，离不开政治工作的全力保障，场乡体制改革与集团公司资产的重组巨大，使农场经历了两次严峻的考验，面对生存与发展两大难题，农场要求全场干部职工要在这场战斗中进一步解放思想，在困难面前实现"四个确立"。

第一，确立生存与机遇并存的观念。客观审视和分析农场改革后及今后的经济工作，可以说是生存与机遇并存，困难与希望同在。而对农场效益好的保命的企业调整出去后，剩下的是一些无效益或微利企业及大量的负债，农场生存受到极大威胁，寻求生存的路子只有一条，就是招商引资，盘活资产，这是农场生存的必要条件，机遇与生存同在，农场区位优势随着北京市城市化进程的加快，将得到极大的改善。七环路已经在永乐店地区边缘修建，总公司畜牧业的空间调整，已获得土地证的土地资源优势越加彰显，将给农场带来无限的商机。

第二，确立起由生产经营的思维模式转向资本经营模式。农场主业被集团总公司划转迁出，预示农场产品经营的时代的终结。将固定资产转化为资本的过程叫资产经营，在资产换资本的过程中有直接的方式和间接的方式，直接的方式就是把固定资产中的土地和地上物进行出售拍卖来换取资本，间接方式就是将固定资产中的土地，房屋及一切地上物采取合作、股份制承包和租赁的方式，通过多种形式的经营换取资本。因农场资产结构和负债结构特别是从资产负债率高，农场的资产经营模式必须以间接为主，直接为辅的原则。为此，农场干部职工必须要树立起抓好资产经营的核心，同时要把习惯于抓产品经营的好方法、好策略和好的手段转变到资产经营上来，以适应招商引资，盘活资产的需要。

第三，在对外经营开拓，融合利用"社会关系"的认识上要确立起新的观念。市场经济的运行和发展，就是人与人，人与社会，人与自然物质相互碰撞，相互交织，相互生存与发展的过程，这个过程也就是我们通常所讲的社会关系与社会生产力。农场现有的处境，特别是要完成招商引资，盘活资产这样一项难度很大的工作任务。因此必须要在经营过程中，善于利用各种社会关系、同各种人、各方面打交道，多协商，在处理和开拓关系中挖掘生产力，这也是新时期，新阶段一种工作素质的体现。至此，农场党委要求农场干部职工，为了农场整体的发展利益，要有不怕丢面子，不怕吃苦，不怕丢个人利益，不怕别人说闲话的"四不怕精神"，走出家门，广交朋友，努力开拓社会关系，寻求更多合作伙伴，为招商引资再做贡献。

第四，确立起一切从实际出发，创造性开展工作的新观念。解决这个问题，农场各单位要农场历次会议精神与本单位工作实际结合起来，创造性地开展工作。农场各企业在发展上有共性问题，但个性问题更多，因为各企业经营性质和主攻方向不一样，这就要求各单位主要领导必须确立起"相结合"思维方式和创造性开展工作意识。做到这一点，一是要领会农场会议精神及政策；二是要立足本单位，着眼农场，要有大局意识，不仅要了解自己企业的长处与短处，还要了解同行业的情况，更要知道自己企业在农场整体当中的位置，然后才能科学制定自己发展的路子。这条发展道路，必须符合农场会议精神；必须符合"三个有利于"；必须符合实际，解决问题的突破力要强。

结合"四个观念"的确立，农场党委在场乡改革结束后，以"三个代表"重要思想为指导，以保持共产党员先进性教育为抓手，以全面贯彻党的十五大、十六大、十七大精神为主线。教育和引导全场干部深入学习，统一思想，把握经济建设这个中心，抓住机遇，强化管理，真抓实干，扎扎实实把农场招商引资，盘活资产的工作做好，坚定农场生存发展的信心和决心，继续发扬艰苦奋斗的精神，确保了农场经济目标的实现。

回顾永乐店农场四十多年的沧桑发展之路，可以肯定地说，前三十多年永乐店农场发展有惊喜，有辉煌，经营业绩不菲，给人留下了不可磨灭的印象，但后十年由于场乡体制改革的影响，特别是农场的主业相继被集团划出重组，使农场发展不堪重负，几经努力和拼搏，农场人只解决了生存问题，发展只能处于维持状态，而面对重重困难，永乐店人始终保持着旺盛的斗志与艰苦奋斗的精神。

北京三元绿化工程公司简介

北京三元绿化工程公司（1985—2008）前身为北京花卉服务公司。1985 年，北京市农工商联合总公司成立园艺研究所，在巨山农场开始种植经营花卉生产，生产开发的花卉品种，以切花的形式供应首都的高档饭店、宾馆，继而在东风农场也建起了花卉生产基地。1992 年，集团公司建立花卉产业化，集科、工、贸、产、供、销一体化的综合企业——北京花卉服务公司。1994 年，投资 2000 万元，在北京市朝阳区亮马河畔的燕莎商场与长城饭店、亮马河大厦之间，建成营业面积 2400 平方米的室内花卉交易大厅，是北京市第一家花卉批发交易市场。在开业典礼上，全国人大常委会副委员长陈慕华为新落成的北京花卉交易市场剪彩，中国花卉协会会长何康、农业部副部长吴亦侠、北京市副市长段强参加了庆典仪式。从此在相当长一段时期内，北京亮马花卉市场作为北京鲜切花销售集散中心，全国重要的花卉信息中心，起到引领北京花卉生产销售的作用。2000 年 5 月 12 日，北京亮马花卉交易市场被国家林业局、中国花卉协会评为"全国重点花卉市场"。

为了保障亮马花卉交易市场的正常运行和市场的需求，从 1992 年起，在京郊和周边省市地区建花卉和种苗基地 2300 亩。其中，在延庆县（今延庆区）进行 200 亩鲜花生产保护基地建设，发挥山区基地夏季冷的自然优势，在南、北方夏季鲜花空缺时节，生产高质量的鲜花，1995 年共产鲜花 200 万支。集团公司以技术和优良品种及资金投入基地建设，在顺义、通州和河北遵化、宣化及山东潍坊地建合作或合资生产基地 1500 亩，建立起花卉联合生产、统一种苗供应、统一销售、统一质量标准的鲜花生产体系。这些基地 1995 年共产鲜花 500 万支。

种苗是花卉生产的必要条件。花卉服务公司积极引进国外优良种苗，增加新品种、新花色，在做好引进工作过程中，花卉服务公司规范种苗生产程序，严把质量关，使种苗生产批量化、规范化、优质化。为与国际市场接轨，公司对引进的经过严格筛选的优良切花品种进行扩大繁育，解决了公司花卉基地的生产用苗，同时还向一些省市提供优质切花种苗。做到年生产组培苗 100 万株，各种花卉苗木 200 万株，剑兰种球 300 万个，引种扩繁鲜花品种近 100 个。

花卉基地建设与花卉品种开发引进促进了花卉市场的不断扩大与繁荣。1995 年，花卉服务公司先后与广东、上海、云南、四川等地花卉业同行加强贸易与联系，引进各地花卉优良品种，推广新的栽培技术。亮马河畔的交易大厅吸收 48 家客商开展鲜花批发、零售业务。在全市建设 8 家连锁花店，同时向个体花卉经销商提供花卉品种，促进零售花卉业的发展。

为满足市场需求，丰富鲜花品种，除了种植销售大众化的剑兰、菊花、玫瑰、唐菖蒲、香石竹外，公司还积极开发新品种。从荷兰引种在花卉服务公司基地繁育的百合、鸢尾、勿忘我、马蹄莲等切花新品种长势良好，花卉多姿多彩、五彩缤纷，销售遍及全市的高档饭店、酒店。

1995年8月，国家农业部农垦局主持召开了全国农垦系统花卉联销协作会议，提出建立农垦系统花卉大生产、大流通、大市场的格局。北京农场局的代表参加了此次会议，农场局主管领导担任了全国农垦花卉联销协作组副组长。会议期间，全国各省市农垦代表还参观了北京农垦花卉生产基地和花卉销售市场。

在集团公司的大力支持下，花卉服务公司以市场建设为导向，带动生产基地发展，到1995年农场系统已有花卉种苗面积1878亩，其中大棚210亩，温室100亩。主要鲜切花有菊花、月季、剑兰、康乃馨，还有各种苗木、盆景、绿色植物等。鲜花主要供应北京市场，部分供应外省市及出口。北京市所需鲜切花的80%是通过亮马花卉市场大厅销售的，年销售8000万支。

2001年7月，集团公司实施"集团化发展，专业化经营"的总体发展战略，在系统内进行大规模资源整合，在原北京花卉服务公司的基础上，同东郊友谊花木公司合并，与双桥农业服务公司联合，继续延用和发展北京花卉服务公司。

重新组建的北京花卉服务公司，正值企业处于严重的亏损状态，亮马花卉市场经营困难，人气不旺；延庆和巨山两个基地不能正常生产，对外投资损失严重。如郑州京花园艺工程项目、山东京林园艺工程项目等，投资后均未收到预期效益，其中部分项目还牵扯经济纠纷。亮马花卉市场由于内部管理不善导致经营陷入困境；巨山种苗中心和延庆新华园艺两大基地固定资产投资大、见效慢、贷款负担沉重，长年处于亏损状态。花卉服务公司每年都要替企业承担土地租金、贷款利息和其他费用，严重制约了正常发展。截至2001年7月，花卉服务公司贷款1600万元，亏损320万元，职工发不出工资，企业到了崩溃的边缘。在这种严峻的形势下，以张保华为首的新领导班子求真务实，勇于担当，一切从实际出发，既要修补"旧账"，还要建好"新账"；既要求企业稳定，又要促进企业的发展，并稳妥有序地开展好各项工作。2002年2月，北京花卉服务公司终止与北京盛莱德科技发展有限公司签订的亮马花卉市场租赁协议，收回市场鲜花厅经营管理权，与此同时积极进行内部调整，改善内外经营环境，增强服务意识，这样做不仅稳定了商户，还实现了市场的稳定经营。

2002年7月，根据北京三元集团有限公司〔2002〕40号文件精神，同意新华园艺场由全民所有制企业改制为有限公司。北京花卉服务公司占股30％；双桥公司占股64.8％；职工以现金入股占5.2％。职工以现金入股，通过整体转制，延庆基地生产形势得到好转。通过这些遗留问题的解决，卸下包袱，扫除了羁绊。为集中精力开拓新业务，开创新局面提供了条件。

2003年，为实现集团公司提出的专业化经营的总体发展战略，经过广泛调查研究，结合企业的实际情况和所具备的发展优势，通过内部整合，充分利用原北京花卉服务公司和友谊花木公司在园林绿化施工技术、资质、人才方面所具备的优势，精心打造东郊800亩优质苗木基地，理顺了体制内经营管理的关系，合理配置了资源，形成了以园林绿化工程为主营业务的发展格局。为使与主营业务相适应，花卉服务公司又到有关部门申请办理了企业更名，北京花卉服务公司正式命名为北京三元绿化工程公司。新公司的注册，标志着三元绿化名正言顺成为集团公司的专业化公司，以全新的形象面向社会，面向同行，面向北京市绿化行业，为公司拓展业务，参与市场竞争奠定了良好基础。

为了适应三元绿化经济发展与工作的需要，2002年三元绿化内部进行了整合，重新设置了管理机构和业务部门，经过多方竞聘考核，本着能者上、平者让、庸者下的原则，做到公开竞岗、择优上岗、唯才是举，实现人员在企业运行中的合理配置。在分配领域实行岗位工资加效益工资的工资结构，将员工工资与效益优劣紧密结合，建立合理的激励机制，充分调动了全体员工工作积极性与创造性。

在企业内外管理方面，三元绿化狠抓制度建设，先后随着生产经营发展，出台并试行《苗木生产部费用总承包管理办法》《工程业务人员管理办法》《园林绿化工程成本核算办法》《员工考勤管理办法》《员工考核管理办法》等多项规章制度，逐步在生产经营管理过程中，用严格、全面、具体的制度去管人管事，规定了员工在企业的行为，凝聚了人心，增强了企业的核心竞争力。

通过多年的努力与付出，解决了大量的遗留问题，明确了企业的发展思路，坚定了前进的方向，理顺了内部关系，激发了员工参与公司建设的主动性和创造性，使公司在21世纪初期获得了惊人的发展，公司经营收入由2001年的1221万元，增加到2008年的4922万元，增长了303％，利润在2003年就扭亏为盈，2008年实现利润107万元，三元绿化经济发展进入健康稳定的发展轨道。

后记

双桥农场自1949年成立至今，经历了七十余个春秋。七十年风雨兼程，七十年沧桑巨变，这是农场广大领导干部职工辛勤耕耘、敬业献身的功劳簿，足以让后人为之自豪、骄傲。欲知大道，必先为史。回顾历史，汲取经验教训，扬长避短，把双桥农场的发展继续推向前进，并以此教育后代，这是编写农场史志的第一要义。

编史修志是农场的传统，20世纪90年代在双桥农工委、双桥农场和双桥农村办事处三套领导班子的领导下，邵葆英、沈德元等人为农场前四十年发展史做了翔实整理，完成了《双桥农场史（1949—1989）》；2009年在双桥农工商公司党委领导下，由王立荣、韩之宇执笔，按历史阶段的划分，完成了《双桥农场史（1990—2008）》的场史续写，展现了农场"深化改革""建立现代企业制度"两个发展阶段的历史面貌；2018年在农场党委组织下，由原双桥农场党委书记邵光海执笔编写了《双桥农场志（2008—2018）》。此次编撰双桥农场志，遵照集团史志办研究和确定的历史阶段划分、提纲编目，在农场党委的领导下，组建了农场史志编撰委员会，在前人编史修志重要成果的基础上，对场史进行了系统的梳理和整合，完成了《北京双桥农场志》，涵盖农场自1949年建场到2018年的发展历程。

北京双桥农场志

BEIJING SHUANGQIAO NONGCHANGZHI

在撰写场志的过程中，得到了集团党委等多方指导和支持，首农食品集团党委副书记、董事、总经理马建梅亲自作序，集团史志办倾情指导，农场机关各部室及所属企业大力协助。在此，对关心关注双桥农场史志编撰工作以及做出积极贡献的人们表示衷心感谢！

场志编纂小组深知，场志难免存在瑕疵和遗漏，或存在不尽人意之处，对此，敬请读者给予批评、指正，并提出宝贵意见。待以后有机会予以修正。我们相信，这部场志作为双桥农场七十年发展历程的见证，将为农垦系统提供宝贵的史料财富，也将继续指引双桥农场实现高质量发展。

祝双桥农场事业再攀高峰、再创辉煌！

北京双桥农场志编纂委员会

2021 年 5 月

中国农垦农场志丛